部门整体预算绩效评价研究

财政部预算评审中心 编著

BUMEN ZHENGTI YUSUAN
JIXIAO PINGJIA YANJIU

中国财经出版传媒集团
经济科学出版社
Economic Science Press

图书在版编目（CIP）数据

部门整体预算绩效评价研究/财政部预算评审中心编著.
—北京：经济科学出版社，2020.5（2020.7 重印）
ISBN 978 - 7 - 5218 - 1577 - 1

Ⅰ.①部⋯　Ⅱ.①财⋯　Ⅲ.①国家预算编造 - 经济绩效 - 评价 - 研究 - 中国　Ⅳ.①F812.3

中国版本图书馆 CIP 数据核字（2020）第 080382 号

责任编辑：孙丽丽　胡蔚婷　纪小小
责任校对：靳玉环
责任印制：李　鹏　范　艳

部门整体预算绩效评价研究

财政部预算评审中心　编著

经济科学出版社出版、发行　新华书店经销
社址：北京市海淀区阜成路甲 28 号　邮编：100142
总编部电话：010 - 88191217　发行部电话：010 - 88191522
网址：www.esp.com.cn
电子邮箱：esp@esp.com.cn
天猫网店：经济科学出版社旗舰店
网址：http://jjkxcbs.tmall.com
北京季蜂印刷有限公司印装
710×1000　16 开　24 印张　450000 字
2020 年 5 月第 1 版　2020 年 7 月第 2 次印刷
ISBN 978 - 7 - 5218 - 1577 - 1　定价：88.00 元
（图书出现印装问题，本社负责调换。电话：010 - 88191510）
（版权所有　侵权必究　打击盗版　举报热线：010 - 88191661
　QQ：2242791300　营销中心电话：010 - 88191537
　电子邮箱：dbts@esp.com.cn）

编著委员会

主　　编：

李方旺　宋文玉

编　　委：（按姓氏笔画排序）

马跃峰　王小伟　王美桃　田　薇　刘文军　刘　爽

李小梅　肖　鹏　张　丹　张定安　苟燕楠　赵早早

侯郭琦　曹堂哲　常海林　童　伟　谢　青

前　言

财政是国家治理之基，预算是财政管理之柱。实现由政府绩效评价迈向全面实施绩效管理，推进全面预算绩效管理的改革与创新，既是深化财政体制改革和构建现代财政体系的重要举措，更是推进国家治理体系和治理能力现代化的内在要求。党的十九大提出"要加快建设现代财政制度，建立全面规范透明、标准科学约束有力的预算制度，全面实施绩效管理"。这是党中央首次将全面预算绩效管理理念融入政府绩效评价所作的深化改革重大部署，主张全面实施绩效管理要服务于财政预算制度建设和国家治理体系现代化，着力推进绩效与预算的全面融合，并进一步明确全面实施绩效管理的方向在于全面规范透明、标准科学和约束有力这三大方面。准确把握这一改革的基本内涵，探索国家全面实施绩效管理的实践路径，对于建立和全面实施绩效管理制度具有重要意义。

财政在国家治理过程中居于基础性地位，抓好公共财政这一"牛鼻子"，就抓住了治国理政的关键。以财政预算为管理对象、以支出结果为目标导向的预算绩效管理模式，是现代财政制度和政府绩效管理的重要组成部分。党中央一直从优化财政资源配置、提升公共服务质量、推进国家治理体系和治理能力现代化的战略高度，十分重视健全预算绩效管理模式[①]。这是党中央在中国特色社会主义进入新时代，顺应全面从严治党纵深发展、政府"放管服"改革初见成效、进一步理顺中央和地方财税关系这一历史条件下做出的重要决定，同时也是在产业经济深刻变化、新动能培育关键环节、新一轮科技革命勃兴、大数据治理方兴未艾背景下做出的治理回应。当前，我国预算绩效管理仍处于不断探索的阶段，尽管取得了

---

① 2018年9月1日，中共中央、国务院印发《关于全面实施预算绩效管理的意见》，对全面实施预算绩效管理作出顶层设计和重大部署。2018年11月8日，财政部发布了《关于贯彻落实〈中共中央　国务院关于全面实施预算绩效管理的意见〉的通知》，明确提出到2020年底，中央部门和省级层面要基本建成全方位、全过程、全覆盖的预算绩效管理体系；到2022年底，市县层面要基本建成全方位、全过程、全覆盖的预算绩效管理体系，做到"花钱必问效、无效必问责"，大幅提升预算管理水平和政策实施效果。

一些成效，但仍存在绩效管理理念意识淡薄、绩效评价体系不健全、绩效管理信息化建设缓慢等问题。因此，在理论层面正确认识绩效评价与预算绩效管理之间的关系，科学把握从绩效评价到全面预算绩效管理背后深层次的历史与现实逻辑、理论逻辑、制度逻辑，从国家治理体系和治理能力现代化的视角推进由绩效管理迈向全面实施绩效管理的实践创新与制度创新，形成新时代深化国家绩效治理的理论自觉、行动自觉、制度自觉，是当前公共管理必须科学把握的重要理论和实践课题。

部门整体预算绩效反映的是政府部门通过预算资源的配置对社会公共需要的满足程度。部门整体预算绩效管理不仅可将政府部门与预算活动密切相关的经济成果、社会贡献和环境改进纳入监督范围，强化部门的预算资源使用责任，还可将政府部门提供公共服务的社会满意度纳入考核过程，使政府部门必须面向社会、面向公众，充分关注服务对象的切身感受与服务需求，对改变部门行为模式，提升公共服务水平，促使政府部门将预算资源的配置从权力导向转变为责任导向，从服务部门政绩转变为服务公共职能具有重要意义。

为此，《中共中央 国务院关于全面实施预算绩效管理的意见》明确指出，"实施部门和单位预算绩效管理。围绕部门和单位职责、行业发展规划，以预算资金管理为主线，统筹考虑资产和业务活动，从运行成本、管理效率、履职效能、社会效应、可持续发展能力和服务对象满意度等方面，衡量部门和单位整体及核心业务实施效果，推动提高部门和单位整体绩效水平"。依照文件精神，各级各地都应高度重视部门整体预算绩效管理，广泛开展部门整体预算绩效评价。

部门整体预算绩效管理涉及的范围更广泛、评价的层次更深入，除涉及部门支出外，还包括部门收入，即部门财政性收入和自有收入。而在部门支出中，不仅包含项目支出，还包含人员经费、公用经费等基本支出，其复杂程度远远超过一般的政策及项目绩效管理。由此，如何界定部门整体预算绩效管理的领域及范围，如何面对部门整体预算绩效管理的重点与难点问题，克服现有体制机制框架的束缚，构建科学合理的部门整体预算绩效管理和评价架构、设定科学合理的部门整体预算绩效评价指标体系，不仅从理论研究层面来说极有必要，从实务操作层面来说也亟须厘清，因此，本书的研究具有极强的现实意义。

值得说明的是，本书的部分研究成果实际上是财政部预算评审中心在2019年7月山东济南财政绩效评价工作座谈会共同研讨成果的深化及具体

前　言

化，以此为契机，编著者对相关理论进行了深入研究，对国内外的经验进行总结归纳。编委会各位成员克服新冠疫情带来的不利影响，期间多次对书稿修改补充，完善内容布局使之体系化，以期对各位同仁有所助益。因此，在本书付印之际，要十分感谢与会专家和相关地方财政绩效管理的领导给予的支持，感谢山东省财政厅对承办座谈会倾注的热情。

2020 年 5 月

目 录

第一章 国家治理现代化视角下的预算绩效管理 ………… 1

- 第一节 预算绩效管理发展的理论逻辑与实践创新 ………… 1
- 第二节 国家治理现代化视角下预算绩效管理的价值定位 ……… 9
- 第三节 国家治理现代化视角下预算绩效管理的基本框架 …… 12
- 第四节 推进绩效评价走向预算绩效管理的对策路径 ………… 18

第二章 部门整体预算绩效管理的理论基础与体系构建 ……… 24

- 第一节 部门整体预算绩效管理的理论基础 ………………… 24
- 第二节 部门整体预算绩效管理的地位与作用 ……………… 29
- 第三节 部门整体预算绩效管理的"全方位"格局 …………… 33
- 第四节 部门整体预算绩效管理中的全过程管理体系 ………… 38
- 第五节 部门整体预算绩效管理的全覆盖制度保障 …………… 43

第三章 部门整体预算绩效管理国际比较研究 ………………… 51

- 第一节 部门整体预算绩效管理的引入历程 ………………… 51
- 第二节 部门整体预算绩效管理的法律依据 ………………… 60
- 第三节 部门整体预算绩效管理的框架与流程 ……………… 71
- 第四节 部门整体预算绩效管理的内容 ……………………… 89
- 第五节 部门整体预算绩效评价的工具与方法 ……………… 103
- 第六节 国外部门整体预算绩效评价改革的启示 …………… 125

第四章 我国部门整体预算绩效评价研究 ……………………… 131

- 第一节 我国部门整体预算绩效评价的历史演变 …………… 131
- 第二节 我国部门整体预算绩效评价的方式方法 …………… 134
- 第三节 我国部门整体预算绩效评价存在的问题及完善建议 …… 144

第五章　部门整体预算绩效评价指标体系构建 …………… 169

　　第一节　我国部门整体预算绩效评价指标体系的发展与完善 …… 169
　　第二节　预算绩效评价指标体系设计理论模型及其在
　　　　　　中国的应用 ………………………………………………… 199
　　第三节　部门整体预算绩效评价指标体系的完善思路 ………… 220

第六章　部门整体预算绩效信息公开制度研究 …………… 232

　　第一节　部门整体预算绩效信息公开的必要性与制度框架 …… 232
　　第二节　中央政府部门预算绩效信息公开现状 ………………… 241
　　第三节　广州市部门整体预算绩效信息公开探索 ……………… 253
　　第四节　国际案例与经验研究 …………………………………… 271
　　第五节　政策建议与改革路径 …………………………………… 307

附录一　英国交通部部门单一计划 …………………………………… 311
附录二　浙江省部门整体预算绩效管理实践 ………………………… 322
附录三　云南省部门整体预算绩效管理改革 ………………………… 332
附录四　北京市部门整体预算绩效管理的实践经验 ………………… 339
附录五　广州市部门整体预算绩效管理实践 ………………………… 349
参考文献 ………………………………………………………………… 363

第一章

国家治理现代化视角下的预算绩效管理

第一节 预算绩效管理发展的理论逻辑与实践创新

预算绩效管理,在我国自有其演进发展的一套历史和现实逻辑。整体观之,当前我国预算绩效管理实践模式和制度安排,既承袭了古代官吏考核[①]和近现代以来公职机构绩效管理的经验影响,同时也受到来自西方绩效管理和新公共管理实践改革的影响。新中国成立之后,党和国家非常重视干部的管理与考核,"政治路线确定之后,干部就是决定的因素",绩效管理实践侧重点主要是对干部政绩的"考察"和"鉴定"[②]。20世纪80年代中期,为适应经济体制和政治体制改革不断深化的需要,建立公务员

[①] 中国古代关于干部考核的探索历史源远流长。尧、舜时期建立了官吏考课制度。据《尚书·舜典》记载,舜曾提出"三载考绩,三考,黜陟幽明,庶绩咸熙。"先秦开始,强调以德、能、功来要求官吏,考课制度自秦始皇颁布《为吏之道》起,遂逐渐走向完备。秦代《为吏之道》中对官员的考核方式为"上计"制度,所谓"计"就是"计书",即统计册,这种制度要求地方官年终将辖区内户口、垦田、赋税等情况的数字写在木简上,汇编成册,上报朝廷,接受考核,皇帝则根据其政绩优劣,论功行赏,或是给予惩罚。唐代政治制度日臻完善,官吏的考核制度也有了很大发展,各项程序和技术指标更加严密和健全。其标志和内容主要体现在考核机构的确立、考核标准相对精确化、考核方式的程序化及统治集团对考核黜陟的自如运用和灵活掌握。明洪武年间,制定了百官考核之法,共分为考满与考察两种,二者相辅相成,均由吏部与都察院共同负责,亦以八法衡量。处罚分为致仕、降调、闲住、为民四等。明初,考课制度得以较认真严格地进行。清朝基本上沿袭明朝考核制度,进一步简化为京察、大计两项。考核内容标准为"四格""八法"。所谓"四格",即守、政、才、年。所谓"八法",系指贪、酷、罢软无力、不谨、年老、有疾、浮躁、才力不及八者,与明制同。

[②] 相关的历程主要是:1949~1956年着重考察干部的政治思想表现,1949年中组部下发的《关于干部鉴定工作的规定》。1956~1966年主要是按照"又红又专"的鉴定标准探索干部考核制度,1964年中组部下发了《关于科学技术干部管理工作条例试行草案》。1966~1976年干部考核评价工作处于中断与停滞阶段。

制度被提上了议事日程，干部实绩考核制度建设长足推进，各地陆续推行"岗位目标责任制"或"年度主要工作目标责任制"，干部考核走上正确的轨道①。对于政府部门和组织、财政绩效管理的探索，则是进入21世纪以来受西方国家绩效管理实践影响的结果。

一、个人绩效、组织绩效与财政绩效评估的理论分野

随着绩效管理理论研究与实践的推进，政府绩效管理内涵和外延不断扩展，个人绩效、组织绩效与财政绩效已成为其不可或缺的一部分，但三者的理论依托却具有显著的差异性，个人绩效与组织绩效有具体的绩效指向性，财政绩效则是一套管理机制。探讨政府绩效管理发展的理论逻辑，必须厘清其不同维度的理论分野，做到对理论的准确把握。

（一）个人绩效评估

理论上，任何一个组织都需要对其人力资源进行绩效评估，党委部门、政府、事业单位、国有企业等均不例外。在政府绩效评估范畴中，个人绩效评估属于人事管理意义层面，是从公共管理活动中公职人员个体层面着手，以领导干部或公务员等的工作态度、作风、效率、效能为对象，对其业绩进行管理的所有活动。个人绩效评估是评估公职人员在工作中的德行操守、政治素质、工作表现、业务能力和实际业绩等情况，通过沟通、辅导、能力提升、结果运用来激励公职人员改进态度与行为，进而提高政府整体绩效。

个人绩效管理在政府治理体系中的结构功能定位如图1-1所示。《中华人民共和国宪法》规定，"一切国家机关实行精简的原则，实行工作责任制，实行工作人员的培训和考核制度，不断提高工作质量和工作效率，反对官僚主义"。这是对政府公职人员实施绩效评估最根本的法律依据。

---

① 探索建立以德、能、勤、绩为基础的干部考核制度。1979年中组部下发了《关于实行干部考核制度的意见》，指出"干部考核的标准和内容，要坚持德才兼备的原则，按照各类干部胜任现职所应具备的条件，从德、能、勤、绩四个方面进行考核"。20世纪80年代末期，干部考核进入以考核工作实绩为重点的干部考核制度的阶段。1988年6月，中组部下发了《关于试行地方党政领导干部年度工作考核制度的通知》，同时印发了《县（市、区）党政领导干部年度工作考核方案（试行）》和《地方政府工作部门领导干部年度工作考核方案（试行）》两个文件，不仅把实绩考核纳入了年度考核，而且进一步对以工作实绩为重点的考核工作的内容、程序、原则、方法和要求做了具体规定。1994年，人事部印发《国家公务员考核暂行规定》，对探索实绩考核制度具有重大意义。

国家人事部根据《国家公务员暂行条例》制定了《国家公务员考核暂行规定》，明确了国家公务员考核的内容和标准，考核的内容包括德、能、勤、绩四个方面，重点考核工作实绩。西方国家对公务员绩效考核也非常重视，尽管考核内容侧重不一[①]，但是均发展出一套成熟的制度。

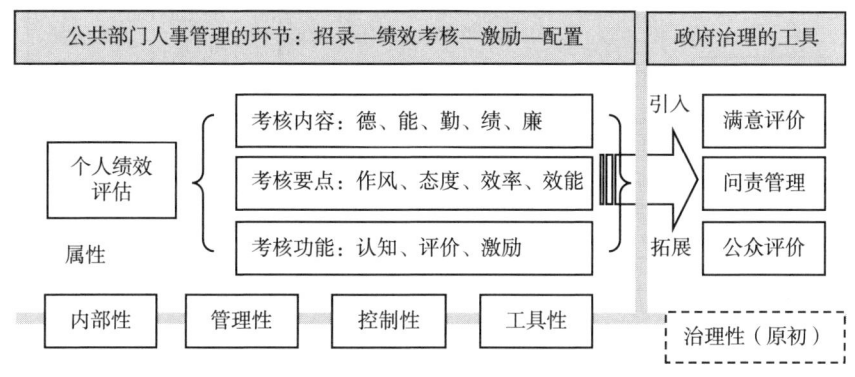

图1-1　政府治理体系中的个人绩效管理

（二）组织绩效评估

组织绩效是指政府组织的绩效水平，其中又可以分为一级政府的整体绩效和单个政府部门的总体绩效。组织层面的绩效评估内涵范围大，包括政府战略、行政规划、公共政策、公共项目、财政支出乃至公务员个人等，主要评估组织的领导力、决策、效能、执行力，主要的评估标准有办事高效、运转协调、行为规范等。政府组织层面的绩效评估不是独立存在、独立实施的，而是作为特定管理机制或管理技术中的一个环节，实践中的例证包括目标责任制、社会服务承诺制、效能监察、效能建设、行风评议等[②]。

组织绩效管理在政府治理体系中的结构功能定位如图1-2所示。2011年3月，中国政府绩效管理工作部级联席会议制度建立，联席会议由监察部、中组部、中编办、发改委、财政部、人力资源和社会保障部、审

[①] 各个国家公务员绩效考核的内容不尽相同。英国主要是考勤和考绩，以考绩为重点，包括工作知识、人格性情、判断力、责任心、创造力、可靠性、机敏适应性、监督能力、热心情形和行为道德。美国考绩制包括工作数量、工作质量、工作适应能力三大内容。德国考核内容一般包括思想品质、特长、文化程度、工作成绩和社会状况等。

[②] 周志忍：《公共组织绩效评估：中国实践的回顾与反思》，载于《兰州大学学报》2007年第3期。

计署、统计局、法制办9个部门组成,承担全国政府组织层面绩效管理的牵头组织领导职能。

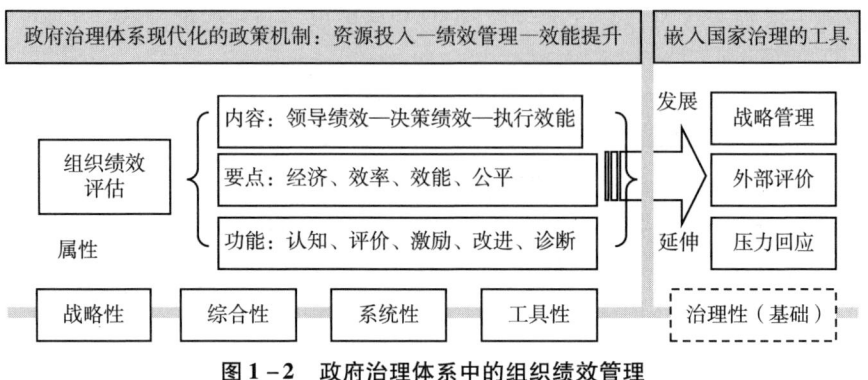

图1-2 政府治理体系中的组织绩效管理

(三) 财政绩效评估

作为政府绩效管理的重要组成部分,财政绩效评估是以一级政府财政预算(包括收入和支出)为对象,以政府财政预算在一定时期内所达到的总体产出和结果为内容,以促进政府透明、责任、高效履职为目的所开展的绩效管理活动。财政绩效评估遵循一套科学的、专业的、透明的管理方案,不同地区不同层级的政府部门的财政收入和支出情况都要接受本地区本级党委统一领导,并自觉接受上级财政部门的财政绩效评估。在各单位绩效目标实现成效和财政支出的真实性、有效性和效益性等方面,财政部门要进行全面的绩效测量和评估,实现财政支出约束、高效利用和职能任务有效完成的目标。

预算绩效是财政绩效评估的重要方式,不仅关注财政绩效的目标实现程度、行政效能和职能效果,而且侧重于财政支出前的目标论证、预算编制和成本控制等内容指标的测量和考评,体现一种全流程、战略性和前瞻性的绩效评价思维(见图1-3)。从国家治理意义上来看,财政绩效管理实际上是对财政支出回应社会问题与公众需求的效果与效率的审视,承载着提高国家—社会关系中的政府回应性与问责性功能。从该意义上说,绩效评价已经超越行政技术工具而升级为政治问责议程的触发机制。

第一章 国家治理现代化视角下的预算绩效管理

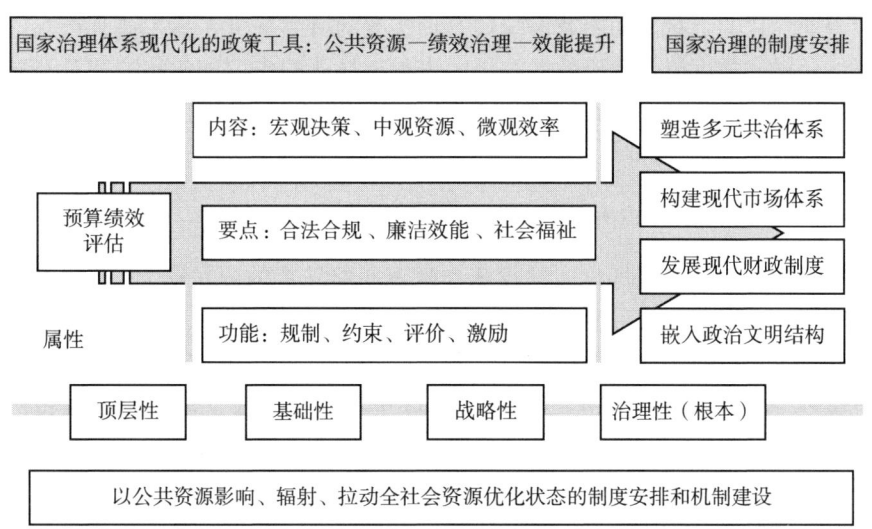

图 1-3 国家治理体系中的财政预算绩效管理

总而言之，个人绩效和组织绩效是政府绩效的呈现方式，政府绩效与预算绩效是一对紧密联系、相互影响、内在统一的关系体。一般而言，政府绩效是指政府提供公共产品和服务、实施行政管理活动的影响或结果，强调绩效的产出和效果。预算绩效则不仅关注政府行动的产出和效果，还注重政府行动的成本控制，即强调"把钱用在刀刃上、花最少钱办更多事"。预算绩效是国家治理体系的有机组成部分，是建设责任政府、服务政府的有效工具①。治理具有广泛的内涵与外延，包含多元权利中心、责任移转、互赖关系、形成网络、新的途径五种要素②，各要素之间相互作用和影响，架构起治理的有机整体。由此可见，预算绩效较之于个人绩效和组织绩效更具有整体性，多元主体参与其中，架构起一套预算绩效管理机制，推动绩效管理由政府内部考评向外部监督转变。

二、党和国家关于绩效管理的政策主张

绩效管理是政府管理的重要手段和方式，是推进国家治理体系和治理

---

① 李红霞、刘天琦：《预算绩效与政府治理：契合性与协同性视角》，载于《中央财经大学学报》2019年第6期。
② 俞可平：《治理与善治》，社会科学文献出版社2000年版。

能力现代化的工具。随着政府绩效管理实践的持续推进，其在提升行政效率、公民满意度以及政府效能等层面表现出显著的作用，党和国家对政府绩效管理予以高度重视，相继制定和出台一系列政策文件，为政府绩效管理实践提供了坚实保障。

（一）以政府绩效考核推进行政体制改革

政府绩效评估是行政体制改革和政府职能转变的内在动力①。政府绩效实践与行政体制改革紧密相连，在行政体制改革进程中，党和国家高度重视绩效考核的功能和作用，以绩效考核推动机构改革和政府职能转变。1998年《国务院机构改革方案》明确改革的目标是建立高效率、运转协调、行为规范的政府管理体系，此时虽未提出绩效管理的概念，但已呈现出政府机构改革的目标责任，体现出政府绩效管理的初始形态。步入21世纪，"绿色GDP""幸福指数""科学发展"等行政体制改革目标成为绩效考核的重要指标，以政府绩效考核推进行政体制改革的政策主张进一步凸显。

（二）建立先试点后推广的政府绩效管理实践思路

在我国政策制定过程中，先试点后推广是普遍性的方式②。政府绩效管理发展经历了地方政府自主探索、中央统筹试点以及逐渐推广等阶段，具有我国政策先试点后推广的典型特征。政府绩效管理理念引入之初，青岛、杭州等城市相继开展了以目标责任制和公众满意度为导向的政府绩效管理实践探索，分别建立了"自上而下"和"自下而上"两种不同的政府绩效管理模式。随后，政府绩效管理进入地方自主探索试验和国家统筹试点相结合的阶段，党和国家制定出台了《关于开展政府绩效管理试点工作的意见》，引导地方政府绩效管理实践，统筹北京市、吉林省等8个地方政府、国家发展和改革委员会、财政部等六部委进行绩效管理试点工作，截至第二年底，进行绩效管理实践的省级单位已达26个。由此可知，党和国家关于政府绩效管理的政策主张是典型的先试点后推广思路。

---

① 负杰：《中国政府绩效管理40年：路径、模式与趋势》，载于《重庆社会科学》2018年第6期。

② 刘伟：《政策试点：发生机制与内在逻辑——基于我国公共部门绩效管理政策的案例研究》，载于《中国行政管理》2015年第5期。

(三) 构建以预算绩效管理为核心的绩效管理机制

预算绩效管理是政府管理机制和国家治理体系的有机组成部分,党和国家对预算绩效管理予以高度重视,制定各项政策以推进预算绩效管理实施。自党的十六届三中全会首次提出建立预算绩效评价体系,到《关于全面实施预算绩效管理的意见》的出台,我国预算绩效管理经过十多年的发展,预算绩效管理逐步发展落地,已初步建立起目标导向的预算绩效管理体系[①]。因此,构建以预算绩效管理为核心的绩效管理机制,是党和国家关于政府绩效管理的重要发展方向。

三、国家和地方政府绩效管理形态的实践图谱

绩效管理不仅是一种管理手段和方式,同时其还具有促进资源优化配置以及改进服务质量等功能[②]。随着政府绩效管理实践探索的持续深化,政府绩效管理理念、方式的优化升级,初步形成具有中国特色的政府绩效管理思路。在政府绩效管理实践过程中,不同地区围绕自身发展实际,基于不同的切入点形成具有一定特征的政府绩效管理模式,如"青岛模式""杭州模式""福建模式""甘肃模式"等。但是这种划分不能体现不同模式之间的本质差异,因此有学者基于主体维度将其划分为"政府本位"和"社会本位"两种政府绩效管理模式[③]。从机制作用强度的差异来看,将其划分为目标责任驱动下的绩效考核、公众参与导向的绩效评估以及治理现代化导向的预算绩效管理模式。

(一) 目标责任制驱动的绩效考核模式

随着社会主义市场经济体制的建立,官僚主义模式下的行政低效成为经济社会发展的最大障碍,提升政府行政效率成为我国行政体制改革的重要任务和价值取向。岗位责任制是责任划分和明晰的重要体现,绩效考核则是判断责任落实的基本方式。因此,各级政府在绩效管理实践的过程

---

① 卓越、张兴:《预算绩效循证管理:概念诠释与实现路径》,载于《理论探讨》2019年第2期。
② 陈小华、卢志朋:《地方政府绩效评估模式比较研究:一个分析框架》,载于《经济社会体制比较》2019年第2期。
③ 徐阳:《中国地方政府绩效评估的"模式壁垒"问题:形成、溯源与破解》,载于《中共福建省委党校学报》2019年第3期。

中,需将岗位责任与绩效管理有机结合起来,建立起以达成目标责任为中心的绩效考核方式。其表现出自上而下的单向性特征,各级政府将目标责任考核与激励有机结合起来,构建起一种"责任—利益"模式,层层分解和细化上级制定的目标,进而构建评价指标体系。目标责任制是绩效考核的重要模式,在实践过程中表现出多样化的形态,既有党政领导干部的政绩考核,还有上下级之间的目标考核。

(二) 多元参与导向下的绩效评价模式

目标管理责任制是一种自上而下的绩效考核模式,绩效考核处于一种"黑箱"状态,极大地影响了政府绩效考核目标的实现。随着民主政治建设的深入推进以及公民政治参与意识的不断提升,政府绩效考核的"黑箱"逐渐打开,公众与第三方组织相继参与到政府绩效评估过程之中,政府绩效评价的科学性得以有效提升。在多元参与的政府绩效评价模式之下,杭州、南京以及珠海等地相继建立公众评议模式,甘肃建立第三方政府绩效评估模式,这种参与式的政府绩效评价受到了持续关注和好评。

与目标责任制导向的绩效考核相比,参与式的绩效评价模式在注重政府内部责任考核控制的同时,还引入外部力量对政府绩效水平进行打分,这种政府主导、多元参与的绩效评价模式,将自上而下的组织控制与自下而上的外部监督有机结合起来。

(三) 治理属性下的预算绩效管理模式

目标责任制和多元参与有效提升了绩效管理的工具属性,但在治理结构与治理技术层面并未形成有效的变化。《关于全面实施预算绩效管理的意见》指出,"建立预算绩效体系,加快实现国家治理体系和治理能力现代化"[1],预算绩效管理的治理属性得以突出。预算绩效管理模式与目标责任考核模式、政府绩效评价模式在实施主体、评价指标、评价方式和结果应用等方面不尽相同,从一定程度上而言,预算绩效管理建立在控制和管理预算基础之上,具有明确的法制保障和监督约束,突出立法机关在整个预算绩效管理中的监督主体作用,全方位、全领域、全过程关注政府活动的成本、产出和效果。

---

① 中共中央 国务院关于全面实施预算绩效管理的意见 [EB/OL]. http://www.xinhuanet.com/politics/2018-09/25/c_1123481168.htm. 2018-09-25.

在预算绩效管理模式下，打破了政府主导的内部考评体系，为外部主体参与和监督政府绩效管理创造了条件，实现政府绩效管理内部考评与外部监督的有机结合。预算绩效管理较之于原有的政府绩效管理，其更加注重治理属性，是一种"投入—过程—产出"模式，将监督和考核融入预算管理的全过程，突出成本、监管以及效益等治理指标维度。

第二节　国家治理现代化视角下预算绩效管理的价值定位

预算绩效管理强调政府预算服务于民的导向，突出预算管理的责任、效率和效益，要求在预算编制、执行、监督的全过程中更加关注预算资金的产出和结果，要求政府部门不断改进公共服务水平和质量，花尽量少的资金、办尽量多的实事，向社会公众提供更多、更好的公共产品和公共服务。作为深化行政体制改革的重要举措，预算绩效管理是财政科学化、精细化管理的重要内容，对于促进高效、责任、透明政府的建设具有重大的政治、经济和社会意义。

一、推进国家治理体系和治理能力现代化的内在要求

党的十八届三中全会提出"全面深化改革的总目标是完善和发展中国特色社会主义制度，推进国家治理体系和治理能力现代化"。推进国家治理体系和治理能力现代化离不开财政的基础性支撑，财政高效发挥作用离不开预算的内在保障，因此财政预算绩效管理制度是国家治理现代化的重要内容。

财政是国家治理的基础和支柱。加强预算绩效管理不仅是完善财政体系构建、推进财政资金更加高效利用的重要手段，更是理顺政府职能关系、推动经济社会发展以及提升政府治理能力的必要之举。在理念层面，由于缺乏对预算重要性、社会性和应用性的宏观整体研判，忽视预算各环节的绩效评价和管理，在财政资金管理领域出现了"头痛医头、脚痛医脚"的问题，造成很多领域和项目资金的浪费、利用低效和管理不善等问题。这些问题对于新时代推进国家治理体系和治理能力现代化提出了新的挑战和要求，考验国家在财政资金管理的能力和水平。

全面实施预算绩效管理在顶层设计和战略高度重新审视了传统预算管理的弊病和不足，构建起一整套与政府财政管理能力、国家治理能力要求相匹配的管理体系，在各地推进的实践方面也取得了积极成效。在国家治理体系与治理能力现代化的总目标驱动下，国家财政在承担经济发展等重要职能的同时，还必须具有在国家治理中发挥重要作用的职能[①]。因此，要从更高战略和更深谋划层面认清预算绩效管理对于推进国家治理现代化的现实意义。

预算绩效管理有利于进一步增强政府的责任意识、服务意识和法治意识，提高公共财政的效率，提升政府治理效能。建立健全预算绩效管理制度，实现财政的高质量发展，推进经济社会的高质量发展，能更好发挥财政在国家治理中的基础和重要支柱作用。在以结果为导向的预算绩效管理中，每年的财政支出要与取得的产出或效果挂钩，上一年的表现会影响下一年的预算安排。地方、部门和单位申请预算时必须依据其职责，设定具体的绩效目标，准确计算达成目标所需的资金，力求避免浪费，从而绩效管理使预算资金的申请变得谨慎，强化了责任意识，提高了资金的使用效率。

二、深化财税体制改革和建立现代财政制度的重要内容

党的十八届三中全会中提出的《中共中央关于全面深化改革若干重大问题的决定》（以下简称《决定》）对深化国家财税改革提出了基本要求："深化财税体制改革，建立现代财政制度"。《决定》指出"科学的财税体制是优化资源配置、促进社会公平、实现国家长治久安的制度保障"。《决定》还对建立现代财政制度作出明确规定，即"必须完善立法、明确事权、改革税制、稳定税负、透明预算、提高效率，建立现代财政制度"。

预算绩效管理是财政制度的重要内容和路径依托，现代财政制度的基本要求是全面规范、公开透明、高效运行和法治保障，这也成为加强预算绩效管理的内在要求。同时，预算绩效管理改革是深化财税体制改革的重要表现，对于进一步理顺财政管理体制，加快建立现代财政制度具有积极的推动作用。从实践方面来看，传统的预算管理体系，存在重投入轻管理、重支出轻绩效的倾向，以致一些领域财政资金出现低效无效、损失浪

---

① 邓力平：《中国特色社会主义财税思考》，厦门大学出版社2016年版。

费和绩效错位的问题,并且伴生了克扣挪用、虚报冒领等腐败问题。随着预算绩效管理的全面实施,在预算管理理念、财政资金管理体制、现代财税或财政体制等方面均实现了新突破新发展,财政部门在关注有多大"蛋糕"可分配、分配到什么地方的同时,逐步开始关注花钱的效果、资金的使用效益和效率。①

通过全面实施预算绩效管理,能够有效化解当前基层财政面临的收支矛盾和债务风险等诸多挑战。具体而言,实施预算绩效管理,有效应对了民生建设和环境保护等领域财政收支矛盾凸显的问题。通过强化预算绩效管理,重点关注资金使用的结果和产出,将预算资金的分配与预算单位的业绩挂钩,优化财政预算配置,可以减少财政资金的浪费。借助预算绩效管理,把资金用到最需要的地方,增加资金使用效益,使资金产生最大的绩效,这对政府提高抗风险能力具有非常积极的作用。② 因此,要深刻理解和把握预算绩效管理对于深化财税体制改革和建立现代财政制度的重要意义。

三、优化财政资源配置和提升公共服务质量的关键举措

当前我国经济发展呈现出新常态,面临增长速度放缓、深层结构矛盾凸显、公共资源配置亟待优化、财政增收节支压力增大的局面,这些均要依靠全面实施预算绩效管理加以有效应对和化解。社会主义进入新时代,群众对于美好生活需要的向往更加强烈,这需要政府在各项管理活动、体制机制安排和改革设计等方面做好相应的资源配置和改善公共服务的系统考量,并对预算绩效管理体制的改革提出迫切要求。

一般而言,财政支出本质上是一种资源配置过程,其具体活动则反映了政府的一系列决策行为。实施预算绩效管理,能够更好地配置财政资源,让资源匹配更加公平、合理、有效,缓解城乡间、领域间、层级间和地区间的财政资源配置矛盾。同时,全面实施预算绩效管理,需要克服传统预算管理中存在的财政预算绩效管理覆盖广度、深度不够,绩效约束不强,结果应用的激励效应不明显等问题。在提供公共产品或服务等财政投

---

① 张欣:《预算绩效管理与财政政策评价:构建全周期预算绩效评价体系》,北京邮电大学出版社2016年版。
② 张怡亮:《关于全面实施预算绩效管理的现实意义存在问题和建议》,载于《财会学习》2019年第28期。

入领域，不仅要关注于"钱花得怎么样"，而且还要关注"为什么花这笔钱？怎么花？花的效果如何？"形成花钱必问效、低效必问责的理念，构建绩效评价结果与预算安排和政策调整的挂钩机制。实施预算绩效管理，通过科学安排预算指标、合理划分资金投向投量，提高财政资金使用效率，让广大群众切实感受到纳税人的钱真正花在了有用的地方，充分享受到经济社会发展成果，这对于提升各级政府满意度和公信力具有重要意义。因此，从本质规律层面更深入地理解和把握全面实施预算绩效管理对于优化财政资源配置和提升公共服务质量的重要现实价值。

开展预算绩效管理有利于创新公共服务供给机制，推动供给主体多元化、提供渠道畅通化、提供模式高效化、提供方式多样化以及提供服务均等化，更好地满足人民群众对高质量公共服务的新需要。通过对预算资金进行相关性的判断，在公共财政的框架下确定资金的支出方向，有助于厘清政府职能发挥的边界，使财政资金更加聚焦于公共产品与服务的提供。提高政府财政资金的使用绩效，要强化财政资金的编制、执行、监督的全过程，注重成本收益分析，切实关注政府财政支出结果与目标之间的关联性，将绩效理念全面融入政府管理的全过程。通过实施预算绩效管理，提高财政资金使用效益，把节省的资金投入涉及民生、环保等的重点领域，不断提升为人民服务水平和提供公共服务质量，切实筑牢以人民为中心的发展理念。

第三节 国家治理现代化视角下预算绩效管理的基本框架

自21世纪以来，政府绩效管理经过长时间发展，在管理理念、运行制度、协调机制、技术体系等方面实现了较快进步。特别是，新时代的政府预算绩效管理立足国家发展战略高度、围绕深化财税体制改革、瞄准国家治理能力现代化，集中力量进行了制度体系革新。着眼于财政在国家治理、财政绩效管理在政府绩效管理中的基础性地位，基于对前置性制度、过程性制度和保障性制度三个维度的深入理解，分别推进和完善绩效预算管理运行制度、预算绩效评价应用制度以及预算绩效运行监控制度，这构成新时代政府预算绩效管理的基本框架，如图1-4所示。

第一章 国家治理现代化视角下的预算绩效管理

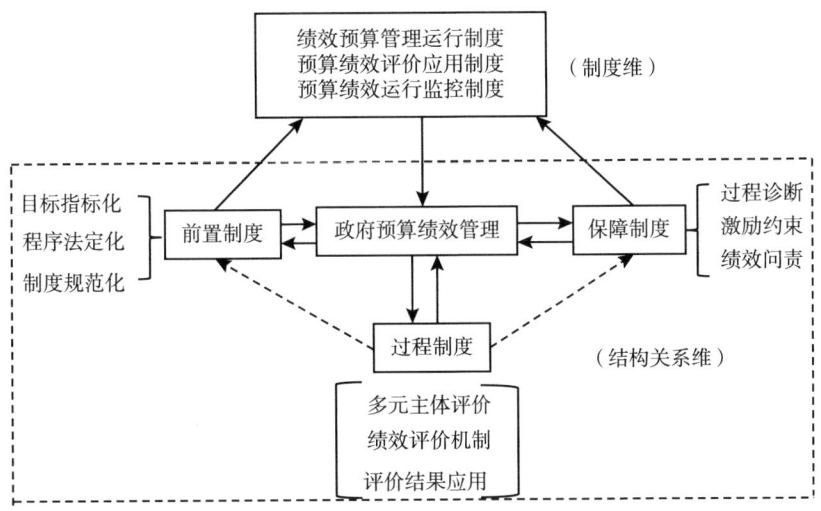

图1-4 新时代政府预算绩效管理的基本框架

一、前置性制度：绩效预算管理运行制度

（一）预算绩效目标指标化

预算绩效目标确定预算运行的方向，是指预算资金在一定时期内要达到的产出和效果。为更好地把握和测量预算绩效目标，新时期的预算绩效管理要求实现预算绩效目标的指标化，从而让预算绩效目标得以细化、量化，真正保证了预算服务于公共利益实现、满足社会公众需要的目标。预算绩效目标的具体指标体系蕴含不同行业、不同领域、不同层次的预算项目收支标准，成为科学评判、有效衡量预算绩效目标重要性和必要性的有力依据，在实现满足基本公共服务、财政收支科学合理、资源要素有效匹配等目标方面发挥重要作用。

从预算绩效目标指标化的角度来看，预算绩效管理将过去注重对预算投入的控制转变为对预算绩效目标的全面评价和考量，形成由注重结果和产出转向成本、结果和产出三者并重的评价导向，强调构建科学合理、细化量化、可比可测的预算绩效目标指标体系，为实现预算和绩效管理一体化，从全方位、全过程、全覆盖的角度出发，打造科学透明、规范标准、约束有效的预算绩效管理体系。

（二）预算程序法定化

预算绩效管理是政府安排财政资金的重要制度方式，超越了绩效评价的单纯行政权威控制，一些克扣挪用、虚报冒领等问题需要在预算程序的法律规范层面加以解决。依据国家《预算法》，预算绩效管理将预算编制、审批、预算执行、预算动态调整、决算审计、绩效评价等整体预算程序都纳入法律层面，并处在新时期的预算程序法定化定型和完善阶段。

预算程序法定化是实现预算治理法治化的重要前提，为政府各主体各部门间预算管理的相互协调和监督提供了有力保障，也为构建绩效预算管理运行制度提供了先决条件。具体而言，预算程序法定化直接保障了预算绩效的有效产出和效益，涵盖社会效益、经济效益、生态效益等内容；也有力保障了预算绩效管理过程采用预算协商参与、听证辩论的形式，夯实了预算绩效管理的合法性和正当性基础，同时增强了预算绩效参与主体的认同感和认可度。

（三）预算制度规范化

建设现代化的公共预算制度正是国家治理体系和治理能力现代化的核心任务[①]。面向国家治理能力现代化的目标要求，按照构建现代财政制度的总体要求，深化政府预算绩效管理改革的一大逻辑在于不断推进预算制度改革和规范化发展。预算制度规范化不仅从宏观层面总体把握了国家治理现代化的目标，对预算制度发展导向上做出了明确要求，同时也从微观层面对预算主体、预算流程、预算项目、预算方法等各方面做出了细致安排，让预算绩效管理做到有制度可循、有制度支撑、有制度推进。各项制度审思制度本身的科学性、必要性、有效性和精准度，聚焦解决当前问题和健全长效机制，关注预算资金的产出效果和宏观政策目标的实现程度。从运行成本、履职效能、管理效率、服务对象满意度、社会效益等维度可以评价预算制度的运行效果，分析和把握制度规范化的建设程度，补齐制度短板或修复制度性问题。从国家治理角度来看，新时代预算绩效管理制度在财政获取渠道、功能结构、制度安排、运行机制等方面既影响和塑造着国家治理的形态及治理能力，同时也构成实现国家治理现代化的重要制

---

① 吕凯波、王聪、邓淑莲等：《国家治理现代化中政府预算公开的转型过程与制度障碍》，载于《南京审计大学学报》2017 年第 5 期。

度工具。

二、过程性制度：预算绩效评价应用制度

（一）多元主体参与预算评价

预算绩效管理从单一政府主体评估逐步扩大为来自社会力量等群体的多元参与。新时代的预算绩效评价正是充分发挥了来自政府自身内部机构、人大组织、财政部门、社会第三方机构等不同主体的合力，实现了预算绩效管理的倒逼式前进和内涵式发展。政府各部门、各单位是各自预算绩效执行和评价主体，负责本部门、本单位的预算绩效评价工作。财政部门是绩效评价的主管部门，统筹负责各级政府部门的财政收支预算及评价工作。全国多数地区已经采取引导和规范第三方机构和建立专家咨询机制的方式，聘用和委托专家、中介机构等组织实施各级政府预算绩效评价工作，并向社会公众及时有效地公开绩效评价结果。

在预算绩效评价主体层面，政府、市场、公众及各类社会组织在党的领导下不断参与预算绩效评价，实现评价客观性、全面性、专业性、人民性得到最大限度的彰显，并开启由被动向主动的多元参与转变，激发预算治理的积极性，并塑造出预算治理的合力。

（二）绩效评价机制持续优化

绩效评价在预算事前、事中、事后不同阶段，根据不同财政资金使用目的和领域具体实施。绩效评价机制则包括绩效目标评价、绩效运行评价和绩效结果评价，并且评价的内容涵盖了公共预算、政府性基金预算、国有资本经营预算、社会保险基金预算等不同领域。作为一种新型的预算治理方式，预算绩效评价机制在新时期实现了质的跨越，将绩效评价贯穿于预算编制、审批、执行和监督的全过程，得以保证每一环节有序有效推进、环环相扣、助推升级。比如，各部门各单位根据绩效目标评审或项目审批，开展事前绩效评估，对于绩效目标合理性、立项必要性、实施方案可行性等内容展开研究，审核和评估的结果作为预算安排的依据。在绩效运行评价环节，各部门各单位突出资金使用的效率和有效性，实现预算绩效目标实现过程的监控，分析研判预算执行按照既定方向发展的情况。在绩效结果评价环节，各部门各单位聚焦问题导向，寻找实际绩效达成度与

预期实现的绩效水平之间的差距。

(三) 评价结果应用不断强化

预算绩效评价效果的实现最终在于评价结果的有效应用。伴随着多元主体参与预算绩效的治理,有力地打破了国家对预算活动的垄断,创造预算绩效各环节评价的有利条件,也为各环节评价的结果应用提供了主体力量支撑。新时期的绩效评价结果应用不断强化,各级财政部门建立重大政策、项目预算绩效评价机制,依据绩效目标评价实际情况来确定是否通过该政策或项目,并且根据绩效运行评价实际结果来进行政策或项目的调整。一些地区探索建立了评价结果应用与预算安排的挂钩机制,将部门整体绩效与预算安排、综合运行绩效与转移支付分配相挂钩,依据预算绩效导向来完善绩效评价结果的反馈制度,并且推进绩效问题整改责任制,以实现优先保障、督促改进、调整优化不同绩效表现的政策或项目,切实增强了绩效评价结果应用。

三、保障性制度:预算绩效运行监控制度

(一) 强调过程诊断

以"目标—绩效—责任"为核心的预算绩效管理是一种用于改进和完善预算管理的有效工具,预算过程绩效既要关注政府内部利益,也要满足公众利益[①]。绩效过程诊断是预算绩效管理平稳运行的重要保障,强调预算事前、事中的过程化诊断,以满足事后的预算绩效目标更好实现。新时期预算不仅关注事后的结果评价,也注重对预算事前、事中环节的诊断和评价,将绩效理念与方法深度融入预算编制、执行、管理全过程,所有诊断结果为预算过程优化、预算激励约束、预算监督问责等提供信息来源。在具体实践层面,各级政府部门对绩效目标实现程度和预算过程运行进度实行"双监控",做到过程及时纠偏和保质保量实现绩效目标。预算事前的诊断在于对各类预算信息的分析研判,并做到政府组织间业务、资产等信息的互联互通,以便为预算编制提供更好的诊断结果。

---

① 何文盛、蔡泽山:《新时代预算绩效管理推进国家治理现代化的多元维度审视》,载于《上海行政学院学报》2018年第3期,第4~14页。

(二) 凸显激励约束

在国家治理现代化的推进实践中,预算绩效运行监控制度的不断完善是政府治理能力不断强化的重要体现,在预算绩效激励和约束方面发挥了较好效果。这体现为政府组织、部门及干部不同主体的激励和约束,依据地区间不同发展条件、不同领域发展目的等设置了差异化的激励约束目标。各级政府要将预算绩效结果纳入政府组织绩效、部门绩效和干部政绩的三级考核体系,针对不同地区和不同发展目标的政府组织及部门赋予不同的结果应用。并且,三级政绩考评体系构成领导干部选拔任用、普通公务员考核的重要参考依据,充分调动各地域、各部门、各群体履职尽责和干事担当的主动性与积极性。地方各级党委和政府、部门和单位主要负责人对本地区、本部门和本单位的预算绩效负责,项目责任人对项目预算绩效负责,并确立绩效终身责任追究制。各级财政部门主抓本级部门和预算单位、下级财政部门预算绩效表现进行考核,对实绩突出地区或部门给予表彰,对表现一般与较差的采取约谈或整改的方式,凸显出绩效激励与约束效应。

(三) 强化绩效问责

让预算绩效"软约束"向"硬约束力"充分转变,实现预算绩效理财和理政的结合。[①] 传统绩效评价侧重于行政权威约束、社会压力机制来实现监督目标,新时代强化预算绩效管理借助法律法规、从严审计方式来实现监督问责,充分发挥人大、政府、司法机关、公众以及社会组织等主体作用,按照全面覆盖、突出重点、权责对等、约束有力、硬化标准、及时纠偏的原则,加强多主体有效协同参与,不断实现政府系统内预算监督管理的分级实施。

国家司法机关依法对预算绩效管理进行审计监督;各级财政部门推进绩效信息向社会公开,搭建社会公众和社会各界参与预算管理和监督的平台;人民代表大会根据各部门重要绩效目标、绩效评价结果与预决算草案,做出公正监督和决定;政府各部门及时向纪检监察机关有效提供各类违纪违法问题线索。

---

① 周振超、李英:《全面实施预算绩效管理 加快推进责任政府建设》,载于《中国行政管理》2018 年第 11 期。

运用强有力的绩效监督问责机制是硬化责任约束、督促责任落实和推进预算工作改进的必然要求，推动财政资金增效利用，增强政府公信力和执行力，将有助于进一步推进构建新时代面向国家治理能力现代化的预算绩效管理体系。

第四节 推进绩效评价走向预算绩效管理的对策路径

党的十九届四中全会提出要推进国家治理体系和治理能力现代化。财政作为"国家治理的基础和重要支柱"，既是政府活动的基础，又是政府履职的支柱。因此，进一步优化政府财政职能，推进政府绩效评估由个人绩效评估、组织绩效评估走向财政预算绩效管理，是国家治理体系与治理能力现代化的"牛鼻子"。

新时代财政预算绩效管理要围绕在党的十九大关于全面实施绩效管理的总要求，以及党中央、国务院《关于全面实施预算绩效管理的意见》的具体部署下，深化体制改革，构建全面规范透明、标准科学、约束有力的预算制度。在绩效管理领域进一步突出预算绩效的重要作用，为加快建成全方位、全过程、全覆盖的预算绩效管理体系，须从理念认同、法治完善、人民满意、责任落实、技术赋能方面着手。

一、以理念认同为先导，树牢预算绩效管理理念

作为预算管理革新的政策工具，预算绩效管理面临着一系列新要求、新问题和新挑战，需要集中回答和解决好我国财政资金管理、资源优化配置、政府治理效能等问题。因此，全面实施预算绩效管理首先需要从组织、制度、执行等层面增强理念认同，实现参与主体自觉、主动、高效推进各项预算工作。

（一）强化各级领导干部预算绩效理念

着力切实转变部门和单位负责人预算管理的思想观念，各级领导干部要认真贯彻落实党中央关于全面实施预算绩效管理的各项决策和部署，树牢预算绩效管理理念，牢牢把握预算绩效管理这一"牛鼻子"。特别是，强化各级领导干部的预算绩效理念，建立健全"花钱必问效、无效必问

责"的预算绩效管理体系。

(二) 加强预算绩效管理工作宣传

既要注重预算绩效管理对于政治、经济有突出作用的宣传引领,还要求宣传预算绩效管理的指导思想、基本特征、主要内容、发展要求[①],引导各地区各部门切实将绩效管理工作内化于心、外化于形,充分发挥绩效管理的"催化剂"作用,努力营造人人讲绩效、事事求绩效的浓厚氛围。

(三) 加强预算绩效管理业务培训

从业务工作开展而言,应分层次、分步骤、分任务组织开展专题培训班,创新方式方法对预算绩效管理的相关知识进行解读,引导业务管理主体将自身的工作职责落实到每一个预算绩效项目上。通过强化业务培训,不断加深培训人员对预算绩效管理的学习,使预算绩效培训更具科学性、规范性、有效性。

二、以法治完善为保障,推进绩效预算有序运行

预算绩效管理涉及部门面广、参与数多,现阶段法律法规所赋予财政部门的职能标准范围在一些领域已经超出了预期,各项绩效目标在整体工作落实中差异化显著。新《预算法》从法律规范层面建立起对预算绩效管理的新准则,但预算绩效法治化程度仍需进一步提高,要进一步增强绩效预算编制、审批、运行、监督和结果应用等全过程的权威性和稳定性。

因此,要优化关于预算绩效管理的法律条文实施细则,从法律保障层面给予更多支持,加强机构间预算绩效管理与部门内业务流程的相互衔接与匹配工作。针对现阶段我国预算绩效所暴露出的问题,以法制保障为基础,推进绩效预算有序运行。一方面,要健全法律保障体系,引入外部决策和监督机构,借助专家、社会营利性组织、第三方咨询机构进行绩效评价,增强绩效评价主体多元化[②]。单一的预算绩效管理信息公开的一个显著特征是信息公开内容少、碎片化、范围小,要处理这个问题,仅靠单一

[①] 马蔡琛、苗珊:《中国政府预算改革四十年回顾与前瞻——从"国家预算"到"预算国家"的探索》,载于《经济纵横》2018年第6期。

[②] 杨志安、邱国庆、郭矜:《全面实施预算绩效的实践考察、国外经验及实现路径》,载于《财政监督》2019年第9期。

评价主体无法解决，还需要把评价结果决定权放置于预算部门之外，引入一个多元评价主体体系，以便有效保障预算绩效的评价过程。另一方面，全面依法推进预算绩效管理，增强绩效预算各环节的权威执行、刚性执行、规范执行。各级各部门要坚持定向同外部监督机构提交预算绩效报告，通过预算绩效报告找出预算编制和预算执行中哪些方面存在不足，找出问题及时纠错，并督促整改，着力提高预算绩效质量。让绩效预算各项环节和重点工作真正做到有法可依、依法推进。

三、以人民满意为标尺，完善预算绩效监督体系

预算绩效监督是一种事中和事后相结合的监督方式，对预算绩效和政府治理效能的实现发挥重要作用。监督政府预算绩效体现了国家预算的公开化、透明化、民主化，保证政府收支合法合规性、提升资金使用效率效益，确保符合人民群众的意愿和实际需求。坚持以人民满意为标尺，完善预算绩效监督体系需要拓展监督渠道、创新监督形式、充分吸纳多元主体参与。

（一）拓展监督渠道，整合各类预算监督的机制

实现对预算绩效的内部与外部监督、宏观与微观监督、日常与集中监督、事中和事后监督、舆论和专业监督各渠道的有效融合，保证财政资金"取之于民，用之于民"。各参与监督主体要明确目标、形成合力，突出群众直接性的监督参与，保障预算监督的真实性、有效性、有用性。

（二）创新监督形式，搭建监督预算绩效的平台

进一步推进预算公开，在政府官网等公共网络空间公开各级政府部门的预算收支情况。依据涉密保护原则，明确细化和公开政府一般公共预算、政府性基金预算、国有资本经营预算、社会保险基金预算等信息。鼓励媒体报道、网络直播、群众参与等方式，直接有效地保障最广大人民群众的知情权和监督权。

（三）吸纳多元主体参与，发挥预算绩效监督的整体合力

发挥人民代表大会的全过程监督和绩效评价，推进预算绩效的追踪反馈、绩效评价及结果应用，以项目执行情况和绩效表现作为后续项目绩效

预算编制的依据。财政部门、审计部门等监督主体开展预算资金绩效的评价与监督,对绩效目标的实现程度和预算执行力度实行实时监督,推进下一阶段预算绩效管理的工作部署。专家、中介机构等第三方专业主体开展绩效目标评审、绩效跟踪、绩效评价,进一步保障预算绩效管理工作的真实性和有效性。群众及舆论监督是预算绩效监督参与范围最广泛、最有效的选择,依据对各类部门、单位的预算绩效情况的监督和评价,直接回应和满足群众的需求。

四、以责任落实为遵循,强化预算评价结果应用

绩效评价结果应用是实施预算绩效管理的出发点和落脚点,是对预算执行成果的最终反映,也是政府各部门各单位开展下一周期预算安排的重要依据,促进绩效评价工作不断改进和完善。

首先,构建信息公开透明的绩效评价结果应用机制。预算绩效评价结果是实施预算绩效管理的关键环节,建立公开透明的绩效评价结果应用机制更是重中之重。预算绩效评价结果在财政方面要公开透明,及时形成评价报告,推动财政预算绩效管理更具有科学性和有效性[1]。评价的结果除了向评价单位和外部监督机构进行报送之外,还需通过各种方式向社会公众公开预算绩效信息,使其通过绩效评价结果系统地、真实地了解有效信息。外部监督机构和公众参与的理性偏好表达可以为财政预算绩效评估提供数据资料作为参考依据,进而能够很好地改进下一步预算编制、预算绩效执行,以及对项目负责人的奖优罚劣处置。

其次,依据预算评价结果,合理规划和控制预算编制。各级政府在财政预算编制时,可以从时间、成本、效益等多角度出发,优化预算支出结构。根据项目的评价结果综合考量既定预算绩效目标的达成情况,基于评价结果与绩效目标完成的差异化程度、绩效高低以及轻重缓急来推进下一步的预算资金安排。针对评价结果较好的项目,可以依据财力适当给予资金提升项目工作的扶持;针对评价结果较差的项目,要减少和调回预算资金配置。把项目资金规划和控制严格设置在合理范围之内,并使项目资金与预算单位的激励和硬约束相联系。

最后,科学实施事前绩效评估与事后评价结果的对接。事前绩效评估

---

[1] 陈晓旭:《我国地方政府公共预算的绩效管理问题研究》,南京师范大学,2018年。

是全面贯彻实施预算绩效管理的基本依据,是事后预算绩效监督的基本要求,也是合理配置财政资金的根本保证。当前要加快构建事前、事中、事后"三位一体"预算绩效流程布局,整体推进事前绩效评估,稳步落实事中绩效监督,合理评估事后绩效结果。以结果为导向,健全绩效评估与绩效评价结果挂钩机制,考核事前绩效评估与事后评价结果其投入与产出的相关性,对不符合要求的和达不到指定标准的要有一套完备的问责机制。

五、以技术赋能为支撑,加速预算的信息化进程

新时期的预算绩效管理要顺应信息技术的迅速发展,直面各类风险考验,抓住机遇和优势,让信息技术为预算绩效管理赋能。信息技术是绩效预算的战略工具,对迅捷高效地获取、处理和分析全面有效的预算信息发挥了不可替代的作用,有助于提高绩效评价效率、推动预算绩效结果应用、提升政府工作效能。

首先,以信息化技术应用,推动预算绩效目标管理全覆盖。财政预算绩效目标管理全覆盖是一项系统性工程,要求各地区、各部门结合实际情况,对专项资金和预算单位年度部门整体支出开展绩效目标管理,预算部门在编制年度预算时要申报;同时涉及重大预算资金的项目要实施绩效目标管理,各级各部门应当建立建设动态的绩效管理调整机制,将预算绩效目标规划的所有支出预算全覆盖,合理规划预算资金的支出比例,提高资源配置效率和资金使用效益。实现部门业务绩效管理与预算绩效管理的协同,需要以预算为变量,在时间上、评价内容上[1],通过数据决策和数据管理动态监测预算执行,并实时提取绩效管理中的数据信息,逐步提升预算工作的效率。

其次,以信息化技术应用,实现预算编制和绩效管理全融合。一方面,重视绩效目标的测评工具和方法。如运用 PART 的绩效理念与项目绩效评价方法对"口袋预算"管理流程进行重塑[2],实现绩效目标与部门预算、编制与执行的互联互通,优化预算流程。另一方面,加快推进预算项目数据库建设,充分发挥大数据信息平台优势,运用先进科学的分析技

---

[1] 曹堂哲、罗海元:《部门整体绩效管理的协同机理与实施路径——基于预算绩效的审视》,载于《中央财经大学学报》2019 年第 6 期。

[2] 胡晓东、尹艳红、陈珏如:《中国政府预算绩效管理研究述评——基于 2003～2017 年文献》,载于《甘肃行政学院学报》2018 年第 3 期。

术，如成本效益分析法、比较法、因素分析法、标杆管理法等方法，推动数据信息在预算编制和绩效管理的使用，确保项目数据中关键指标在预算编制和绩效管理的连接耦合，实现预算编制和预算绩效管理全融合。

最后，以信息化技术应用，优化预算管理全过程。信息化建设有助于建设覆盖预算编制、预算审查与批准、预算执行、预算调整、预算考核与决算的全过程预算管理体系①。加快推进财政大数据建设应用，实现各级政府和各部门单位的业务、财务、资产等信息共享，互联互通，打破"信息孤岛"和"数据烟囱"。充分整合、挖掘、应用各类数据，突破单一地区、单一时间段、单一部门或某一项目，实现多地区、多主体、多时段关联数据的有效整合，既能更好地开展绩效过程监督，也能多角度、多样化地开展绩效分析，提升预算绩效管理能力的现代化。

---

① 高圣华：《以全面实施预算绩效管理助推高质量发展》，载于《中国财经报》2019年10月19日。

第二章

部门整体预算绩效管理的理论基础与体系构建

自 20 世纪 90 年代中期开始,我国学术界围绕预算绩效管理的基本内涵和概念、制度基础和背景、改革意义和目的、存在问题和障碍、实施路径和对策等进行了广泛的研究和探讨。《中共中央 国务院关于全面实施预算绩效管理的意见》的颁布,标志着我国自 21 世纪初探索实践的预算绩效管理开始步入统一、规范、协同推进的新阶段。制度演进为进一步深入开展我国预算绩效管理研究提供了丰富的场景和实践。

第一节 部门整体预算绩效管理的理论基础

预算绩效管理是我国特有的概念,国际文献和实践中的相近概念是"政府绩效管理"(Government Performance Management,GPM)和"绩效预算"(Performance Budgeting,PB)。GPM 由一系列帮助政府组织优化其业务绩效的管理流程构成。由于预算能够反映和确定政府活动的范围、方向和方式,因此围绕公共预算全过程展开的 PB 技术,成为各国实施政府绩效管理改革的核心。

一、部门整体预算绩效管理的概念界定

(一)预算绩效管理

预算绩效管理是一种以支出结果为导向、以成本效益原则,根据评判标准进行绩效结果评价并应用的一种预算管理模式。预算绩效管理是保证

预算发挥其作用,实现政府部门合理开支的基本路径。总体而言,预算绩效管理的关键在于通过树立绩效理念和借助相关工具手段,建立以绩效为导向的现代预算管理体制,进一步提高财政效率和资金使用效果,促进财政治理能力现代化,其本质是现代公共管理治理理念和治理模式的升级再造。

(二) 全面实施预算绩效管理的核心要义

全面实施预算绩效管理是构建现代财政体系、提升国家治理能力的关键一步,其核心内容在于建立全方位、全过程、全覆盖的现代预算绩效管理体系。

1. 通过系统推进构建全方位预算绩效管理格局。全方位格局的要点在于政府控得稳、部门看得准、项目用得好。从政府层面看,要统筹兼顾、长远考虑,既要回应提升公共服务的需要,也要充分考虑经济和社会的承受能力,提升预算的可持续性。从部门层面看,要明确预算绩效责任主体,优化资源配置,给予部门更大的预算自主权,促进其更好地谋篇布局,提升工作绩效。从政策和项目层面看,要将政策和项目全面纳入预算绩效管理,所有的政策和项目的实施都必须有更加明确的目标、更加充分的论证,促进政策和项目的质量提升。

2. 通过形成闭环建立全过程预算绩效管理链条。有高质量的预算才可能有顺畅的预算执行,有顺畅的预算执行才可能有满意的绩效结果。预算编制和审议阶段的重点是绩效评估,并要强化绩效目标管理,绩效目标不仅要包括产出、成本,还要包括经济效益、社会效益、生态效益、可持续影响和服务对象满意度等绩效指标。预算执行阶段的重点是运行监控,绩效评价阶段的重点是绩效应用,整个过程又有赖于人的尽心尽责和热心参与。将绩效导向贯穿预算全过程,形成闭环联动机制,有助于发挥每个环节的积极作用,促进整体绩效的提升。

3. 通过全面问效完善全覆盖预算绩效管理体系。全面问效意味着要一个"盘子"统筹平衡、全面考虑,扭转四本账各自为政的局面,从整体上提升财政资金的配置效率和使用绩效。

(三) 部门整体预算绩效管理

部门整体预算绩效管理的适用范围被限定在部门的范围内,将部门预算与绩效管理结合,是一种以政府部门所有公共预算作为管理对象的公共管理行为。支出预算绩效管理的内容是一个包括了"点、线、面、体"构成的复杂体系，"点"是项目预算绩效管理，"线"是部门预算绩效管理，"面"是政策预算绩效管理，"体"是政府预算绩效管理。从"点"到"体"完全覆盖、全面做好，兼顾各类预算的实际情况和不同特性，是提升各级财政的稳健性和有效性的关键工作。

实施部门整体预算绩效管理，要求将部门预算收支全面纳入绩效管理，赋予部门更多的管理自主权，围绕部门职责、行业发展规划，以预算资金管理为主线，统筹考虑资产和业务活动，从运行成本、管理效率、履职效能、社会效应、可持续发展能力和服务对象满意度等方面，衡量部门整体及核心业务实施效果，推动提高部门整体绩效水平。

从预算绩效管理的全过程内容来看，部门整体预算绩效管理包括以下四项：

1. 建立绩效评估机制。各部门对新出台的重大政策、项目开展事前绩效评估，重点论证立项必要性、投入经济性、绩效目标合理性、实施方案可行性等，评估结果应作为申请预算的必要条件。

2. 强化绩效目标管理。各部门编制预算时要细化各项工作要求，结合本部门实际情况，全面设置部门整体绩效目标、政策及项目绩效目标。绩效目标不仅要包括产出、成本，还要包括经济效益、社会效益、生态效益、可持续影响和服务对象满意度等绩效指标。

3. 做好绩效运行监控。各部门对绩效目标实现程度和预算执行进度实行"双监控"，建立重大政策、项目绩效跟踪机制，对存在严重问题的政策、项目要暂缓或停止预算拨款，督促其及时整改落实。

4. 开展绩效评价和结果应用。各级部门建立重大政策、项目预算绩效评价机制，逐步开展部门整体绩效评价，并通过自我评价和外部评价相结合的方式，对预算执行情况开展绩效评价。

二、部门整体预算绩效管理的理论基础

（一）新公共管理理论

1. 新公共管理理论的主要内容。新公共管理理论是20世纪80年代的新公共管理运动的产物，该理论认为公共部门绩效不佳在很大程度上是管理问题，而这一问题主要源于公共部门官僚制组织结构和权力结构的内在

弊端。新公共管理理论主张借鉴企业管理的理论和方法，从而向一般管理模式进行转变。

新公共管理理论主要包括以下几点内容：一是强调市场机制。政府部门可以减少对市场的干预，调动非政府部门的参与积极性，通过两者间的竞争，可以提高公共物品和服务供给的效率。二是更加重视政府活动的产出和结果。该理论认为相较于投入，产出和结果的管理显得更加必要，政府有关的资源配置也应和管理人员的业绩考核联系起来。三是主张实行绩效目标控制。政府需要明确部门、组织和个人的具体目标，之后对目标完成情况进行绩效评价，以此代替之前严格的行政规制。

2. 新公共管理理论与预算绩效管理的关系。预算绩效管理是在新公共管理理论的基础上发展起来的。该理论将竞争机制引入公共服务领域，提高了管理工作的效率和质量，对产出和结果的重视促进了预算绩效管理考核机制的建立，也有利于社会公众对政府履职情况进行监督和评判。此外，新公共管理理论也引入了一些科学的企业管理方法，如绩效评估、目标管理等，为预算绩效管理提供了技术上的支持，提高了工作效率。

(二) 公共产品理论

1. 公共产品理论的主要内容。公共产品理论是新政治经济学的一项基本理论，也是正确处理政府与市场关系、政府职能转变、构建公共财政收支、公共服务市场化的基础理论。1919年瑞典经济学家提出了"林达尔均衡"，他强调每个人都面临着根据自己消费偏好确定的价格，并均可按照这种价格购买公共产品总量。处于均衡状态时公用产品的供需量相同，因为每个人购买并消费了公用产品的总产量，按照这些价格的供给恰好就是每个人支付价格的总和。公共产品有效供给的重点在于消费者需按自己从公共产品消费中获得的边际效用水平真实地反映对公共产品的需求，并相应地承担公共产品的成本才能使公共供给达到最优配置，即分摊成本与边际收益成比例问题。此外，由于公共产品具有非排他性和非竞争性的特性，在公共产品消费中人们存在一种"搭便车"动机，事实上每个人不愿意透露自己对公共产品愿意支付的成本。政府便发挥对公共产品成本的管理职能，通过税收所体现的"税收价格"反映出人们享用公共产品和劳务相应付出的代价。

2. 公共产品理论与预算绩效管理的关系。"税收价格"的存在，对政府提供公共产品和服务的成本形成约束和管理。政府必须提供能满足社会成员需要且社会成员愿意以一定的"税收价格"接受的公共产品,而预算绩效管理是以预算主管部门编制的绩效目标为连接,明确责任通过评价及结果应用形成的管理机制,并以此降低政府成本,提高资金的使用效益。由此可见,预算绩效管理是降低公共产品成本的有效途径。同时,"公共产品的高成本问题"需求也会引发"预算绩效管理"的供给,二者存在相互影响的关系。

(三)公共选择理论

1. 公共选择理论的主要内容。公共选择理论研究选民、政治人物以及政府官员们的行为。该理论假设他们都是出于私利而采取行动的个人,以此研究他们在民主体制或其他类似的社会体制下进行的互动。公共选择理论提出的主要公式之一是理性选择理论,即"经济人"假设,该假设将个人假定为理性的自利主义者,其"天性"是追求利益最大化与效用最大化,理性的个人在对其行为进行成本与效益分析时,往往倾向于选择自身利益最大化的方案或机会,除非有外在的其他因素限制,否则这种理性自私的行为不会受到抑制或干预。公共选择理论将理性自利的"经济人"理论运用在政治领域当中,政府官员是政治市场中追求自身利益最大化的经济人,其行为和决策在很大程度上会受到自身利益和动机的支配,由此出现政府失灵的现象。该现象通常表现在公共政策失误、公共物品低效率供给等方面,若要政治决策能够符合公众利益最大化,就必须建立起一套能约束和监督决策者的有效机制。

2. 公共选择理论与预算绩效管理的关系。公共选择理论成为全面预算绩效管理生成的理论基石。第一,预算绩效管理中,政府部门制定具体预算绩效评价指标,实时监控预算绩效目标的实行情况与执行进度,对存在重大问题、偏离预算绩效目标的项目暂停或停止拨款,督促其及时整改;多方参与预算绩效评价工作,其结果向社会公众公开,并且与预算安排紧密挂钩,且作为领导干部选拔的重要参考;在事前、事中与事后严格监督部门预算绩效管理工作。第二,预算绩效目标不仅关注产出和成本,同时重视社会效益与受益公众的满意度,绩效评价也注重效益指标与满意度指标考核;预算绩效管理是提高财政资金高效使用的途径,也是社会公众共同意志的体现,反映了公共利益。

(四) 委托代理理论

1. 委托代理理论的主要内容。委托代理理论是建立在非对称信息博弈论的基础上的。该理论主要研究委托代理关系，它被定义为一种契约关系，即一个或多个行为主体根据一种明示或隐含的契约，指定、雇用另一些行为主体为其服务，同时授予后者一定的决策权力，并根据提供服务的数量和质量支付对等的报酬，前者即委托人，后者为代理人。在信息不对称情况下，可能产生逆向选择与道德风险等问题。在政府部门预算绩效管理中，就政府部门与财政资金使用者而言，政府部门是委托人，政府有责任监督使用者是否高效使用公共资金，是否让民众受益；在政府部门与社会公众中，政府部门是代理人，它需要向社会公众提供优质的产品与服务。此外，部门之间也存在委托代理关系，上级政府对下级政府进行财政转移支付或财政补助；政府部门将财政资金使用权委托给支出部门。委托代理理论中，对代理人的行为予以监督和激励是关键。

2. 委托代理理论与预算绩效管理的关系。委托代理理论对预算绩效管理有借鉴作用。政府预算支出绩效评价的主体是财政部门，考核对象是财政资金的使用部门，考核内容一是使用部门是否合理配置和优化财政资源，财政资金的使用效率是否有所提高，并得到相应的产出和效益；二是对部门本身的工作绩效评价，是否按时完成、保质保量完成工作任务、实现工作目标等。另外，立法机构、审计部门、监察部门与社会多方合理监督财政部门、资金使用部门等，逐步构建完善的监督机制。

第二节 部门整体预算绩效管理的地位与作用

一、部门整体预算绩效管理的核心地位

部门整体预算绩效管理在全面预算绩效管理中占据核心地位，这可以从政府预算绩效管理、部门整体预算绩效管理和项目预算绩效管理之间的层层包含关系中进行阐述，如图 2-1 所示。

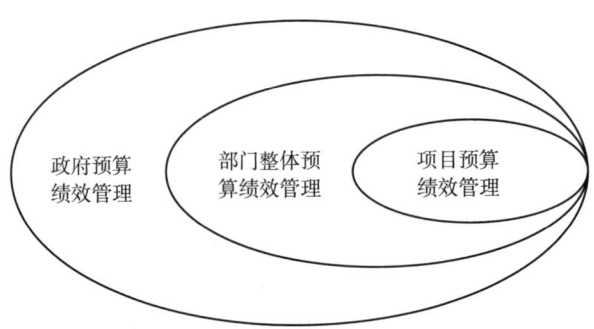

图 2-1　三个层级预算绩效管理关系

部门整体预算既是政府预算的基础,又是政府预算的反映形式,政府预算要通过各部门的预算执行得以实现;部门整体预算还是项目支出预算的保障,通过合理有效的部门整体预算规划具体项目支出预算,能够提高项目资金的使用效率。部门整体预算绩效管理既是政府预算绩效管理的基础与反映,又是项目预算绩效管理的保障与支撑。由此,确立了部门整体预算绩效管理在全面预算绩效管理当中的核心地位。

在现代公共预算管理中,政府预算是以部门为基础编制的,即部门预算构成政府预算。而部门预算之中,项目支出预算又是其重要的组成部分。由此不难推出,政府预算绩效管理、部门整体预算绩效管理与项目预算绩效管理是层层包含的关系。

(一) 部门整体预算绩效管理与政府预算绩效管理的关系

全面预算绩效管理从宏观到微观可以划分为三个层次:政府预算绩效管理、部门整体预算绩效管理和项目预算绩效管理。部门整体预算绩效管理是政府预算绩效管理的重要组成部分,二者相互影响、相互作用。部门整体预算是政府履行职能的物质基础、政策工具和监管手段,是政府公共支出的核心,因此,部门整体预算绩效作为政府预算绩效的主要指标和重要内容,是影响政府功能性绩效的关键因素。此外,部门预算资金使用的高效、透明,也是政府预算高效、透明的前提。部门整体预算绩效管理能够推动政府公共服务质量提高,促进政府职能转变,进一步提升政府预算使用绩效,因而对于政府预算绩效管理而言,部门整体预算绩效管理意义重大。

部门整体预算绩效管理与政府预算绩效管理最大的区别在于,前者是单个部门或者单位的整体预算绩效管理,后者则是整个政府的预算绩效管理;两者是一个包含与被包含的关系。部门预算是政府预算的有机构成,所有部门的预算汇总就是政府预算。部门整体预算绩效管理是从具体部门的预算使用业绩、效率、效能与成本四个维度来进行衡量,而对于政府预算绩效管理而言,其管辖范围内各个部门的整体预算绩效的汇总,就是对其预算绩效的综合反映。各个部门整体预算绩效管理到位,预算资金使用高效、透明,则政府的预算绩效管理也就到位、有效。

(二) 部门整体预算绩效管理与项目预算绩效管理的关系

部门整体预算之中包含两个部分,一是基本支出预算,二是项目支出预算。基本支出预算是行政事业单位保障机构正常运转、完成日常工作进行编制的年度基本支出计划,包括人员经费与日常公用经费两部分。因为基本支出是部门保障正常运转的刚性支出,所以其预算的编制与管理上可变性小、规范性高,故而其预算绩效管理水平较高。而同为部门整体预算重要组成部分的项目支出预算,是行政事业单位完成其特定的工作任务或事业发展目标,在基本预算以外编制的年度项目支出计划。由于项目的时效性,部门每年的项目实际支出都有可能发生较大的变化,而且不同项目的不同支出都会带来不同的绩效表现。因此,其预算的编制与管理难度较高,预算绩效水平较难衡量。

部门整体预算绩效管理中强调,聚焦重大政策和项目全过程绩效管理,就是要对部门的项目支出预算进行指标设定、科学衡量,对项目预算资金的使用进行全过程跟踪,做到事前绩效评估、事中绩效监控、事后绩效评价,形成全过程的跟踪问效、问责机制。从而做到合理安排项目支出,优化财政资金结构,提升项目预算资金的使用效益,实现有效的项目支出预算绩效管理。

二、部门整体预算绩效管理的桥梁作用

部门整体预算绩效管理能够发挥向下传达、实施,向上反馈的桥梁作用,将政府预算绩效管理与项目预算绩效管理连接起来。

(一) 部门预算绩效管理如何发挥桥梁作用

全面预算绩效管理改革的进程必须自上而下与自下而上相结合,自上

而下指的是从政府层面进行预算绩效管理制度的设计、流程的规范,确定预算绩效管理实施的内容与步骤等,自下而上指的是从部门相对微观的层面进行具体的预算绩效管理改革,在部门预算的各个环节融入绩效管理的理念,其中项目支出预算的绩效管理就是重要的一环。顶层设计自上而下,由政府层面制定,下达到部门;具体实施自下而上,由相关项目实行,反馈到部门。这样上下贯通的制定、传达、实施、反馈的过程,最终实现全面预算绩效管理。而在这个贯通互动的过程之中,部门整体预算绩效管理就起到了向下传达、实施,向上反馈的桥梁作用,将政府预算绩效管理与项目预算绩效管理连接起来(见图 2-2)。

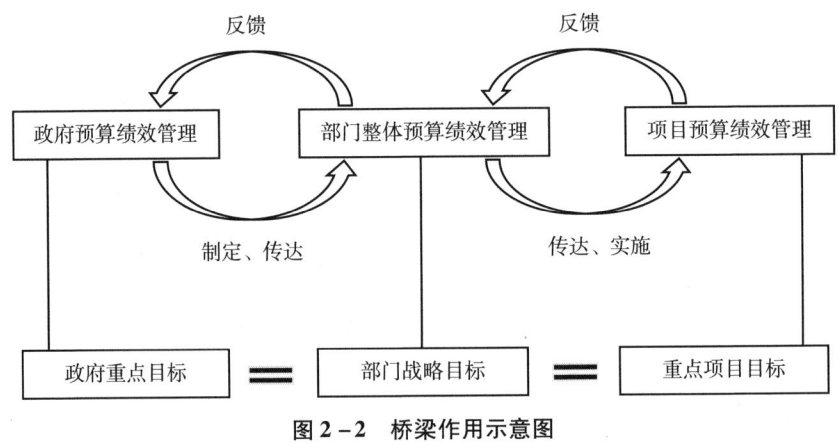

图 2-2 桥梁作用示意图

(二) 部门整体预算绩效管理的理念:各层次目标视角

"一个部门、一本预算、一份绩效"是部门整体预算绩效管理改革的重要理念,要求在进行预算管理的过程中,树立部门整体预算绩效观。在进行部门整体预算绩效管理的过程中,注重系统性、整体性、协同性,以部门战略目标为原点,形成政府层面、部门层面、项目层面目标和指标的有机衔接、层级分解体系,进而实现在项目层面预算资金使用高效、透明。在部门与政府之间,建立政府和部门绩效计划制度,在现有的发展规划与工作计划基础上,根据部门的具体职能,系统梳理部门战略目标,实现部门目标与政府重点目标之间的有机衔接。在部门与项目之间,部门在进行整体预算时,聚焦绩效目标,重点关注重大政策和项目。重大政策和项目属于政府和部门的优先事项,是部门预算的战略性支出,其在政府层面是一个整体,但在推进的过程中又必须分散到各个部门的各个项目之中完成。故而,落实全过程重大政策和项目的跟踪问效机制,是部门整体预算绩效管理的重要任务。

部门整体预算绩效管理本身就处于政府预算绩效管理与项目预算绩效管理之间,承担着向下传达、指导,向上反馈、负责的重大任务。加之,"一个部门一本预算"的部门整体预算绩效观,使得部门战略目标需要与政府重点目标相一致,并且聚焦重大政策与项目目标。部门整体预算绩效管理在政府预算绩效管理与项目预算绩效管理之间起到了两个维度的桥梁作用。

第三节 部门整体预算绩效管理的"全方位"格局

财政部有关负责人在就贯彻落实《中共中央 国务院关于全面实施预算绩效管理的意见》答记者问时指出,要从"全方位、全过程、全覆盖"三个维度推动绩效管理全面实施,其中"全方位"在部门层面上就是使"部门的收支要全面纳入绩效管理,增强其预算统筹能力,推动提高部门和单位整体绩效水平"。可以看出,部门预算绩效管理在"全方位"维度就是通过加强对收入预算绩效和支出预算绩效的管理,提高部门整体预算的统筹能力,提高部门的整体绩效水平。

一、收入预算绩效管理

我国长期以来将财政绩效等同于财政支出绩效,对财政绩效的评价的内容更多的是对预算支出的绩效评价,而对预算收入的绩效评价却是凤毛麟角(陈巧凤和饶海琴,2018)[1],而且近几年来与收入预算相关的讨论集中于收入预算编制的准确性。另外,与支出预算具有明显的法律约束力不同,收入预算的法律约束力并不强,它仅是政府在未来准备用于开支的资金来源。尽管如此,收入预算对我国政府预算绩效管理却有着非

---

[1] 陈巧凤、饶海琴:《地方政府税收收入预算执行的偏差性分析》,载于《科技与管理》2018年第2期。

常重要的作用，尤其是税收收入预算，因为税收收入是政府收入的主要来源，对于保障政府的运转具有非常重要的意义。税收收入与经济活动关系非常密切，理论上通过对经济活动的分析，可以依照一定统计方法测算得到较为准确的预算税收收入，但现实情况是，我国税收收入预算超收现象普遍存在，陈巧凤和饶海琴（2018）① 通过对2007～2015年的地方政府税收收入预决算数据进行分析后发现，地方政府税收收入的预算执行偏差度较大，而且不同的税种偏差程度不同，地方政府的收入预算偏离度相对于中央政府要高。赵海利和吴明明（2014）② 通过对1994～2010年30个省（区、市）的收入预算执行情况分析发现"我国地方政府的收入预算科学性整体偏低""低估政府收入具有普遍性"等现象。陈丽蓉和马新智（2016）③ 也发现我国税收收入预算存在着松弛。显然，预算编制环节存在的编制不准确问题将影响部门的资金安排，并进一步影响部门预算绩效。

对于税收收入预算存在的问题，陈巧凤和饶海琴（2018）④认为，与支出预算相比，我国对收入预算方面的绩效考核规定不多且并不详细。他们指出，我国收入预算完成率普遍偏高与官员的晋升机制有关，预算收入超额完成意味着较高的预算完成率，而预算完成率是绩效考核中非常重要的一个指标，也是官员获得晋升的筹码之一，这使得在制定收入预算时预算数额被人为地压低，从而使得预算收入偏差率偏大，造成了预算编制科学性下降的现象。制度因素也在赵海利和吴明明（2014）⑤分析税收收入预算编制存在的问题被提及，同时他们也认为编制的不准确也有技术层面的原因，即收入预测的准确性。收入预测的准确性取决于对国家经济形势、省（或州）经济形势和省（或州）财政收入的预测，但由于我国正处于经济转型期，市场机制仍然不健全，准确预测未来经济形势的难度较大。

如何解决当前税收收入预算存在的问题，提升税收收入预算绩效管理

---

①④ 陈巧凤、饶海琴：《地方政府税收收入预算执行的偏差性分析》，载于《科技与管理》2018年第2期。

②⑤ 赵海利、吴明明：《我国地方政府收入预算的科学性——基于1994～2010年地方收入预算执行情况的分析》，载于《经济社会体制比较》2014年第6期。

③ 陈丽蓉、马新智：《财政收入预算编制松弛：基于省际数据的实证研究》，载于《经济研究参考》2016年第58期。

第二章 部门整体预算绩效管理的理论基础与体系构建

水平,赵海利和吴明明(2014)①和陈巧凤和饶海琴(2018)②认为可以由政府来购买收入预测服务,陈巧凤和饶海琴(2018)③还提出将收入预算的工作流程划分为不同的阶段并相应地设置关键性指标,他们以预算执行结果反馈阶段为例,建议设置预算收入偏差率和预算预测准确率关键性指标,预算收入偏差率低同时预测准确率高才能体现为高的收入预算绩效,以此来提高收入预算的绩效管理水平,提高财政资金的使用效率。

除了税收收入外,非税收收入的预算绩效管理也不容乐观。如果从预算编制环节来看,非税收收入有着比税收收入更为严重的预算松弛(陈丽蓉和马新智,2016)④,而且非税收收入的构成内容较为复杂,对不同内容的收入,由于收入的性质不同应当采用不同的绩效管理方法。比如,罚没收入是执法机关的罚款、没收款、赃款,以及将没收物资和赃物变现获得的收入。罚没收入是以违法行为的存在为前提的,这与政府工作的目标是相违背的,政府工作越出色,违法犯罪情况越少,罚没收入相应地也越少。但在编制罚没收入预算时需要以预算年度存在一定量的违法行为为前提,如果以罚没收入的预算达成率作为考核目标,可能诱导执收单位为了完成预算收入而过严或者过松地人为控制对违法行为的查处。李卫民(2014)⑤认为,对于罚没收入而言,则不宜过分强调预算数额的准确性。蔺爽(2012)⑥探讨了国外的非税收收入绩效管理对我国的启示,他认为非税收收入的绩效管理需要建立完备的非税收收入绩效评估指标体系,绩效评估指标体系既要能够反映非税收收入的机构、项目、程序和功能运作,又要能够反映经济效益、社会效益和环境效益,既要对过去的实际绩效进行考察,又要对未来的潜力绩效进行考察。除了绩效评价指标体系外,他还以澳洲为例介绍了对于非税收收入的多元化评估主体,比如澳洲绩效考评制度中包含政府内部的评估主体和外部评估机构,并且对每一个评估主体应该承担什么样的义务、采用什么样的评估方式、评估哪些内容、评估结果具有哪些法律效力等都给予了详尽的规定。在进行一系列分

---

① 赵海利、吴明明:《我国地方政府收入预算的科学性——基于 1994~2010 年地方收入预算执行情况的分析》,载于《经济社会体制比较》2014 年第 6 期。
②③ 陈巧凤、饶海琴:《地方政府税收收入预算执行的偏差性分析》,载于《科技与管理》2018 年第 2 期。
④ 陈丽蓉、马新智:《财政收入预算编制松弛:基于省际数据的实证研究》,载于《经济研究参考》2016 年第 58 期。
⑤ 李卫民:《关于罚没收入预算的分析》,载于《人大研究》2014 年第 5 期。
⑥ 蔺爽:《国外政府非税收入绩效管理的经验与借鉴》,载于《中国集体经济》2012 年第 3 期。

析之后，蔺爽（2012）[①] 指出，我国可以从严格非税收入项目管理、推进非税收入收缴改革、实施财政综合预算和建立科学的绩效评价体系等方面着手提高非税收入的预算绩效管理水平。

二、支出预算绩效管理

与收入预算绩效管理相比，我国在支出预算绩效管理方面已经有了较多的实践，我国先前对于预算方面的绩效管理的相关政策规章主要是对预算的支出项目规定了绩效衡量指标。财政部在《中央部门预算绩效目标管理办法》明确规定了预算绩效包括基本支出绩效、项目支出绩效和部门整体支出绩效。

1. 基本支出绩效。马蔡琛和陈蕾宇（2018）[②] 认为，基本支出绩效评价的内容"具有一定的刚性色彩"，评价指标可以统一设置为诸如"人员经费保障率""公用经费保障率"等指标，也可以将其纳入部门整体支出绩效评价中统筹考虑。但白景明（2019a）[③] 并不这么认为，他指出在全面实施预算绩效管理中，基本支出绩效管理是支出预算绩效管理的起点，特别是在我国当前财政收支关系趋紧的情况下，通过基本支出的预算绩效管理减少低效支出是一个重要的选择。白景明（2019b）[④] 提出要提升基本支出绩效必须首先改革基本支出的方式，具体来说，包括全面加快推进政府购买服务、加快推进部分事业单位基本支出的"拨改贷"，同时，建立基本支出绩效目标指标体系和规范的管理流程。

2. 项目支出绩效。项目支出在部门支出绩效评价中占有特殊的地位，一方面，项目支出绩效评价是部门整体支出绩效评价的前提；另一方面，项目支出约占部门预算总额的70%，并且一个部门中的项目往往类型繁多，不同项目之间差异大，绩效评价和个性指标设计的难度也相应较大。

2020年3月6日，财政部印发了《项目支出绩效评价管理办法》，按照《项目支出绩效评价管理办法》的规定，项目支出绩效评价的范围包括

[①] 蔺爽：《国外政府非税收入绩效管理的经验与借鉴》，载于《中国集体经济》2012年第3期。

[②] 马蔡琛、陈蕾宇：《关于构建项目支出预算绩效评价指标框架的思考》，载于《河北学刊》2018年第4期。

[③] 白景明：《加快实施基本支出预算绩效管理（上）》，载于《中国财经报》2019年8月31日。

[④] 白景明：《加快实施基本支出预算绩效管理（下）》，载于《中国财经报》2019年9月7日。

第二章 部门整体预算绩效管理的理论基础与体系构建

一般公共预算、政府性基金预算、国有资本经营预算的所有项目支出，诸如政府投资基金和主权财富基金等也可参考使用，而且对于项目的绩效评价应依次开展单位自评、部门评价和财政评价三种方式，并且对单位自评、财政评价和部门评价的内容和方法进行了分别规定以利于遵循。《项目支出绩效评价管理办法》还对单位自评的一级指标权重进行了统一的设置，同时规定财政和部门评价应选择最有代表性的、最能直接反映产出和效益的核心指标，另外，这套新的管理办法还增强了项目支出绩效评价的责任约束，并建立了责任追究机制。

3. 部门整体支出绩效评价。在支出内容上，部门整体支出包含了项目支出和基本支出，但部门整体支出的绩效评估难度远比单个项目或单个政策大，姜国兵和韩笑（2017）[①]认为部门整体支出绩效评估既要包括项目和政策的内容，又"与部门履职相关"，而"大部分的政府部门职能众多且广泛"。林振亮等（2019）[②]也认为，与项目支出绩效评价相比，部门整体支出绩效评价存在着覆盖范围广、评价层次深的优势。

尽管我国已经在项目支出绩效评估上积累了较为丰富的经验，但对于部门整体支出绩效的评估仍处于起步阶段。姜国兵和韩笑（2017）[③]提出要紧紧抓住"部门履职"这一核心要素来开展部门整体支出绩效评估，部门整体支出绩效评估既不是财务评估，也不能落入从项目到项目、从财政到财政的窠臼，而是从部门履职出发，强调结果导向，以让人民群众满意为最终目的。在具体操作上，陈秋红（2019）[④]认为，部门整体支出绩效评价体系的建立可以借鉴外部的经验，比如可以将评价指标分为共性指标和个性指标。在共性指标方面，可以在比较分析项目支出绩效评价和部门支出绩效评价异同点的基础上，得出部门整体支出绩效评价应具备的共性指标，而在个性指标的设计上可以借鉴政府部门绩效评价的实践经验。政府部门绩效评价非常重视根据部门的职能特色进行相应的指标设计，这些经验有助于部门整体支出绩效评价中个性指标的设计。

综上所述，将收入和支出全面纳入预算，可以提升财政部门的预算统筹能力，通过对预算资金的统一安排，提高资金调拨的效率，同时借助专家的业务知识，延伸财政部门人员的知识链条，优化预算资金的安排，降

[①][③] 姜国兵、韩笑：《部门整体支出绩效评价探析：以 Y 省文化厅的案例为基础》，载于《广东行政学院学报》2017 年第 5 期。

[②] 林振亮、张银玲、燕卿等：《广东省部门整体支出绩效评价思路探析》，载于《现代信息科技》2019 年第 10 期。

[④] 陈秋红：《部门整体支出绩效评价及其路径优化》，载于《会计之友》2019 年第 1 期。

低项目的实施成本，最后通过建立"预算编制有目标、预算执行有监控、预算完成有评价、评价结果有反馈、反馈结果有应用"的全过程预算绩效管理机制，提高政府管理效能和财政资金使用效益。

第四节　部门整体预算绩效管理中的全过程管理体系

根据《中共中央　国务院关于全面实施预算绩效管理的意见》的要求，实施部门整体预算绩效管理，需要建立全过程预算绩效管理体系，内容包括建立绩效评估机制、强化绩效目标管理、做好绩效运行监控和开展绩效评价及结果应用。

一、绩效评估

预算绩效管理作为一种新型的行政管理模式，在绩效评估环节，主要是指通过建立科学合理的评估指标体系和评估机制，对资金使用部门的重大项目（政策）立项必要性、投入经济性、绩效目标合理性、实施方案可行性、筹资合规性等进行论证，从预算编制环节开展绩效管理，并设定绩效目标，从而有利于提高资金配置效率，并为后续环节提供重要支撑和分析依据，是提高政府效能的一种管理理念和方式。

部门要结合预算评审、项目审批等，对新出台重大政策、项目开展事前绩效评估。对新政策和重大项目开展事前的绩效评估有利于实现预算与绩效管理的一体化。绩效评估体系应以结果为导向而非围绕政府部门的利益。绩效评估注重部门长期绩效目标的设定，评估结果作为预算安排的重要参考依据。而且，绩效评估可以将部门预算的论证逻辑传递给公众，有利于资金使用部门接受社会监督。

建立部门整体预算绩效评估机制是一个庞大而系统的工程，对部门的相关制度和机制提出了更高的要求，以绩效评估为基础的预算编制体制谋求更客观地分析和论证部门支出的效益，能够更有针对性地管理部门预算、更高效地配置资金。

《中共中央　国务院关于全面实施预算绩效管理的意见》对绩效评估提出了指导意见。从我国实践来看，各地政府在不同时期的功能定位不同，关于绩效评估的做法也不同。从新中国成立后的政治忠诚到改革开放以来的经济绩效考核,再到目前社会力量参与下的综合评估,形成了内部评估、上级评估和外部第三方评估等不同的评估模式。但相当多的部门目前仅仅把绩效评估作为一种技术工具,而没有把绩效评估与战略规划和绩效目标设定等环节紧密结合起来,绩效评估机制和流程还有待完善。

二、绩效目标

绩效目标是绩效管理的龙头,贯穿于预算管理的全过程。完整的预算绩效管理运行系统包括以下五个阶段:绩效目标和工作计划的确定、配备完成目标和计划的资源、依据绩效目标和工作计划展开工作并报告完成情况、评价和判断绩效目标的完成情况、公布和应用评价结果(孙欣,2019)[①]。在预算编制阶段就要开始对新出台的重大政策和项目进行预算绩效评估,全面设置部门、政策和项目细化、量化的绩效目标;在预算执行阶段和决算阶段要对绩效目标的实现程度和预算执行进度实施双监控,围绕绩效目标健全绩效评价结果反馈制度和绩效问题整改责任制度。

建立以绩效目标为核心的预算编制路径,实现预算和绩效管理在全过程中的融合。预算绩效目标是串起预算绩效管理一体化的关键:从预算编审环节开始绩效目标指导预算编制,预算执行环节中绩效目标与预算执行同步,决算环节绩效评价与下年度预算目标挂钩。

系统论是管理学的基础理论。若视预算绩效评价结果为一个系统,它既是预算绩效管理的一个子系统,又是一个独立的整体。完整的预算绩效管理运行系统包括以下五个阶段:绩效目标和工作计划的确定、配备完成目标和计划的资源、依据绩效目标和工作计划展开工作并报告完成情况、评价和判断绩效目标的完成情况、公布和应用评价结果。绩效目标是绩效管理的龙头,特别是要把绩效管理进一步往前移,绩效目标管理还是实现绩效管理关口前移的重要手段。

其一,绩效目标是预算编制的基础,绩效目标与成本要素相结合指导预算编制,是预算公共价值的体现。在预算审核环节,绩效目标是判断预算合理性的依据,即通过论证预算编制是否与绩效目标匹配、是否能支撑绩效目标的实现、是否会造成财政资金的浪费,最终结合绩效目标、支出

---

① 孙欣:《预算绩效评价结果应用:文献综述与研究展望》,载于《地方财政研究》2019年第2期,第48~58页。

标准等因素对预算金额进行调整,实现预算内容与绩效目标相匹配。在预算下达环节,绩效目标与预算同步审批下达,根据绩效目标实现要求安排预算执行计划,通过预算具体详细的执行计划推动绩效目标的实现。目标和预算的匹配体现了预算编制的科学性,最终应实现"目标=预算=绩效=责任"。

绩效目标包括产出目标和效果目标,其中产出目标包括数量、质量、时效、成本,效果目标包括经济效益、社会效益、生态效益、可持续影响和服务对象满意度。在目标设定具体路径上,应遵循效果—产出—成本的基本路径,即先明确该预算拟达到的最终效果目标。以义务教育为例,首先设定效果目标是实现义务教育覆盖率100%;在效果目标指导下,进一步明确为达到该目标应实现的产出,即需要多少产出以达成目标,如投入师资人力数量、质量,教学楼数量、面积等;在此基础上,明确为完成产出目标应投入的成本,这就要求产出目标的编制,应尽可能细化、量化,以更好地形成预算。

其二,绩效目标是预算执行的方向,为预算执行提供了指引。绩效目标指导预算执行进度和支出方向,绩效目标实现到哪,预算就执行到哪,部门、单位必须按照事前设定的目标推进项目开展,合理支出预算。

预算执行过程中,应确保绩效目标与预算执行同步进行。一是定期采集获取项目执行的相关信息,明确项目执行情况,分析执行问题,关注绩效目标的实现情况,及时采取措施对偏离目标的现象进行纠偏,以促进绩效目标的完成。二是建立目标实现程度与预算执行进度相互制约的机制,可通过绩效管理信息系统和预算管理信息系统的对接,关联目标实现程度与预算执行进度,当绩效目标完成较好时,预算资金要保障到位,执行进度应与之匹配;当绩效目标运行偏离较大时,预算执行相应也要暂缓,通过实际实现值与计划实现值的比较,分析绩效目标实现与预算执行存在的问题。三是基于绩效目标与预算之间的关系,关注绩效目标与预算执行调整的同步性,当绩效目标发生调整时,预算应同步做出调整,反之亦然。

其三,绩效目标实现程度是预算执行结果的体现,为预算执行绩效提供了评价基准。预算执行的最终结果,资金角度即为预算执行率,绩效角度则为绩效目标实现程度。通过绩效评价,从而反映绩效目标实现程度以及绩效目标实现进度与预算执行进度的关联程度,有利于以后年度以绩效目标为导向编制预算,推进预算与绩效管理一体化。

在决算环节,将决算信息与预算数据建立关联对比,同步开展绩效评价工作,以明确绩效目标实现程度。同时,将绩效评价结果与未来年度预算安排进行挂钩。对项目而言,针对绩效评价结果为"不合格"者,对项目单位进行预警,未来年度预算将从严审核,并根据绩效差的原因考虑是否调整、削减或取消项目预算;对部门而言,绩效评价结果"不合格"者,可考虑未来年度适当调减下年度部门预算总资金或调整预算资金安排结构。而对于当年预算执行良好的项目或部门,可结合绩效结果在未来年度安排预算时给予优先保障。

三、运行监控

部门预算的运行监控要实行"一体化"监管,形成事前评估、事中监控、事后评价的预算绩效管理闭环[1]。事后问责虽然可以起到一定的警示作用,但无效运行已成为既定事实,事中监控才是预算监管工作的生命力。预算单位是部门预算绩效管理的责任主体,对预算单位预算绩效实施监控是财政部门的责任。双方应明确自己的地位和职责,才能更好地开展部门预算绩效运行监控。

运行监控的发展如下:2003年,党的十六届三中全会中提出"建立预算绩效评价体系"的要求,财政部积极展开相关试点活动,但预算绩效管理工作中缺乏监控。2011年财政部提出要建立"预算编制有目标,预算执行有监控,预算完成有评价,评价结果有反馈"的全过程预算绩效管理理念后,一些省市和部门开始探索绩效监控的方法,这标志着预算绩效管理理念的正式确立。2016年以来,财政部对水利部、银监会、审计署、中组部等15个部门启动了预算绩效动态监控,实时查找预算绩效执行中的薄弱环节,随时把控监控结果,保障预算执行不偏离既定预算目标[2]。

从各地实践来看,对于预算绩效的运行监控,合肥市于2012年要求预算单位在预算执行过程中对于项目绩效情况进行自查[3];海南省设计了

---

[1] 黎昭、高洁:《以绩效管理为核心 着力提升专项转移支付监管成效》,载于《财政监督》2018年第21期,第34~35页。
[2] 王泽彩、张绘:《"预算管理"分论坛之预算绩效与绩效预算主要观点综述》,载于《财政科学》2017年第6期,第11~15页。
[3] 李志情、董玲:《高校预算绩效管理存在的问题及建议》,载于《会计之友》2016年第8期,第89~91页。

"项目有支出绩效监督分析表",对绩效目标实现程度进行实时监控①;福建省在主管部门自行监控的基础上,根据预算安排、绩效目标、国库管理等对绩效目标完成情况进行绩效跟踪管理;上海市针对项目特点优化跟踪方式和流程,将动态监控和定期监控相结合;广州市对全过程试点部门整体支出的重点项目开展了第三方绩效监控②。

四、绩效评价和结果应用

《中共中央 国务院关于全面实施预算绩效管理的意见》明确指出,要通过自评和外部评价相结合的方式,对预算执行情况开展绩效评价,健全绩效评价结果反馈制度和绩效问题整改责任制度,加强绩效评价应用。近年来,各级政府部门有序推进部门预算绩效评价结果的应用工作。

绩效管理职能机构的组织和协调是部门预算绩效评价的有效应用的必要条件,离不开权责对应的管理模式和相关领导的高度重视。根据《中共中央 国务院关于全面实施预算绩效管理的意见》对预算绩效评价和结果应用的要求,各级政府和预算单位应努力构建科学有效的绩效评价指标体系,完善结果应用的制度规范,以及在各方共同努力下渐进式推动绩效评价结果的有效应用。

关于绩效评价和结果的应用地位,作为绩效管理的最后一环,绩效评价及结果应用是实现预算绩效管理的基本依据和关键步骤。2016年,财政部颁布了《财政支出绩效评价管理暂行办法》,对绩效评价结果有了较为详细的规定。2018年颁布了《关于全面实施预算绩效管理的意见》,强调了预算绩效评价和结果应用的重要性。目前虽然我国缺乏统一的预算绩效评价和结果应用的管理办法,但是各级政府响应财政部文件,出台了一系列地方政府的相关规定,为下一步的预算管理发展奠定了基础③。

地方推进预算绩效评价的具体实践如下:浙江省在预算管理改革中对预算绩效评价的结果做了大胆探索:一是绩效评价结果能论证取消哪个转向,或是减少哪个项目的资金安排。二是将绩效结果上升为政府决策。三

---

① 王海涛:《我国预算绩效管理改革研究》,财政部财政科学研究所,2014年。
② 许航敏、马忠华:《全面实施绩效管理的地方实践及理论思考》,载于《地方财政研究》2019年第2期,第14~23页。
③ 孙欣:《预算绩效评价结果应用:文献综述与研究展望》,载于《地方财政研究》2019年第2期,第48~58页。

是将绩效结果纳入了预算考核体系，作为部门资金分配的依据①。湖北省印发了多项制度，规定了省财政厅和省直部门各自绩效评价结果应用的职责，明确结果应用的方式和要求。广东省则探索将评价结果作为下一年度预算的重要依据，逐步建立绩效评价问责制度②。

目前，绩效评价仍然存在不少问题，一是当前的指标设置不够细化、量化，定量指标权重的确定、定性指标的计分缺乏科学的依据，二是尚未建立统一、科学、合理的能够包含不同行业的预算绩效评价指标体系；此外，绩效评价的结果与预算安排还未有机结合，评价结果的公开程度和公众参与度较低③。

绩效评价结果的应用关系到绩效管理的有效性，应专门研究制定财政绩效评价结果应用管理办法，规范绩效评价结果的公开、报告及与预算挂钩机制④。

绩效评价及结果应用是绩效预算的有效激励，一是将绩效结果与预算安排相联系，二是自觉接受公众监督，进一步推进绩效信息公开⑤。预算监督阶段要结合目标完成情况编制和审核决算，使整个预算过程都在控制之下，并从内外部评价预算绩效，将评价结果纳入以后预算安排的依据⑥。

第五节　部门整体预算绩效管理的全覆盖制度保障

一、完善相关法律法规

通过建立和完善与地方预算绩效管理相关的法律法规，确保地方预算

---

① 王泽彩、张绘：《"预算管理"分论坛之预算绩效与绩效预算主要观点综述》，载于《财政科学》2017年第6期，第11~15页。

②④ 许航敏、马忠华：《全面实施绩效管理的地方实践及理论思考》，载于《地方财政研究》2019年第2期，第14~23页。

③ 程瑜：《中国预算绩效管理的制度构建》，载于《中国财经报》2014年10月11日。

⑤ 高志立：《从"预算绩效"到"绩效预算"——河北省绩效预算改革的实践与思考》，载于《财政研究》2015年第8期，第57~64页。

⑥ 袁月、孙光国：《全面预算绩效管理的保障机制》，载于《经济研究参考》2019年第14期，第119~122页。

绩效管理流程有法可依，这是一个长期的任务，需要在形成全面、系统的规章制度基础上，有计划地推动预算绩效管理的立法进程。强化预算绩效管理制度体系在整个国家治理制度体系中起决定性作用。而地方预算绩效管理有赖于各方面制度的配套和协同，各部门在总结各地区经验后，逐步形成相对系统的规章制度，从而对目前各地存有的与预算脱节的规划、政策、项目的制度性缺陷进行完善，为未来各部门预算绩效管理营造良好的制度环境；同时，对比其他国家、地方各职能部门的预算绩效而改革，构建我国各部门预算绩效管理相关法规，从而指导和推动各部门预算绩效管理的改革。

（一）建立加强不同政府层级职能部门预算监督权的法律，强化上级职能部门对下级职能部门预算的监督

虽然目前各地省级人大常委制定出台预算审查监督方面的法规和条例，细化了人大预算审查监督方面的内容和规则，但是由于预算体制等多重原因，各级人大使用监督权的效果并不理想。人大作为监督机构，虽然法律地位高，但是实际权力弱。这一现实情况决定了预算监督力度较弱，甚至造成了对政府部门预算监督的审议流于形式，预算执行变动随意。因此，应当建立与政府层级职能部门监督相应的法律，就行使主体的权利、适用条件、内容限制、责任形式和处理程序等方面作出明确规定，具体内容包括：政府层级职能部门的预算修正权、预算否决权以及适度的问责权。

（二）建立政府层级职能部门战略规划制度

将部门发展规划和预算管理相联系，便于政府编制年度预算并确定支出重点，有力地约束了各支出部门的支出需求，使经济波动时期的支出控制更具可行性，确保政府政策的连续性，减少因政府管理人员的更替对预算和政策造成的负面影响。

（三）建立政府层级职能部门整体绩效审计制度

目前地方审计机关隶属于地方同级政府，审计工作的管理模式缺乏客观性和真实性，甚至是处于附属地位，造成了我国预算监督活动的整体有效性较差。按照我国的《行政监察法》中的相关规定，我国

地方政府预算的监督主体中财务部门以及审计部门,需要接受地方政府行政部门的领导,这就难以保证监督机构能够按照原则独立自主地进行预算监督。要保证审计信息真实可靠,需要割断审计机关与政府之间的利益纽带,通过对预算项目支出的合法性、使用效率,以及绩效预算的执行情况进行审计,出具预算项目执行绩效情况报告,保证政府预算绩效审计的独立性和客观性,避免使政府的绩效预算的审计流于形式。

(四) 设立关于部门整体预算绩效的法律规定

首先明确调整预算年度;其次在实施条例中补充部门整体预算绩效管理与部门绩效管理的内容;最后结合行政体制改革,修订相关行政法,补充完善政府绩效管理与地方预算绩效管理的内容,将预算管理绩效作为地方政府绩效管理的核心内容,并将行政问责引入预算绩效管理中。

二、完善政府会计核算与报告制度

与西方国家相比,国外的政府会计改革与绩效预算改革基本是同步进行的。从政府会计中得到的信息对于政府预算编制、执行、评估和报告非常重要,政府会计与绩效预算管理的一致性是推动绩效预算管理发展的关键。目前,我国政府会计对预算执行阶段发生的财政交易进行确认、计量和记录的核算流程中仍存在问题,在一定程度上制约了我国预算绩效管理工作的发展。目前,我国大部分地方政府采用收付实现制反映出收支结果,并作为政府预算绩效管理的要素。显然收付实现制难以满足这些要求,而权责发生制能够更准确地提供会计信息在实现收入、耗费资源以及负债的增加,更能反映出重大项目跨年度支出的资金运行情况,不会出现过多地结转下年支出或是暂付款,有利于与中长期预算规划及编制相衔接。因此,目前的任务是在一定程度上推行权责发生制为基础的政府会计制度,实现权责发生制和收付实现制的有机结合,完善地方预算绩效管理体系,更好地将预算中的各项支出与目标绩效进行对比。我国的政府会计制度的改革要采用渐进性的形式:首先,部门预算绩效管理可以在支出预算的编制中采用权责发生制,使管理者关注成本,从根本上重视资金使用的效率,而预算的监督者对预算支出的用途和去向也有更明确的了解，进一步提高财政透明度，保证受托责任的切实落实；其次，各地区可以通过部分项目试行的方法，选择适合的、易操作的项目进行尝试，逐步扭转现在以收付实现制为主的预算编制体系。

三、构建预算信息系统

大数据时代新技术及竞争压力是全面预算信息系统建设的外部驱动力。云计算、大数据、物联网、移动互联网等IT新技术风起云涌，数据已经与资本、劳动力一样成为各层级政府核心的预算管理和绩效评价要素之一，整合各层级政府碎片化内部数据和历史数据。全面地收集各层级政府数据信息成为指导各层级政府生产、运营，发挥"数据"红利的重要手段。政府预算管控能力的提升，外部信息数据的竞争，各层级政府迫切需要建设适合集中管控要求的全面预算信息系统，借助于信息化建设，打破信息孤岛，实现组织扁平化管理，提升各层级政府的纵横向管控能力、资源配置能力与政府职能部门机构横向协同能力。

围绕各政府预算管控体系的建设和落实，从战略指引、分层级、分业态、业务主导四个维度进行全面预算信息系统的设计。首先，战略指引。各层级政府需重视战略，通过对战略进行量化和年度分解，形成年度指标下达给所辖下级政府和职能机构单位，通过信息系统建立控制约束，让下属各政府的预算必须符合战略发展的需要，符合年度指标的需要，充分发挥宏观战略引导作用、宏观管理政策的控制作用。其次，分层级。为满足不同地方政府层级在全面预算方面的不同侧重点，全面预算信息系统既要支持上级政府宏观管理政策的统一，还应支持不同层级地方政府合理扩充细化自身的管理业务，实现分层级管理。再其次，分业态。各层级政府所辖不同的地方政府和职能部门管理不同的业态，不同业态管理的重点不同，需要充分考虑不同业态的特点，使全面预算信息系统能够覆盖各层级政府全部业态，满足不同业态的管理需求。最后，业务主导。各层级政府整个预算信息系统的建设中，将职能业务部门作为一个重要的参与角色，参与预算管理各个环节，充分发挥政府职能业务部门的管理活力。通过将业务部门推到预算管理的前端，提高预算编制的准确性、预算的可执行性，业务部门的协同性将有质的提高。在具体地方层级政府和所属部门层面，强调预算绩效考核目标编制科学化、标准化、系统化、精确化等，加强预算绩效目标关联度建设，预防和杜绝绩效目标偏好现象和行为，建立统一的预算绩效指标体系及标准数据库，建立起具体的多层级地方政府的预算绩效考核评价体系。促成预算绩效考核评价体系同类地区、同类部门和项目之间的横向比较，以及实现多层次、多部门和同类型预算项目的绩效考核和评价的信息共享的大数据平台。建立多渠道、多种类的内外部预算绩效考核评价体系，加强对预算执行和考核的评估和监控。正在实现预算全方位、全流程和全覆盖的评价和监督体系。

四、构筑多维度监督体系

对预算运行进行跟踪监管，是预算执行过程中的重要环节。其重点是关注资金的使用绩效以及相应的产出和结果。加强对地方绩效预算执行监控，有利于保障绩效目标的实现，同时建立相应过程的考核机制，加大绩效评价的准确性。地方预算绩效运行监控的主要内容包括跟踪监控资金管理情况和财政支出效率两个方面。

（一）推进地方预算执行跟踪监控管理

首先，是对资金管理情况进行跟踪监控。资金管理包括对本级预算项目资金以及上级转移支付项目资金的监控。从资金使用是否与预算资金相一致、资金用款计划的时效性、专项资金支付方式、拨付效率、资金安全性等方面监控资金是否按照计划目标进行以及是否存在损失或浪费的情况。如果出现有差异的地方，需要预算上报单位以报告形式予以说明。预算单位可以根据实际情况合理地调整预算执行的进度，但是需要将调整预算执行进度的原因进行详细说明。而财政部需要对调整预算执行进度的项目进行审核，严格控制预算执行过程中的随意追加现象。其次，是对财政支出效率进行跟踪监控。跟踪监控财政支出的绩效运行比较复杂，其中不仅包括对项目实施进展情况进行总结，还包括项目执行已取得的产出成果、体现的绩效情况以及对未来产出的预计情况；如社会效益、产生的效益，生态环境效益、可持续性发展等。因此，才能便于权衡绩效目标实现的程度。同时还需要考虑外部效益，要尽可能量化财政支出所产生的效益，才能便于权衡绩效目标实现的程度。最后，通过将资金管理情况和财政支出效率情况汇总,得出综合评价分析。根据分析结果的具体情况,财政部门将绩效运行跟踪监控的结果及时反馈到预算单位,便于各个预算单位及时纠正偏差,同时对产生偏差的预算项目选择相应的处理办法:一种是项目本身无绩效造成的,在这种情况下,财政部门应该及时取消该预算单位的无绩效项目,避免浪费更多的财政资金;另一种是预算绩效低下,这是由于财政资金管理不善造成的,在这种情况下,财政部门应该督促该预算单位提高财政资金管理水平。

(二) 建立重点检查以及不定期抽查制度

对预算执行的绩效监控管理不能仅靠各部门跟踪监控情况和反馈的管理信息进行分析评价,要建立重点检查以及不定期抽查的制度,以"生产过程"的关键点为监控重点,对地方部门的重大项目进行重点检查;同时,对地方部门的全部项目进行不定期的抽查,以确保预算部门报送监控情况的真实性与准确性,提高绩效监控的质量,防范问题与道德风险。为保证检查结果的真实性,地方政府可以采取委托第三方机构的方式,对项目进行再次检查。为防止无序引入和评估错位,需要选择适合其评估领域且专业性强的第三方机构,这将有助于提高检查结果的权威性和公正性。

(三) 形成有效的绩效运行报告

第一个层面是定期进行预算运行的数据收集,为后续分析绩效运行情况打下基础。由于绩效运行数据涉及面广,对数据的处理要求也相对较高,需要在确保数据有效性的情况下尽可能量化,因为准确的数据能够真实地反映项目运行情况,才具有分析价值。通过对数据的分析整合,及时发现预算执行过程中的问题,并采取解决措施,确保各项工作向着绩效目标指定的方向整体有序地推进。第二个层面是通过采取技术手段,对原始数据加工形成绩效运行数据。将地方绩效运行数据以层层递进的模式形成绩效运行报告,然后根据绩效运行报告所提供的信息,对预算执行进行跟踪监控,及时发现并纠正偏差,防止其偏离预期的绩效目标。绩效运行报告的形成应该包括关键点的绩效运行数据信息、对相关数据信息的核实和分析情况、对预期产出和预期绩效实现程度的判断、根据绩效运行情况已采取的改进措施以及进一步完善和改进预算执行的建议等内容。对持续变化的绩效运行过程进行监管是一个持续性的工作,因此绩效运行报告需要反复修改。但是过于频繁的修改会导致工作量增加,也会引起基层部门的抵触情绪,不利于工作的有效开展;而时间间隔太久的绩效运行报告又不利于及时发现预算执行过程中的问题,因此,需要建立一个定期汇总的绩效运行报告,通常采用季度分析、半年小结、年终总结等方式,既可以全面及时追踪,也符合地方各部门的工作习惯。

五、完善预算绩效信息公开制度

预算绩效信息的公开,有利于增强预算透明度,便于社会公众直接了解财政资金的支出效果、监督政府行为,能够有效地促进政府部门履行职责,提高预算资金的使用效率。近几年,我国各职能部门对预算绩效信息的公开十分重视,逐步扩大预算绩效信息公开内容的范围以及公开形式呈多样性。但是,距离实现预算绩效管理所要求的公开程度仍存有一定的差距,因此,应该进一步规范地方预算信息公开的内容和形式,从而提高预算透明度,推进绩效预算管理改革。

一方面,扩大预算绩效信息公开范围及深化公开内容。当前,我国部分地区对于预算绩效信息公开的内容仍是有选择性的,并不是完全公开。很多领域和重大项目的相关公开信息并不详细,社会公众了解不到真实的财政收支情况,很难达到预算公开应有的效果。因此,除涉密信息外,应统筹安排财政资金的公开,保证预算信息的完整性。其中包括绩效目标、绩效跟踪监控情况、绩效评价情况以及绩效反馈应用情况等;同时,将预算公开的信息具体化,地方财政要争取将主要收支按"款"级科目细化,条件不成熟的地方,可先对政府预算的重点支出按"款"级科目细化。从而让社会公众在更大范围和更深的层次上了解预算信息,便于行使监督权。

另一方面,规范职能部门预算绩效信息的公开形式。首先是绩效信息公开的格式,各地预算绩效信息公开的格式各不相同,不统一的公开格式不利于各部门财政信息的比较。因此,应该尽量统一预算绩效信息公开格式,促进各地区间的横向比较和各部门间的纵向比较。其次是公开的形式,要保证各地主动向社会公开预算绩效信息。可以采用公共媒体(如政府网站、报刊、广播、电视等)、新闻发布会或政府公告等公开方式。公开的时间安排要按照经常性工作长期公开,阶段性工作逐段公开,临时性工作随时公开，涉及群众切身利益的事项要按照及时公开的原则对信息进行不同阶段的公开，逐步建立起完善的预算绩效信息披露制度。在此基础上，确保公开信息的真实性和有效性，实现预算执行报告的公开，逐步规范地方预算信息公开的内容和形式。

第三章

部门整体预算绩效管理国际比较研究

西方国家对预算绩效管理的探索始于20世纪上半叶,经过了不同的发展阶段,目前已经形成了一套相对完整的预算绩效管理体系。按照《全面实施预算绩效管理的意见》的要求,构建"全方位预算绩效管理格局、全覆盖预算绩效管理体系、全过程预算绩效管理链条",实现预算绩效一体化的闭环管理。其中"全方位"就是构建政策和项目预算、部门和单位预算、政府预算共同推进的预算绩效管理新格局,将绩效管理实施对象从政策和项目预算为主向部门和单位预算、政府预算拓展,逐步提高绩效管理层级,在更高层面上优化资源配置。本章将系统分析国外预算绩效管理中部门(公共组织)整体预算绩效管理的制度框架和实践流程,以为我国开展部门整体预算绩效管理提供借鉴。

第一节 部门整体预算绩效管理的引入历程

一、美国:以"再造政府"为目标

美国是预算绩效管理改革的先行者,部门整体预算绩效管理是预算绩效改革的重要一环。美国联邦政府参与预算管理的主体有:总统、财政部、管理与预算办公室(Office of Management and Budget, OMB)、国会预算办公室(Congressional Budget Office, CBO)、国会会计总署(Government Accounting Office, GAO)等。为了摆脱财政困境、提高政府效率,20世纪90年代克林顿政府上台后,提出了"再造政府"的目标,预算绩效管理成为美国政府改革的核心。美国预算绩效管理改革可以分为以下几个阶段：

（一）克林顿政府阶段

在克林顿政府时期，通过《政府绩效和结果法案》（GPRA）将政府部门的绩效评价制度第一次以立法的形式确立下来，同时也使绩效预算获得前所未有的合法地位，被称为"新绩效预算改革"。这一阶段的绩效预算强调结果导向，重视长期规划和政府的整体效率，其核心举措是建立一套能够反映政府公共活动效能的指标体系、评价标准和量化方法，通过绩效目标、评价及结果公开，在赋予部门更大预算执行权的同时强化其责任。

（二）布什政府阶段

在布什政府时期，首先，通过《总统管理议程》，设置人力资本的战略投资、竞争性采购、改善财务绩效、电子政府、预算和绩效整合等五方面的重点工作，并引入"红绿灯"评估系统代表对部门完成任务水平的不同评价，管理与预算办公室分红、黄、绿三档按季度定期公布政府各机构各项实施管理项目的现状和进步，以提高联邦政府的管理水平和效率；其次，引入项目评级工具（PART），将绩效与预算决策正式统一起来，对每个联邦项目产生的结果进行分级。

（三）奥巴马政府阶段

在奥巴马政府时期，致力于利用绩效信息帮助政府改进资源配置决策，及时向公众提供合理的绩效信息，提升政府财政透明度。2009年颁布的《美国复苏与再投资法案》以及《数字化问责制和透明度法案》，要求联邦政府必须不断提高预算透明度并支持绩效公开报告制度。2010年，美国国会通过《政府绩效与结果现代化法案》（GPRAM法案），重申了绩效导向管理和问责制报告的重要性，并给予法律保护。GPRAM法案要求联邦机构对项目进行绩效规划，确立高优先绩效目标，并在年度绩效计划书中体现[①]。在国会的认同并支持下，绩效预算在美国持续稳步推进（见表3-1）。

[①] 齐小乎：《美国、英国绩效预算管理改革及启示》，载于《中国财经报》2017年1月19日。

第三章 部门整体预算绩效管理国际比较研究

表 3 – 1　　　　　　　　　美国绩效预算发展主要阶段

阶段	内容
第一阶段 克林顿政府的绩效预算改革	通过《政府绩效和结果法案》(GPRA) 将政府部门的绩效评价制度第一次以立法的形式确立下来，同时也使绩效预算获得前所未有的合法地位，被称为"新绩效预算改革"。这一阶段的绩效预算强调结果导向，重视长期规划和政府的整体效率，其核心举措是建立一套能够反映政府公共活动效能的指标体系、评价标准和量化方法，通过绩效目标、评价及结果公开，在赋予部门更大预算执行权的同时强化其责任
第二阶段 布什政府的绩效预算改革	通过《总统管理议程》，设置人力资本的战略投资、竞争性采购、改善财务绩效、电子政府、预算和绩效整合等五方面重点工作，并引入"红绿灯"评估系统代表对部门完成任务水平的不同评价，OMB 分红、黄、绿三档按季度定期公布政府各机构各项实施管理项目的现状和进步，以提高联邦政府的管理水平和效率；其次，引入项目评级工具（PART），将绩效与预算决策正式统一起来，对每个联邦项目产生的结果进行分级
第三阶段 奥巴马政府的绩效预算改革	致力于利用绩效信息帮助政府改进资源配置决策，及时向公众提供合理的绩效信息，提升政府财政透明度。一是采用高度优先的绩效目标，确定责任人，保证目标实现；二是联邦各机构设计的绩效指标必须界定明确、体现结果导向型特征，并且清晰地显示出政府正在如何实现绩效目标；三是成立绩效促进委员会（PIC），加强协调与信息沟通，推动绩效管理问题的解决

资料来源：本研究归纳。

二、英国：以"最佳价值"为理念

英国现代意义上的绩效预算改革始于撒切尔政府时期。为了解决政府面临的经济衰退问题、政府开支过大、人口老龄化等危机，改进政府管理，提高行政效率，提高公众对政府的信任度，撒切尔政府以新公共管理理论为指导，吸收私营企业绩效管理的成功经验，进行了大规模的政府绩效改革。

（一）效率评审阶段

这一阶段发生在 20 世纪 80 年代，绩效管理改革的重点是以经济效率为中心，以解决财政危机为主要目标，主要包括雷纳评审、部长信息系统以及财务管理新方案。

1. 雷纳评审。1979 年，撒切尔上台后，雷纳爵士就被任命为效率顾问，并成立了一个效率小组，开展了著名的雷纳评审。雷纳评审对中央政府各部门的运作情况开展全面调查研究和审视评价活动，拟定提高部门经济和行政效率的具体方案和措施，其重点在于帮助各部门发现管理中的浪费和无效行为，目的是通过提高效率来降低政府公共部门的开支和运营成本，从而提高公共服务的质量和数量。

雷纳评审历时十多年的时间，评审活动达到数百项，涉及多个部门和不同的管理服务工作。这项活动对提高政府部门的经济和效率水平起到了巨大作用，通过大规模调研的方式，找出了不少问题的症结。据统计，从 1979 年到 1985 年的 6 年里，雷纳评审小组共进行了 266 项调查，发现并确定了 6 亿英镑的年度开支和 6 700 万英镑的一次性节支领域。雷纳评审促使政府开始关注政府的产出与结果，初步使政府树立起绩效与成本意识。

2. 部长管理信息系统（MINIS）。1980 年，英国环境大臣赫索尔廷在环境事务部率先建立了一整套集目标管理和绩效考评为一体的信息收集和处理系统，主要目的是及时反映部门活动的产出等信息，便于部长能够全面了解相关绩效管理情况，因此，又被称为"部长管理信息系统"。通过这一系统，可以及时掌握诸如谁负责这些事？这些事的目标是什么？是否进行了有效的监测和控制等内容？从而为部门绩效考评提供系统、可靠的依据。

该系统将绩效考评、目标管理、管理信息系统相结合，使公共部门绩效考评更具有战略性、持续性。同时，通过逐步建立目标责任制、绩效评估制和信息反馈制等，为以后绩效预算的实行提供了条件。实践证明，部长管理信息系统使得公共部门的工作效率大大提高。据相关调查显示，在建立部长管理信息系统（MINIS）的 4 年内，英国环境事务部在工作量不减、工作质量有所提高的前提下实现裁员 29%，远高于各部的平均水平 18%。

3. 财务管理新方案（FMI）。1982 年，伴随着政府效率战略的推进，以及改善政府信息系统和对行政成本的控制，英国政府提出了更广泛的预算制度改革。1982年5月，英国财政部颁布了《财务管理新方案（FMI）》，包括四项内容：建立管理信息系统、目标陈述、绩效评估、分权与财力下放。新方案明确提出在公共部门中开始引用绩效考评制度，要求政府各部门树立浓厚的"绩效意识"，各部门、各层级的负责人明确自己的目标和测定产出与绩效的标准、方法，了解可用的资源和应负的责任。财务管理新方案（FMI）的目的是要使公共部门树立浓厚的绩效意识，提高公共部门的效率，从而在保证工作质量的前提下降低公共开支。财务管理新方案标志着公共部门开始引入绩效评估制度。1983年，英国卫生和社会保险部第一次提出了较为系统的包括近140个绩效指标的绩效评估方案。1985年，英国政府又宣布，公共部门凡是涉及财政资金问题的所有政策议案，都必须向内阁或内阁委员会说明议案的实施目标及达到目标所需要投入的成本，并在议案实施后提交关于实施结果和效果的评价报告。

在这一时期，公共部门绩效评估初步发展，但是其评估主要是以经济、效率为侧重点，重点在于树立成本意识，控制公共管理成本，以提高公共部门的效率。这一时期的改革尽管取得了预期效果，但传统预算管理体制的种种弊端仍未得到根本改观，预算仍侧重于关注投入，大部分政府部门也缺少压力和动力改进部门绩效，这为政府部门下一阶段的绩效改革提出了迫切要求。

（二）绩效评估阶段

这一阶段的绩效预算改革改变了20世纪80年代以效率为重点的改革方向，开创了绩效管理的新方向，主要包括下一步行动方案、公民宪章运动以及竞争求质量运动。

1. 改进政府管理：下一步行动方案。1983年，伊布斯接替雷纳负责内阁效率小组的工作。在伊布斯的领导下，效率小组于1986年进行了一次较为全面的、大规模的评审行动。随后在1988年内阁办公室效率小组在伊布斯领导下完成了题为《改进政府管理：下一步行动方案》的调研报告，即著名的《伊布斯报告》，又称"下一步行动方案"。

该方案明确提出：将公共服务的提供职能和执行职能从各部门中分离出来，设立"执行机构"承担执行和提供服务的职能；给予机构更大的灵活性和自主权；各部门首长与执行机构签订服务供给协议，执行机构对提供的服务负责；对执行机构的绩效进行定期评审，建立惩罚制度。英国在各部门下大约建立了130个执行机构，各部门对其执行机构的绩效向议会负责。从1990年起，内阁办公室每年要对执行机构的发展、运行及绩效状况进行总体评价，并向社会公开。

"下一步行动方案"以发现问题为基点，在责任机制方面将传统体制下直接控制的"权属关系"转变为适当控制的"绩效合同关系"，体现了从过程控制到结果控制、从隶属关系到契约关系的转变，为英国公共部门管理改革找到了突破口，是对绩效预算的重大发展。

2. 公民宪章运动和竞争求质量运动。到20世纪80年代末，英国在公共部门的经济性和效率性方面取得了显著成效，但在公共服务质量方面出现了一定程度的下降，引起了民众不满。1991年梅杰担任首相后，先后开展了"公民宪章"运动和"竞争求质量"运动，使英国绩效改革以质量优先取代效率优先，实现了向质量、效果和公共服务转移。

"公民宪章"运动主要内容是建立服务承诺机制，要求公共服务部门用宪章形式把服务的内容、目标、标准、责任等公之于众，接受公众监督，以实现提高服务水平和质量的目的，着重于对政府服务质量和效益等方面进行评估。在发动"公民宪章"运动四个月后，梅杰政府发布了《竞争求质量》白皮书，又称"竞争求质量"运动，要求进一步提高服务质量和公众满意度，政府管理活动接受市场的检验，并通过市场进行考核和评估。

（三）成熟完善阶段

20世纪90年代末期，布莱尔政府继续强调公共服务的效率、资金的价值和顾客导向等目标，在前人的基础上不断推进绩效预算改革。1997年，布莱尔政府执政后，在"最佳价值"的公共服务理念指导下，颁布了《综合支出审查法案》，要求对各公共部门预算和支出进行全面评审，并在此基础上建立起以后连续三年的支出计划，提高公共支出的稳定性，按照优先顺序重新分配资源，"砍掉"不必要的支出，改善部门所提供的公共服务。同时，该法案还要求各部门与财政部签订一份"公共服务协议"（PSAS），以确定绩效目标，进行年度绩效评价，并向议会提交绩效评价报告，来评价本部门的目标完成情况。"公共服务协议"的引入确定了结果导向的绩效任务，第一次使公共支出决策与部门承诺通过财政资金支出将达到某种特定的、可测量的绩效目标联系在一起。由此，结果导向成为政府部门预算管理的核心，从而奠定了英国绩效预算的基本框架。1999年，开展了"政府现代化运动"，打造能使人民过上更好生活的政府，并在地方政府层面引入最佳评价制度，倡导通过最佳评价体系提高服务质量。2000年7月，议会通过并正式颁布了《政府资源和账目法案》，将绩效预算的衡量建立在全面资源核算的基础上。2003年，实施了"综合绩效评估"体系，主要包括：综合评价、资源使用评价、服务评价、发展方向评价。2009年2月，英国公布了绩效评价的新发展形式——全面地区评价体系。

2010年，以卡梅伦为首相的保守党政府上台时，面临巨额的赤字、深层次的社会问题和需要改革的政治体制。卡梅伦上任伊始，就提出"小政府、大社会"计划，减少公共机构，加大对政府履职状况的检查力度，引入更加严格的绩效问责机制。

目前，英国已在中央和地方政府层面建立起比较完善的绩效预算的制度框架和运行机制，使绩效评估指标体系系统化、规范化、科学化（见表3-2）。

表3-2　　　　　　　　英国绩效预算改革路径

项目	时间	改革措施	主要内容
效率评审阶段	1979年	雷纳评审	对中央政府各部门的运作情况开展全面调查研究和审视评价活动，拟定提高部门经济和行政效率的具体方案和措施
	1980年	部长管理信息系统（MINIS）	一整套集目标管理和绩效考评为一体的信息收集和处理系统
	1982年	财务管理新方案（FMI）	建立管理信息系统，目标陈述，绩效评估，分权与财力下放

续表

项目	时间	改革措施	主要内容
绩效评估阶段	1988年	下一步行动方案	设立"执行机构"承担执行和提供服务的职能；给予机构更大的灵活性和自主权；各部门首长与执行机构签订服务供给协议；对执行机构的绩效进行定期评审
	1991年	绩效评估阶段	建立服务承诺机制，要求公共服务部门用宪章形式把服务的内容、目标、标准、责任等公之于众，接受公众监督
	1991年	"竞争求质量"运动	要求政府管理活动接受市场的检验，并通过市场进行考核和评估
成熟完善阶段	1997年	《综合支出审查法案》	对各公共部门预算和支出进行全面评审，并在此基础上建立起以后连续三年的支出计划
	1997年	公共服务协议（PSAS）	确定绩效目标，进行年度绩效评价，并向议会提交绩效评价报告
	1999年	政府现代化运动	提出打造能使人民过上更好生活的政府
	2000年	《政府资源和账目法案》	将绩效预算的衡量建立在全面资源核算的基础上
	2003年	"综合绩效评估"体系	综合评价、资源使用评价、服务评价、发展方向评价
	2009年	全面地区评价体系	—
	2010年	"小政府、大社会"计划	减少公共机构，加大对政府履职状况的检查力度，引入更加严格的绩效问责机制

资料来源：本研究归纳。

三、澳大利亚：以集约型服务为框架

澳大利亚政府绩效评价的首次实践由成立于 1974 年的澳大利亚政府皇家行政委员会（Royal Commission on Australian Government Administration）主导，该委员会 1975 年开展的第一次评价调查几乎涉及澳大利亚所有公共部门，并于 1976 年公布调查报告。

20 世纪 80 年代初期，澳大利亚就开始进行公共服务改革。1983 年开始主政的澳大利亚工党政府发布了一份关于澳大利亚公共服务改革的白皮书，制定了公共服务改革的重点议程。1984 年的《公共服务改革法案》（*Public Service Reform Act* 1984）强调了贯穿上述三份评价报告的主题：更开明、更有效的公共服务；分权，放松管制；将澳大利亚公共服务整合到国家劳资和就业框架中。

1988 年 12 月，联邦政府颁布了《公共服务评价战略》，其目标主要集中在三个方面：（1）提供更好的信息基础，帮助管理者提高绩效；（2）帮助政府在预算执行过程中提高政策的有效性，并促进政府重点项目、产出的有效落实；（3）进一步提高政府公共管理对议会和公众的责任性。

《公共服务评价战略》的主要内容包括以下几方面：（1）"一揽子"评价计划（Portfolio Evaluation Plans：PEPs）；（2）通过在每一个评价周期内对所有产出和项目的系统评价，不断促进评价计划的完善和发展；（3）向内阁提交新政策建议（其中包括评价战略）的有关规定；（4）有关主要评价结果对外发布的规定；（5）有关联邦公共服务系统提高绩效评价技巧的措施；（6）绩效战略计划对部门绩效评价计划的有效实施负有重要责任。

1996 年 6 月 21 日，当时主管公共服务的澳大利亚副总理宣布启动新的政府改革，并于 1996 年发布题为《建立最佳的澳大利亚公共服务实践》的讨论文件。文件提出的改革方向，首先是对正式服务框架的改变提供广泛统一的支持，以改善公共服务部门的工作环境，其次该服务框架应为一个新型集约、基于原则的公共服务法案。1999 年颁布的公共服务法案（Public Service Bill 1999，截至 2016 年 5 月已修订 18 次）对一系列改革产生了影响，为澳大利亚公共服务的行政职能提供了框架范式。

第二节　部门整体预算绩效管理的法律依据

一、美国:"绩效导向+结果问责"双轮驱动

美国被誉为预算绩效管理理论和实践的发源地,经过几个阶段的改革使美国形成了比较成熟的预算绩效管理框架,研究发现美国在不同的改革阶段均出台了相应的法律,作为推动此项改革的法律支撑。

(一)首席财务官法案

1970年美国颁布《首席财务官法案》等,探索使用计划项目预算系统、目标管理等方法,来提升政府项目的财务管理水平和整体工作效率。

(二)政府绩效与结果法案

1993年,美国国会通过的《政府绩效与结果法案》(简称"结果法案")开宗明义地阐明立法目的,即促使所有联邦部门都必须对结果负责,以提高美国人民对联邦政府能力的信心;强调结果、服务质量和顾客满意度,促进联邦政府项目的有效性和公共责任。联邦政府对结果管理的兴趣很大程度上是受到结果法案的推动,该法案要求联邦各部门制定战略规划、年度绩效计划和绩效责任报告。结果法案以法律形式,强制要求所有部门都必须制定战略规划、年度绩效计划和绩效与责任报告,并将绩效与预算编制结合起来,逐步推行绩效预算制度,从而确立了联邦政府部门绩效管理的战略框架和制度体系。

(三)政府绩效和结果现代化法案

布什政府时期公布了《总统管理议程》(President's Management Agenda),该议程提出了使用项目评级工具(PART工具)对部门项目绩效从目标、成效和责任等方面进行评估,其中平衡计分卡从"成效"和"进度"两个维度评价了绩效目标的完成情况。

2008年,巴拉克·奥巴马(Barack Obama)担任总统后,美国绩效预算改革主要集中于完善绩效信息数据的收集、分析和报告公开等方面,

第三章 部门整体预算绩效管理国际比较研究

2009年颁布的《美国复苏与再投资法案》以及《数字化问责制和透明度法案》,要求联邦政府必须不断提高预算透明度并支持绩效公开报告制度。2010年,美国国会通过《政府绩效与结果现代化法案》(GPRAM法案),重申了绩效导向管理和问责制报告的重要性,并给予法律保护。《政府绩效与结果现代化法案》(GPRAM法案)要求联邦机构对项目进行绩效规划,确立高优先绩效目标,并在年度绩效计划书中体现[①]。在国会的认同并支持下,预算绩效管理改革在美国持续稳步推进(见表3-3)。

表3-3 美国预算绩效管理的法律演变

时间	法律	具体规定
1993年	《政府绩效与成果法案》(Government Performance and Results Act, GRPA)	要求政府各部门每年向国会提交年度战略规划、绩效计划和绩效报告。 战略计划:要求每个机构的负责人应当向管理和预算局局长及国会递交项目活动的战略计划书。该计划应包括总体目标和目的以及描述目标和目的实现的方式,并要求战略计划的总目标与绩效计划的绩效目标相联系。 绩效计划:要求每个机构编制年度绩效计划,并要求建立执行目标,将绩效目标水平表述为有形的、可衡量的目标,使之能与实际实现的业绩进行比较,还要建立用来衡量或评估每一项目活动的相关产出、服务水平和结果的业绩指标。 项目绩效报告:要求每个机构的负责人编制并向总统和国会提交项目绩效报告,每份项目绩效报告应阐述业绩指标以及实际完成的业绩与财政年度计划中表述的执行目标的比较,此外,还需解释并说明哪些项目的执行目标没有实现,给出应对措施
2001年	《总统管理议程》(President's Management Agenda, PMA)	包括5项政府动议和9项特别动议,5项动议分别是人力资本战略管理(Strategic Investment in Human Capital)、竞争性采购(Competitive Sourcing)、财务绩效(Improved Financial Performance)、电子政务(E-Government)及预算与绩效一体化(Budget and Performance Integration)。联邦政府预算局(OMB)为5项总统管理动议的每一项动议分别制定了"成功标准"和"管理计分卡",并根据它们对各机构的各项管理议程现状采取"红绿灯(Traffic Light)"标志进行追踪评估,"绿灯""黄灯""红灯"依次代表"成功""一般"和"不成功"

---

① 齐小平:《美国、英国绩效预算管理改革及启示》,载于《中国财经报》2017年1月19日。

续表

时间	法律	具体规定
2003 年	项目评级工具 (Program Assessment Rating Tool, PART)	项目评级工具 (Program Assessment Rating Tool, PART) 由管理和预算办公室 (OMB) 引入，旨在对联邦政府行为和机构项目是否成功实现其最初制定的目标进行绩效评价。该工具以项目为分析单元，要求机构就"项目目标和设计"（检验项目的目标和设计是否清晰并可靠，占 20%）、"战略计划"（检验项目是否有长期有效的、年度的成效及目标，占 10%）、"项目管理"（评定项目的管理，包括财政分析和项目提高努力，占 20%）以及"项目结果"（基于目标和成效等上述内容的复审，评定程序的表现能力，占 50%）四个指标在线填写问卷，对项目绩效进行考评。评分以 100 分为满分，最终根据得分将项目分为四个等级："绩效良好"（85~100 分）、"绩效改善明显"（70~84 分）、"绩效改善"（50~69 分）和"未证明绩效改善"（0~49 分）。 为了使计划等级评估工具所设计的问题与接受评估的计划之间具有更高的相关性，管理和预算办公室把联邦计划分为七种类型即直接联邦计划 (Direct Federal Programs)、竞争性资助计划 (Competitive Grants)、分类财政补贴计划 (Block/formula Grants)、调整型计划 (Regulatory Programs)、资本资产与服务获取计划 (Capital Assets and Service Acquisition Programs)、信用计划 (Credit Programs) 以及研发计划 (R&D Programs)。管理和预算办公室针对每类计划还额外设计了几个问题
2004 年	《项目评估与结果法案 (2004)》 (Program Assessment and Results Act, PAR)	要求 OMB 每五年至少对所有政府项目进行一次评价，评价内容为项目的目的、涉及、策略规划、管理、结果等
2010 年	《政府绩效与结果现代化法案》 (Government Performance and Results Modernization Act of 2010, GPRAM)	《政府绩效与结果现代化法案》中，优先绩效目标工具被写入法案，成为奥巴马政府的核心绩效工具。 机构优先绩效目标：GPRAM 法案要求《首席财务官法案》所涉及的 24 个美国联邦机构必须使用优先绩效目标工具，在每一财政年度设定优先绩效目标。优先绩效目标工具将绩效目标分为优先绩效目标与非优先绩效目标两个层次，任务优先性是该层次划分的依据。通过编制年度绩效计划书，对机构项目活动进行绩效规划，联邦机构的优先绩效目标必须在年度绩效计划书中得到确认。 联邦优先绩效目标：分为跨机构优先绩效目标和优先管理绩效目标两种，由预算管理办公室制定并负责目标的实现。联邦机构在年度绩效计划中制定目标、设计方案时，需要保证联邦优先绩效目标的实现，但并不意味着联邦优先绩效目标的地位凌驾于机构优先绩效目标之上，机构优先绩效目标的完成始终是各个联邦机构最为核心的绩效任务

资料来源：本研究归纳。

二、澳大利亚：以"绩效导向+会计支撑"为重点

澳大利亚预算绩效管理改革以 20 世纪 80 年代公共服务领域的改革为突破口，来提高公共资金的安全性、合规性和有效性。

（一）财务管理新方案

澳大利亚政府绩效评估最初是通过绩效审计入手的。澳大利亚政府 1984 年制订了《财务管理新方案》（Financial Management Initiative Plan），其主要内容与美国的《政府绩效与结果法案》（Government Performance and Results Act）类似，成为以后实施政府绩效奖励制度的财政基础。1997 年颁布的《审计长法》（Auditor-General Act）、《财务管理与责任法案》（Financial Management and Accountability Act）等法律，进一步从审计层面完善了政府部门绩效的责任管理机制，使以结果为导向的政府部门绩效评估机制进一步规范化和制度化。

（二）基于绩效的支付协议法案

20 世纪 90 年代以后，澳大利亚政府绩效管理的地位才逐渐提升，相关法律相继出台，目的是为了应付经济全球化给澳大利亚财政带来的巨大压力。1992 年，《基于绩效的支付协议法案》将公共财政支付的出发点确定为项目可能达到的绩效，关注公共财政支出的成果。1997 年，《联邦机构和联邦企业法》对澳大利亚联邦机构和联邦政府企业的财务报告和财务责任进行了明确而细致的规定。1998 年，《预算报表诚信法》确定了合理财政的原则，规定了政府财政和经济展望报告的形式和内容，正式将权责发生制作为政府会计制度的基本准则。1999 年，《公共服务法》明确规定了公共服务人员责任和权力之间的关系，以提高公共服务的效率和实现服务效果的最大化。1999~2000 年度，联邦政府开始全面正式实施权责发生制会计核算体系以及注重投入产出，旨在强调工作效果的绩效管理制度。建立绩效管理框架的目的是加强公共管理的责任性，提高政府公共服务的质量。

（三）公共服务委员会指南和公共治理、绩效和责任法案

与美国不同，澳大利亚真正的绩效立法比较晚，2013 年以来，澳大利

亚出台了好几份法案，分别是 2013 年《澳大利亚公共服务委员会指南》（*Australian Public Service Commissioner's Directions*，APSCD）和《澳大利亚公共服务委员会修正（绩效管理）指南 2014》［*Australian Public Service Commissioner's Amendment（Performance Management）Direction 2014*，APSCAD］，当前最新版是 2016 年修订版；以及《公共治理、绩效和责任法案 2013》（*Public Governance，Performance and Accountability Act* 2013，PGPA，2014 年有修订）和《公共治理、绩效和责任法案细则 2014》（*Public Governance，Performance and Accountability Rule* 2014，PGPAR）。

1999 年 12 月 4 日，澳大利亚政府在特别公报上公布了《公共服务法案》，法案共 79 个条款，11 个组成部分，几乎涵盖了公共服务的各个方面。截至 2016 年 3 月 5 日，已经历 18 次修订。根据最新版法案，11 个组成部分如下：（1）序言；（2）解释；（3）澳大利亚公共服务；（4）澳大利亚公共服务委员；（5）澳大利亚公共服务委员长；（6）权益保护专员；（7）部门秘书；（8）董事会秘书；（9）行政机构；（10）行政安排和重组；（11）其他方面。

2013 年，澳大利亚颁布《澳大利亚公共服务委员会指南》，并于 2014 年颁布《澳大利亚公共服务委员会修正（绩效管理）指南 2014》，作为真正意义上的政府绩效管理立法。2016 年 9 月，对上述文件又做了修订。指南共有 8 个部分，60 个条款，根据最新版法案，8 个部分如下：（1）简介；（2）澳大利亚公共服务价值；（3）招聘与选拔；（4）澳大利亚公共服务部门工作；（5）处理可疑违反行为守则；（6）其他雇用事项；（7）授权；（8）应用及过渡性条文。

经过多年的实践，澳大利亚政府基本形成了以结果和产出为基本框架的绩效评价体系，并将权责发生制会计制度纳入预算管理，其预算管理制度体系的建设基本完成。财政支出绩效评价作为澳大利亚预算管理体制改革的重要组成部分，在提高财政支出管理效率、提升政府公信力等方面都取得了不错的成效。2013 年，澳大利亚通过《公共治理、绩效和责任法案 2013》（以下简称 PGPA），PGPA 代替了此前的澳大利亚《财政管理及问责法》，主要内容涉及组织绩效管理，以及绩效管理系统与财政预算系统的关联（见表 3-4）。

表 3-4　　　　　　　　澳大利亚预算绩效管理的法律演变

时间	法律	具体规定
1992 年	《基于绩效的支付协议法案》	将公共财政支付协议的出发点确定为项目可能达到的绩效，关注公共财政支出的成果
1997 年	《联邦机构和联邦企业法》重新修订《审计长法》	取消了对各支出部门在资金使用上过于细致的强制性要求和指令，同时赋予各部门主要负责人以更大的自由裁量权，使其能够根据效率、效果和符合道德的原则完善内部管理程序，提升公共服务绩效
1998 年	《预算报表诚信法》	确定了合理财政的原则，规定了政府财政和经济展望报告的形式和内容，正式将权责发生制作为政府会计制度的基本准则，使政府报表能够更加真实、全面地反映政府活动的成本
1999 年	《财政管理及问责法》《公共服务法》	《财政管理及问责法》从财务管理方面对部门和政府公务人员的绩效职责进行了规定；《公共服务法》在公共部门引入公司管理方法和竞争机制，重视公共服务的产出和结果，关心行政效率，倡导实行更加灵活的政府内部运行机制。此外，澳大利亚还逐步建立起了财政信息公开制度、绩效责任制和规范的政府财务会计核算体系，为全面开展绩效管理工作奠定了良好的法律基础。其预算绩效管理作为行政管理改革的核心内容之一，以结果为导向，通过制定公共支出的绩效目标，把预算资金的分配、政府部门的战略目标和绩效紧密联系起来
2013 年	《公共治理、绩效和责任法案 2013》（简称 PGPA）	PGPA 代替了此前的澳大利亚《财政管理及问责法》，主要内容涉及组织绩效管理，以及绩效管理系统与财政预算系统关联。从财务管理方面对部门和政府公务人员的绩效职责进行规定

资料来源：本研究归纳。

三、新西兰：以"提高机构责任感"为核心

新西兰被认为是预算绩效管理改革的典范，并且其改革成功的一个重

要特点是立法推动①。

(一) 公共财政法案

新西兰的预算改革大致分为四个阶段,分别颁布了相应的法律——《国有企业法案》(1986年)、《国家部门法案》(1988年)、《公共财政法案》(1989年) 和《财政责任法案》(1994年)。其中《公共财政法案》将公共部门管理重点由投入转向产出,提高机构的责任感;要求政府制定明确的目标,部门设计"产出",财政资金安排必须要和产出挂钩。

(二) 财政责任法案

在此基础之上,《财政责任法案》通过细化一系列的财政管理责任提高绩效报告质量,其内容包括政府必须制定部门战略计划,根据战略优先顺序来指导预算的编制,将长期规划和关键领域的年度绩效目标联系起来,同时部门向议会提出拨款请求时必须提交期望的目标(见表3-5)。

表3-5　　　　　　　新西兰预算绩效管理的法律演变

时间	法律	具体规定
1986年	《国有企业法案》	改革国有企业,推行私有化政策,建立激励机制,促使公共部门管理者注重和改进业绩
1988年	《国家部门法案》	改革核心政府部门,推动新西兰政府迈向权责发生制会计记账制度
1989年	《公共财政法案》	为衡量政府部门的绩效,发布《公共财政法案》以配合《国家部门法案》的实施
1993年	《财务报告法案》	强化公共部门对一般公认会计原则即权责发生制的应用,并将财务报告分为"部门报表"和"整个政府报表"两个层次,准确反映政府财政状况

---

① 牛美丽、马骏:《新西兰的预算改革》,载于《武汉大学学报》(哲学社会科学版) 2006年第6期。

续表

时间	法律	具体规定
1994年	《财政责任法案》	提出了一系列细化财政管理责任的原则和绩效报告质量规范,确定建立财政目标和进行定期的财政报告,要求实行中长期的财政框架,说明政府广泛的战略优先顺序,对政府部门实行国际会计准则,在政府会计和预算中引入权责发生制,提出财政政策制定原则,明确财政部部长对与产出相关的财政管理目标负责,通过加强财政风险管理,推行信息公开

资料来源:本研究归纳。

四、英国:以"支出审查"为重点

(一) 支出综合审查法案

英国于1997年颁布了《支出综合审查法案》,要求各部门必须对本部门的预算和支出进行全面的审查。各部门应与财政部签订《公共服务协议》(Service Delivery Agreement),并每年应向议会提交一份《秋季绩效评价报告》(Autumn Performance Report),内容是对本部门的目标完成情况进行综合评价。

(二) 政府现代化白皮书

1999年英国政府颁布了《政府现代化白皮书》,强调政府追求三个目标:确保政策的高度协调性和战略性,强调结果导向和公众的广泛参与;以公共服务的使用者为中心,确保公共服务更符合人民需要;确保公共服务具有高效率和高质量等。同时,在地方政府层面引入最佳评价制度,倡导通过最佳评价体系提高地方服务质量(见表3-6)。

表3-6　　　　英国预算绩效管理的法律演变

时间	法律	具体规定
1997年	财政稳定法案(Code for Fiscal Stability)	宣布了以下三项政策目标:(1)确立财政管理原则与详细财政政策的目标。(2)设立年度报告资料。(3)采用最好的会计原则

续表

时间	法律	具体规定
1997年	《支出综合审查法案》	要求各部门必须对本部门的预算和支出进行全面的审查
1997年	公共服务协定（Public Service Agreement，PSAs）	在PSAs的规范下，各部门被要求在其可支配的预算支出项目之下，建立可以具体衡量的政策指标，用来评判政策目标是否达成
1997年	《公共服务协议》（Service Delivery Agreement）	首先明确部门的战略目标，然后根据战略目标确定绩效目标和指标。战略目标、绩效目标和具体的绩效指标在政府和各部门签订的公共服务协议中作了明确的规定。各部门的战略目标由财政部与各部门协商决定，其他内容主要由各部门负责制定，财政部对如何起草公共服务协议进行指导
1998年	《综合开支审查白皮书》（Comprehensive Spending Review，CSR）	这是英国政府有史以来推出的第一个全面、系统地针对政府各个部门所制定的目标体系的财政预算方案。而后，各部门根据CSR确定的政府整体战略目标制定绩效计划，开展各项工作
1999年	《政府现代化白皮书》（Modernizing Government）	强调政府追求三个目标：确保政策的高度协调性和战略性，强调结果导向和公众的广泛参与；以公共服务的使用者为中心，确保公共服务更符合人民需要；确保公共服务具有高效率和高质量等。同时，在地方政府层面引入最佳评价制度，倡导通过最佳评价体系提高地方服务质量

资料来源：本研究归纳。

五、加拿大：以"战略导向+放权问责"为核心

加拿大联邦政府自20世纪70年代起便开始探索绩效导向的预算模式，经过多年发展，2007年建立起"以国家战略计划为引导、以公民支出优先性为依据、以预算结果为目的"的绩效预算管理体系。

早在20世纪70年代初，加拿大就要求政府部门测量和报告预算绩效，但结果并不理想。而后，加拿大采用计划项目预算系统（PPBS）来

第三章　部门整体预算绩效管理国际比较研究

应对资源稀缺问题,但受到世界经济危机影响,改革并不成功。截至1979年,当时的审计长和著名的皇家财务管理和责任委员会连续在其报告中提出有必要对加拿大支出管理过程做出结构性调整,从而开启了一系列旨在提高预算绩效的改革。改革涉及诸多内容,主要表现为相关法案的通过,包括20世纪80年代初的政策和支出管理系统,80年代中后期的《部门权力和责任强化法案》等。

(一) 政策和支出管理系统

1. 政策和支出管理系统的引入背景。1979年,加拿大皇家财务管理和责任委员会认为当时的决策和支出管理体系已经不适应下行经济条件下对政府管理的要求,需要在财政限制下制订计划来寻找出路。出于节约和改善决策过程的需要,政策和支出管理系统应运而生。虽然在政策和支出管理系统实施过程中,也出现过其他改革举措,但这种预算模式在加拿大绩效导向的预算改革中占有重要地位。

政策和支出管理系统是一个在宏观财政框架指引下的计划政策系统。其突出特点是将预算与政策结合起来,以政策目标(或计划)引导预算分配,从而将有限的财政资金用于政府最急需的事项上。信封预算是一个自上而下的预算过程,政策目标和预算安排由上层制定,而后向下层层分解。

2. 政策和支出管理系统的绩效含义。政策和支出管理系统的绩效内涵包括计划引导资源配置、建立资源保护意识和强制性绩效追求三个方面。

第一,计划引导资源配置。加拿大的政策和支出管理系统将预算和决策制定过程整合起来,以项目优先性作为预算安排的首要考虑要素,在确定谁需要做出决策的基础上将决策权授予不同层级。这是在资源稀缺条件下,有意识地将宏观与微观决策整合起来的努力尝试。战略计划可以为决策者提供机会以有组织的方式削减支出,也可以在他们认为特别需要的领域投入新资源。将预算过程转变成一个自上而下的过程,为每个政策领域分配支出目标,例如国防、经济发展和社会事务等。

第二,建立资源保护意识。资源申请和资源保护是预算过程中不同参与者的两种基本角色。在政策和支出管理系统中,财政部和国库委员会是主要的资源保护者,各政策和支出管理系统委员会是(各政策领域的)实际支出者。从一定意义上说,只有资金申请者具有了资源保护意识,才能有意识地努力去发挥资金的最大效益。各政策和支出管理系统委员会由多个部长共同领导。在决定本部门支出时，部长首先要向各政策和支出管理系统委员会中的其他部长说明支出的依据和理由，促使其关注支出的潜在绩效，从而在客观上实现了资源保护。

第三，强制性绩效追求。用于促进创新的储备金制度，是各政策和支出管理系统的一大特色。运作储备用于避免外界因素对政策储备可能带来的影响，以确保政策储备有足够的额度来激励创新。一方面，政策储备鼓励项目创新，为项目和绩效创新提供空间。另一方面，如果原有储备金用完，信封委员会将取消旧项目来创建新的政策储备，为新项目提供资金。这是一种节约成本和强制性创新的制度，为持续寻求绩效改进提供了契机。

各政策和支出管理系统聚焦政府主要的优先事项、支出部门的信封支出限制、通过政策储备为创新提供资金，是一种较强的预算绩效推进机制。但各政策和支出管理系统也有其不足之处。由于各政策和支出管理系统是一个自上而下的体系，顶层设计的财政框架出现问题，那将造成巨大损失；同时，上层在预算支出决策中作用过大，重大决策都由首相和其委员会做出，而将很少的决策留给不同政策领域的委员会来决定。

（二）部门权力和责任强化法案

加拿大《部门权力和责任强化法案》（以下简称《法案》）于1986年开始正式实施，《法案》将之前需要联邦政府批准的很多行政事务的决定权赋予部门。支出部门还被授权在批准的资金水平内可以重新分配资源，也可以将一部分资本预算结转到下年使用。作为交换，《法案》要求部长提高对预算结果的负责程度。部门要为在与财政委员会达成的谅解备忘录中设定的预期绩效负责。尽管《法案》在1986年开始实施，但全面施行的进展比较缓慢，因为谅解备忘录需要跟每个部门单独协商才能确定。每份谅解备忘录要进行跨度三年的支出分析，其中包括每个财政年度的拨款情况。然而，加拿大政府体系并不允许对未来资源的进行多年度承诺，因此在备忘录中仅仅记录了基于批准的预算水平的预期目标。国库委员会在《法案》的设计和推动中扮演着积极角色。通过谅解备忘录的方式，国库委员会希望与部门建立起契约关系，让部门获得稳定的资源并减少各种控制来达到预期的绩效水平。

《法案》的绩效意义在于赋予部门更大的自主权。赋予支出部门以足够的资金使用自主权和灵活性是确保预算绩效实现的重要条件，《法案》赋予支出部门一定的行政审批权，这意味着部门在更大权限内寻求预算绩效。同时，部门还可以在授权范围内重新分配资源，也可以将一部分资本预算结转到下一年度使用。通过上述赋权措施，支出部门获得了极大的支出自主权，为预算绩效改进提供了足够空间。而允许部分资本预算结转到下一年度也在一定程度上促使部门厉行节约，不必为了完成支出额度而"突击花钱"。

第三节 部门整体预算绩效管理的框架与流程

一、美国："战略规划—绩效计划—绩效报告"一体化

美国部门整体预算绩效管理过程可以分为以下几个阶段：预算目标—预算规划（长期、中期、年度）—支出计划—预算及绩效目标—执行—评估—反馈（见图 3-1）。

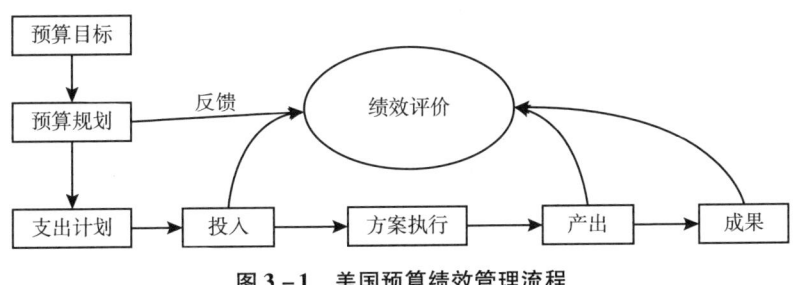

图 3-1 美国预算绩效管理流程

（一）美国部门整体预算绩效管理框架

1993 年，美国国会通过了《政府绩效与结果法案》（GPRA 法案），该法案要求：（1）所有联邦机构必须向管理与预算办公室（OMB）提交战略计划；（2）所有联邦政府机构必须在提交机构年度预算的同时提交机构年度绩效计划，设立明确的绩效目标，部门预算安排应与绩效目标相对应；（3）管理与预算办公室（OMB）在汇总整理各部门年度绩效计划的

基础上编制联邦总体年度绩效计划,作为总统预算的一部分,需提交国会审议;(4)财政年度后联邦政府机构须向总统和国会提交年度绩效报告,对实际绩效结果和年度绩效目标进行比较。该法案的指导性在美国形成了一套完整的绩效目标管理流程。

虽然2010年通过了《政府绩效与结果现代化法案》引入了优先绩效目标管理工具,但也只是对该管理流程补充完善。目前美国的绩效目标管理流程如表3-7(以2018~2019财年为例)所示,该流程简单概述为:编制机构战略计划书—编制年度绩效计划书—按照计划书围绕各类绩效目标开展工作—编订年度绩效报告并公开发布。

表3-7 美国绩效预算管理流程

时间	预算程序
2017年3~5月	各联邦机构提交2016年度绩效报告和2018年度绩效计划定稿
2017年5月	联邦机构提交2016~2017财年第二季度APGs和CAP绩效目标更新
2017年6月2日	联邦机构向OMB提交: (1)基于2017年战略评估结果的战略目标总结; (2)2018~2022年战略计划初始草案; (3)2018~2019财年机构优先目标草案
2017年8月	联邦机构提交2016~2017财年第三季度APGs和CAP绩效目标更新
2017年9月	联邦机构向OMB提交年度预算,同时提交: (1)战略目标进度更新总结草案(作为2017年绩效报告的一部分); (2)2018~2022财年战略计划草案; (3)2019年度绩效计划草案; (4)2018~2019财年机构优先目标全面行动计划草案; (5)2018~2019财年机构非优先项目
2017年10月	各联邦机构2017年度财务报告、绩效与责任报告
2017年11月	联邦机构提交2016~2017财年第三季度APGs和CAP绩效目标更新
2017年12月22日	联邦机构向OMB提交最终2018~2022年战略计划书
2018年1月	联邦机构提交2018~2019财年第一季度APGs和CAP绩效目标更新

第三章　部门整体预算绩效管理国际比较研究

续表

时间	预算程序
2018年1月12日	联邦机构向OMB提交： （1）2019年度绩效计划定稿； （2）2018～2019财年机构优先目标全面行动计划定稿
2018年3月	发布战略目标进度更新
2018年5月	联邦机构提交2018～2019财年第二季度APGs和CAP绩效目标更新

资料来源：根据OMB Circular A-11：section 200——Overview of the Federal Performance Framework整理得出。

1. 每五年编订战略计划书。《政府绩效与结果法案》（GPRA法案）规定战略计划的内容包括：联邦机构工作职责和工作任务的综合性描述；总体工作目标的说明及实现目标的方式；如何使战略计划中总目标与年度绩效目标相联系；明确影响绩效总目标的实现，但机构无法控制主要外部因素；概述拟评价的项目，并制定评价时间表。战略计划的时间跨度为自下一财政年度起至少五年，但每隔三年必须更新或修订。战略计划要说明机构未来五年的目标，即机构及其项目存在的意义、项目完成所要完成的任务及其时间要求，机构长期的发展方向，以及实现目标和目的所需的资源。因此战略计划是执行绩效法案各项规定和编制绩效计划的基础。战略计划的制订是对未来发展规划的全面的综合型概述，在制订战略计划之前，部门、机构项目的发展方向及其安排要进行广泛的讨论，听取国会、其他相关部门或团体等各方面的意见。

2. 制订年度绩效计划。年度绩效计划的内容包括五个方面：（1）建立绩效执行目标。将定性的绩效目标表述为有形的、可衡量的目标，使之与实际实现的业绩具有可比性，包括将目标表述为量化的标准、价值或比率。（2）设计绩效指标。除特殊规定的部分指标外，大部分应以客观、量化和可衡量绩效指标来描述产出和结果。（3）说明部门或项目的工作流程、技巧、技术人力资源、信息和其他所必需的资源等。（4）建立用来衡量或评估每一项目活动的相关产出、服务水平和结果的业绩指标。（5）设定用于检验执行业绩的绩效衡量标准并进行详细描述[①]。在年度绩效计划

---

① *Government Performance and Results Act*（GRPA，1993）。

中选择目标和指标时，应遵循下列原则：一是项目管理者要用绩效目标和绩效指标来判断项目在达到预期目标方面的成效；二是在部门负责人和利益相关者评论项目的完成情况时，要以系统的绩效评估结果为依据。

3. 提交年度绩效报告。《政府绩效与结果法案》（GPRA法案）要求，自2000年起联邦机构应于每年3月31日前向总统和国会提交上一财政年度的年度绩效报告。年度绩效报告应该包括以下四个方面的内容：一是对实际取得的绩效成绩和年度绩效计划中的绩效指标进行比较。二是对成功实现的目标和项目进行经验总结；如果没有达到绩效目标，要说明没有达到绩效目标的原因以及将来完成绩效目标的计划和时间表；如果某个绩效目标是不切实际或者不可行的，要说明具体原因及改进或终止的计划。三是对某个财政年度内已经完成的项目评估的概述。四是对为实现绩效目标，使用和评估关于豁免管理要求和控制的实施效果的说明。一个完整的评价周期包括：计划、实施、测定、评估。绩效管理的一个重要环节就是调整和修改上一年度报告中的相关信息，进而从实际出发调整下一年度计划。

（二）美国部门整体绩效评价管理流程

美国联邦政府绩效评价的实施主体包括国会会计总署（GAO）、管理与预算办公室（OMB）和各政府部门。联邦各政府部门的职责是向国会提交本部门的战略规划和年度计划。国会会计总署的职能是代表国会对联邦政府各部门进行年度绩效评价，接受国会委托对部门、计划、项目、专项工作的绩效进行评估，授权联邦各部门内部的绩效管理机构对本部门绩效进行评价。预算管理办公室的职责是协助总统对预算的编制进行指导和监督，并对各政府部门的计划、政策及工作的有效性进行评价，保证预算支出的可行性。各联邦政府部门在每年4月中旬要向预算管理办公室上报下一预算年度计划，预算管理办公室结合各部门春季绩效评价报告对下一预算年度计划进行评价后决定是否对预算进行调整。《政府绩效与结果法案》（GPRA法案）对财政支出绩效评价实施方式有明确的要求，在各职能部门制定本部门长期战略规划（每三年修订一次）和年度计划的基础上，国会会计总署根据长期战略规划和年度计划对部门公共管理活动的过程和结果开展绩效考核，并向国会提交绩效评价报告。

二、澳大利亚:"内部评估 + 外部评价"相结合

(一) 澳大利亚部门整体绩效管理框架

澳大利亚的绩效目标的管理建立在绩效管理循环的框架之上(见图3-2),该循环框架分为六个阶段,其中前两个阶段——确定绩效的关键领域和具体指标的基准,是该循环的重要组成部分。其中澳大利亚引入了战略规划,澳大利亚在《联邦预算战略展望》中预测了未来预算编制的情况,财政部门和联邦部门在该指导框架下编制绩效目标,并将绩效目标分配到具体的工作单位。澳大利亚的绩效目标管理框架有利于资源在战略层面的分配以及为年度拨款提供了信息依据。

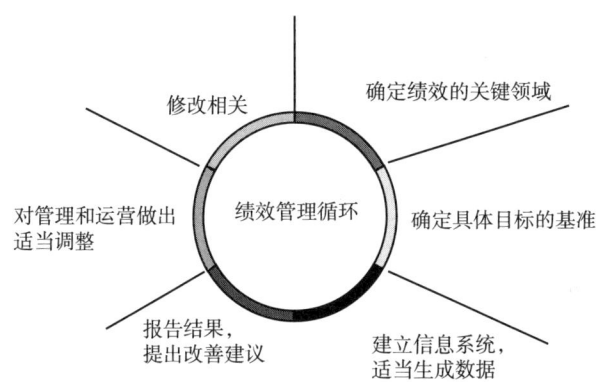

图3-2 澳大利亚绩效目标管理框架循环

澳大利亚绩效目标管理流程基本分为如下几个阶段:首先在每年10月政府收集各部门提案,了解各部门的发展计划和产出;11月战略预算委员会(ERC)根据政府总体规划和部门的资金需求确定年度战略计划和预算优先顺序,同时与各部门协商绩效目标成果;在第二年1~2月各部门提交明晰的绩效目标,以及绩效评价指标和目标产出框架;3月支出审查委员会审议预算分配和绩效目标的合理性;在预算执行期间定期监督绩效目标的执行情况;在每个财政年度结束后的9~10月,各部门在提交机

构年度报告的同时提交部门绩效表现，以反馈绩效目标的执行效果①（见表 3-8）。

表 3-8　　　　　　　　　澳大利亚绩效管理流程

上年 9 月	财政部发布下一年度预算公告，介绍预算过程及预算编制规则
上年 10 月	收集部门提案，各部长针对本年度的计划产出提出预算建议
上年 11 月	SBC 确定战略计划和预算优先顺序；协商各部门的绩效目标成果
1~2 月	各部门提交新预算提案，新预算需要列明绩效目标，执行过程中的关键步骤。同时研究目标产出框架、绩效评价指标等
3 月	支出审查委员会审议提案，审议绩效评价指标及预算分配与绩效目标的合理性
4~5 月	部门准备提交至中央的部门预算文件，包括部门管理项目和支出信息、绩效指标、绩效标准和实施战略等
5~6 月	预算审议
7~8 月	各部门监督绩效目标执行结果
9~10 月	部门提交机构年度报告以及对部门绩效表现的说明（目标产出的测量结果）

资料来源：Jón R. Blöndal, Daniel Bergvall, Ian Hawkesworth and Rex Deighton-Smith, Budgeting in Australia, *OECD Journal on Budgeting*, 2008, Vol. 8.

从目标设置理论的角度审视澳大利亚的绩效目标管理框架可以发现：澳大利亚通过设置合理的管理程序，划分目标层级，区分目标优先性等努力实现长期战略目标和短期绩效目标的均衡，使绩效目标更好地反映战略目标、战略目标更好地指导绩效目标设定。同时，澳大利亚在绩效管理方面注重对绩效目标完成情况进行监督，以及时了解和调整执行进度、成效，保证绩效目标高效实现。澳大利亚还不断创新绩效信息应用方式，将绩效执行情况在未来年度绩效目标设定中有所体现。

---

① 王海涛：《澳大利亚政府绩效预算管理及借鉴》，载于《中国财政》2012 年第 9 期。

(二)澳大利亚部门整体绩效评价管理流程

澳大利亚绩效目标管理流程基本分为如下几个阶段:每年10月政府收集各部门提案,了解各部门的发展计划和产出;11月战略预算委员会(ERC)根据政府总体规划和部门的资金需求确定年度战略计划和预算优先顺序,同时与各部门协商绩效目标成果;在第二年1~2月各部门提交明晰的绩效目标,以及绩效评价指标和目标产出框架;3月支出审查委员会审议预算分配和绩效目标的合理性;在预算执行期间定期监督绩效目标的执行情况;在每个财政年度结束后的9~10月,各部门在提交机构年度报告的同时提交部门绩效表现,以反馈绩效目标的执行效果。

(三)澳大利亚预算绩效管理的组织结构

澳大利亚绩效评价制度中有政府内部的评估主体和外部评估机构两类监督主体。政府内部的评估主体主要包括公共服务委员会(Australian Public Service Commission,APSC)、生产力委员会(Productivity Commission,PC),同时还有内阁支出委员会、管理咨询理事会、管理改进顾问委员会、提升评审委员会、财政部和国库部;外部评估机构主要包括国会参众两院的财政委员会、专业委员会、公共账目和审计联合委员会、联邦审计署。

1. 公共服务委员会(APSC)。公共服务委员会是澳大利亚总理与内阁大臣部(Department of the Prime Minister and Cabinet Portfolio,DPMC)下设的非企业联邦实体,主导澳大利亚公共服务(Australian Public Service,APS)的评价和报告。澳大利亚公共服务范围广泛,涉及社会保障、教育和医疗卫生服务体系等,还兼有保护生态环境以及为政府制定和实施政策提供建议等职责。公共服务委员会是澳大利亚公共服务的核心机构,领导其他APS机构共同为政府提供公共服务和公务员管理方面的报告和建议。其活动遵从2013年《公共治理、绩效和责任法案》并且其法定职责由1999年《公共服务法案》详述,主要包括:(1)制定、促进、审查和评估APS雇佣政策和实践;(2)促进整个APS管理人员的持续改进;(3)促进学习、发展和职业生涯管理;(4)帮助培养领导能力;(5)向公共机构提供有关公共服务的建议和协助;(6)促进高标准的统一和行为开展。

公共服务委员会从成立伊始,就致力于建立一个自信的价值观和可持续发展的澳大利亚公共服务。主要通过提供可靠的评估和基准数据，来支持战略反应。它提供的主要服务包括：澳大利亚公共服务委员的角色——促进澳大利亚公共服务的价值、绩效、合规性，以及建设澳大利亚公共服务的能力；功绩保护委员办公室——确保澳大利亚公共服务价值正在有效地应用于机构、机构负责人和工作人员；提供最好的建议——提供工具、最佳实践战略解决方案、出版物和政策建议；帮助改善澳大利亚原住民的就业前景——有针对性的职业发展计划和建议；帮助残疾人士——量身定制的支持、建议和最佳实践指南；在国际范围内工作——在一系列发展中国家建立公共部门的能力；领导和学习中心——应时的系统的学习和发展方法，围绕澳大利亚公共服务的需求发展领导力和卓越的管理能力；建立员工和组织的联系——领导活动和培训计划；提高澳大利亚公共服务的质量等。

如果说生产力委员会是对政府所开展的具体项目的绩效评估，那么公共服务委员会更像是政府机构本身的绩效评估，其对人员、行政效率尤其关注，当然，同样涉及提高澳大利亚公共服务质量的职能，其每年都会出具年度报告。当前公共服务委员会设一名委员长，领导常务副委员长执行五大功能小组，领导助理专员执行两大功能小组，另外，还设立权益保护专员。其内部的组织结构如图3-3所示。

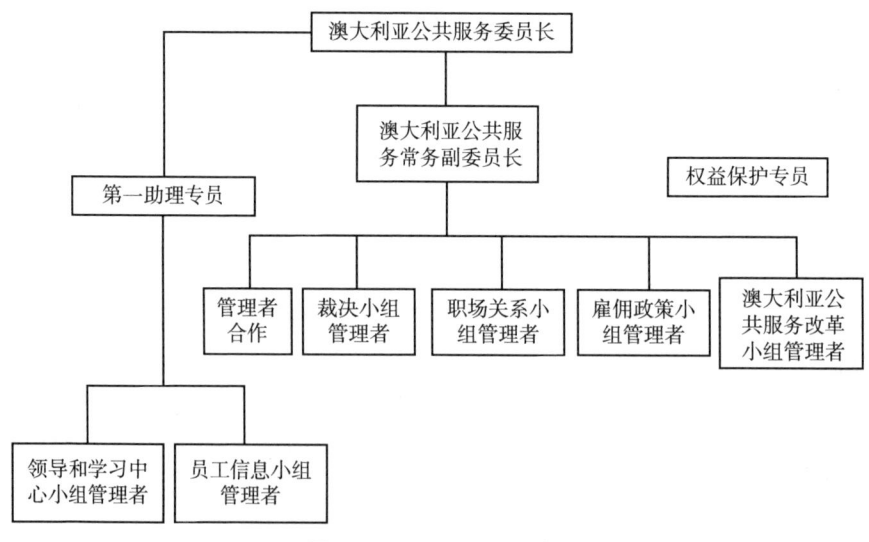

图3-3 APSC组织结构

2. 生产力委员会。生产力委员会（Productivity Commission）由 1998 年议会法案确立为独立机构，以取代工业委员会、工业经济局和经济计划咨询委员会。然而，其历史更久远，1974 年成立工业援助委员会（本身取代了澳大利亚关税委员会），后来，1989 年又改为工业委员会。

生产力委员会是澳大利亚政府的一个机构，位于财政部内部。但是其不管理政府计划或行使行政权力，只是一个咨询机构，其活动涵盖各级政府和包括经济的所有部门，以及社会和环境问题。生产力委员会的核心职能是根据澳大利亚政府的要求，就有关澳大利亚经济表现和社会福利的关键政策或监管问题进行公开调查。此外，生产力委员会根据政府的要求进行各种研究，并支持其年度报告、性能监控和其他职责。生产力委员会在澳大利亚政府理事会的主持下还提供政府间的政府服务审查。另外，生产力委员会还处理竞争中立的投诉，进而避免国企对私营企业的挤出效应。

生产力委员会的结构和运作有三个特点：第一，生产力委员会是独立的。生产力委员会根据其本身的法例行使权力及指导。其具有独立的预算分配权和固定职工；机构运营存续期相对较长。虽然政府在很大程度上能够决定其工作计划，但生产力委员会的调查结果和建议是根据自己的分析和判断而得出的。生产力委员会向澳大利亚议会正式提交调查报告。然而，在法定规定下，为帮助公众对政策问题的理解，其报告和其他通信活动也针对更广泛的人群。第二，其过程是透明的。生产力委员会对政府的建议，以及基于它的信息和分析，都是公开的。它通过听证会、研讨会和其他咨询论坛等多种形式开展工作，并将报告草案和初步结果提交有关部门审议，实现了公共信息有效输入输出。但是，要提醒的是，对生产力委员会的政策建议，财政部和政府部门是非强制性行为，可能不作回应或拒绝采取行动。第三，采用社区视角。生产力委员会有义务可充分平衡经济、环境、区域等社会整体利益，并依据实际情况依法向公众和委员会揭示自己的研究能力。

另外，生产力委员会还下设了澳大利亚政府服务评价督导委员会（Steering Committee for the Review of Government Service Provision, SCRG-SP），每年向公众发布政府服务评价报告（Report on Government Services, ROGS），是澳大利亚政府具体的政策和行政绩效评价机构。当前生产力委员会内部的组织结构见图 3-4。

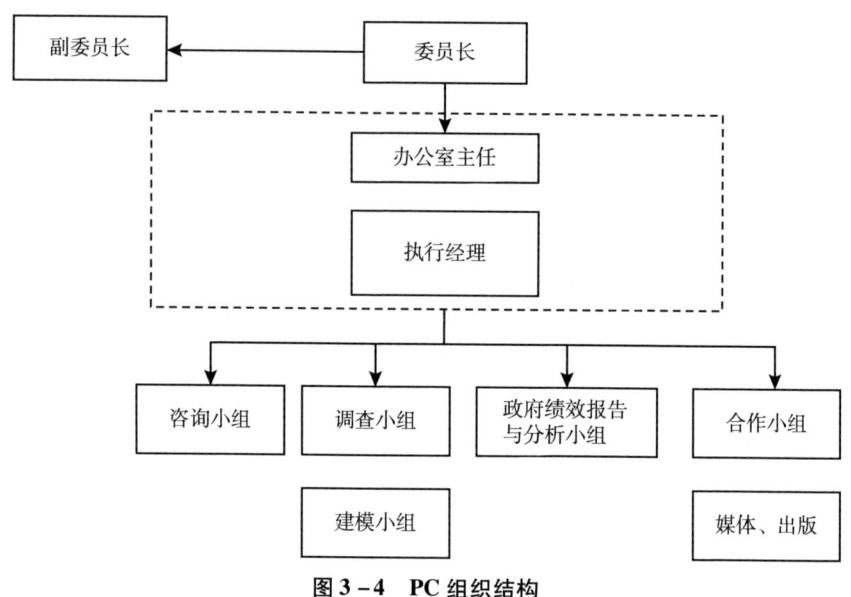

图 3-4 PC 组织结构

3. 澳大利亚公共服务 + 生产力委员会的绩效评估模式。澳大利亚公共服务 + 生产力委员会相结合、政府内部和政府外部共同参与的绩效评估模式见图 3-5。

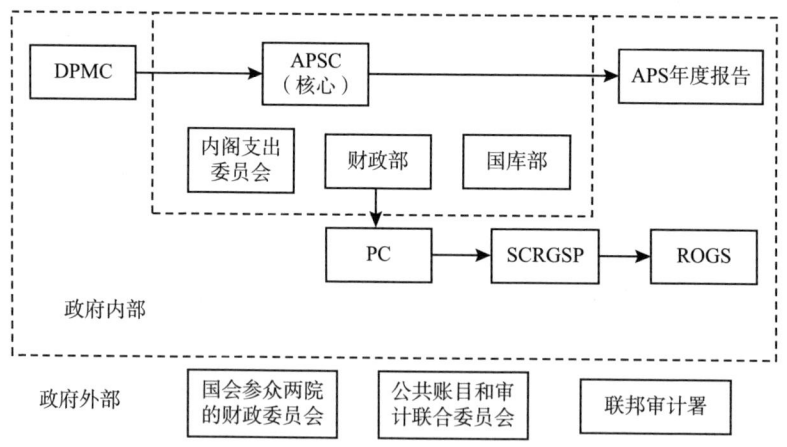

图 3-5 APS + PC 绩效评估模式

三、英国:"内部自评+外部评价+审查问责"链条化

(一) 英国部门整体预算绩效管理框架

英国政府预算绩效管理的演化变迁历程,可以分为三个阶段:以经济和效率为中心的效率评价阶段、以服务质量和效益为中心的服务评价阶段、以服务供给水平和合作伙伴关系为中心的综合评价阶段。2009年2月,英国公布了预算绩效管理的最新发展形式——全面地区评价(Comprehensive Area Assessment,CAA)体系,并于2009年4月1日起正式实行。

英国部门整体预算绩效管理大致可以分为内部绩效管理和外部绩效管理。英国政府内部的绩效管理往往是通过分权化的模式进行的,即部门的绩效管理的工作主要是由部门自己进行,并由部门长官进行监督。对预算绩效管理的标准主要是围绕着经济性、效率性和效益性这三个方面的指标进行。经济性评估的目的在于通过对比成本、开支等的比率大小,促进政府部门内部形成一种成本节约意识,在有限成本内充分实现成本的价值,谨防资源浪费现象发生。效率性评估指的是投入和产出之间的关系,它要求政府部门在一定的投入水平下获得更多的产出;或者是在保证一定的产出水平下使用尽可能少的投入。一般而言,更高的产出投入比往往代表着更高的效率。效益性评估要求政府部门在实现预算的经济性和效率性的同时,保证产出对预算最终目标具有更大的贡献和影响,确保产出能够满足社会各界的需求。英国对于每个部门的大多数目标都构建了一系列的绩效评价指标,并在相关文件中说明了每个指标与总目标的相关性。

而英国政府的外部预算绩效管理,则是由审计署、社会公众、预算责任办公室等多方面完成。(1)预算责任办公室通过编制经济与财经展望报告对经济和财政状况进行五年预测,评估在当前政策环境下中期财政目标完成的可行性。(2)社会公众方面,2010年英国政府终止了由中央政府主导的强制性政府绩效管理制度,评价主体由中央政府转变为社会公众,推行绩效管理的公开透明。各部门除了要将年度报告在网上公布外,还需要向社会公众提供部门近三年的具体绩效数据。(3)独立于政府的第三方机构。自2017年起,英国政府研究院联合英国特许公共财政与会计协会对英国政府绩效完成情况进行评价,并公布了2017年春季版和秋季版两

份《绩效跟踪报告》。(4) 英国国家审计署是预算绩效外部评估的主要力量,英国国家审计署对政府绩效评估确定了三项标准:第一,是否花得少,是否尽可能少花钱多办事,以最少的资源取得最好的效果;第二,是否花得好,通过比较所投入资源与所产生效益进行评定;第三,是否花得明智,通过比较预期效果与实际效果进行评估。审计长如果发现某个项目或机构存在不合格开支或浪费了公共资金,就有责任提请议会加以注意或进行调查(见图3-6)。

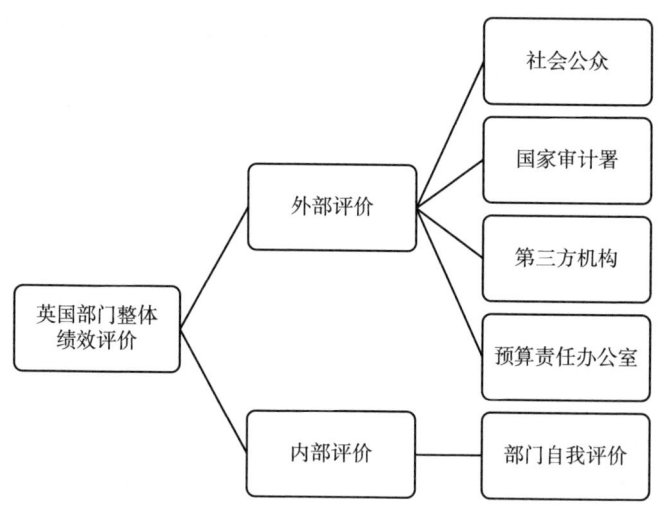

图3-6 英国部门整体绩效评价框架

(二)英国部门整体预算绩效管理流程

为了加强对各政府部门的问责,自1998年起,英国开始进行综合支出审查,政府在设定三年部门支出限额时,同时设定了一系列关于政府各项支出需要完成的多年期结果导向型目标的承诺(战略目标、绩效目标、绩效指标等)。这些指标被明确地写入《公共服务协议》中,并与政府的三年支出计划一并公布。其中战略目标由财政部与各部门协商确定,其他内容由部门根据绩效目标自行设定。经过20年的发展,英国的绩效目标管理已形成比较完善的流程,包括"签订《公共服务协议》、设定绩效目标—分配预算资金—监督绩效目标完成情况—提交绩效报告、审计绩效报告—应用绩效信息"五大环节(见图3-7)。

第三章 部门整体预算绩效管理国际比较研究

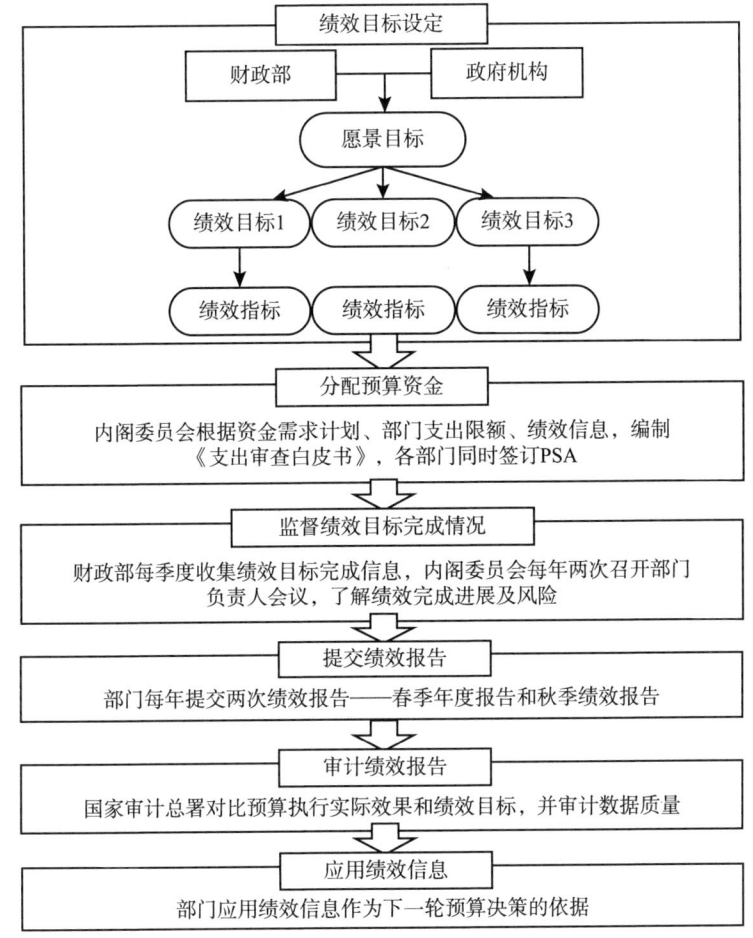

图 3-7 英国预算绩效管理流程

1. 签订《公共服务协议》，设定绩效目标。《公共服务协议（PSA）》中明确规定了各部门的愿景目标、绩效目标和绩效指标，其中各部门的战略目标是由财政部和各部门协商确定的，其他内容由各部门在战略目标的指导下自行制定，财政部进行审查并提出改进建议。自实施以来，《公共服务协议》的数量结构和组成部分逐渐演变，但是其基本的组成部分不变：（1）政府在《支出审查白皮书》中设定部门三年支出限额，同时制定未来发展愿景目标或高水平目标的承诺，确定实现该目标的责任人；（2）针对单个目标制定更具体的子目标；（3）将子目标细化为可操作的

·83·

绩效指标，指标的设定遵循 SMART 原则——明确而具体的（specific）、可衡量的（measurable）、可实现的（achieveable）、相关的（relevant）和具有时效性的（time-bound）；（4）描述每个绩效指标的基准和指标，以跟踪、监督和披露每个指标的实施成效；（5）制定详细的实施战略，列示每个政府部门和机构对于目标实现应负的责任和可做的贡献。

2004 年英国财政部进一步丰富了《公共服务协议》的内容，引入了关注贫困地区的底线目标和保证已经实现绩效能够保持的标准目标。经过接近 20 年的协商和完善，英国已经形成了一套"自上而下、全覆盖的"绩效目标管理方法。该方法首先在中央层面形成了一套初始的指标体系，并允许支出部门细化为精准的目标、基准、专家咨询、提交程度和必须提交的内容等，以确保年度支出审查报告能有效反映绩效衡量结果。

2. 分配预算资金。资源分配与绩效任务是由内阁委员会决定的，要求各部门在申请预算时各部门需提交有关资金需求及其产出或绩效相关信息。各部门在获取预算资金的同时签订各自的 PSA，明确规定部门使用资源要实现的绩效目标。财政部则在各部门提交的资金需求和绩效信息的基础上编制政府总开支计划，汇总各部门支出限额及其绩效合同，并以《支出审查白皮书》的形式发布并提交议会审议。

3. 监督绩效目标完成情况。财政部、内阁委员会在预算执行过程中定期对各部门的绩效完成情况进行监控和检查。财政部每季度收集部门绩效目标进程信息，定期公布，并提交内阁委员会；内阁委员会每年两次召开部门负责人会议汇报部门绩效目标完成情况、过程中存在的风险以及应对风险的计划。

4. 提交绩效报告。分别是财政年度结束后提交的春季部门年度报告和每年 12 月提交的秋季绩效报告，前者说明财政年度绩效目标的完成情况；后者为预算进程报告，展现了各部门执行 PSA 任务的进展和已经实现的目标。部门的绩效报告文件向公众开放，公众可以通过财政部网站进入查阅，对于需要频繁汇报的报告则在网站上每季度或者每月进行公布。

2002 年英国国家审计总署被整合到绩效管理框架中，要对政府 PSA 目标群的信息系统和质量负有一定监管责任，因此除了具有审计政府部门账户的法定职责外，还参与评估公共支出的效率和效益。英国的绩效审计是由国家审计总署负责，主要任务是将部门实际执行效果与绩效目标进行对比，了解各部门的年度绩效目标完成情况。同时由国家审计总署对目标的具体化和追踪进展的数据系统质量进行独立审查。PSA 框架的推行使得审计部门在监督政府提高绩效方面扮演着重要角色。审计人员对 PSA 的审计进一步提高了具体目标的质量和整个框架的可信度。

5. 应用绩效信息。绩效目标本身的设定、监督和披露并不足以提高绩效，但绩效信息为下一轮的预算资金分配决策提供了科学依据。为了使绩效信息发挥其最大的作用，政府部门应该充分利用绩效信息，判断绩效结果是否偏离了绩效目标的方向，进而使其能够影响决策的制定。同时对于顺利完成绩效目标的部门，应当给予适当"奖励"或加大对其未来年度的预算支持力度等。

为了克服绩效报告信息超载、决策者难以立刻把握报告重点等问题，英国在 2001 年成立了"首相实施工作组"（英文简称 PMDU）。绩效报告提交给内阁和首相之前，PDMU 协同财政部从 160 个 PSA 指标中挑选最重要的 24 个指标，并涉及了简单有效的评价和报告这些指标的方法，如信号灯报告方式（信号灯报告方式总结了挑战难度、方案的质量、推动进展的能力等，并用红橙黄绿评价目前的进展）。这种评价和报告方式使内阁和首相能够迅速把握重点，将注意力集中在问题较多的领域。

四、加拿大："资源管理 + 绩效审查问责"相结合

加拿大政府在狭义上并不实行预算绩效管理，但致力于实现"绩效信息化"的资源管理，在年度的资源管理循环的主要阶段都使用了绩效信息。加拿大现行预算绩效管理制度最大的特点就是同该国政府日常管理工作的制度体系的水乳交融。一方面，预算绩效管理制度成为政府结果导向型问责制管理不可或缺的组成部分；另一方面，结果导向型管理体系也成为规范和约束预算绩效管理工作的制度框架。

这一框架由三个制度构成：管理问责制框架（management accountability framework）、议会报告体系（parliamentary reporting）和支出审查流程（expenditure review process）。

（一）加拿大预算绩效管理框架

国库委员会秘书处 2003 年 6 月公布的管理问责制框架（MAF），实质上是加拿大政府行政机构进行绩效管理的工具。MAF 要求联邦部门和机构以治理和战略方向为引领，通过领导层对于公共服务价值的关注和具体的管理者学习、创新与变革管理来实现一定的目标和绩效。在政策层面主

要关注政策和方案、以公民为中心的服务；而在操作层面则主要关注风险管理、监管和问责机制。

为了实现预期的最终目标并保证绩效，MAF 要求副部长们制定基于风险的绩效评价计划。依照框架的上述十个方面开展评价工作，从而形成了部门内部强有力的绩效评价职能。反过来，绩效评价从上述十个方面度量具体工作的质量，进而为依照框架进行的日常管理提供有益的参考信息。

（二）加拿大部门整体绩效审查流程

按照加拿大宪法规定，联邦各部门每年初必须向议会报告上年工作的成果。在实践中，此类报告通常由计划和优先事项报告（RPP）和部门绩效报告（departmental performance report）两个部分组成。前者是联邦部门和机构关于计划和优先排序的报告，这主要是为来年工作确定了目标；后者则聚焦于上年绩效目标的实现程度。

为了提升议会报告的质量，在国库委员会秘书处的主导之下，加拿大的联邦部门、机构和部分皇家公司从 2003 年 12 月起，开始逐步建立各自的部门项目行动体系（program activity architectures）。项目行动体系的基本架构包括战略产出、成本计划目录、绩效衡量策略和措施、部门管理框架四大要素。其中战略产出一般都进行明确而恰当的界定，因而能够较为准确地反映该组织任务；成本计划目录则将项目活动同战略产出紧密结合在一起，并完整、详尽地列明细节：联邦部门内部每个层级的单位都必须在其项目行动体系中提出明确的绩效衡量策略以及相应的衡量措施；部门的管理框架需要在其项目行动体系中加以明确，以此来明确有关最终产出和项目行动的责任。事实上，包含绩效评价要素的项目行动体系已经构成了议会报告制度的基础，并逐渐成为加拿大联邦部门制定预算的基本工具之一，此外越来越多的部门正在使用项目行动体系作为制订其内部计划和报告文本的基础。

支出审查流程。2003 年 12 月 12 日，加拿大政府宣布成立了一个新的内阁委员会，即支出审查委员会（Expenditure Review Committee），负责审查所有的联邦开支。该委员会由国库委员会主席主持，成员由政府的高级部长组成。其任务是确保政府开支保持有效、可控、可问责，并同全体加拿大人认可的优先次序排序相一致。

在具体工作中，ERC 使用七条标准来评估具体项目和政府开支：

(1) 项目和行动能否持续服务于公众利益;(2) 在该项目领域或行动上,"政府职责"是否有法理依据和必要性;(3) 联邦政府当前的职责是否妥当,某些项目是否需要同省政府重新厘定职责范围;(4) 哪些行动或项目应该或可以全部或部分交给私人部门和第三部门完成;(5) 成本—收益原则,即人民的获益同他们缴纳的税金是否相符;(6) 效率,即如果项目和活动继续,怎样改善效率;(7) 承受能力,即项目行为的结果能否负担得起,如果负担不起,应该舍弃哪些项目和活动。根据上述七条开支审查标准,支出审查委员会对于单个项目的评估需要项目绩效评价来提供素材。为此,有关部门必须确保其部门内的绩效评价能够正面回应上述七个问题。此外,国库委员会也可以采取措施,总结绩效评价结果,便于达到 ERC 审查的要求。

(三) 加拿大预算绩效管理的组织框架

在加拿大政府的行政机构内部,同绩效评价工作密切的主要有五类主体,他们分别是国库委员会秘书处(TBS)、各部门和机构的副部长、审计和绩效评价委员会、部门和机构的绩效评价负责人、项目管理者(见图 3-8)。

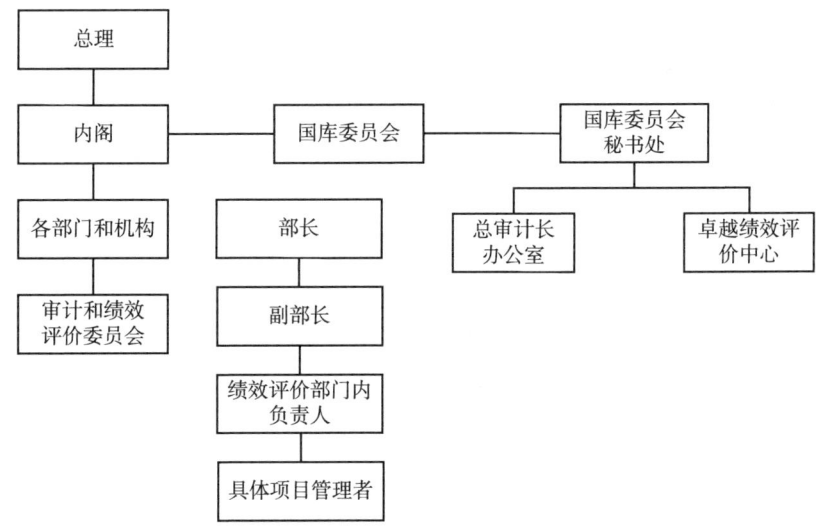

图 3-8 加拿大政府绩效评价工作组织结构

1. 国库委员会秘书处。作为枢密院的5个内阁委员会之一，国库委员会依靠其常设机构——秘书处，来统一领导和部署加拿大政府的预算绩效管理工作。事实上，它是本身并不具有实体性质的工作机构，而是依靠其常设的委员会来履行职能。

在预算绩效管理的问题上，国库委员会主要是负责审批和公布重大的政策。具体的领导和管理工作都是由国库委员会秘书处来完成。具体而言，国库委员会秘书处的绩效评价职能包括：（1）为绩效评价实践提供领导、指导和支持；（2）向国库委员会和支出审查委员会提供绩效评价结果用于决策；（3）通过制定标准，提高绩效评价质量；（4）加强绩效评价单位和评价者个人的评估能力；（5）监测评估的质量和效率；（6）保证公众能够方便地获取和使用绩效评价结果。上述职能的绝大部分都是由国库委员会秘书处下设的两个机构——卓越绩效评价中心（Centre of Excellence for Evaluation）和总会计长办公室（Office of the Comptroller General）来具体操办的。

卓越绩效评价中心实际上履行了国库委员会秘书处的绩效评价管理实务职能，其主要职责包括：（1）开发指导材料和工具，以支持在政府部门和机构的政策实施，并推进评价实践；（2）监测绩效评价能力和部门的绩效评价政策执行情况；（3）推动、改善和提高加拿大政府绩效评价单位的能力。

总会计长办公室在绩效评价方面的工作职责则侧重于政策制定。事实上，加拿大政府绩效评价的大政方针均由总会计长办公室制定。例如1978年的《改善管理和问责制方案》、1981年的《项目绩效评价职能指南》和《联邦部门和组织项目绩效评价准则》、1989年的《联邦部门和机构项目绩效评价工作标准》、1994年的《审查政策》等。

2. 副部长。在联邦部门和机构内部，副部长是其所在部门绩效评价的总负责人。他们必须根据本部门的工作需要和部门资源情况，建立合适的评价体系，来评价本部门的政策和项目的执行情况。例如，他们通常会任命一名部内官员专门从事绩效评价研究，并与具体项目管理者协调配合，将其研究的成果贯彻到项目的日常绩效管理工作中去；关于部内的评价工作，他们也会在部内组建审计和绩效评价委员会，并任命一位执行长官去组织具体的评价工作；此外他们还需要保障绩效评价信息向上沟通共享的畅通性，保证国库委员会秘书处能随时掌握绩效评价工作进度。

3. 审计和绩效评价委员会。部门内的绩效评价工作一般由部门审计和绩效评价委员会（Departmental Audit and Evaluation Committee，DAEC）来协调该委员会，并由副部长或同级官员主持，负责项目推进的副部长助理也会参与进来。总审计署和国库委员会秘书处通常派代表以观察员身份参加。DAEC的主要职责是审查批准部门绩效评价计划，审查批准审计和绩效评价报告。根据绩效评价建议审查管理行动计划并监督其实施。除此之外，很多联邦部门还利用DAEC来协调自身的绩效报告活动，以确保部门的绩效衡量策略的制定和实施能够协调一致。

4. 绩效评价工作的部门内负责人。绩效评价工作的部门内负责人由副部长指派，负责遵照国库委员会秘书处的绩效评价标准具体领导和指导本部门的绩效评价工作。其工作职责包括：（1）制订战略上集中且可行的绩效评价计划。该计划需要综合考虑未来风险、本部门的工作重点、本部门已有的政策和项目以及联邦政府的工作重点等诸多因素；（2）同部门内部的项目管理者一起工作，帮助他们更好地设计和制定政策措施，合力完成绩效评价；（3）研究政策和项目的绩效评价计划；（4）将绩效评价中发现的问题和隐患及时向上汇报，并和有关人员沟通；（5）监测绩效评价建议的执行情况；（6）撰写绩效评价报告，并负责向国库委员会报告，向社会公众公布。

5. 项目管理者。具体项目管理者的职责是以最终成果为目标，开展管理工作。具体体现在两个方面：（1）配合部门内的绩效评价负责人，及时、可靠、客观地开展绩效评价，为决策制定和工作改善提供有用的信息；（2）将经批准的绩效评价结论和建议运用到工作中去，提高工作质量。

第四节 部门整体预算绩效管理的内容

一、美国：以"部门综合绩效实现程度"为核心

（一）部门每五年编订战略计划书

GPRA法案规定战略计划的内容包括：联邦机构工作职责和工作任务

的综合性描述；总体工作目标的说明及实现目标的方式；如何使战略计划中总目标与年度绩效目标相联系；明确影响绩效总目标实现，但机构无法控制的主要外部因素；概述拟评价的项目，并制定评价时间表。战略计划的时间跨度为自下一财政年度起至少五年，但每隔三年必须更新或修订。战略计划要说明机构未来五年的目标，即机构及其项目存在的意义、项目完成时的任务及其时间要求，机构长期的发展方向，以及实现目标和目的所需的资源。因此战略计划是执行绩效法案各项规定和编制绩效计划的基础。战略计划的制订是对未来发展规划的全面的综合型概述，在制订战略计划之前，部门、机构项目的发展方向及其安排要进行广泛的讨论，听取国会、其他相关部门或团体等方面的意见。

（二）部门制订年度绩效计划

年度绩效计划的内容包括五个方面：(1) 建立绩效执行目标。将定性的绩效目标表述为有形的、可衡量的目标，使之与实际实现的业绩具有可比性，包括将目标表述为量化的标准、价值或比率。(2) 设计绩效指标。除特殊规定的部分指标外，大部分应以客观、量化和可衡量绩效指标来描述产出和结果。(3) 说明部门或项目的工作流程、技巧、技术人力资源、信息和其他所必需的资源等。(4) 建立用来衡量或评估每一项目活动的相关产出、服务水平和结果的业绩指标。(5) 设定用于检验执行业绩的绩效衡量标准并进行详细描述①。在年度绩效计划中选择目标和指标时，应遵循下列原则；一是项目管理者要用绩效目标和绩效指标来判断项目达到预期目标方面的成效；二是在部门负责人和利益相关者评论项目的完成情况时，要以系统的绩效评估结果为依据。

（三）计划评估等级工具

计划评估等级工具（Program Assessment Rating Tool，PART）是由管理和预算办公室设计并使用，每年对联邦机构的计划进行绩效评估，从而将计划的绩效信息与预算决策过程紧密联系起来的辅助工具。PART是以GPRA为基础，起到对GPRA完善和补充的作用。它实际上是一套问卷系统，共分为四个部分：计划的目的和设计、战略规划、计划管理、结果和

---

① *Government Performance and Results Act*（GRPA，1993）

责任，各部分权重依次是 20%、10%、20% 和 50%；每部分问题的得分从 0 分到 100 分不等；把每组问题的得分与其权重相乘，就得出项目的综合得分；最后再把计划综合得分转换为相应等级，包括有效（effective）（85~100 分）、基本有效（moderately effective）（70~84 分）、一般（adequate）（50~69 分）、无效（ineffective）（0~49 分）、无结果显示（results not demonstrated）五个等级。为了使计划等级评估工具所设计的问题与接受评估的计划之间具有更高的相关性，管理和预算办公室把联邦计划分为七种类型即直接联邦计划（direct federal programs）、竞争性资助计划（competitive grants）、分类财政补贴计划（block/formula grants）、调整型计划（regulatory programs）、资本资产与服务获取计划（capital assets and service acquisition programs）、信用计划（credit programs）以及研发计划（R&D programs）。管理和预算办公室针对每类计划还额外设计了几个问题。

（四）部门提交年度绩效报告

GPRA 法案要求，自 2000 年起联邦机构应于每年 3 月 31 日前向总统和国会提交上一财政年度的年度绩效报告。年度绩效报告应该包括以下四个方面的内容：一是对实际取得的绩效成绩和年度绩效计划中的绩效指标进行比较。二是对成功实现的目标和项目进行经验总结；如果没有达到绩效目标，要说明没有达到绩效目标的原因以及将来完成绩效目标的计划和时间表；如果某个绩效目标是不实际或者不可行的，要说明具体原因及改进或终止的计划。三是对某个财政年度内已经完成的项目评估的概述。四是对为实现绩效目标，使用和评估关于豁免管理要求和控制的实施效果的说明。一个完整的评价周期包括：计划、实施、测定、评估。绩效管理的一个重要环节就是调整和修改上一年度报告中的相关信息，进而从实际出发调整下年度计划。

二、澳大利亚："产出指标 + 成果指标"并重

澳大利亚财政支出绩效评价的组织实施，主要由财政部负责，各政府部门在其领导下实施对本部门的绩效评价工作。财政部的职责是通过定期发布"绩效改善实践原则"来指导各部门对绩效信息、绩效测评和绩效报

告的管理工作,并将绩效评价结果与部门来年的预算分配相结合。澳大利亚绩效评价框架基于结果和产出,评价重点是公共决策和公共产品与服务提供方面的绩效情况。政府部门内部的绩效是澳大利亚绩效评价对象的重点,评价的内容包括项目执行情况、项目管理和影响效果等方面。财政与管理部结合评价指标设计相关原则,构建了一个多层次、实用性强的指标体系,由事业发展目标和部门产出绩效指标两部分构成。澳大利亚财政支出绩效评价框架内容包括制定部门事业发展目标、编制年度绩效计划、设计绩效评价指标、编制绩效预算、编制年度财政支出绩效评价报告等方面,在此基础上评价公共部门财政支出的使用效率。财政部负责审核各政府部门的财政支出绩效评价报告,绩效评价结果将作为下一财政年度战略目标制定和预算资金分配的重要参考。

(一)预算绩效指标体系总体框架

支出绩效考评是政府绩效预算管理的核心,而绩效考评的关键在于绩效评价指标。在澳大利亚,计划评估被认为是用来评估政府部门项目绩效的关键性工具,计划评估既要保持公众需要与阶段目标的一致性,又要使得阶段目标产生真正的效果,基本框架如图3-9所示。

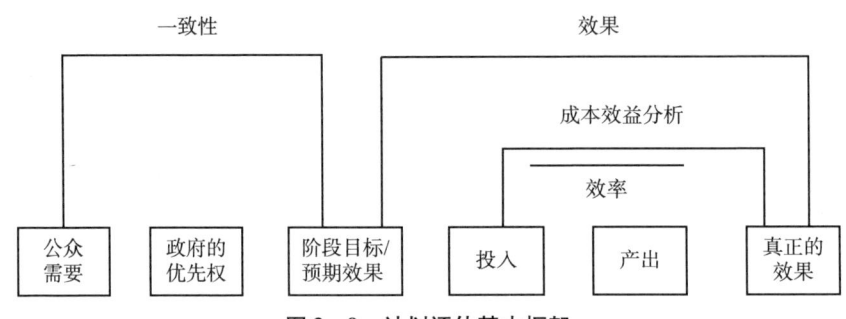

图3-9 计划评估基本框架

而要想使得目标能有效地转换成成果,有一个间接的性能指标框架,即通过产出指标从而达到成果指标。相应的总体政府服务绩效指标框架如图3-10所示。

第三章 部门整体预算绩效管理国际比较研究

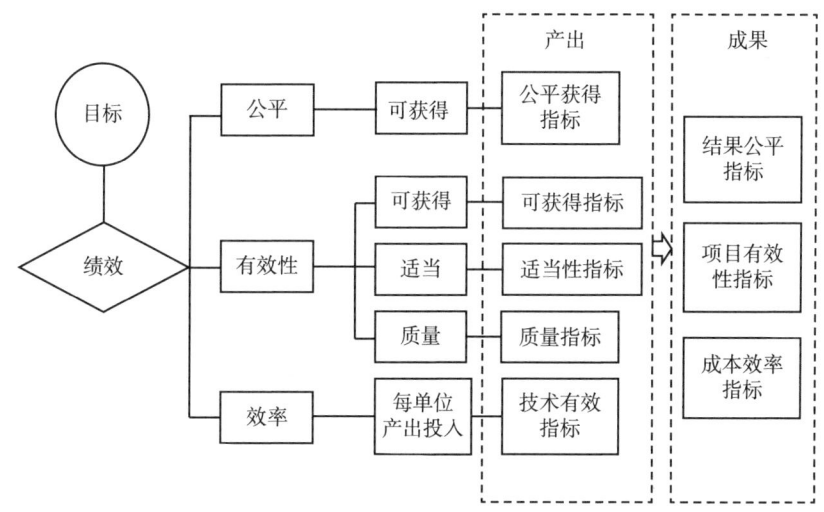

图3-10 总体政府服务绩效指标框架

（二）产出指标

虽然报告的目的是专注于成果，但直接成果往往难以衡量。因此，在产出输出和期望成果之间有一层转换关系。在绩效报告框架中，公平性、有效性和效率性指标是同等重要的，因为它们是服务交付绩效的三个主要维度。重要的是，所有这三个指标，因为有固有的权衡本质，有时并不能两全。例如，提供的服务可能具有较高的成本，但比低成本的服务更有效，因此更具成本效益。

1. 公平指标。公平指标旨在衡量一个政府服务是如何满足特定群体的需要，或特殊困难的需要。公平的过程指标集中在测量服务是否同样涉及社会每个人，无论个人的特点，如文化背景或地点。绩效指标也可以有一个公平的尺度，重点是比较特殊群体和总人口之间的绩效差距。

2. 有效性指标。有效性指标旨在衡量服务的产出如何满足其交付目标。其中质量指标尤为重要。质量指标衡量服务是否符合其目的和规范。通常有一种以上的方式来提供服务，每种选择都有不同的成本和质量的影响。评估时需要识别和报告质量的所有方面，包括实际和隐含的能力。实际能力可以由服务行为所产生的正（或负）事件的频率来衡量。隐含能力可以通过代理指标来衡量，如服务的方方面面符合规范。报告中的质量指标一般涉及四个类别：

标准——服务是否满足要求的标准。例如，符合服务标准的住宅护理和家庭护理。

安全——提供的服务是否是安全的。例如，在会有警察拘留的道路安全与否。

响应——服务是否面向客户和响应客户规定的需求。例如，病人满意度。

连续性——随着时间的推移，跨服务提供商是否能够进行协调或不间断的进行。例如慢性病管理的连续性。

3. 效率指标。经济效率要求技术、资源配置和动态效率的满足：技术效率要求以最低的成本生产货物和服务；资源配置效率要求消费者从一组给定的资源中获得最有价值的商品和服务；动态效率意味着随着时间的推移，为消费者提供新的更好的产品和以较低的成本提供现有产品。

（三）成果指标

成果指标不同于产出指标，它致力于提供的服务对个人和社会的影响，通常依赖于一些服务特性，而且会受政府或服务实体的控制以外的因素的影响。

澳大利亚政府针对政府提供公共服务的公共急症医院、公共住房供给、普通教育、警察、职业教育和培训、司法、罪犯改造、儿童保护及福利8个领域分别构建了不同的指标。以学校教育为例，目标、投入、产出、结果之间有不同层次的效率关系，如图3-11、表3-9所示。

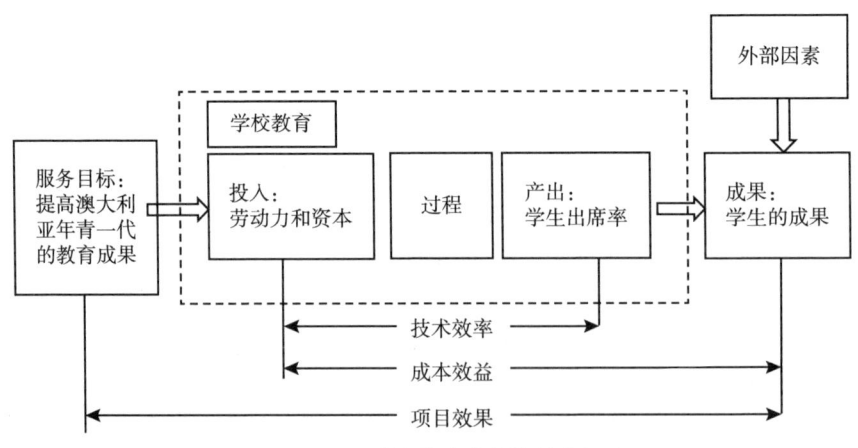

图3-11　以学校教育为例的效率层次

表 3-9　　　　　　　　学校教育评价指标体系

学校教育评价指标体系	公平	公平性获得	土著居民占学生总数比例、坚持读完12年的学生比例
	有效性	学生学习效果	标准化基本技能测试情况
		社会效益	毕业后去向、对生活的态度积极与否
	效率	单位成本	花费在每个学生身上的教育支出、学生与教师比例

（四）实行有效的绩效评价

澳大利亚的绩效评价有以下几大类型：一是综合绩效评价，即全国政府服务整体绩效评价。全国政府服务整体绩效评价的组织者是内阁内设的政府服务筹划指导委员会，每年进行一次。全国政府服务整体绩效评价是对澳大利亚政府提供的服务进行的绩效评价，强调政府的整体服务情况和经济建设、社会发展的综合指标，该评价从政府职能定位、公众满意程度等方面对政府服务的综合绩效进行考核，重点考察教育、卫生、司法（包括警察和法院）、应急管理、住房等7个领域。由筹划指导委员会对外公布报告评价的内容，并提交总理内阁部，作为安排政府未来战略规划、预算的参考。

二是部门绩效评价。据澳大利亚财政部规定，各个部门在绩效信息、绩效评价办法、绩效评估和绩效报告等方面，都应当依据财政部制定的原则进行管理。各部门按季度提交部门绩效评价报告，主要包括本年度计划绩效指标与实际执行情况的对比、与以往年度绩效指标实现情况的比较、对年度绩效计划的评价等内容。财政部门在对各部门提交的绩效评价报告进行审核后，将年度报告报送议会审议，主要考察部门绩效目标的完成情况与所使用的资源是否匹配、各项支出的合理性、绩效信息的可信度以及评价方法的科学性等内容。部门绩效评价的结果需及时反馈给相关部门，并作为下一财政年度战略目标和预算安排的参考。

三是绩效审计。据澳大利亚《审计长法》规定，澳大利亚审计署可以对政府任何机构、企业、项目、行业进行绩效审计。绩效审计通过检查和评估资源使用、信息系统、风险管理、提供产品和服务、遵守法规和职业道德、监督控制和报告系统以及运营考核等方面衡量公共部门管理的经济性、效率性和效果。其目的在于通过有效的审计过程和提供《良好实务指南》等审计成果，强化公共机构的行政效率及社会责任，并帮助公众对这些机构和事业进行有效的监督。

澳大利亚绩效评估的重点是政府部门（和联邦企业）层面的活动。各部门的绩效目标是其在与财政部协商、谈判的基础上确定的。在确定绩效目标之后，各部门可自主选择资源投入的结构，自主决定产出的数量和产出组合，以更好地实现绩效目标。

绩效评估首先被看作是部门内部的正常管理活动。各部门开展绩效评估，至少要明确活动产出、活动结果以及相关管理事项。各部门需要识别、度量和公布关键绩效指标，以帮助公众了解其活动是否达到了预期目标。项目评价的内容主要包括：是否按照国家政策的导向有效地利用了资源；是否贯彻了内阁或部长的要求；是否具有很高的公共性；绩效信息是否指明项目管理存在问题；项目是否按计划进度实施等。

澳大利亚财政部并不直接参与各部门内部的绩效评估，但财政部发布的良好行为指引，为相关部门开展绩效评估提供了技术指导。

（五）注重绩效评价结果应用

在澳大利亚，开展绩效评估的目的主要有三个：加强内部管理、跨部门资源配置以及强化各部门的外部责任。就加强项目管理而言，借助项目评估过程，各支出部门得以全面审查项目实施的内在逻辑，评估项目管理人员的相关技术和能力，发现项目设计和实施过程中的薄弱环节，并及时采取改进措施。

就优化资源配置而言，各部门提交的绩效报告，是内阁、议会决定财政资源分配的重要依据。按照财政部确定的基本原则，各部门按季度向财政部提交绩效评价报告，财政部则审核该部门的绩效评价报告，并送议会审议通过。在内阁讨论预算资金安排时，财政部对各部门完成绩效目标情况的意见是做出最终决策的重要依据。

就强化项目管理责任而言，澳大利亚定期发布部门评估报告，详细陈述部门主要的政策目标、产出组合以及相应的资金投入，将部门工作置于议会和社会公众的有效监督之下。在强大的外部监督下，各部门不得不完善项目设计、加强项目管理，从而推动预算管理水平的提升。

在澳大利亚，绩效评价结果供议会、内阁、财政部以及其他部门根据绩效评价报告来改进公共管理。绩效评价报告通常为战略决策提供较为宏观和真实的参考。部门的绩效信息是财政部和部门审核预算支出的一项重要内容。绩效较好的部门可以留用不超过预算规模一定比例的资金，虽然部门预算安排并不完全与部门绩效挂钩,但为了取得更好的绩效表现,政府或部门都会对项目安排和开支方向进行适时调整。此外,绩效评价报告还被用于改善部门项目管理。

澳大利亚财政部在2010年的绩效信息指南中强调,部门管理活动应充分运用绩效指标信息,通过绩效评价结论提出完善预算管理的措施,改进项目管理。同时,还要求部门通过项目绩效评价充分评估项目管理人员的知识、技能,提高资源配置效率,实现项目目标。

强化预算监督和信息公开。澳大利亚十分重视政府信息公开工作,部门预算、决算及绩效审计必须公开。议会、审计署、财政部以及反对党、社会公众等都有权对预算和绩效情况进行监督。

三、英国:"投入指标+影响指标"结合

绩效评价是绩效管理的重要组成部分,是英国制定短期和长期战略目标的依据。英国是世界上实行政府绩效评价最早的国家,英国最早的绩效评价被称为"雷纳评审",自"雷纳评审"之后英国政府又先后推出了十几种政府绩效的评价方式。在总结以前政府绩效的评估方式的基础上,特别是"最优绩效价值评价指标"体系实践的基础上,推出了"综合绩效价值评价体系",在经过十几年的不断完善后,逐渐成为英国政府绩效评价的主流手段。在英国,绩效评价的对象可以大体分为政府部门、基层单位、地方政府和具体项目。四个方向上的评价并不是独立进行的,它们在很多方面往往是相互交叉影响的。政府部门的绩效评价一般而言都建立在对单个基层单位评估的基础上,而部门的绩效评价反过来也推动了基层单位的评估。

在绩效评价方面,英国绩效评价重视投入指标和影响指标。投入指标是对政府及部门财政的效率性评价。影响指标则反映政府及部门运行的产出结果,是对政府的效果评价。政府整体报告是英国公共部门财务绩效情况的概述,是社会公众评估英国政府财务绩效的依据,投入指标提供其需要的收入、费用、成本等信息,与其他信息系统共同反映了英国政府的经济财政状况,而影响指标则全面评估英国政府绩效的财务支撑,为英国政府财务绩效的具体指标计算提供了数据基础。

(一) 英国部门绩效评价实施主体

1. 中央对地方政府绩效评价保持高度的监控权。英国的地方政府绩效评价都是"自上而下"展开的，中央政府是绩效评价的发起者、推动者和监督者。特别是在 1999 年 2 月 27 日，英国新的《地方政府法》颁布实施后，中央政府对地方政府绩效评价的监控法制化，地方政府绩效评价指标、数据处理标准等都受到监控。

2. 政府绩效评价由独立于政府的国家审计署和审计委员会以及其他社会组织实施。国家审计署负责审计中央政府各组成部门和政府机构，使用公共资金的社会团体等；审计委员会则负责审计各地方公共事务，包括地方政府的教育、医疗卫生、交通、环境保护等。另外还有公共账目委员会、教育标准办公室等社会组织也参与了政府绩效评价。

(二) 英国全面地区评价 (CAA) 体系内容

2009 年 2 月，英国公布了绩效评价的最新发展形式——CAA 体系，并于 2009 年 4 月 1 日起正式实行。自 2010 年开始，CAA 体系评价时间将在 1 月、3 月、6 月分别对检查结果和进展情况开展单个和联合分析，9 月起草报告并深入了解好后进行实践探索，11 月公布最终评价报告。

CAA 体系整合了 CPA 体系下的联合评价、资源使用评价、服务评价、发展方向评价，以及其他一些检查形式的评价，建立了由地区评价和组织评价两个要素构成的新框架。地区评价与组织评价都以国家指标体系为基础，但两者间也有明确的职责划分，互相支持而不重叠。

1. 地区评价。地区评价着眼于反映政府为整个地区人民提供的公共服务如何，聚焦于诸如卫生、经济前景和社区安全等达成一致的优先事项，以及它们改进的前景。评价关注三个主要问题：地方优先事项表达社会需要和期望的程度如何、需要的产出和供给改善得如何以及未来改善的前景是什么。地区评价是定性评价，其最终结果是提供一个对地区关键优先事项的全貌、整体成就与挑战进行描述的陈述式报告，以及对需要采取不同行动或者进一步行动的地方政府的改进前景的摘要。

地区评价结果优劣的标示不是一个数字，而是一面"旗子"。旗子包括两种颜色，其中绿色旗子表示被评价的地区取得了突出的绩效或创新实践，其他地区可以学习它的经验。红色旗子表示对被评价地区的绩效或改进前景值得担忧，这些地方需要更充分的或者不同的行动。对被"授予"

红色旗子的地区,有一个详细的反映异议的程序。对评价的绩效既不突出也没有出现问题的地区,则不授予旗子。

2. 组织评价。组织评价是对地区内单个的公共组织进行评价。被评价的组织包括议会、消防与救援服务机构、警察局和初级医疗基金会。组织评价包括两个方面：资源使用和管理绩效。资源使用包含三个内容：财务管理、业务管理和资源管理。其中财务管理主要考察资金的使用效益,即是否物有所值；业务管理关注资金使用效率和产出的服务程度；资源管理主要是管理人、资源和资产以满足目前和今后的需要,并提供物有所值的服务。管理绩效是对CPA体系中发展方向评价的取代,主要关注公共组织自身的管理,以实现公共服务的改进和社会问题的解决。审计师通过评价,分别给资源使用和管理绩效打分。打分的范围是1~4分,1分,为绩效低下——组织没能达到最低要求；2分,为绩效达标——组织仅仅达到最低要求；3分,为绩效良好——组织超出了最低要求；4分,为绩效优秀——组织显著地超出了最低要求。将资源使用与管理绩效的得分综合起来就得到组织评价的得分。

3. 其他评价。CAA体系取代了应用范围广泛的CPA体系,但它并没有采取"一刀切"的方式,完全取代之前的所有评价、检查形式,而是根据服务的特点与实际需求,保留传统的检查、评价形式。CAA体系与国家指标体系、公共组织的其他自我评价框架相兼容。如初级医疗基金会和警察局仍保留与国家卫生服务和警察当局各自单独的绩效框架相联系的不同的评价形式。另外,在以下几种情况下,检查仍将开展：(1)绩效或者改进不令人满意、处于下降趋势或者不够清晰；(2)服务、产出或者服务使用组织有遭受重大风险的倾向；(3)首相指示需要进行检查的地方。即使在CAA体系内部,评价并不是"一刀切"。

(三) CAA体系的信息来源

CAA体系主要依靠六个方面来获取完整精确的信息：(1)地方区域协议(LAAs)、可持续社区战略(SCSs)、住房战略、地方契约和联合战略需求评价等关键的正式文件中的权威信息。(2)国家指标体系与其他指标体系管理不一致,正在影响其评价结果。(3)检查、整顿、审计的结果要与其他绩效框架不相冲突,如三年一次的教育标准局安全防护与儿童照顾检查和青少年犯罪缓刑检查等滚动项目检查的信息要互相印证。(4)用于监督地方优先事项的绩效管理信息,及合作伙伴自我评价和检查的信息。(5) 地区政府办公室、战略卫生局、税务局和地区发展机构等组织的简报或证据。(6) 两年一次的地区调查、第三部门组织国家调查、每年一次的商业调查、平等与人权委员会等组织反映的本地居民、第三部门和当地企业等服务使用者的意见。

四、加拿大："产出指标 + 结果指标"并重

（一）加拿大预算管理流程

加拿大的财政年度为4月1日到次年3月31日，联邦政府预算的准备工作一般提前一年开始，在财政年度开始前一个月（即每年3月）着手编制下一财年的预算。加拿大的预算编制主要由枢密院、财政部和国库委员会负责。其中，枢密院会同财政部（或单独）向总理提出预算战略要点建议；财政部主要负责"预算案"，即提出资源配置、收入再分配、稳定经济的政策，同时评估项目建议，考虑有关的贷款和补贴，根据财政收入和经济发展情况建议预算开支水平；国库委员会则负责编制"估算案"，建立及设立各种项目，按照内阁的意图和决定，与财政部长共同确定重点，筹划和配置估算案。

在加拿大联邦管理体制中，项目计划由政府有关部门上报国库委员会秘书处审核。国库委员会秘书处有权对项目的合理性进行裁决，并确定资金的实际规模；国库委员会秘书处若不能裁定，则上报国库委员会讨论。国库委员会直接面对各部门，具有项目决策的权威性；国库委员会若不能下定论，由国库委员会分别报财政部和枢密院审核；若财政部和枢密院不能达成一致意见，分别报内阁预算委员会、经济委员会决定；如果经过上述程序仍然不能做出决策，最终上报总理定夺。

加拿大议会主要是对政府提交的预算方案进行讨论并审议通过。议会对政府提出的支出议案，只有通过与否的权利，议会本身不能提出任何新的支出项目计划，也不能提高项目所需资金的支出水平。

进入执行程序后，主要有拨款、支出管理、预算调整等程序。议会对部门和项目支出的拨款拥有审批权，国库委员会则是预算执行的主要监督管理机构，负责支出管理、拨款分配、特别拨款等事项。实际的执行过程主要由各部门和机构完成，职责从部长、副部长、部门内项目负责人和具体项目管理者逐级细化，执行中的资金问题也通过这一机制逐层上报。

第三章 部门整体预算绩效管理国际比较研究

绩效评估则渗透到预算的日常管理工作中，国库委员会秘书处、各部门机构的副部长、审计和绩效评价委员会、部门和机构的绩效评价负责人、项目管理者等共同参与，通过管理问责制框架、议会报告体系和支出审查流程来实现。而预算公开和公众参与也贯穿在预算编制、审批、执行的各个环节，以预算前磋商、听证会的形式为主，通过网络、走访、会议、信访等形式听取社会各方意见。问责制度与绩效评估紧密联系，部门内部审计和总审计署的外部审计两套体系并行（见表3-10）。

表3-10　　　　　　　　加拿大预算编制和审批时间

10月	各部门机构开始准备项目预测，将下属机构的申请逐级汇总
1月	国库委员会秘书处发出通知，要求3月前呈报项目预测
2~3月	内阁会议，讨论财政部的收入预测和各部门资金申请
3月底	内阁批准财政草案，供国库委员会修正各部门预测
4~5月	国库委员会审查各部门计划，提出项目支出建议，与部门协商
6~7月	国库委员会向内阁报告修正后的支出计划，内阁在夏休前审批
8月	国库委员会将内阁决议告知各部门
9月	各部门对内阁决议做出反馈
10月	各部门向国库委员会秘书处呈报部门估算；财政部公布"经济财政最新预测"
10~12月	预算前磋商过程
12~1月	内阁对估算进行审核、批准
1~2月	首相、财政部长和国库委员会主席对"预算案"做出最终的内阁决定
2~3月	财政部门发表"预算案"演说，国库委员会主席呈交"主要预算案"

（二）加拿大联邦预算报告框架

加拿大联邦政府预算报告的主要形式是"预算案"（budget）和"估算案"（estimates）。预算案指的是财政部提交给下议院的政府全部财政收支规划，包括新的财政举措，每年2~3月由财政部长在下议院发表演说、对外宣布；估算案是各部门和机构的详细支出计划，通常在预算案提出的后几天由国库委员会主席提交到下议院。

估算案主要三类文件组成：政府支出计划、主要估算（Main Estimates）、部门支出计划。其中，政府支出计划一般有两个作用，一是把主要估算案分成十个类别，并按各项目归类，另一个目的是列出各项目今后四年的开支。主要估算案即传统上的蓝皮书，目的是向议会提出政府部门下一财年的预算和非预算（贷款、投资、透支）资金的支出方案。部门支出计划中最重要的两部分是"计划与优先事项报告"（RPPs）和"部门绩效报告"（DPRs），主要提供各项目的支出细节和当前运行情况（见表3-11）。

表3-11　　　　　　　　各项目的支出细节和当前运作情况

文件	内容
政府支出计划	提供对联邦政府支出的概述，简要但要说明当前支出计划中关键要素之间的关系
主要估算案	为拨款法案提供直接支持，对拨款法案中支出的权限、金额做出限制。议会对其进行审批，保证政府部门按支出计划予以施行
部门支出计划	分为"计划与优先事项报告"（RPPs）和"部门绩效报告"（DPRs）。RPP是各部门、机构和皇家公司的支出计划，于每年春季（3~5月）提交讨论，包括目标、措施、预计结果等详细信息和三年期资源需求方案；DPR与每年RPP相对应，是各部门机构计划截至当前的实际成果，通常在秋季（9~12月）提交

（三）中期报告和补充报告

在预算编制过程中，财政部长一般会提交一份中期报告，即"经济与财政最新预测"报告（Economic and Fiscal Update）。该报告由财政部和私人组织共同测算，自上年预算案提出以来宏观财政数据的变化情况，一般在10月中旬提交给议会的财政委员会。而在预算审批和执行过程中，出现需要临时批准的项目提案，或是没有预料的意外事件时，要制定补充预算案对其进行说明。

决算和年度财务报告。每一财年，财务部长需要准备年度公共账目决算数据（public account），并由国库委员会主席递交给下议院。公共账目的格式由国库委员会主席和财政部长直接决定。按照财政管理法案的要求，决算的内容包括：（1）本财年财务事项、支出和收入的报表，以及表现政府财务状况的资产、负债期末数；（2）被国库委员会主席和财政部长认定为"可以客观呈现本财年财务事项"的文件，以及财政管理法案和其他法律要求披露的信息；（3）政府的或有负债；（4）总审计长对于公共账目的意见。

实际中，公共账目决算数据分为两卷，提供有关预算执行的综合性信息。第一卷的内容为概述和财务报告，并与预算中的收入和支出数做比较。第二卷展示收入和支出的详细情况，在权责发生制的基础上对支出权限范围内的使用、核定支出等进行报告。公共账目记录了每一笔拨款的资金来源与使用情况，其中，资金来源包括主要估算案、补充估算案、预算调整和转让以及之前年度交易，资金使用则分为本财年使用、拨款失效、超额支出、为未来几年留存和以前年度预支。

年度财政报告（annual financial report）则是财政部长提交给议会的另一个总结性报告，回顾了过去一个财年中政府的收入和支出表现，并对导致这一结果的因素进行讨论。其中包括一个预算执行的事后分析报告，对执行情况做出简短的说明，是对政府财务报表的简要补充。

其他有关文件。除此以外，政府还会定期报告一些与预算相关的文件，如财政监管报告、债务管理报告、税式支出与评估报告等。政府在财政监管报告中按月披露财务报表，并将每月的财务报表和汇总数据与往年同期进行比较。

第五节 部门整体预算绩效评价的工具与方法

一、美国："项目等级评估工具+优先绩效目标工具"并重

（一）美国绩效目标编制依据

美国绩效目标编制的依据来自1993年美国第103届国会全票通过的《政府绩效与结果法案》（*Government Performance Results Act*，GPRA）。该

法案在美国第一次以立法形式将绩效管理制度固定下来。主要是凭借着机构战略计划书和年度绩效计划书这两项报告来实现绩效目标的编制，以此引导联邦管理者改进政府决策和内部管理。除此之外，还需提交年度绩效报告以评估本财政年度的绩效计划实现程度。

1. 战略规划（strategic planning）。各部门领导向预算管理局和国会提交涵盖未来 5 年的战略规划，而且应该至少每 3 年更新或修改一次。战略计划是执行绩效法案各项规定的基础。战略规划的主体是联邦行政执行机构，所以必须对该机构做出一个综合性的使命陈述。它必须覆盖该机构的主要职能及其履行。

在具体内容方面，战略规划层次分明，要求必须以总目标和分目标的形式呈现。它们包括与该机构主要职能及其履行要求相对应的产出目标和分目标。并且要求将另一个首要的绩效目标编制依据——年度绩效计划（annual performance plans）中的绩效目标编入战略规划，并与规划中的总目标与分目标对应相关。加强两份文件、两项规划的联系与效力。

接下来便是操作说明，它要对操作过程、操作技巧与技术以及为满足达成目标所需要的人力、资金、信息和其他资源等做出说明，以最大限度地保证目标落实。

除此之外，还需对来自机构外部且会影响目标实现的关键因素做出申诉。并且要进行项目评估说明。这种评估用于确立或修改总目标和分目标，能够对未来项目评估的具体安排，并制定评价的时间表。

2. 年度绩效计划（annual performance plans）。管理与预算办公室（Office of Management and Budget，OMB）要求每个机构都准备一个年度绩效计划。该计划应该覆盖每一个已经列入该机构预算的项目活动。年度绩效计划是对于机构战略计划的细化与补充，它包含着以下内容：（1）建立绩效目标，确定项目活动所能达到的绩效水准。（2）用客观、可数和可计量的形式表述目标。除非有明确证据表明不可用客观、可数和可计量的形式表述绩效目标时，才可以用替代形式来表述目标。不仅需说明用任何形式表述绩效活动的绩效目标不可行或不实际的理由，还需附加对一个最低效力的项目和一个成功的项目，以及由管理与预算办公室主任批准的替代内容的说明性陈述。说明目的在于比对项目活动的绩效是否达到前定标准。（3）简要说明操作的过程、技巧和技术，以及为实现绩效目标所需要的人力、资金、信息或其他资源。（4）建立绩效指标，以用于测量或评估相应的产出、服务水平和每个项目活动的结果。为将实际项目活动结果同已建立的绩效目标进行对比提供基础。(5) 说明用于验证和确认测量价值的手段与工具。

上述战略规划和年度绩效计划构成了 GPRA 的重要构成部分，也组成了绩效目标编制的依据，是预算管理局编制绩效预算计划方案（performance budgeting pilot projects）的基础。这两份报告在联邦体系里的运行过程如图 3-12 所示。

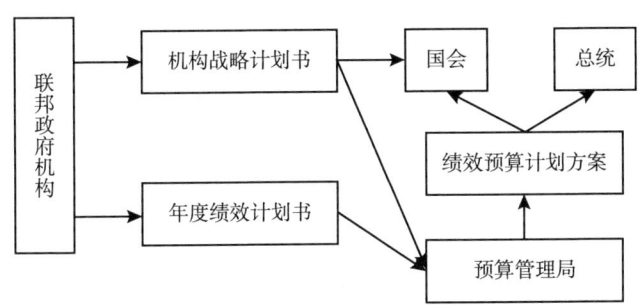

图 3-12 美国部门战略计划与绩效计划编制审批流程

3. 美国社会保障部绩效目标与绩效报告范例。以下我们将通过美国社会保障部 2008~2013 年的机构战略规划和 2009 年财政年度绩效计划的例子具体说明这两个绩效目标工具编制工具的使用。具体如表 3-12 所示。

表 3-12　　　美国社会保障部 2008~2013 年战略规划、
　　　　　　　2009 年绩效目标与绩效报告

	战略计划	绩效指标	2009 年目标值	实际值	结果
1. 消除听证积案并防止再发生	1.1 提高接收和判断案件能力	处理听证数	647 000	660 842	↑
	1.2 通过听证程序改进工作量管理实践	1.2a 听证支出	755 000	722 822	↑
		1.2c* 听证平均处理天数	516 天	491 天	↑

续表

战略计划		绩效指标	2009年目标值	实际值	结果
2. 改进残疾人服务程序的速度和质量	2.1 快速跟踪明显符合残疾标准的案件	2.1c 残疾申请平均处理日数最少化以及时决策	129天	101天	↑
	2.2 填写伤残受益表格更加容易和便捷	2.2a 初次残疾补助申请在线填写达标率	18%	21%	↑
	2.3 新伤残政策与处理程序	更新医疗损伤目录	设计并提交至少3次定期行动或社会保障裁定	完成	↑
3. 改进退休人员和其他核心服务	3.1 高婴儿潮人群在线退休服务的使用率	3.1a 退休与遗属申请表处理率达到预算水平率	100%（4 543 000）	104%（4 742 218）	↑
	3.2 向个人提供准确、清晰、最新的信息	NA（没有指标值）			
	3.3 改进电话服务	3.3a 接听国内800电话速度	330秒	245秒	↑
	3.4 改善窗口服务	3.4a SSA生意伙伴评价整体服务"好"以上	83%	81%	↓
	3.5 更加有效且有效率地处理社会保障号码工作	3.5a 分配社会保障号正确率	95%	2010年5月数据可得	待定

第三章 部门整体预算绩效管理国际比较研究

续表

	战略计划	绩效指标	2009年目标值	实际值	结果
4. 本项目公信力	4.1 控制不当支付	4.1a 处理SSI非残疾申请重新决定率	1 711 000	1 730 575	↑
		4.1c SSI无超付（O/P）与支付不足率（U/P）	96.0%（O/P） 98.8%（U/P）	2010年6月数据可得	待定
		4.1d OASDI无超付与支付不足率	99.8%（O/P） 99.8%（U/P）	2010年6月数据可得	待定
	4.2 保护隐私和个人信息安全	NA（没有指标值）			
	4.3 保留准确的所得记录	4.3a 收到纸质W-2表格达标率	17%	16%	↑
	4.4 简化工作方式，实现更高效率	NA（没有指标值）			
	4.5 保护项目远离浪费、欺诈和滥用	4.5a 在SSA财政报告上收到无保留的审计意见	收到一份无保留意见	收到	↑
	4.6 使用绿色方案以改善环境	以替代燃料车辆代替汽油驱动车辆	20	26	↑

注："↑"表示实现或超额实现设定目标；"↓"表示未实现设定目标。

资料来源：晁毓欣：《美国联邦政府绩效管理改革三部曲：以社会保障局为例》，http://www.ssa.gov/asp/。

机构战略计划书和年度绩效计划书共同发挥作用，其目的和功能主要有以下几点：（1）增强政府公信力：通过系统地控制负责项目结果的联邦机构来增强美国人民对联邦政府能力的信心。（2）推进绩效改革：在设定项目目标、对照这些目标测定项目绩效和公开报告这一系列的过程，借助一系列的领航员计划,发起项目绩效改革。(3)提高效率与反馈:通过增进对结果、服务质量和顾客满意度的重视,提高联邦项目的效力和对公众回应性。(4)改善服务质量:通过要求联邦管理人员对所承担项目的具体目标作出规划,并通过给他们提供关于项目结果和服务质量的信息,帮助他们改善服务质量。(5)优化国会决策:通过提供在达到法定目标、联邦项目与费用的相关效力和效率等方面更多的目标信息,优化国会的决策。(6)改善联邦政府的内部管理。

通过在实现这些目标的过程中达到解决财政项目浪费与无效、项目目标可操作性和项目绩效信息匮乏和对项目绩效与结果的忽视问题。因为这些问题直接导致了财政资金使用效率低下,从而引发联邦政府无法充分满足公众需要、联邦管理者无从下手来提高项目效力、国会正确地制定政策和审定支出。

(二)美国绩效评价指标设计

1. 项目等级评估工具(Program Assessment Rating Tool,PART)。2003年以来,布什政府设计和采用了"项目等级评估工具"来推进联邦政府的绩效管理。美国政府管理预算局(Office of Management and Budget,OMB)计划用5年的时间予以推广项目等级评估工具,即从2003年起,每年评估1/5的联邦项目,这样到2008年即可涵盖全部项目。然而在实际操作中,2008年共有72%的联邦项目进入项目评级工具中评估。

项目等级评估工具即一套用来评估联邦机构具体某一项目管理与绩效的调查问卷,涉及项目的目标与设计(权重为20%,下同)、战略计划(10%)、管理(20%)、结果与会计责任(50%)等多个方面。所有这些方面的得分加在一起,就得到某项目的评估等级。项目所获得的评级将影响其能否继续获得预算。

具体操作方面。OMB根据联邦政府机构对项目的参与程度将所有项目分为联邦政府机构直接运行的项目、竞争性拨款的项目(类似于招投标项目)、公式化拨款支持的项目、政府管制项目、资本或服务并购项目、信贷项目和研究与开发项目。然后为每一类项目设计一套大约有30个问题的问卷,覆盖目标与设计、战略计划、管理、结果与会计责任四方面。如某样本为项目解决了什么问题、实现了哪一种利益或满足了哪一类需要,项目是否经过审慎考虑并未与其他部门、州、地方政府或民间企业重复,项目是否有测量长期绩效的指标、能有效反映项目执行的结果或意义，项目是否有长远目标并为实现这些目标制定了时间表，等等。通过问题是否达到来设计项目绩效目标。

OMB根据各政府部门对以上问题的回答，每一部分按完成程度评分，并据此对项目进行评级和排序。分值从0~100分，等级从无效、基本有效、比较有效到有效共四档，具体标准为如表3-13所示。

表3-13　　　　　　　　项目等级评估工具标准

有效	85~100	这是项目能够达到的最高评级，表明其目标明确、管理良好，成绩突出
比较有效	70~84	一般而言，项目被评为比较有效，表明其目标明确，管理良好，但在项目设计和管理方面还存在一些需要解决的问题，才能达到提高效率的目的
基本有效	50~69	表明需要树立更加明确的目标，取得更好的效果、加强责任或强化管理
无效	0~49	表明项目没有清楚地说明目标、管理不善、存在明显缺陷，即浪费
结果无法说明	—	那些不能提供适当的绩效测量方法或没有收集相关信息的项目归为此类

项目评级的最初目的是甄别那些花了钱但没达到效果的项目，并截断预算资金的继续流入，即这个工具的首要目的在于绩效管理的止损保值方面。但同时也提供了更详细、更准确的项目信息，用于预算讨论和项目管理本身。因此，项目等级评估工具必须连续使用，并将各年情况加以对比，促进绩效管理。

2. 优先绩效目标工具（priority goals tool）。奥巴马就任后不久，美国联邦政府就开启了绩效管理工作的改革。奥巴马政府认为：过分地强调以PART工具为核心，是对GPRA绩效管理框架的偏离；绩效工作的改革应当回归GPRA框架，框架本身就是核心方法。同时，将联邦政府的绩效管理重点要从项目的评级得分上拉回到项目绩效的发展趋势上来。在这一理念的指导下，奥巴马政府进行了联邦政府绩效管理工作的改革，改革内容为：坚持以 GPRA 框架的核心地位，以多层次目标绩效系统为绩效管理方法，重点使用优先绩效目标工具反映联邦项目的绩效发展趋势。

"绩效目标"分为两个层次：优先绩效目标与非优先绩效目标，任务优先性是该层次划分的依据。而优先绩效目标进一步划分为以下两种：第一，联邦机构的优先绩效目标：一种中期的绩效结果目标，体现出联邦机构领导层希望在 24 个月（两年）的时间内获得的一种绩效成果。《政府绩效与结果现代化法案》要求《首席财务官法案》所涉及的 24 个美国联邦机构，必须使用优先绩效目标工具，在每一财政年度设定优先绩效目标。优先绩效目标的数量为 2~8 个不等，具体数量的决定需要考虑联邦机构的规模和职能范围，还需要考虑国会、白宫、预算管理办公室、其他部门以及合作方、外部组织、利益相关方能为联邦机构提供怎样的资源、信息与支持。

第二，联邦优先绩效目标：一种是跨机构优先绩效目标，指在涉及多个联邦机构的政策领域所使用的优先绩效目标；另一种是优先管理绩效目标，指联邦政府内部在信息技术、财务、人力资源等管理领域使用的优先绩效目标。预算管理办公室负责制定相应的联邦优先绩效目标，并负责实现。由于联邦优先绩效目标通常涉及多个联邦机构，因此预算管理办公室要求各个联邦机构在年度绩效计划中制定目标、设计方案，保证联邦优先绩效目标的实现。但需要注意的是，联邦优先绩效目标的地位并不凌驾于机构优先绩效的目标之上，机构优先绩效目标的完成始终是各个联邦机构最为核心的绩效任务。

对于上述两种优先绩效目标工具，机构优先目标占据了绝对重要的地位。机构优先绩效目标体现了联邦机构最重要的绩效目标，它虽不是机构绩效工作的唯一内容，但却是机构绩效工作开展的优先领域。关于机构优先目标的制定，流程如表 3-14 所示。

表 3-14　　　　　　美国部门优先绩效目标工具制定流程

步骤	制定流程
1	预算管理办公室、联邦机构、绩效促进委员会以及相关的政策委员会就优先绩效目标进行讨论，联邦机构开始进行国会咨询
2	联邦机构向预算管理办公室提交机构优先绩效目标草案

第三章 部门整体预算绩效管理国际比较研究

续表

步骤	制定流程
3	预算管理办公室向联邦机构提供初始反馈意见
4	联邦机构与预算管理办公室就优先绩效目标草案进行讨论,并询问国会意见
5	联邦机构在提交机构预算的同时,提交机构优先绩效目标申请书
6	预算管理办公室向联邦机构提供意见建议,并接收其回应性意见
7	预算管理办公室处理预算流程
8	预算管理办公室在向联邦机构提供反馈书,给出机构绩效目标的最终名录(此阶段,绝大部分的机构优先绩效目标应当已确定完成)
9	确定完成剩余的机构绩效优先目标(如有需要),联邦机构更新相关政府网站,准备发布优先绩效目标
10	机构优先绩效目标随该财年预算一同发布

《政府绩效与结果现代化法案》要求：联邦机构至少以季度为单位对机构优先绩效目标的工作进展进行审查,由联邦机构的负责人或首席运营官负责,绩效促进官辅助完成。机构需要参照过去几个季度的绩效结果数据以及绩效整体趋势数据,检查优先绩效目标的工作进展情况,确认能否在规定的时限内实现优先绩效目标,还要检查绩效目标负责人(Goal Leader,机构指定的高级公职人员,对绩效目标的实现负责)以及相关人员的工作情况。

(三) 绩效评价指标

美国没有建立统一的绩效评价指标体系,绩效评价指标的选取根据部门和行业属性的不同而有所差异。在评价结果运用方面,国家会计总署根据评价情况及时发现职能机构在公共管理中可能存在的问题,并提出切合实际的解决措施建议以便为政府决策提供参考。此外,将评价结果与部门的管理责任相结合,并将绩效评价的结果与预算管理挂钩,作为下一个财政年度预算分配的重要依据。

以美国国防部为例,美国国防部采用的是平衡计分卡(Balanced Scorecard,BSC)。平衡计分卡最早由美国哈佛商学院罗伯特·S. 卡普兰

（Robert S. Kaplan）和复兴全球战略集团总裁大卫·P. 诺顿（David P. Norton）提出，其核心思想就是通过财务、客户、内部流程及学习与发展四个维度的指标之间的相互驱动的因果关系展现组织的战略轨迹。其最主要的功能是"转化战略为行动"，连接指定战略与订定指标间的缺口，从战略、愿景开始，考虑四个维度，作为贯彻战略的工具。

这种方法应用到美国国防部的实质是把整个国防使命的完成分成几个最重要的方面（几大战略目标），每一个方面又可以进一步细分为更小的一些方面，并为其中的每一个方面设定严格的执行标准或者是目标值，这些目标值是通过一个个的国防预算计划的施行而实现的，最后用实际的执行结果与设定的标准或目标值进行对照，以此为该项任务的完成情况打分。这种方法取得成功的关键，在于把绩效指标与组织的战略任务密切结合起来，并且保持各项战略任务和绩效指标间的平衡。

（四）美国交通部部门整体绩效评价指标设计

从部门整体绩效评价来看，以2015年美国交通部部门绩效预算评价的指标设计和评价工作为例，说明具体的操作方式：首先，美国交通部在预算制定前应提出部门明确的战略目标和愿景，以此作为年度预算编制的指南。制定战略目标的依据便是其职责——遵循"公众福利、经济稳定增长、国家安全、资源保护和有效利用"的既定国策，创立相关政策和项目并实施有效管理，以最低成本提供安全、高效、便捷的交通（见图3-13）。

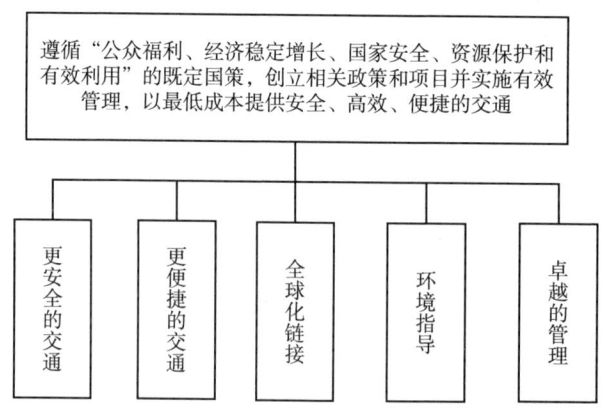

图3-13　美国交通部部门战略目标

第三章 部门整体预算绩效管理国际比较研究

其次,根据这些战略目标设计相应的评价指标体系,以具体的绩效要求作为一级预算科目,用以衡量长期目标指标,如包括"交通意外伤害事件""伤亡人数控制范围""交通违规惩处"等以绩效为导向的预算投入。以"更安全的交通"为例,2015 年的绩效指标如表3-15 所示。

表 3-15　　　　　　美国交通部安全交通目标的绩效指标

战略目标1:更安全的交通	
道路安全	首要目标:每 1 亿千米道路死亡人数控制在 1.02 人以内
	绩效指标1:每 1 亿千米乘车人员死亡人数控制在 0.82 人以内
	绩效指标2:每 10 万的非乘车人员(包括行人和自行车人员)死亡率控制在 0.15 人以内
	绩效指标3:每 1 亿千米大货车和客车的死亡人数控制在 0.114 人以内
	绩效指标4:每 10 万名登记摩托车车手的死亡率控制在 62 人以内
航空安全	绩效指标1:每 1 家美国商业航空公司机上死亡人数不超过 6.9 人
	绩效指标2:每 10 万飞行小时平均死亡人数控制在 1.04 人以内
	绩效指标3:每百万次操作 A 和 B 类跑道入侵控制在 0.359 次
管道和危险材料安全	绩效指标1:每年包括死亡和重大伤亡的管道事故为 26~36 次
	绩效指标2:每年包括死亡和重大伤亡的危险材料事故为 21~33 次
运输安全	绩效指标1:每 1 亿名在途旅客的死亡人数不超过 0.525 人
	绩效指标2:每百万千米火车意外事故和事件的次数不超过 15.9 次

因此,交通部会在不同的战略目标下,针对便捷的交通、全球化链接、环境指导、卓越的管理等方面设计相应的绩效指标。最终的绩效评价则根据以上指标体系,采取"红绿灯"系统进行评价(见表 3-16)。

表 3-16　　　　　美国交通部绩效指标完成情况示例　　　　　单位：人

道路安全绩效指标	2015 年目标	2015 年实际
首要目标：每 1 亿千米道路死亡人数	1.02	不达标，红灯
每 1 亿千米乘车人员死亡人数	0.82	达标，绿灯
每 10 万名登记摩托车车手的死亡人数	62	达标，绿灯
每 10 万的非乘车人员（包括行人和自行车人员）死亡人数	0.15	不达标，红灯
每 1 亿千米大货车和客车的死亡人数	0.114	不达标，疑问（2014 年就没有达标）

在明确绩效目标和评价指标的基础上，交通部门的预算绩效能够有效地进行评价。美国政府部门预算绩效体现除了绩效报告之外，单独的部门财务报告中也有体现。按照交通部 2015 年度财务报告内容，首先公布年度绩效目标完成情况，共包括五大目标，49 个具体指标情况，然后分析财政预算支出情况。其中美国预算绩效分析是针对部门整体的财务情况，包括资产情况、债务情况、预算内资金和预算外资金等信息，通过绩效数据与财务数据对比，公众自然可以评价部门预算绩效水平。例如交通部 2015 年度总资产为 80.9 亿美元，比 2014 年的 86.7 亿美元有所降低；总负债水平为 20.5 亿美元与 2014 年持平；总预算金额接近 146.9 亿美元比 2014 年降低 12.8%；绩效达成率（包含完成达成和基本达成）接近 80%。

最后美国行政管理与预算局汇集各部门的绩效目标完成情况，通过"红绿灯"系统向总统汇报。具体形式如图 3-14 所示。

红、绿、黄这三种颜色分别代表对部门完成任务水平的不同评价。"绿色"的含义是成功地实现了《总统管理议程》里的某个目标并取得了满意进展；"黄色"标志着该目标由于某些原因或者受其他因素影响并没有全部得以实现，今后还需要改进和努力；"红色"则表示目标没有及时完成，取得的进展不能让人满意。"红绿灯"评估系统体现了以信息化为导向的绩效预算管理要求。

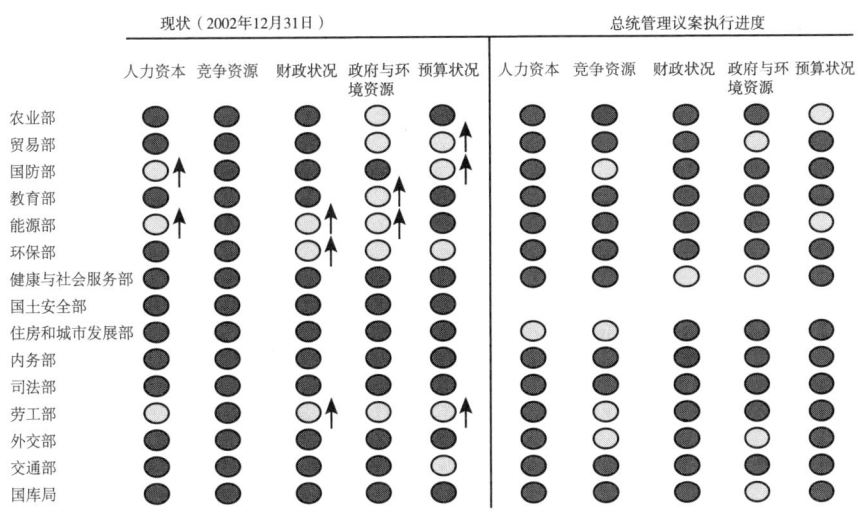

图 3-14 美国政府绩效红绿灯系统

二、澳大利亚:"综合评价+部门评价"互为补充

(一)绩效评价指标体系

澳大利亚预算根据政府未来 3 年(部分州和地方政府为 4 年或 5 年)战略规划编制。财政部门和其他部门根据预算指导框架制定绩效目标,并详细分解到下属各单位。绩效目标具有以下特征:明确性——避免那些可能带来不确定性的模糊目标;可衡量性——有明显、可靠的量化数据作支撑;可实现性——目标设定符合客观实际;相关性——目标的选择与部门职责紧密相关;时效性——目标有明确的截止时间,并且在绩效目标下设绩效指标用以评价财政项目完成情况。

澳大利亚预算绩效指标体系一般由公平、效率和效果三个要素构成,部分州还强调了经济性。主要表现为投入、产出、效率、结果四个方面。而具体的绩效评价指标体系设计主要考虑四个方面的内容,如表 3-17 所示。

表 3-17　　　　　　澳大利亚绩效目标指标设计因素

数量	指政府提供服务的受惠人数、项目个数等
成本	指预算支出金额
质量	指公众满意度，政府提供服务的合格率、达标率等
时效	指政府提供某项服务所需花费的平均时间

这项绩效评价指标体系不仅关注政府组织履行职责的最终效果，而且关注是取得最佳效果的创新能力、内部业务流程、行动计划等能力类和过程类的指标。澳大利亚联邦财政部在 2010 年发布的最新绩效信息指南中，对绩效指标数据质量作出了明确规定：（1）及时性，即数据在合理的时间内取得，避免因数据过时而造成统计信息不准确、无法体现当前绩效真实情况等问题；（2）实用性，即使用具有可操作性的考评方式和数据采集系统；（3）可比性，即可以在同一类目标群内或相似项目间进行比较；（4）准确性，即能够清楚、准确地计量相关数据；（5）平衡性，即在实现预期目标有效、及时、适当等方面要体现平衡性。

（二）绩效评价指标应用

绩效评价指标主要运用于澳大利亚两种绩效评价之中。首先是综合绩效评价。即全国政府服务整体绩效评价，组织者是总理内阁部内设的政府服务筹划指导委员会，每年一次。对澳大利亚政府提供的服务进行绩效评价，强调政府的整体服务情况和经济建设、社会发展的综合指标，从政府职能定位、公众满意程度等方面对政府服务综合绩效进行考核。筹划指导委员会对外公布报告内容，并提交总理内阁部，作为安排政府未来战略规划、预算的参考。

其次是部门绩效评价。澳大利亚联邦财政部规定，各个部门在绩效信息、绩效评价办法、绩效评估和绩效报告等方面，都应当依据财政部制定的原则进行管理。各部门按季度提交部门绩效评价报告，主要包括本年度计划绩效指标与实际执行情况的对比、与以往年度绩效指标实现情况的比较、对年度绩效计划的评价等内容。财政部门先对各部门提交的绩效评价报告进行审核，年度报告将报送议会审议通过。主要评价绩效目标的完成情况与所使用的资源是否匹配、各项支出的合理性、绩效信息的可信度以及评价方法的科学性等内容。评价结果及时反馈给相关部门，并作为下一财政年度战略目标和预算安排的参考。

(三) 农业部部门整体绩效评价指标设计

以澳大利亚农业部为例，在2014~2015年度绩效协议中包含部门职责说明、业务构成和组织结果、预算资源、预算措施、绩效结果、绩效指标等内容。对应不同结果产出要求分别阐述业务策略、预算安排和指标设置等内容。具体内容介绍如表3-18所示。

表3-18　　澳大利亚农业部绩效目标制定（2014~2015年）

战略使命：维持澳大利亚人的生活方式和繁荣发展
部门产出1：通过更好的政策资源投入，更加主动地进行管理实践、创新、自我改善积极拥抱国际市场，形成更具持续性、更有成产率、国际竞争力和盈利能力的澳大利亚农业、食品和纤维行业
部门产出2：维护澳大利亚的动物和植物健康状况以供应海外市场，同时通过对澳大利亚农业、食品和纤维工业采取风险评估、检查、认证和实施的紧急应对措施等方式，保护国内经济和环境免受外来有害生物和疾病的影响
2014~2015年度任务 ● 发展和实施的放松管制政策，减少由于农业投资活动中的企业和农民的监管负担，特别是对生物安全、农业和兽医用化学药品监管； ● 与其他部门、行业和外国政府紧密合作，保持和增加对澳大利亚的农业、渔业、林业及相关出口产品在全球市场准入； ● 通过总理和议会内阁部门支持澳大利亚农业竞争力白皮书和澳大利亚北部发展的白皮书； ● 提供高预测、研究和统计数据的质量，以支持政府和私营部门的有效决策； ● 在变革之期保证一个积极的工作空间
农业部总预算支出：1 806 852 000美元

在具体绩效目标和指标设计上，农业部又划分农业改革、可持续发展、林业、渔业、羊毛产业、乳业、谷物产业、肉类及家畜业、干旱项目、乡村项目、国际市场等共13个业务，分别阐述对应的预算资源和绩效目标。以农业改革为例（见表3-19）。

表 3－19　澳大利亚农业部农业改革业务绩效指标设计

目标：增加初级生产者的能力，以适应和调整气候变化，同时保持生产力
关联部门：人力资源部、环境保护部
总预算：52 462 000 美元
工作措施： ● 为澳大利亚的农业和食品工业提供分析和建议，为政府和外部决策者提供翔实的信息； ● 管理正在进行的项目，以帮助农民减少排放量，适应气候变化； ● 与人力资源部合作，协助有经济困难且需要家务支持的家庭有效管理气候变化对其业务的影响，制定目标，采取行动来改善他们的长期财务状况； ● 与人力资源部合作实施临时农场家庭津贴； ● 开展综合科学研究，为澳大利亚的农业和食品工业的政策完善提供专业的独立的研究、信息、分析和建议
关键绩效指标
● 有效的政策、方案和规定能够促进生产率、利润水平和竞争力的提升。 ● 管理正在进行的项目，按照付款和协议 2017 年 6 月进行预算拨付。 ● 与人力资源部一起实施过渡期农户支付服务计划（TFFP）（包括服务及时性：80% 在审核通过后 42 天之内到账；覆盖群体的合理性为 95% 准确率）。 ● 开展农村金融咨询服务，为 TFFP 参与者制订具体行动计划，用来提高自力更生能力，积极应对经济波动、气候改变以及长期的财务难题。 ● 支持性研究、建议、预测、项目、产品和数据服务能够满足利益相关者的期望，并在规定的时间内完成

此外农业部的其他业务也都以此为统一样式分别设计不同的绩效目标和指标，各业务指标普遍在 3~5 个之间，每一项业务都有明确目标、预算安排、工作措施和关键指标。在年度绩效报告中，会根据每个指标完成情况在后面附上考评结果。

三、英国："内部自评＋第三方评价"相结合

（一）内部自评

自 2010 年 6 月起，英国政府要求各部门自行公布其支出情况和绩效指标，各部门在发布业务计划的同时还会公布两份附录：一是业务计划绩

效指标测量模板,对其所采用绩效指标的技术定义、基本原理、计算方法、采集频率、数据来源等问题进行详细说明。二是一般支出附录,即部门效率信息,对该部门人员、物业、采购、重大项目、信息技术、运营成本等各项支出进行细分和说明。各部门依据上述内容开展自评,在网上定期公布各项绩效指标数据和部门支出进度,并编制部门年度报告,汇报部门业务计划的进展情况。根据自评情况,坚持与英国实行的中期财政规划相适应原则,各部门每年都要对业务计划进行更新,调整业务计划的内容和绩效评价指标。

(二) 外部审计

1. 国家审计署。英国国家审计署是预算绩效外部评估的主要力量,但其评估不同于通常意义上的财政支出审计,而是以促进国家提高资金使用效益、提升公共服务质量为出发点,根据被审计部门的主要责任、组织架构和资金去向,对该部门过去一年的工作进行绩效审计分析,并对部门官员的工作认同度、工作效率等展开调查。各部门需要根据国家审计署的审计报告,提出进一步提高预算绩效的计划。

英国国家审计署对政府绩效评估确定了三项标准:第一,是否花得少,是否尽可能少花钱多办事,以最少的资源取得最好的效果;第二,是否花得好,通过比较所投入资源与所产生效益进行评定;第三,是否花得明智,通过比较预期效果与实际效果进行评估。审计长如果发现某个项目或机构存在不合格开支或浪费了公共资金,就有责任提请议会加以注意和进行调查。英国国家审计署的工作,不仅是议会监督政府运用公共资金、改善行政管理的主要工具,也是英国打击政府腐败行为的重要支柱。而且,在发现重大腐败案例和司法部门介入之后,英国国家审计署并不就此止步,而会继续追踪有关部门是否采取补救措施并提出相关建议。

由于绩效审计评价在实践中没有固定标准,所以审计师在进行绩效审计时,可以灵活选取具体审计对象的行业标准、公众调查结果或专家研究成果作为评价标准。

(1) 以行业标准作为评价标准,包括国际行业标准和国内行业标准。如2008年政府公共服务热线提供公共服务情况绩效审计,依据全球独立标准计量研究结果,即国际上公共服务热线部门66%的开支用于人员工资作为标准,将英国各部门77%的费用支出用于人员工资的情况与之比较,指出英国政府部门公共服务热线中心的人员工资在费用支出中比重较大。

依据国内行业标准,即84%的来电在20秒内得到应答是合理的标准,检查发现,有的部门100%实现20秒内应答来电,有的部门只有38%实现20秒内应答来电,公众平均满意程度最低71%、最高99%。审计得出结论:各政府机构所提供服务的社会满意程度不均衡。

(2)以社会公众调查结果作为评价标准。同样是政府公共服务热线提供公共服务情况的绩效审计,审计人员以公众是否愿意通过拨打电话来获得商品和服务这个主题,对部分社会公众进行综合性调查。调查表明,60%的公众愿意通过电话获得建议服务。审计以此为依据得出结论:公众对公共服务热线满意度较高。

(3)以专家研究成果和意见作为评价标准。如中央政府工程绩效审计,参考专家研究报告,指出英国建筑领域存在法律不完善、建筑合同非标准化、某些建筑工程效率低下、拖工期、超概算,甚至出现工程质量差等问题。

2. 预算责任办公室评估。预算责任办公室通过编制经济与财经展望报告(以下简称"报告")对经济和财政状况进行5年预测,评估在当前政策下中期财政目标完成的可行性。报告对政府遵守支出上限情况进行评估,并在预算上限内预测政府支出。在每年秋季出版年度预测评估报告对其预测绩效进行事后评估,详细分析宏观经济和财政预测的结果与预测情况之间的差异。在各项报告基础上,英国政府对下一年度整个公共部门体系收支做出具体安排,同时对中期财政规划进行调整和修正。

3. 独立于政府的第三方机构。自2017年起,英国政府研究院联合英国特许公共财政与会计协会对英国政府绩效完成情况实施评价,并公布2017年春季版和秋季版两份《绩效跟踪报告》。《绩效跟踪报告》聚焦于占财政支出份额绝大部分的民生服务领域,涵盖了医疗与社会保障、教育、司法、社区服务、英国签证与移民服务等领域,在肯定政府财政政策实施成效的同时,指出这些领域存在的困难和问题,并提出克服困难和解决问题的政策建议。《绩效跟踪报告》还建议财政部建立自己的绩效跟踪制度,通过整合专家、政府官员、社会公众力量,通过大数据分析等技术手段,使其成为制度化的计划和绩效管理工具。

4. 社会公众。2010年英国政府终止了由中央政府主导的强制性政府绩效评价制度,评价主体由中央政府转变为社会公众,推行绩效评价的公开透明。为了方便社会公众的了解和评估,各部门除了要将年度报告在网上公布外,还需要向社会公众提供部门近3年的具体绩效数据。由于各部门自身实际情况不同，具体绩效指标可能不尽相同，但根据部门工作计划仍然可将其划分为投入指标（input indicator）和影响指标（impact indicator）。投入指标向社会公众提供部门的运行信息，帮助社会公众审核部门的投入成本，进行部门投入产出的效率性评价。影响指标则反映部门运行的产出结果，帮助社会公众判断政府的政策和改革是否有效，是否具有社会公众想要的效果，有助于社会公众对部门进行全面的效果性评价。社会公众对英国政府进行绩效评价时，当前赤字（current deficit）和公共部门负债（public sector net debt）是衡量英国政府财务绩效的两个具体指标，反映英国财政部管理的公共财政情况，以及政府政策对国家财政的影响。

（三）卫生部部门整体绩效评价指标体系

以英国卫生部为例，其在 2004 年制定的公共服务绩效目标如表 3–20 所示。

表 3–20　　　　　　　英国卫生部公共服务协议绩效目标

目标Ⅰ：提高国民健康。到 2010 年，英国男性的预期寿命达到 78.6 周岁，英国女性的预期寿命达到 82.5 周岁
1. 到 2010 年大幅度降低死亡率
2. 到 2010 年医疗不平等发生概率降低 10%，用婴儿出生率和寿命预期来衡量
3. 通过以下方式解决潜在影响人的疾病健康和造成医疗不平等的决定性因素： 2010 年之前降低成人吸烟率到 21% 或更低，减少吸烟在普通人群中的比例；到 2010 年消除 11 岁以下孩童随着年龄增长的肥胖症风险；到 2010 年 18 岁以下未成年人怀孕比率将减少 50%
目标Ⅱ：从长期角度提高国民的医疗服务
4. 对老弱病残尽可能提供医疗保健计划；通过改善初级护理水平和医疗护理设施，到 2008 年急救病人所占床位数减少 5%
目标Ⅲ：改善获得医疗服务的途径
5. 确保到 2008 年从病情咨询到入院治疗的等待时间不超过 18 个星期
6. 到 2008 年药物的服用将 100% 参与到药物治疗计划中，提高能成功完成医疗计划的患者比例
目标Ⅳ：提高患者和医疗服务的途径

续表

7. 确保到2008年国民在医疗健康服务方面的经验不断增加，衡量标准为患者有独立的受法律保护的对医疗服务提供方调查的权利，保证他们完全参与医疗服务保健计划制订过程，包括医疗服务提供方的选择
8. 提高体弱的老年人的生活质量及独立性，2007年和2008年通过帮助能生活自理的老年人比例每年增长1%

政府公共服务协议由部门负责制定，财政部提供指导，最终需要通过内阁委员会和首相办公室审核才能生效。绩效目标是部门预算绩效评估的基础，各部门基于需要构建内部的绩效指标体系，用来对服务水平进行绩效评定。英国卫生部一般通过40个绩效指标对内部医疗服务水平进行评价。以医院急症服务为例，具体如表3-21所示。

表3-21　　　　英国卫生部医院急症服务水平绩效指标

核心目标：12小时获得紧急住院治疗；两个星期内第一次疑似癌症检查预约；财政达到平衡；医院清洁卫生令人满意；延长医疗人员工作年限；门诊预约和选择性预约达到目标；门诊预约等待时间（一年内由21个星期减少到17个星期）
平衡计分卡指标： 医院方面关注：儿童保护；医院管理综合和指标；临床医疗事故；参与医院审计的综合指标；心脏直通手术导致的死亡例数；选定的常规外科手术导致的死亡例数；出院后再次入院（成人）；出院后因髋骨断裂再次入院；中风护理方面指标；传染病控制。 病人方面关注：紧急入院时间4小时，更可口的医院伙食；被取消的手术；病人预订的病情日志；病人抱怨。 成人住院病人和年轻病人调查：更多与医生接触机会和更少的等待治疗的时间；更好的信息和更多的选择；建立更亲密的医患关系；清洁舒适的就医环境；安全高质量全方位的护理

四、加拿大："部门绩效评价计划+基于结果管理和责任制框架"并重

（一）预算绩效管理的实施方式

从实施层次上划分，加拿大的预算绩效评价包括部门机构绩效评价和

个别项目绩效评价两类。从实施的时间节点来看，可以分为总结性绩效评价和形成性绩效评价。

1. 总结性绩效评价。总结性绩效评价重在审查影响，其目的是判定政策、方案和措施的整体有效性。此类绩效评价重点关注预期产出的实现程度，并探究政策、方案和措施在何种程度上促成上述产出的实现。总结性绩效评价通常在4年的项目周期结束时实施。因为在这一时间节点上，中期和长期的成果开始显现，所以此类绩效评价可以实现问责功能，而且能够对项目设计提供建议，具有面向未来的特点。这是法律规定每项政策、方案和措施必须开展的绩效评价工作。

2. 形成性绩效评价。形成性绩效评价也称中期评估，通常在政策、方案和措施实施周期的中间进行（即项目开始2年内启动）。其目的是提供信息来改善政策、方案和措施。不同于总结性绩效评价的普遍实施，并非所有的项目都要进行形成性评价。这主要是出于成本的考虑，毕竟在4年的周期里（加拿大绝大部分项目和政策的操作周期为4年）同时开展形成性和总结性绩效评价工作较为繁重。除非法律特别规定，一般不实施形成性评价。当然，形成性绩效评价的优势也是显而易见的。如果随着项目的推进而出现了问题，则形成性绩效评价可以及时发现问题并提出符合绩效要求的解决方案。一套完整的形成性绩效评价可以对产出、前期成果、项目逻辑以及取得远期成果的可能性做出评估。

无论进行上述哪种绩效评价，所有的绩效评价都应该正面回答支出审查委员会（ERC）的七条标准。

（二）绩效评价的实施工具

在宏观层面上，绩效评价工作是在管理问责制框架、议会报告体系和支出审查流程的框架下实施的。这里需要进一步说明的是在联邦部门内部这样一个相对微观的层面，绩效评价工作主要依靠两大工具来加以推进。

1. 部门绩效评价计划（departmental evaluation plan）。为了使联邦各部门能够在绩效评价工作中进行适当的平衡，每个部门都必须制订其专属战略来聚焦部门绩效评价计划。该计划需要根据风险评估结论，以及部门和联邦整体的事项优先级排序来综合制订。具体风险由该部门的整体集成风险管理框架（integrated risk management framework）来决定。这一框架旨在运用诸如健康和安全性、实质性，或者同部门战略产出的联系等客观标准，来识别、评估、量化风险。部门绩效评价计划通常具有前瞻性，包括1~3年的展望和成本估算。此类计划一般由部门评价负责人起草,并提交部门审计和绩效评价委员会和国库委员会秘书处审核通过。根据审核准则,在制订部门绩效评价计划时一般会:仔细考虑风险、部门和联邦的优先事项,并从实质性和重要性两方面提供证据来支持计划中的政策、方案和措施;在第三方交付项目上,充分考虑有关拨款和税收等方面的具体要求;盘点履约所需的资源,并采取有力举措保证这些资源能够投入使用。

2. 基于结果管理和责任制框架(results-based management and accountability frameworks)。基于结果的管理和问责制框架其实是项目管理者进行绩效管理的工具。它可以帮助项目管理者清晰地描述项目实施过程中主要合作伙伴的角色和责任;逻辑清晰地设计实施方案,将手中资源同项目的预期成果紧密结合起来;持续推进项目的实施,在每个步骤做出明智的决定,有效地改善项目绩效;将项目绩效引向有利于全体加拿大人民方向;向部门的高级管理人员、中央机构和其他关键利益相关者及时地提供可靠的信息。在RMAFs指引下制订的项目方案能够权责明确地将项目的实施过程自然地引向既定的绩效目标,并为绩效评价工作的开展提供充分的信息。目前,RMAFs已经成为在加拿大联邦层面申请拨款和转移支付(包括子项目)资助的必备条件。作为一种管用的管理工具,联邦政府鼓励实施者在所有项目上使用RMAFs。

(三) 预算绩效评价的实施步骤

加拿大的预算绩效评价工作实施主要包括四个步骤。

1. 通过调研访谈形成介绍性表述(terms of reference)。这一步需要充分接触高级管理人员、项目管理人员、关键利益相关者和受益者,了解他们的主要诉求。之后形成一份1~2页的文件来概括绩效评价的背景、必要性和目标,并概述如何开展绩效评价及绩效评价使用的资源和时间表。

2. 制订计划报告(planning report)。相对于介绍性标书中关于如何开展绩效评价的概述而言,这是一份详细的绩效评价计划。如果项目尚未用到基于成果的问责制框架(RMAF),那么计划报告就必须列示详细的方案。该方案包括逻辑模型,并细化绩效评价事宜以及子问题,并考虑获取这些问题答案的方法。

3. 数据采集工具的开发和数据采集。在这个阶段需要准备和测试数据采集工具,包括问卷、讨论指南、文件审查指南、重点对象讨论指南、案例研究大纲、抽样等工具的具体设计。此外还需要决定究竟是采用自我绩效评价方法,还是采用外部标准化方法,抑或是两者兼而有之。之后才是制定数据采集策略并开展数据采集工作。

4. 报告。如果在数据采集的早期阶段发现问题,则可以将中间成果及时报告。一般而言,最终的绩效评价报告需要提交给部门审计和绩效评价委员会(DAEC)批准。该委员会需要了解管理者对报告的反应,审查和批准其基于评价建议而制订新的行动计划,并监督他们实施绩效评价建议。至此,绩效评价的全部流程便完成了。

还有两个事项需要单独考虑。(1)绩效评价主体是使用内部资源、外包资源还是两者兼而有之地开展绩效评价工作,这往往取决于所需的独立性、内部资源的数量,以及绩效评价的时机。(2)在进行绩效评价的过程中还要考虑是否需要咨询委员会(Advisory Committee)、督导委员会(Steering Committee)或是直接进行绩效评价。咨询委员会为绩效评价提供指导;而督导委员会则对绩效评价的所有重要方面做出决定;直接绩效评价没有正式的咨询流程,常用于绩效评价时间要求较紧的情况。使用哪种方法往往取决于项目的复杂性和分权程度。对于高风险项目,也可以采用同行审查的方法。审查者由绩效评价专家和对象事务专家共同组成,就绩效评价的方案设计和报告提出建议。

第六节 国外部门整体预算绩效评价改革的启示

一、构建多层次法律体系,注重法制化建设

西方发达国家部门整体绩效评价改革的成功离不开权威性法律框架的支持,配套法律法规可依赖其权威性和稳定性保障绩效预算改革的推行力度。西方发达国家在部门整体绩效评价改革的历程中均采取了法律先行的推广路径,并在实践中依据改革的侧重点、公众需求不断调整、完善配套法律体系,为部门整体绩效评价改革提供强大的法理支持,有效排除改革的阻力。例如,美国1993年和2000年前后发布了GPRA和GPRAMA法案,后者在前者的基础上进一步优化了绩效管理工具,强化信息公开制度和绩效目标责任机制等。英国1997年的《综合支出审查法案》和《公共

服务协议》建立了英国绩效预算制度的基本框架。新西兰部门整体绩效评价改革更是主要依靠法律驱动,《国有企业法案》《国家部门法案》《公共财政法案》《财政责任法案》四个重要法案循序渐进推动改革进程,有效巩固阶段性改革成果。

二、高层领导人的重视和大力推进

各国政府绩效管理的实践中,政府高层领导对于绩效管理工作的大力倡导和有力推进对政府绩效管理和预算绩效管理方法的不断应用和完善起到了十分重要的作用。英国自撒切尔政府以来,不论是保守党还是工党执政,行政改革的主导理念和基本思路并没有发生大的变化,改革具有较强的延续性和系统性,因而绩效管理的方法得到较好的应用。美国总统历来对政府绩效和预算绩效的改进给予高度关注,从早期尼克松时期的国家生产力委员会和卡特时期的文官制度改革到克林顿政府的《政府绩效与结果法》、布什时期的项目评估体系(PART)以及奥巴马的绩效信息应用,无处不体现出政府总统对绩效工作的支持和影响。

三、部门整体绩效改革与政府绩效改革的深度结合

西方发达国家对于公共管理领域"绩效"理念的重视最初来源于20世纪70年代,停滞不前的经济发展形势、庞大的政府支出规模、低下的政府行政效率迫使各国政府转变原有的执政方式,开始关注政府行政效率和财政支出绩效。绩效预算改革作为政府绩效改革的重要组成部分,其改革的措施、技术工具的开发等均在政府绩效改革的框架下进行,与政府绩效改革进程相辅相成。美国、英国等西方发达国家的绩效预算改革取得成功的一大关键因素在于在政府绩效改革的大环境下,追求绩效的理念已深入人心,有效降低了绩效预算改革的阻力,政府绩效改革的经验、方法也为绩效预算改革提供了重要的参考作用。此外,政府绩效改革的连贯性也有利于巩固绩效预算改革的阶段性成果。

四、改革的路线图上多采取循序渐进的模式

从部门整体绩效评价的推广过程中可以看出即使已经具备了对应的法律基础,美国也并不追求一蹴而就的改革方式,而是采用了试点—总结经验—调整—全面推广的改革思路。在1993年《绩效法案》颁布后的第二年,美国政府先选取了14个联邦机构中的70个项目展开试点工作,通过试点结果总结成功经验,将好的项目作为范例进行推广学习;分析执行过程中出现的困难与问题,并由OMB给出对应的改进措施。此外,1993年《绩效法案》颁布时规定各联邦机构在1997年提交战略规划,1999年前提交年度绩效计划,也给各预算单位预留了相对充足的过渡期完成收集数据、积累资料、开展培训等准备工作,确保绩效预算推广的可行性。

英国的整体绩效评价隶属于行政改革的一部分,其推广建立在全面政府绩效改革的基础上。政府绩效改革的全面实施培育了公共部门工作人员的绩效理念,减少了绩效预算改革的阻力。此外,政府绩效改革的经验、路径、工具也为预算绩效的实施提供了重要经验借鉴。

五、强化绩效责任,推动以部门为中心参与部门整体绩效管理改革

严格的绩效责任制度可以有效保证预算绩效的执行结果。美国绩效预算责任制度的构建与配套的人事机构改革同步进行。2010年颁布的《政府绩效与成果法案现代化法案(2010)》中专门制定首席运营官全面负责机构绩效预算执行工作,针对每个部门优先绩效目标设置目标领导者,每个联邦优先绩效目标设置政府首席长官,确保绩效目标的实现。此外,绩效责任制度要求各机构提供官员或机构预算绩效执行的结果信息,可以影响后续预算资金的决策过程,提高了预算与绩效一体化程度。

英国在执行绩效预算过程中,绩效目标、绩效标准与评价指标均以部门制定为主,财政部门等预算管理机构进行指导,并在广泛征求绩效管理专家、民众、绩效管理者的基础上来最后确定。以部门为中心的绩效评价模式可以在执行绩效评价的过程中最大限度发挥信息优势,加强评价体系的科学性和合理性。此外,该模式可以在绩效评价事前了解存在的问题、分歧,提高公务人员对评价体系的认可度和遵从性,减少预算绩效改革的

执行成本。

新西兰1994年发布的《财政责任法案》体现了新西兰政府对于财政责任的高度关注。新西兰政府将"产出"与"结果"的预算责任明确进行区分,规定各部长对结果负责,行政首长对产出负责,并通过签订绩效合同的形式约定部长与行政首长间的绩效责任。行政首长通过绩效合同向部长负责,同时与政府部门各级官员层层签订绩效协议,推进绩效责任落实。

六、各类评价技术工具和部门整体绩效评价指标体系的支撑

部门整体绩效的落实离不开各类技术工具的支撑,技术工具可以用于评价预算绩效的执行过程,提供统一的评估标准,反馈准确的绩效结果信息,指导后续的预算决策。美国所开发的技术工具可划分为多个不同的层次,包括:针对项目评估的PART工具,针对部门评估的"红绿灯"系统、平衡计分卡工具以及后期的"优先绩效目标"工具等。

全面的绩效评估指标体系是实施绩效预算的重要工具,绩效评估指标体系的合理性直接影响绩效测量的结果。英国在部门整体绩效推广的过程中形成了全面的绩效评估指标体系,主要分为:一是投入指标,用于衡量预算单位各类资源的使用情况,包括资金投入、人力投入等要素;二是产出指标,用于描述政府机构所提供的产品或服务数量的指标;三是效率指标,用于描述单位成本、单位时间或其他用比率进行政府活动生产率的指标;四是成果指标,用于描述社会公众或被服务人员从政府机构活动中的获益情况指标。

七、加强预算绩效评价的过程管理,建立多方位多角度的绩效评价体系

从国别比较来看,相关国家的政府预算绩效管理从部门战略目标分解、业务计划签订为起点,以运用绩效信息调整下一年度绩效目标为终点,形成了一套闭环管理的运行体系。而绩效评价的过程是将内部自评与外部评价相结合的过程,既有部门对自身工作的评价总结,又有外部审计的绩效分析,还有预算责任办公室的宏观评估,构建了多方位多角度的绩效评价体系。

八、注重绩效信息数据库建设，充分运用绩效评价结果

完备的绩效信息是推行部门整体绩效评价的重要前提，预算编制、预算监督执行、绩效测量、预算决策各个阶段均离不开相关数据信息的支持。美国的部门整体绩效改革要求在预算编制过程中应附绩效目标，而绩效目标的制定则需要在结合部门使命、战略规划的基础上将所要取得的结果和成效分解成可量化的各项指标。预算监督执行主要指将实际所取得的绩效数据与年度绩效计划中的绩效数据进行对比分析得出结论。绩效测量更是需要在实际中搜集绩效评价指标数据的基础上来完成的。预算决策则是以绩效目标、绩效结果为依据来进行的。可以看出，部门整体绩效改革的每一个过程均需要大量的绩效信息的收集、管理与应用工作。

相关国家政府绩效评价结果，尤其是审计署的绩效审计分析与预算挂钩结合，成为调整政府长期经济目标和计划的依据，各部门都要根据所提交的秋季绩效评价报告对其3年的滚动计划进行相应的调整。同时，绩效评价结果既是财政部对各部门制定以后年度预算的依据，也是议会、财政部和内阁办公室监督各部门行政责任制是否落实的重要依据。对于绩效较好的部门或地方政府，实行适当的奖励。奖励分为两部分：一部分是财政资金奖励；另一部分是扩大部门自治权；对于绩效不好或未完成规定绩效任务的部门，主要是分析原因，找出改进的方法和措施，并以削减其下一年度部门预算支出限额作为惩罚手段。

九、完善绩效信息公开机制，拓展预算绩效评价结果运用方式

绩效信息的透明和公开一直是相关国家政府预算绩效管理所坚持的原则，通过财政部门官网公布各部门的绩效指标和相关数据并定期更新，以数据集的形式供公众查阅，以便公众及时掌握政府各部门的支出进度和资金使用效率。公开绩效评价信息本身也是一种绩效评价结果运用的方式，英国政府对绩效评价结果的运用也更多的是侧重通过公开绩效信息、分析绩效信息、运用绩效信息调整战略目标和行动策略，提升政府效能。这相当于是政府各部门与公众签订了一份"责任状"，有助于公众的参与、监督和评价，也倒逼政府部门提升绩效目标和指标编制质量、自评信息的真

实有效。

十、注重部门整体绩效评价的配套制度改革

部门整体绩效评价改革不仅是预算管理方式的改变,其对预算管理过程提出了更加严格的要求,需要一系列配套制度的支持,西方发达国家在绩效预算改革过程中非常注重其配套制度建设,具体包括政府采购制度、国库单一账户和集中收付制度、权责发生制、绩效问责及绩效信息公开制度等,这些配套制度的完善为部门整体绩效评价的推广构建了良好的制度环境。例如,英国1984年在财政部设立政府采购办公室,统筹负责全国的政府采购工作,加强对于预算支出的集中控制,提高了预算的执行效率。英国、美国等西方发达国家的国库单一账户和集中收付制度实现了财政资金的统筹管理,该制度能够提供更为准确的全口径财政收支数据信息,为财政资金的高效配置奠定了良好的基础。为更加准确衡量政府各项活动的成本,新西兰、英国等国家均在预算过程中引入权责发生制的会计原则,提高了预算过程的透明度,实现了有效的财政监督。

第四章

我国部门整体预算绩效评价研究

第一节 我国部门整体预算绩效评价的历史演变

一、建构部门整体支出绩效评价体系阶段

2003年10月,党的十六届三中全会就完善社会主义市场经济体制问题做出部署。会议提出,要"建立预算绩效评价体系",随后中央部门开始试点开展项目绩效评价和部门预算绩效考核。

2004年10月财政部印发了《中央经济建设部门部门预算绩效考评管理办法(试行)》(以下简称《办法》),该《办法》对纳入财政预算归口经建司管理的部门预算单位运用财政资金实现部门职能目标的程度、成本及效果情况进行科学、客观、公正的综合评价。部门绩效考评的内容包括预期提供的公共产品和服务内容的数量目标;预期提供的公共产品和服务的质量目标;提供公共产品和服务的及时性,提供公共产品和服务的方式,以及提供公共产品和服务所要达到的其他预期目标;提供预期公共产品和服务所耗费的目标成本和实际成本;提供预期公共产品的受益范围和群体[1]。

2005年5月财政部印发了《中央部门预算支出绩效考评管理办法(试行)》,该办法所称部门预算支出绩效考评,是指运用一定的考核方法、量化指标及评价标准,对中央部门为实现其职能所确定绩效目标的实

---

[1] 财政部关于印发《中央经济建设部门部门预算绩效考评管理办法(试行)》的通知,2004年12月8日。

现程度,以及为实现这一目标安排预算的执行结果所进行的综合性考核与评价。绩效考评共性指标主要包括以下类型:绩效目标完成程度、预算执行情况、财务管理状况、经济和社会效益、资产的配置和使用情况等①。

2009年,财政部发布《财政支出绩效评价管理暂行办法》和《关于进一步推进中央部门预算项目支出绩效评价试点工作的通知》,提出"部门预算支出绩效评价包括基本支出绩效评价和项目支出绩效评价。部门预算支出绩效评价应当以项目支出为重点,重点评价一定金额以上、与本部门职能密切相关、具有明显社会影响和经济影响的项目。有条件的地方可以对部门整体支出进行评价"。

2011年4月,财政部发布《财政支出绩效评价管理暂行办法》,同时还发布了一系列附属文件,包括《财政支出绩效目标申报表》《财政支出绩效评价指标框架(参考)》《财政支出绩效评价报告(参考提纲)》《财政支出绩效评价指标体系(参考样表)》《财政支出绩效评价指标评分表(参考样表)》《财政支出绩效评价工作流程图》等,为各地区、各部门评价财政支出绩效提供了基本的行为规范。财政部发布《财政支出绩效评价管理暂行办法》明确了"部门预算支出绩效评价包括基本支出绩效评价、项目支出绩效评价和部门整体支出绩效评价。绩效评价应当以项目支出为重点,重点评价一定金额以上、与本部门职能密切相关、具有明显社会影响和经济影响的项目。有条件的地方可以对部门整体支出进行评价"。

2013年4月,财政部印发了《关于印发〈预算绩效评价共性指标体系框架〉的通知》,发布了《项目支出绩效评价共性指标体系框架》《部门整体支出绩效评价共性指标体系框架》和《财政预算绩效评价共性指标体系框架》,指导和引领各地区、各部门构建相对完善的绩效评价指标体系。

二、预算绩效管理试点阶段

2008年党中央、国务院提出实行政府绩效管理制度,首次将绩效"考核、评估"拓展为绩效"管理"。2008年党的十七届二中全会通过了《关于深化行政管理体制改革的意见》(2008年2月27日中国共产党第十七届中央委员会第二次全体会议通过),该意见指出:"推行政府绩效管理

---

① 《中央部门预算支出绩效考评管理办法(试行)》,2005年。

和行政问责制度。建立科学合理的政府绩效评估指标体系和评估机制。健全以行政首长为重点的行政问责制度，明确问责范围，规范问责程序，加大责任追究力度，提高政府执行力和公信力。"

2011年国务院建立了原监察部牵头的政府绩效管理工作部际联席会议制度，同年4月，国务院召开第一次政府绩效管理工作部际联席会议，联席会议由监察部、中组部、中编办、国家发改委、财政部、人力资源和社会保障部（公务员局）、审计署、统计局、法制办9个部门组成，监察部为牵头部门，监察部部长为召集人。联席会议办公室设在监察部，日常工作由绩效管理监察室承担。随后监察部牵头印发了《关于开展政府绩效管理试点工作的意见》，决定在北京、吉林、福建、广西、杭州、深圳等地开展地方政府绩效管理试点；国土资源部、农业部、质检总局进行国务院机构绩效管理试点；国家发改委、环境保护部进行节能减排专项工作绩效管理试点；财政部进行财政预算资金绩效管理试点，以为全面推行政府绩效管理积累经验。此后，预算绩效管理推进步伐明显加快。

2011年7月，财政部发布《关于推进预算绩效管理的指导意见》（以下简称《指导意见》），明确建立了"覆盖所有财政性资金，贯穿预算编制、执行、监督全过程的具有中国特色的预算绩效管理体系"的工作目标。该《指导意见》还提出，要逐步建立起"预算编制有目标、预算执行有监控、预算完成有评价、预算结果有反馈、反馈结果有应用"的预算绩效管理新机制。

在此基础上，财政部发布了《预算绩效管理工作规划（2012~2015年）》，明确了今后一段时间的工作重点。该规划要求"到2015年，编报部门整体支出绩效目标的一级预算单位占本级所有一级预算单位的比例力争达30%"。和预算绩效管理工作规划一道，财政部还发布了两份配套文件：《县级财政支出管理绩效综合评价方案》《部门支出管理绩效综合评价方案》，从而为县级财政绩效评价和部门支出绩效评价提供了基本行为规范。

三、全面实施部门和单位预算绩效管理阶段

2014年《国务院关于深化预算管理制度改革的决定》明确将绩效评价重点由项目支出拓展到部门整体支出和政策、制度、管理等方面。《国务院关于印发推进财政资金统筹使用方案的通知》要求加大预算资金统筹

使用的力度，比如，加强转移支付项目和部门预算项目的统筹、加大政府性基金预算转列一般公共预算的力度、推进国有资本经营预算与一般公共预算的统筹协调等举措，资金统筹的要求，拓展了对部门整体支出的覆盖范围。

2017年党的十九大提出了"建立全面规范透明、标准科学、约束有力的预算制度，全面实施绩效管理"，确立了全面实施绩效管理的战略部署。2018年9月《中共中央 国务院关于全面实施预算绩效管理意见》印发，要求"力争用3~5年时间基本建成全方位、全过程、全覆盖的预算绩效管理体系。"明确要求"实施部门和单位预算绩效管理。将部门和单位预算收支全面纳入绩效管理，赋予部门和资金使用单位更多的管理自主权，围绕部门和单位职责、行业发展规划，以预算资金管理为主线，统筹考虑资产和业务活动，从运行成本、管理效率、履职效能、社会效应、可持续发展能力和服务对象满意度等方面，衡量部门和单位整体及核心业务实施效果，推动提高部门和单位整体绩效水平"。

随后《财政部关于贯彻落实〈中共中央 国务院关于全面实施预算绩效管理的意见〉的通知》要求："逐步推动预算部门和单位开展整体绩效自评，提高部门履职效能和公共服务供给质量。积极推动绩效管理实施对象从政策和项目预算向部门和单位预算、政府预算拓展；探索建立部门和单位预算整体绩效报告制度。"①

上述文件的印发，意味着我国部门整体支出绩效评价拓展到部门整体预算绩效管理。

第二节 我国部门整体预算绩效评价的方式方法

近年来，我国中央部门和地方都开展了部门预算绩效评价与管理的探索，取得了显著的成绩，积累了一定的经验。

一、中央部门整体预算绩效评价方式方法探索

2017年以来，财政部选择中国气象局作为中央部门试点单位，委托预

---

① 《财政部关于贯彻落实〈中共中央 国务院关于全面实施预算绩效管理的意见〉的通知》，2018年。

算评审中心开展了部门整体支出绩效评价。此次评价建立了一套针对气象业务工作和部门决策、管理、产出和效果特点的四级评价指标体系：一级指标包括履职效能、管理效率、社会效应和可持续性四个方面；二级指标包括工作目标、核心业务、基础管理、预算管理、收支管理、资产管理、业务管理、外部影响、社会满意、体制机制改革、创新驱动发展共11个；三级指标共24个；四级指标共82个。

2019年财政部预算评审中心对水利部、教育部、人力资源和社会保障部等部门开展了部门整体预算绩效评价，进一步探索科学合理的评价指标体系和评价方法。评价工作从部门决策、管理效率、部门履职、社会效应四个方面展开，经过资料查阅、评价指标体系确定、现场调研、满意度抽样调查、评价意见反馈等环节，对部机关、流域管理机构和直属单位、所属企业等105家单位进行了现场调研。评价结果水利部评价等级为"优"，成为四个试点部门唯一获此等级的中央部门[①]。

作为我国最早实施绩效考评工作的部门之一，水利部自2002年就开始了预算绩效考评工作的探索。水利部高度重视预算绩效管理工作，取得了可喜的成绩，连续多年评为预算绩效管理工作考核一等奖和优秀单位。2012年10月，水利部预算管理领导小组正式成立，将研究协调解决绩效管理中的重大问题作为领导小组的一项重要职能。领导小组由分管财务工作的领导担任组长，相关业务司局主要负责人为成员，为绩效管理工作的顺利开展提供了组织保障。2014年，水利部选取部分单位，探索开展单位整体支出绩效评价工作，积极探索单位整体支出绩效管理经验。2015年，实现部门预算绩效目标管理全覆盖。2017年，实现项目支出全面自评，并对重点项目开展深度绩效评价，绩效管理工作提质扩面。近年来，水利部党组高度重视预算绩效管理工作，为确保财政预算资金聚焦"水利工程补短板、水利行业强监管"总基调，多次召开会议研究部署部门预算和绩效管理的重点工作，明确要求切实强化资金监管，确保资金安全，提高水利财政资金使用绩效，推动建立健全覆盖所有财政资金、贯穿财务运行全过程的管理、监督和协调机制。2018年底《水利部关于贯彻落实〈中共中央 国务院关于全面实施预算绩效管理的意见〉的实施意见》印发，提出"力争用3年时间基本建成全方位、全过程、全覆盖的水利预算绩效管理体系"。2019年，财政部将水利部等4家中央部门纳入整体支出绩效评价

---

① 杨晶：《水利预算绩效管理"优"在哪里?》，载于《中国水利报》2019年11月15日。

试点范围。推动了水利部绩效评价从单纯的项目支出评价全面延伸到对政策、单位和部门整体的评价。

近期中央组织部、海关总署、审计署、商务部等39个中央部门印发了贯彻落实意见和实施方案，中国地震局、农业农村部制订了2018~2020年预算绩效管理工作计划，都对部门整体支出绩效评价和管理工作进行了安排部署。比如交通运输部2015年印发了《整体支出绩效评价管理办法试行》为部属行政事业单位开展整体支出绩效评价工作提供了具体可行的实施办法。2019年交通部印发了《关于推进交通运输领域全面实施预算绩效管理工作的通知》，要求"逐步开展单位整体支出绩效评价。在扩大单位整体支出绩效目标申报范围的基础上，推进单位整体支出绩效自评工作和重点绩效考评工作。开展整体支出绩效目标申报的单位，部门决算环节同步开展整体支出绩效自评工作。逐步扩大部门整体预算支出重点绩效考评范围，探索从单个预算单位向预算汇总单位扩展"。

2018年底农业农村部印发《农业农村部全面实施预算绩效管理工作方案》将部机关司局和部属预算单位预算收支全面纳入绩效管理，围绕司局和单位职责、行业发展规划，以预算资金管理为主线，统筹考虑资产和业务活动①。

教育部印发了教育部《关于全面实施预算绩效管理的意见》提出"在年度绩效自评的基础上，原则上每5年为一周期开展单位整体绩效评价"；"对于根据国家规定由各单位统筹使用的项目，不单独开展项目绩效评价，但应纳入单位整体绩效评价"。

二、地方部门整体预算绩效评价方式方法探索

（一）北京模式：纳入政府绩效考核

2011年，北京市选择科委、市卫生局和市医院管理局开展了部门整体支出绩效评价，随后试点范围不断扩大。2016年实现了部门整体绩效自评全覆盖。北京市各区也稳步推动了部门整体支出绩效自评和评价的开展。

2011年9月9日北京市人民政府印发了《关于做好政府绩效管理试点

---

① 齐小平：《农业农村部启动全面绩效管理》，2018年12月13日，http://cache.baidu-content.com/。

第四章 我国部门整体预算绩效评价研究

工作的意见》明确了政府绩效管理主要包括市级国家行政机关绩效评价、区县绩效评价、预算评估和绩效审计、与民生密切相关的企事业单位绩效管理等内容。

北京市成立了市政府绩效管理工作领导小组统一领导。由时任常务副市长吉林担任组长，成员单位由原来的市政府办公厅、市监察局、市人力资源社会保障局、市政府法制办、市编办等5家，扩展为市委组织部、市政府办公厅、市发展改革委、市监察局、市民政局、市财政局、市人力资源社会保障局、市水务局、市审计局、市社会办、市安监局、市统计局、市政府法制办、市编办、市食品办等15家单位。市政府绩效管理办公室及各成员单位按照工作方案，深入推进试点工作；各区县、各部门高度重视绩效管理工作，主要领导亲自部署，组织研究解决重大问题，分管负责同志直接抓，明确目标，建立了组织保障体系[①]。市政府专门研究为绩效管理联席会议有关成员单位增加了8名行政编制，同时在承担绩效管理工作的处室加挂绩效管理专项考评工作处的牌子。

市级国家行政机关绩效考评按照"履职效率、管理效能、服务效果、创新创优"（"三效一创"）指标体系，设定市级国家行政机关分类考评，根据市政府各部门工作性质、工作内容，结合本市"十二五"规划纲要，研究建立市政府部门分类考评指标体系和计分权重，实施分类考评、分别评价、统一奖惩。在每年的2月，市政府召开市级行政机关和区政府绩效考评会议，市领导、部分市人大代表、市政协委员和社会各界代表二百余人现场听取述职报告并打分评价。

2016年北京市财政局印发了《北京市市级部门预算管理综合考核办法》，市财政局针对北京市市级预算部门预算管理全过程开展综合性考核，涵盖预算编制、执行和监督等预算管理环节。具体包括预算编制执行、国库集中支付、政府采购、绩效管理、财政监督和预算评审等业务内容。考核结果作为以后年度安排预算、加强和改进财政管理工作的重要依据；建立通报和整改机制；预算管理综合考核结果纳入市政府绩效考核体系，作为市政府绩效考核指标体系中"预算绩效"的扣分依据。

预算绩效管理作为考核的打分项直接影响到机关绩效的奖惩。《北京市市级国家行政机关绩效管理暂行办法的通知》规定市级机关年度绩效管理综合得分经市政府绩效管理联席会议审议，报市政府党组会审定后，进

---

① 《北京市人民政府关于做好政府绩效管理试点工作的意见》，2011年。

行通报。凡完成绩效管理任务的，发放年度绩效奖金；凡被行政问责或未完成市政府重大绩效管理任务的，由专项考评部门提出，经市政府绩效管理联席会议审议并报市政府党组审定，减发5%的年度绩效奖金。年度考评结果将提交市委组织部门，作为考核领导班子职责绩效的重要依据。根据年度考评情况，形成绩效改进建议予以反馈，督促进行整改，促进工作水平提升。

另外，北京市顺义区将部门整体支出绩效评价的绩效关口前移到事前，探索实施了区直部门整体支出事前绩效评估，形成了事前、事中、事后全过程部门整体支出绩效管理体系。

（二）浙江模式：一个部门一套指标

浙江省财政厅在2018年4月提出了以结果为导向，实施绩效型部门预算管理模式的目标。率先在6个省级部门11个市县展开部门整体绩效预算改革试点，核心是建立与部门整体绩效挂钩的包干预算模式，形成了目标管理、过程控制、系统集成、迭代深化、公众满意的绩效管理新机制。

1. 建立部门整体绩效指标及绩效目标体系。绩效指标及绩效目标体系是部门整体预算编制的前提，是预算执行、绩效评价、财政监督的重要依据，也是改革的"牛鼻子"。从试点实践来看，主要有两类：

第一类是绩效指标体系。绩效指标既是编制绩效目标，开展绩效评价的依据，也是建设责任政府的依据。在建设过程中，主要考虑的问题：一是"一个部门，一套指标"，以更好地体现部门职能和专业性。二是预算绩效指标与行政绩效指标相融合。在设置部门整体绩效指标时，引入政府绩效管理考评指标，逐步将两大指标体系融为一体，最终使用同一套考评指标。在目前两大体系尚未融合的情况下，将部门预算绩效指标按重要程度分为一类指标和二类指标，一类指标为同级党委政府确定的重点工作绩效指标，并提高一类指标分值比重，二类指标由部门本级运行绩效指标和事业发展绩效指标组成。两类指标设定一定的分值后综合为部门整体绩效目标指标。三是建设统一的绩效指标框架。根据试点经验，建议部门整体绩效指标分产出结果类和社会评价类。产出结果类指标根据各部门职能职责，反映本部门各项事业产出与结果，按照重要程度设置一类和二类指标；社会评价类指标包括廉政建设、公众满意率和投诉结案率等。四是确定绩效指标分值和赋分原则。要适当考虑该项绩效指标与部门预算总额的关系，并参考近3年指标完成情况。

第二类是绩效目标体系。编制绩效目标的关键是确定目标值。部门单位要根据上年度评价结果、相关政策，提出新预算年度的绩效目标计划，同时要列出近几年绩效目标值以作比较。在预算执行过程中，原则上不调整部门整体绩效目标，确需调整的，报财政部门审核，并相应调整年度预算安排。

坚持"一个部门，一套指标"，在设置部门整体绩效指标时，引入同级党委政府绩效管理考评指标，逐步将预算绩效、行政绩效两大指标体系融为一体，最终使用同一套考评指标，以行政绩效体现预算绩效，以预算绩效倒逼行政绩效，充分调动部门履职尽责、干事创业的积极性。

2. 建立部门整体绩效评价机制。一是厘清绩效评价目的。通过对部门预算绩效目标的实现度进行评价，监督预算资金；对部门整体绩效进行测量，确定被评价人绩效状态，推动完善机制。二是建立绩效评价规则。一类指标由党委政府部门重点工作绩效考评牵头部门负责，财政部门直接取用党委政府的考评结果；二类指标由财政部门和职能部门共同负责评价，根据绩效指标数据来源和赋分原则打分，最后形成部门整体绩效评价结果。

3. 建立与部门整体绩效挂钩的预算总额包干机制。确定支撑部门整体绩效实现的部门预算总额，在总额内由部门自主统筹安排本级和下属事业单位的具体预算，并按照"标准化、规范化、精细化"的要求编制部门预算。第一，明确绩效预算总额范围。对于房屋建筑物构建、大型修缮等特殊性一次性项目要剔除考虑。第二，建立绩效预算挂钩机制。挂钩比例与部门事业发展目标及政府财政收支总幅度相匹配，避免过高或过低。主要采用方式：一是产出指标挂钩。为事前挂钩方式，选取部门整体绩效指标中与部门事业发展关联度较大的指标为产出指标，根据产出绩效目标近几年情况，预计确定预算编制年度绩效目标与上年度（或基期年）绩效目标增长情况，与绩效预算总额挂钩。二是产出指标评价结果挂钩。为事后挂钩方式，选取与部门事业发展关联度较大的指标为产出指标，根据产出绩效目标年度目标完成情况，与绩效预算总额挂钩。对于在绩效评价中未达到绩效目标的部门，财政部门应当予以挂钩机制清算，扣减下一年度的绩效预算。

建立经选取的产出结果类部门整体绩效指标目标与预算总额挂钩机制，在部门预算总额内，由部门自主统筹安排本级和下属单位的具体预算。通过赋予部门更多的自主权,强化部门理财的主体责任,推动部门立足全局和长远来统筹安排财力,变"要我干"为"我要干",激发部门提升绩效的内生动力。

(三) 河北模式:三级预算和三级绩效目标体系[①]

2014年7月,河北省政府印发了《关于深化绩效预算管理改革的意见》,标志着河北绩效预算管理改革正式启动。这次改革将绩效理念融入预算管理的各个环节,将绩效管理重心由过去的以事后评价为主的"预算绩效"管理,全面转到从预算编制、执行到监督、评价的事前、事中、事后相互贯通的全过程"绩效预算"管理[②]具体包括以下五项内容:

1. 三级预算管理与三级绩效目标体系。将预算绩效管理从项目层面向部门整体和政策拓展,全面建立"部门职责—工作活动—预算项目"三个层级的预算管理结构。部门职责按照政府"三定"规定和重大决策部署分项梳理确定,工作活动根据部门履行相关职责、必须开展的综合管理事务来确定,部门职责、工作活动一定时期内保持稳定,确需调整的严格按程序进行。所有部门的预算资金安排都要对应到相应的部门职责、工作活动,然后再确定项目预算。

与三级预算管理结构相对应,实行部门职责、工作活动、预算项目三个层级的绩效目标指标管理。各部门结合政府和部门中长期战略规划目标、年度规划目标,确定各项职责的年度绩效目标和各项活动的年度绩效目标、绩效指标;在预算项目层面分项确定年度绩效目标、绩效指标和评价标准。上一层级的绩效指标一般对应下一层级的绩效目标,绩效指标由绩效目标分解形成。同时,绩效目标指标、评价标准的设定要求细化量化,要达到可审核、可监控、可评价。

2. 全面强化绩效评价及结果应用。将绩效评价由过去的项目评价一个层级,转变为预算项目绩效评价、工作活动绩效评价、部门职责绩效评价、部门整体支出绩效评价四个层次。按照分工协作、提高效能的原则,重新界定部门和财政的绩效评价重点。对重点领域、重大项目进行再评价;对部分社会关注度高的项目,开展第三方评价。完善绩效评价报告机

---

① 对河北模式的撰写参考了:李存才、智荣卿、何菲:《打造全过程绩效预算管理新机制——来自河北省的探索与实践(上)(下)》,载于《中国财经报》,http://czt.hebei.gov.cn/wap/gzdt_wap/201711/t20171116_280230.html。

② 河北省人民政府关于深化绩效预算管理改革的意见。

制,建立绩效问责制度,推行评价结果公开,并将绩效评价结果与预算安排挂钩,作为制定政策、分配资金的重要依据。

(四)广州模式:三级目标体系和多维评价①

广东省广州市于2016年启动了部门整体全过程预算绩效管理试点工作,在市残联、市知识产权局试行部门整体全过程预算绩效管理,2017年将该模式推广至市发改委、市教育局等12个部门,探索构建部门整体全闭环绩效管理机制。

1. 三级目标体系。紧扣部门职责,围绕部门落实中央、省、市的核心任务,建立"部门职责—工作任务—项目目标"的三级目标体系,每个层级均设置绩效目标和指标,如图4-1所示,建立部门职责与整体绩效目标的对应关系。充分体现以"政"领"财",将部门职责分解为较具体的绩效目标,为衡量部门整体职责的完成情况提供依据。

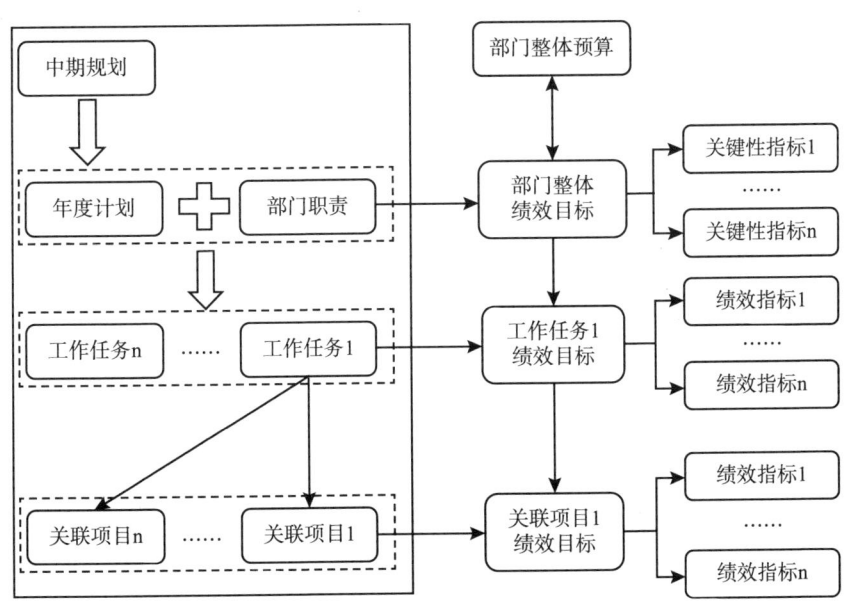

图4-1 广州三级目标体系

---

① 广州模式参考了《广东省广州市财政:部门整体预算绩效管理初见成效》,财政部官网,2018年12月4日,http://www.mof.gov.cn/xinwenlianbo/guangdongcaizhengxinxilianbo/201811/t20181120_3072017.htm等资料。

2018年6月广东省印发了《广东省财政预算绩效指标库》，收录52个子类、277个资金用途、2 589个绩效指标，在全国率先建立较为领先的预算绩效指标和标准体系。为全面准确反映各级政府、各部门绩效提供了必要的基础条件。2019年广州市部门预算扩大绩效目标编制范围，首次编制和公开部门整体绩效目标，并将部门整体预算绩效管理由12个试点部门推广至所有市直部门。绩效目标公开范围由一般公共预算拓展至政府性基金、国有资本经营预算、社保基金预算、财政专户等5本预算。各部门5本预算所列支出项目均公开绩效目标。据统计，本次公开部门预算支出项目绩效目标8 390项、市级财政专项资金绩效目标18项，实现了部门预算支出项目和专项资金绩效目标公开的全覆盖。其中，11个人大专题审议的部门在公开绩效目标基础上，一并公开全部一般公共预算支出项目绩效指标，涉及项目共796项，推动绩效目标公开更加具体量化①。

2. 完善绩效评价管理机制。建立"全面自评、部分复核、重点评价"的项目绩效评价机制。预算部门要组织对所有支出项目开展绩效自评，一定金额以上的项目自评情况需报财政部门备案；财政部门选取部分项目开展自评复核，并规范自评复核标准，减少绩效自评随意性；同时财政部门对资金量较大的民生项目、政府投资项目、具有重大影响的项目或政策开展重点评价。

市财政局印发2018年度部门整体支出绩效评价实施方案，对市残联、市知识产权局2017年部门整体支出情况开展绩效评价，将预算部门的所有资金均纳入绩效管理范围，包括基本支出和项目支出，综合反映部门整体支出绩效情况。整体评价包括满意度调查评价、部门履职用财情况评价两部分。

（1）满意度调查评价。引入社会公众参与绩效评价机制，委托第三方机构采取问卷调查的方式，从知晓度、认同度、参与度、满意度和获得感五个维度，调查了解人大代表和政协委员、部门服务对象、社会公众对部门工作的满意度。通过满意度调查评价，反映各方人群对部门履职用财能力的满意度，为建设人民满意型政府提供参考。

（2）部门履职用财评价。部门履职用财评价包括资金管理和部门履职情况两个方面。资金管理分为预算资金管理、绩效管理情况、资产管理三个三级指标，其中预算绩效管理包括预算完成率、预算调整率、财政拨付

---

① 《市直部门首"晒"部门整体绩效目标》，载于《广州日报》2019年2月3日。

预决算差异率、部门预算资金支出均衡性、结转结余率、政府采购执行率、基本预算控制率。绩效管理情况包括绩效目标明确性、绩效指标有效性、项目绩效运行监控开展情况、项目支出绩效自评情况。资产管理包括资产管理安全性和固定资产利用率。11个三级指标中6个指标为量化指标，分数占比达74%。部门履职情况包括产出和效益。产出包括重点工作完成指标和年度任务完成指标。效益指标包括社会效益和经济效益。具体评价中需要针对部门对产出和效益指标进行细化量化设置。[①]

（五）鹤壁市探索：部门主管行业绩效评价

河南鹤壁市也开展了部门整体预算绩效管理的探索。"鹤壁模式"以部门整体绩效作为市级政府全面预算绩效管理"突破口"，鹤壁市正在尝试建立以绩效预算为核心，包括绩效目标、绩效预算、绩效拨款、绩效评价四个环节的预算管理模式。鹤壁市在对部门整体绩效进行评价的时候，将部门整体绩效拓展为部门主管行业的事业绩效，比如对民政部门整体绩效进行评价的时候使用了"鹤壁市民政事业绩效指标"，该指标采用投入/结果指标框架，包括：A. 投入类；B. 产出与结果类；C. 能力类；D. 满意率类指标。其中，A、C、D类为通用或准通用指标，B类为按部门职能设置的专用指标。比如，A. 民政事业投入。A11 每万人口的民政事业财政支出（万元/人）等，A2 预算项目管理 A12 预算项目完成率（%），A3 审计有问题资金占比（%）；B. 产出与结果类。B1. 社会事务 B11 婚姻、收养登记 B111 婚姻登记投诉率（%）；C. 能力类。C1. 全面实施预算绩效管理 C11 二级部门预算绩效管理覆盖率；D. 社会评价。D1 满意度评价（%）；E 加减分项 E1 应急事件的成功处理（件）[②]。

近期，上海市印发了《上海市市级预算部门（单位）整体支出绩效管理办法（试行）》的通知，山东省印发了《山东省省级部门（单位）预算绩效管理办法》等，全国各地都在开展部门整体预算绩效管理的探索实践。

---

① 中国发展基金会、广州市财政局课题组：《现代国家治理中的全面预算绩效管理——广州市的探索与经验》（会议版），中国发展出版社2019年版，第253页。
② 马国贤等：《部门整体预算绩效——鹤壁模式汇报会议材料》，2019年8月。

第三节　我国部门整体预算绩效评价存在的问题及完善建议

一、部门整体预算绩效评价存在的问题

与新时代全面实施预算绩效管理的要求相比，我国部门整体预算绩效评价存在以下问题：

（一）部门整体预算绩效管理缺乏完整的制度体系

我国部门项目和部门整体支出绩效管理都经历了从末端绩效评价拓展到全过程预算绩效管理的过程，项目全过程预算绩效管理的各个环节的发展已经比较均衡，部门整体支出绩效评价与管理各个环节发展还处于失衡状态，尚未形成全过程的部门预算绩效管理制度体系，这制约了部门预算收入和部门整体支出绩效评价的开展。

目前我国对部门整体支出绩效评价的要求分散在不同的文件中，或者在一份文件的不同地方予以表述。比如《中共中央　国务院关于全面实施预算绩效管理的意见》要求"实施部门和单位预算绩效管理""全面设置部门和单位整体绩效目标、政策及项目绩效目标""各级政府和各部门各单位对绩效目标实现程度和预算执行进度实行'双监控'，发现问题要及时纠正，确保绩效目标如期保质保量实现""各部门各单位对预算执行情况以及政策、项目实施效果开展绩效自评，评价结果报送本级财政部门""各级财政部门建立重大政策、项目预算绩效评价机制，逐步开展部门整体绩效评价"。《关于贯彻落实〈中共中央　国务院关于全面实施预算绩效管理的意见〉的通知》要求"加快设立部门和单位整体绩效目标。逐步推动预算部门和单位开展整体绩效自评""探索建立部门和单位预算整体绩效报告制度，促使各部门各单位从'要我有绩效'向'我要有绩效'转变，提高预算绩效信息的透明度"。[①]《中央部门预算绩效运行监控管理

[①] 新华社北京 2019 年 9 月 25 日电，《中共中央　国务院关于全面实施预算绩效管理的意见》。

暂行办法》的通知,要求"逐步开展中央部门及其所属单位整体预算绩效监控"。①

到目前为止,我国尚未出台一份全国层面的部门整体预算收入和支出绩效评价与管理办法。一些地方出台的相关办法总体上还是原则性的要求,因此,还缺乏规程层面和技术性导则层面的制度。实践中,除了一些地区实现了部门预算绩效自评全覆盖以外,很多地方还处于"补课"和试点阶段,"方向明确但不知道怎么走"的问题依然存在。

(二)部门自评和财政评价的关系尚未理顺

各部门在开展部门整体支出绩效自评的过程中,尚未形成完备的制度化组织领导体系。组织领导机制不顺畅、流程不够健全、支持保障措施不够到位是较为普遍的问题。实践中部门整体预算绩效评价的组织领导体系一般有这样几种做法:一是行政机关绩效管理领导小组为班底,保持不变或微调,作为部门整体支出绩效评价与管理的领导机构,这样容易高位推动,但是容易陷入重目标考核轻管理的老路上。二是以部门办公厅或组织人事机构牵头。三是部门财务机构牵头。后两种方式在推动部门整体支出绩效评价的过程中,容易出现财务部门和业务部门难以协调的问题。预算是部门首长和部门党组的预算,在推动预算绩效管理的过程中,应将部门整体绩效评价纳入部门预算管理的体系,形成一把手负总责,分管领导具体落实,财务部门组织协调,各个部门协同配合的领导机制和工作机制。

部门整体绩效自评和财政重点评价的关系没有理顺。理论上讲,部门是预算绩效管理的第一责任人,部门应首先开展部门整体预算绩效自评,使其成为自身提高资金配置效率、使用效率和管理改善的重要手段。在自评的基础上,财政部门在预算分配和预算管理的过程中,选取重点部门开展部门整体绩效评价,将评价结果与部门预算分配挂钩。在实践中,我们是在部门尚未建立起完善的全过程预算绩效管理和部门自评机制的基础上,先行开展了部门整体支出绩效评价。有些部门之前并没有填报部门整体绩效目标申报表,或者设定的部门整体绩效目标指标不够科学,在评价时,评价机构就要临时设置一套个性化的评价指标和标准开展评价,由于评价工作时间紧迫,有时指标体系的客观性和科学性往往难以得到保证。

---

① 《关于印发〈中央部门预算绩效运行监控管理暂行办法〉的通知》,2019年。

(三) 部门整体绩效目标管理不完善

目前在部门整体支出绩效评价与管理中,存在"前轻""中空"的问题。"前轻"就是部门整体绩效目标设定不够科学。"中空"意味尚未形成有效的部门整体绩效运行监控机制。没有科学合理地设定部门整体绩效目标,导致部门整体支出绩效自评和评价成为"无源之水"和"无本之木"。

目前存在的一个普遍问题是,部门整体支出绩效目标和指标的设置缺乏内在的逻辑关联,不能全面、有效地反映部门战略、规划、计划、职责、项目之间的衔接关系;不能根据职能的特点提炼出具有行业特征与个性化的部门整体产出和结果指标;没有体现部门二级项目、一级项目、部门整体绩效目标的层级汇总关系。有的部门整体支出绩效评价变成了对预算管理合规性的审查加上年度工作总结,难以体现出部门预算与部门绩效之间的衔接对应关系。

(四) 评价指标体系不统一

我国目前部门整体绩效评价指标体系主要有以下三种:一是财政部2013年印发的部门整体支出绩效评价共性指标框架。二是预算评审中心在国家气象局部门整体支出绩效评价中采用的绩效评价指标。三是上海市、广东省等省市印发的部门整体支出绩效评价指标体系。这些指标体系之间既有相同点也有区别。

2011年国务院批准建立政府绩效管理工作部际联席会议制度,我国开始了地方政府及其部门绩效管理、国务院机构绩效管理、节能减排专项工作绩效管理、财政预算资金绩效管理试点。部门整体支出绩效指标体系与现有的地方政府及其部门绩效管理试点、国务院机构绩效管理试点的绩效评价指标体系存在交叉重叠之处;与部门预算管理综合绩效考核也存在一些交叉重叠之处。除此之外,部门整体支出绩效评价指标与党政领导班子和领导干部绩效考核,各行业主管部门开展的专项业务考核有一定的重叠性。

一是部门整体支出绩效评价与地方政府部门绩效考核存在交叉重叠。2011年北京市、吉林省、福建省、广西壮族自治区、四川省、新疆维吾尔自治区、杭州市、深圳市8个地区被选为地方政府及其部门绩效管理试点。以北京为例,2011年9月9日,北京市人民政府印发《关于做好政府

第四章 我国部门整体预算绩效评价研究

绩效管理试点工作的意见》以下简称《意见》。该《意见》要求完善"市级国家行政机关考评体系"。随后北京市对2009年制定的《市级国家行政机关绩效管理暂行办法》指标体系进行了完善。市级行政机关绩效考核包括"三效一创"（履职效率、管理效能、服务效果、创新创优）四个一级指标和八个二级指标，即职责任务、依法行政、能力建设、服务中央在京单位、公众评价、领导评价、协调配合、创新创优。2013年财政部印发的部门整体支出绩效评价共性指标包括投入、过程、产出和效果四个方面，共七个二级指标，即目标设定、预算配置、预算执行、预算管理、资产管理、职责履行、履职效益。尽管两套指标体系中各个指标的考核评价方式不一样，在内容所指上存在一定程度的重叠，如表4-1所示。

表4-1　　　部门整体支出绩效评价与行政机关绩效考核

对比	部门整体支出绩效评价	行政机关绩效评价
相通指标	目标设定	履职效率
	决策过程	管理
	资金分配	履职效率
	产出	履职效率
	效果—经济、社会、环境	履职效率
	效果—满意度	服务效果
不同指标	预算执行	依法行政、能力建设、服务中央在京单位、公众评价、领导评价、协调配合、创新创优
	预算管理	
	绩效管理	
	资产管理	

履职效率是对市级国家行政机关职责任务进行管理和考评，重点涉及履行本部门主要职责和承担市政府重点工作任务完成情况。履职效率与部门整体产出和效果指标具有重合性。市级行政机关绩效评价指标体系中的服务效果是对市级国家行政机关工作效果和服务对象满意度进行管理和考评，重点涉及服务中央、公众评价、领导评价、协调配合等情况。具体而言包括服务中央在京单位，由市政府办公厅负责对承担服务中央单位和驻

京部队专项任务完成情况、主动联络服务中央单位和驻京部队情况进行考评。公众评价，由市政府绩效办负责委托调查机构通过对居民、企事业单位等进行调查，测评公众对市级国家行政机关工作的感知和满意度情况。领导评价，由市领导对市级国家行政机关工作情况进行评价。协调配合，由市政府绩效办组织市级国家行政机关对工作协调配合情况进行互评；组织区县政府对服务基层情况进行评价。部门整体支出绩效评价中也涉及满意度指标，该满意度涉及部门（单位）履行职责而影响到的部门、群体或个人，一般采取社会调查的方式。这一点是与政府绩效指标体系中的服务效果指标具有重叠性。

二是部门整体支出绩效评价与国务院机构绩效评价存在重叠。2011年国土资源部、农业部、质检总局被确定为国务院机构绩效管理试点单位。以国土资源部为例，部党组高度重视试点工作，2011年8月30日审定印发了《国土资源部绩效管理试点工作方案》，同年12月，国土资源部又印发了《国土资源部绩效管理试点办法》《国土资源部绩效管理试点实施细则》《国土资源部干部年度考核办法》的通知。上述文件指出：绩效管理主要包括职责履行、依法行政（依法办事）、领导班子建设三个方面主体内容，创优与创新、违规与违纪作为附加内容。职责履行一级指标由"重点工作任务"和"其他法定职责"两项构成，共50分。依法行政一级指标由"提高制度建设质量""规范行政行为""提升监督水平"三项构成，适用于A类、B类单位，共20分。依法办事的一级指标由"提高制度建设质量""规范办事行为""提升监督水平"三项构成，适用于C类单位，共20分。领导班子建设一级指标由"思想政治建设""能力建设""科学民主决策""干部队伍建设""作风建设""党风廉政建设"六项构成，共30分。上述指标与部门整体支出绩效评价的产出和效果指标存在一定的重合性。以预算为主线，以预算绩效反映各级政府、各部门、各单位的工作绩效，形成财务、业务、资源和资产绩效的协同是未来的方向。

（五）部门整体支出绩效评价的资金范围不明确

评价资金范围不明确体现在以下几个方面：一是尚未形成将部门预算收入纳入部门整体预算绩效评价的指标体系。二是部门整体支出的资金范围存在不同的认识。目前尚没有一个清晰的界定，比如部门整体支出绩效评价是否要包括财政安排给部门的专项资金，是否要包括部门分配、管理和使用的专项转移支付资金，是否包括中央部门管理的专项转移支付资金等问题都没有明确的规定。三是实践操作中，如何选取部门支出形式类型，进行结构性评价没有明确的说明。目前有些地方的做法是选取部门项目数量不少于30%和部门支出预算不少于60%的资金进行评价，这些项目如何选取，是否能够确保覆盖部门整体支出的各类形式，是否能够覆盖到多本预算，是否能够体现部门预算各类支出形式对部门履职的结构化支撑，目前都没有明确。

（六）绩效评价结果应用范围有限

虽然很多地方都出台了绩效评价结果应用办法和绩效问责办法，但对于部门整体支出绩效评价而言，绩效评价结果与预算安排的挂钩机制尚不健全，部门整体绩效公开尚未形成健全的制度，部门整体绩效问责的机制、程序、范围等尚不完善。部门整体支出绩效评价结果与政府绩效考核、行政机关绩效考评、领导干部和领导班子考核指标之间的衔接还不够明确。

（七）支持保障系统不完善

推进部门整体支出绩效评价是一个系统工程，除了需要建立制度保障系统以外，目前存在的突出问题是预算绩效管理信息系统建设不完善、部门整体支出绩效指标标准库支撑不足等。

部门预算绩效管理的各个环节之间是紧密联系的整体，建立一个高效的管理信息系统，实现各个环节、各个系统之间的对接，实现目标和绩效数据共享，有助于部门整体支出绩效的管理水准。随着部门整体支出绩效管理的推进，按照职能、行业、项目建立部门整体支出绩效指标和标准库有助于增强部门整体支出绩效评价的科学性、公正性和便利性。缺乏部门整体支出绩效指标库，制约了部门整体支出绩效管理工作的开展。

二、完善我国部门整体预算绩效评价对策建议

根据《预算法》，按照《中共中央　国务院关于全面实施预算绩效管理的意见》《财政部关于贯彻落实〈中共中央　国务院关于全面实施预算绩效管理的意见〉的通知》《国务院关于深化预算管理制度改革的决定》等要求，提出以下优化我国部门整体预算绩效评价的对策建议。

（一）总体要求

毛泽东同志指出："国家的预算是一个重大的问题，里面反映着整个国家的政策，因为它规定政府活动的范围和方向。"① 邓小平同志指出："财政工作一定要有财有政，切不可有财无政。要懂得数字中有政策，决定数字就是决定政策。数字内包括轻重缓急，哪个项目该办，哪个项目不该办，这是一个政治性的问题。"② 时任国务院副总理李岚清曾指出："部门预算不是财务司长的预算，而是部长的预算，是党组的预算。"③ 预算本质上反映了宏观政策、政府职能和政府活动范围，预算管理规范政府管理，预算绩效是政府绩效的核心指标之一，本质上反映各级政府各部门各单位的工作绩效。预算绩效管理不仅仅是预算管理方式的深刻变革，也是政府治理方式的深刻变革。

（二）指导思想

基于上述认识，推动部门预算绩效评价的指导思想是坚持以习近平新时代中国特色社会主义思想为指导，全面贯彻党的十九大和十九届二中、三中、四中全会精神，坚持和加强党的全面领导，增强部门整体预算绩效管理的系统性、整体性和协同性；将部门和单位分配、使用、管理的预算收支全面纳入绩效评价；围绕部门和单位职责、行业发展规划，以预算资金管理为主线，统筹考虑资产和业务活动，从运行成本、管理效率、履职效能、社会效应、可持续发展能力和服务对象满意度等方面，衡量部门和单位整体及核心业务实施效果；赋予部门和资金使用单位更多的管理自主权，实现部门整体预算绩效自评全覆盖和重点评价相结合；强化绩效结果运用、信息公开、绩效报告和监督问责，全面推动提高部门和单位整体绩效水平。

（三）基本原则

1. 坚持总体设计，统筹协调。要加强党对部门整体预算支出绩效评价的领导，将部门整体预算绩效评价纳入部门预算绩效管理工作全局，纳

---

① 邹传教：《关于"国家预算"范畴的几点认识》，载于《云南财贸学院学报》1991年第1期。
② 许正中：《财政改革、地方债务与国家治理现代化》，https://www.sohu.com/a/289560360_114882?scm=1002.0.0.0。
③ 人民网：《审计署公布首批审计报告调查数据结果》，http://www.people.com.cn/GB/shizheng/1027/2803316.html。

入部门全局工作，纳入部门重大决策、实施和考核工作的范围。将部门分配、管理和使用的全部财政资金纳入部门预算绩效评价的范围，增强部门整体预算绩效评价工作的协调性，强化业务部门和财务部门的配合。

2. 坚持结构合理，系统集成。处理好部门整体预算绩效和部门资金构成部分绩效之间的关系，理顺部门整体预算绩效与基本支出绩效、项目支出绩效、部门管理的专项资金绩效之间的层级分解、勾稽关联关系，实现评价维度的结构化、资金构成的结构化和指标层级的结构化。在结构化评价的基础上通过系统集成，增强部门整体预算绩效的系统性、整体性和协同性。

3. 坚持科学规范，分类施策。抓紧健全科学规范的部门整体预算绩效评价和管理制度，完善绩效目标、绩效监控、绩效评价、结果应用等管理流程。科学总结部门预算支撑部门履职的方式和侧重点，明确不同部门开展整体预算绩效评价的重点，既要坚持部门整体预算绩效评价经济性、效率性和效益性的共性要求，又要突出不同部门的个性特征，要在共性评价基础上，注重个性化评价，避免"一刀切"和"一把尺子量到底"。健全共性的绩效指标框架和分类型的个性指标体系，推动预算绩效管理标准科学、程序规范、方法合理、结果可信。

4. 坚持权责对等，约束有力。赋予部门和资金使用单位更多的管理自主权，实现部门整体预算绩效自评全覆盖和重点评价相结合；完善部门整体预算绩效报告和监督问责制度，强化绩效结果运用，全面推动提高部门和单位整体绩效水平。大力推进绩效信息公开透明，主动向同级人大报告、向社会公开，自觉接受人大和社会各界监督。

三、健全部门整体预算绩效评价的组织领导体系

从国外经验来看，美国、英国、澳大利亚、新西兰等国家基本上都是总统、首相、总理直接挂帅推动预算绩效管理工作开展。比如：美国国会2010年通过的《政府绩效与成果法案修正案》（GPRAMA），建立了包括绩效改进委员会、部门首席运营官、部门绩效改进官的预算绩效管理体系，为部门整体预算绩效评价与管理工作的开展奠定了基础。

按照建立全方位、全过程、全覆盖预算绩效管理体系的要求，加强部门党组和主要负责人对部门整体预算绩效评价与管理工作的领导。成立部门预算绩效管理委员会（领导小组）负责部门整体预算绩效自评工作，将

部门预算绩效评价切实嵌入部门预算绩效管理全过程,理顺内部工作机制,明确工作职责,增强部门内部业务和财务之间的配合。借鉴美国联邦政府绩效管理委员会和首席运营官、首席绩效官的组织架构,建立由部门"一把手"负总责,部门分管副职具体落实,业务和财务协调配合的协调工作机制。

四、准确定位部门整体预算整体绩效评价的目标

根据世界经济合作与发展组织(OECD)的研究分析,目前世界范围内各国开展预算绩效评价管理的内容各有侧重,方式方法各异,总结出来有以下三种模式:一是管理与改进型。该类型绩效评价侧重绩效产出和结果的导向,主要针对行政管理过程中工作效率低下,管理方式粗放等问题,主张通过预算绩效评价改进政府财政管理以及政府整体行政管理的改变,但绩效评价结果与预算编制不直接挂钩。澳大利亚、芬兰、瑞典等国家属于此类型。二是责任与控制型。该类型绩效评价侧重对政府部门和预算项目的绩效审计,实现对各政府部门预算责任和预算程序控制。主要针对政府预算管理上不足,强调以责任倒逼的形式督促各部门优化预算管理,通过绩效评价结果与预算编制直接挂钩,加强预算的透明度。法国、新西兰、英国属于此类型。三是节约开支型。该类型绩效评价侧重对政府管理成本的节约,通过对预算结果的绩效评价进行分析,将绩效评价结果与预算编制直接挂钩,强化政府管理的成本意识。美国和加拿大属于此类型。[①]以上三种模式中,管理与改进型相对比较激进,希望通过预算绩效解决政府管理诸多问题;责任与控制型、节约开支型则相对温和,注重责任倒逼和效率控制引导政府管理改善。在国外的实践发展过程中,目前普遍采取复合模式进行,例如美国尽管以节约开支型为主,但实际上也有意识地通过预算绩效推动行政管理的改进。

我国部门整体支出绩效评价工作的实施既要注重借鉴国外的有益经验,又要充分考虑国情实际。一方面我国总体社会经济发展处于改革关键时期,各种矛盾错综复杂,政府既要面临财政预算支出管理问题,同时也面临行政管理改革问题,难以用一种模式进行概括;另一方面考虑各行政管理部门在现行体制中的地位和作用及其职能定位差异性,也要求采取差

---

① OECD. *In Search of Results: Performance Management Practices*, 1997.

异化、针对性的管理策略。初步考虑，部门整体支出绩效评价，可以结合不同部门分类进行差异化安排。对于党群机构、政府办事机构以节约开支模式为主，注重预算成本控制；对于政府组成各部门则以管理与改进模式为主，突出引导内部管理体系改革更好地推行政策实施；对于政府直属机构则以责任与控制模式为主，强化规范性管理；对于政府直属事业单位需要结合事业单位分类，以管理与改进模式为主，同时重点围绕预算资金的利用安排管理（见表4-2）。

表4-2　　　　　部门整体支出绩效评价模式选择分类

部门分类	管理模式	侧重导向
党群机构	节约开支模式	成本节约
政府办事机构	节约开支模式	成本节约
政府组成部门	管理与改进模式	行政改革
政府直属机构	责任与控制模式	管理规范
政府直属事业单位	管理与改进模式	行政改革

五、理顺部门自评和财政重点评价的关系

理顺部门自评和财政评价的关系，应建立在对部门作为预算绩效管理主体责任人这一基本认识之上，部门应建立绩效目标设定、绩效监控和绩效自评制度，形成制度化、常态化的管理机制，将绩效理念深度嵌入部门预算管理的全流程中，在部门层面实现预算与绩效的一体化，提高财政资金的配置效率和使用效益。

1. 部门整体预算绩效自评。各部门应该按照《预算法》和《中共中央　国务院关于全面实施预算绩效管理的意见》要求，牢固树立预算绩效评价和管理的主体责任意识，完善部门预算绩效评价与管理制度，形成"一把手"负总责，主要负责人具体落实的部门整体绩效评价和管理组织领导机制，开展全过程部门预算绩效管理，尤其是要完善部门整体预算绩效目标管理制度，搭建适合部门特点的部门整体预算绩效指标和标准体系，实现部门本级和部门下属各预算单位部门整体绩效自评全覆盖，为财

政开展的部门整体预算绩效评价奠定坚实的基础。

部门对照绩效目标和具体指标,结合相应目标的完成程度,填报《部门整体支出绩效自评表》,对于目标偏差超过30%的指标(包括未达标和超标),逐条说明原因,提出改进措施。部门在填报绩效自评表后,形成《部门整体支出预算绩效自评报告》。绩效自评报告内容包括部门整体预算绩效目标的设置情况、目标完成情况、对实际绩效偏离目标的原因分析,以及对绩效问题的纠偏措施。每年3月底前,预算部门应将自评报告报送财政部门。① 目前《财政部关于印发〈中央部门预算绩效目标管理办法〉的通知》明确了绩效自评表的格式,上海市和广东省也制定了本市(省)的部门整体支出绩效自评表,这些自评表可供在实际评价中参考使用。

2. 财政重点评价和再评价。财政部门根据自评情况,结合预算管理中的重要事项、党委、人大、纪检监察、审计等发现的重大问题,选取一些部门开展部门整体支出绩效评价。

针对被选定抽查的部门不同的财政资金类型,结合年初设定的绩效目标和指标,科学设置个性化评价指标体系,围绕部门和单位职责、行业发展规划,以预算资金管理为主线,统筹考虑资产和业务活动,从运行成本、管理效率、履职效能、社会效应、可持续发展能力和服务对象满意度等方面,设置科学合理的绩效指标和标准,采用科学的方法对部门整体绩效的经济性、效率性、效益性、可持续性和满意度等方面开展结构性评价。

财政部门根据现场评价结果,参考自评情况,对部门整体支出绩效进行全面、综合评价,并出具评价报告。

财政部门对部门自评报告进行复核后,认为有必要开展部门整体绩效再评价的,参照重点评价组织实施。

财政部门要出台部门(单位)整体支出绩效评价和管理制度,明确关键步骤、流程和共性指标框架,会同预算部门制定部门整体支出绩效评价个性指标和标准,选取重点部门开展部门整体支出绩效评价,将部门整体支出绩效评价结果与部门预算安排挂钩。

各主管部门可以参照财政评价指标体系,对所属单位开展单位整体绩效评价。

---

① 关于印发《上海市市级预算部门(单位)整体支出绩效管理办法(试行)的通知》,2019年。

六、合理界定评价主体的范围

参考国内外经验,部门整体支出绩效评价主体选择可以采取以下模式:一是封闭式评价模式。此种模式的评价主体以政府部门的内部主体为主,包括政府领导、财政部门、具有预算分配权的责任部门(单位)等,外部公众几乎不会参与其中,但是可以被动查询或者告知相关信息。二是半公开评价模式。这种模式评价主体以内部主体与外部主体相结合的方式为主,同时外部主体仅限于特定环节和特定内容进行评价,一般限于绩效目标和指标体系研究建立、绩效结果的满意度评价或者服务态度评价等。外部主体参与范围以专业咨询、科研机构和其他专业性组织为主,但其评价权重有限。三是全透明评价模式。这种模式评价主体以内外部主体相结合的方式,其中,外部评价主体能够做到全程参与——从前期的研究论证到过程监督、察访核验以最终的最满意度评价和结果应用等全部环节。外部主体参与范围进一步扩大,普通社会大众也能够有效参与其中,且评价权重扩大,甚至出现一票否决的内容。

鉴于国内政府绩效管理已取得一定发展,部门整体支出绩效评价尽管仍处于起步阶段,但已有总体环境支撑,所以当前的整体支出绩效评价应当选择半公开的评价模式为主,在逐步完善过程中,不断提升社会公众参与度,提升预算管理和政府行政管理工作的透明性。同时,不同模式的选择也需要结合不同政府部门单位的职责定位和业务性质进行考虑,具体如表4-3所示。

表4-3　　　　　　　部门整体支出绩效评价主体选择模式

评价主体选择模式	评价主体参与范围	部门适用范围
封闭模式	内部主体	党委政府内部业务支撑及高度保密单位,如党委政府办公系统、机关事务管理、国家安全、外交部门等
半公开模式	内部主体+外部组织机构(研究咨询机构)	从事社会经济发展宏观管理和间接提供公共服务的部门单位,如发展改革、财政、中国人民银行、工业信息、科技部门等
全透明模式	内部主体+外部主体(含组织和个人)	从事社会经济发展行业管理和直接提供公共服务的部门单位,如教育、卫生、体育、民政、人社、工商、公检法部门等

封闭模式主要适用于党委政府内部业务支撑部门或单位，如党委政府的办公系统、机关事务管理部门等，对于高度保密性质的国防、外交部门，考虑社会公众参与有限，也应采取封闭模式。半公开模式主要适用于从事社会经济宏观管理和间接参与社会公共服务的部门或单位，如发展改革、财政、中国人民银行、外汇、工业信息、科技部门等，其职能为宏观经济和社会管理，专业性较强，直接与社会公众接触较少。全透明模式主要适用于从事社会经济发展行业管理和直接面向公众提供公共服务的部门和单位，其职能与人民群众生活息息相关，公众的直观感受较为明显，如教育、卫生、体育、民政、人社、工商部门等，公检法部门尽管专业性较强，但涉及公众利益，也宜采取全透明模式。

七、建立部门预算绩效计划制度

部门预算绩效计划是预算部门对未来在一定时期内，整体层面、政策和项目等各层面要达到的绩效目标、绩效水平和实现绩效的方案举措的筹划和承诺。部门绩效计划的核心是设置部门整体绩效目标和指标体系。按照"战略目标与部门职责—工作任务—预算项目"对应设置部门各个层级的绩效目标和指标，步骤和方法如下：

1. 明确部门战略目标。根据部门三定方案和部门中长期发展规划、年度工作计划梳理形成部门战略和职责的功能模块。比如美国环保署在2020年的预算申报的文件中，专门有一份《绩效计划》文件，该文件根据《协同工作：环保署2018~2020战略规划》（Working Together FY 2018 – 2022 U. S. EPA Strategic Plan February 2018，Updated：September 2019）① 确定部门的绩效目标和各项指标。该战略规划明确了美国环保署的三大总目标（goal）和十一个分目标（objective），这些目标是制定绩效计划和申报预算的前提（见表4-4）。

---

① Working Together FY 2018 – 2022 U. S. EPA Strategic Plan February 2018，Updated：September 2019.

表 4-4　　　　　　　　　　美国环保署的目的和目标

一级目标	二级目标
目标1：核心使命	目标1.1 改进空气质量
	目标1.2 提供清洁和安全水
	目标1.3 振兴（revitalize）土地防止污染
	目标1.4 确保市场上化学品的安全
目标2：合作联邦制	目标2.1：加强共同问责
	目标2.2：提高透明度和公众参与
目标3：遵守法律	目标3.1：法治和程序
	目标3.2：创造一致性和确定性
	目标3.3：优先重视稳健科学
	目标3.4：精简和现代化
	目标3.5：提高效率和效力

资料来源：Working Together FY 2018 – 2022 U. S. EPA Strategic Plan February 2018，https：//www. epa. gov/planandbudget/fy – 2018 – 2022 – epa-strategic-plan。

2. 设定部门长期和年度绩效目标及其衡量指标。按照部门战略和职责设定绩效目标和关键绩效指标。战略目标是部门对未来较长一段时间组织使命、价值观、愿景的指引下，在一定期限内（3~5年）预期实现的结果。"部门职责"是部门三定方案明确的各项部门职能。部门职责具有相对稳定性，需要结合部门战略目标和一定时期党委政府的重大决策部署明确部门整体层面的目标和关键绩效指标。国内如广东省的三级绩效目标和指标体系，以及美国部门绩效计划体系都是值得借鉴的例子。比如广州市原交通委2019年部门预算中披露的部门战略和职责对应的部门整体支出绩效目标和指标，如表4-5所示。

表 4-5　原广州市交通委部门整体绩效目标和指标（2019 年）

项目	部门整体支出目标	关键指标	预期实现值
年度目标	1. 开展专项规划方案编制和推进实施重点交通项目的前期工作。坚持交通规划引领，按照聚焦推进粤港澳大湾区主阵地建设的要求，研究市交委贯彻落实推进粤港澳大湾区建设的细化工作内容，同时组织开展广州交通规划相关重点问题的专项研究，牵头编制行业重点专项规划和相关方案研究；完成省市高速公路督导任务，加快推进 2 个高速公路项目的前期工作，加快督导花莞、广佛肇、机场第二高速等 8 个在建高速公路项目的建设工作；推进实施 6 个国省道干线重点项目，推进广州市辖内 8 条国道、21 条省道二期公路生命安全防护工程建设；继续推进实施"四好农村路"建设三年行动计划。 2. 保障重大运输安全有序。加强重大节假日、重要活动等运输保障任务统筹组织，组织开展春运、广交会等重要活动期间，元旦、清明、五一、端午、中秋、国庆等重大节假日期间疏运工作，为市民出行服务和科学管理提供有力保障，确保群众出行安全有序。 3. 推动行业治理能力现代化。综合运用全市出行调查成果，进一步提升交通重点领域研究和服务管理水平；整合公交资源，实施公交线网优化提升；继续推进落实巡游出租车系统性改革措施；提升公交车、巡游出租车及其他营运车船推广应用新能源整体水平；强化网约车、共享汽车分时租赁和互联网租赁自行车，以及道路危险品运输、停车场行业、驾驶员培训和机动车维修服务等重点服务监管，提升交通行业大数据应用和信息化服务水平；提出 1 个地方性法规废改立建议，提出 5 个政府规章废改立建议。 4. 持续优化交通出行环境。推进综合运输服务示范城市、绿色配送示范城市创建；新开优化调整公交线路 30 条；向道路管理及公安交管部门提出 10 个以上交通拥堵点改善建议；持续开展路域环境综合整治，督导各业主单位按规范要求开展公路桥梁定期检测和技术状况评价；强化交通综合执法和安全监管，维护良好运输市场秩序	加快督导在建高速公路建设工作项目数量	8 个
		加快推进高速公路前期工作项目数量	2 个
		推进实施国省道干线重点项目数量	6 个
		农村公路新建及改造工程里程	70 公里
		元旦、清明重大节假日重点站场区域组织保障出租车次	2.5 万车次
		新增或更新的公交车纯电动化率	100%
		新开优化调整公交线路数量	30 条
		公共交通乘客满意度	80%
	其中：部门年度整体预算完成率：98%		

资料来源：原广州市交通委员会 2019 年部门预算，第 10 页。

美国环保署的例子也值得借鉴，美国环保署在 2020 年预算申报系列文件中专门有一份绩效计划文件①。该文件按照战略规划确定的目标体系，对各项目标找到对应的指标进行衡量。比如目标1：核心使命下的二级目标1.1改进空气质量：与各州和部落合作，准确测量空气质量，确保美国人在符合高空气质量标准的地区生活和工作。长期绩效目标：到2022年9月30日，将非达标区域减少到1 011个。年度绩效目标及其衡量指标包括两个：一是非达标区域数量；二是签发的合格证书数量，该合格证保证发动机、车辆、设备、部件或系统符合排放要求，并可能进入商业领域。对于每一指标，绩效计划都说明了往年的年度值和2020年预计达到的目标值。并说明衡量细节，比如非达标区域数量的衡量细节为："度量细节：该测量指标跟踪截至2017财年末指定为未达标的166个区域的状态，并在40 CFR第81部分中列出。地区不包括2017年10月1日后指定的未达标。非达标区域是指环境保护局确定不符合主要或次要要求的区域或有助于附近地区空气质量，但不符合未撤销的主要或次要国家环境空气质量标准……"② 诸如此类的绩效指标共45个。

3. 区分长期目标、优先目标和年度目标。长期目标是3~5年部门的预期实现的目标，5年目标的设置与部门发展的五年规划对应，3年目标与中期财政规划对应，2年目标是部门优先事项达到的目标。年度目标是预算申报年预期达到的目标。可以逐步试点推行填报部门2年期优先绩效目标指标和3~5年的中长期绩效目标。

4. 合理界定跨部门绩效目标和本部门绩效目标。跨部门绩效目标则是本部门和其他部门共同努力才能实现的目标和指标。美国《政府绩效与成果现代化法案》（2010）在跨部门事项纳入联邦政府优先绩效目标。该目标由管理和预算办公室主任与各机构协调制定，旨在改善联邦政府的绩效和管理。联邦政府优先目标应包括——涵盖数量有限跨领域政策的结果导向的目标；整个联邦政府需要改进管理的目标，包括将政府范围内或跨部门性质的重大管理挑战，并说明应对这些挑战的计划，包括相关绩效目标、绩效指标和里程碑③。

对于跨部门绩效目标，部门需要在年度绩效报告中说明，本部门如何与其他部门相互协调，为实现跨部门目标的贡献。比如在美国环保署2018年的项目绩效评价文件中，专章总结了环境保护署四个跨部门目标取得的

---

①② United States Environmental Protection Agency Fiscal Year 2020 Justification of Appropriation Estimates for the Committee on Appropriations, Tab 13: Performance Plan.
③ GPRA Modernization Act of 2010.

进展。第一个跨部门事项是为可持续的未来而努力——通过机构决策和行动优化经济和社会成果,推进环境可持续,包括扩大关于环境保护主义的对话,吸引广泛的利益相关者。

环保署在促进可持续性方面取得了稳步进展,在整个机构内与联邦和非联邦合作伙伴继续教育和参与。2016 财年,环保局:

(1) 在七国集团资源效率联盟下主办了一个讲习班,使公共和私人利益相关者共同分享最佳实践,并确定利用生命周期思维实现可持续管理。

(2) 主办了第一次粮食恢复首脑会议,以减少粮食损失和浪费,并举行了一次在社区活动中实现可持续性差异社区工作组面对面地开会、协作。

(3) 准备并发布了 32 个视频,包括 15 个外部视频,获得超过 37 000 次的关注。

(4) 与国务院绿化委员会合作,致力于创新水平技术,以促进全世界范围内 18 000 个大使馆和建筑物的绿化工作。①

本报告建议部门在设定整体绩效目标的时候,明确跨部门事项,划清部门在实现跨部门目标中的任务和职责,根据部门任务和职责确定合理的绩效目标。

5. 设定部门工作活动绩效目标和指标。"工作活动"是根据部门战略和履行的相关职责、必须开展的综合管理事务来确定,部门职责、工作活动一定时期内保持稳定,确需调整的严格按程序进行。按照部门工作任务设定部门年度工作任务的绩效目标和指标。梳理部门一级项目与部门职责或部门工作活动的对应关系,形成部门工作活动目标和指标与一级项目目标之间的关联。

6. 系统审查。检查部门一级项目绩效目标指标、部门任务活动绩效目标指标、部门整体绩效目标指标之间的层级分解和勾稽关系。

7. 明确绩效目标责任人和实现手段。部门应该明确上述目标的责任人,建立绩效目标责任人制度,确保绩效目标如期实现。

8. 形成部门整体绩效指标手册。部门绩效计划中应该归拢形成部门绩效指标手册,信息说明绩效目标和指标的含义、衡量方式、考核核实方式、指标来源、目标值和绩效标准值等内容。

---

① United States Environmental Protection Agency FISCAL YEAR 2018, *Justification of Appropriation Estimates for the Committee on Appropriations*, Tab 14: Program Performance, P.645.

第四章　我国部门整体预算绩效评价研究

9. 完成绩效计划报告和整体绩效目标申报表。根据上述步骤，完成绩效计划报告，并在报告中列示部门（单位）整体支出绩效目标申报表。本报告建议修订《财政部关于印发〈中央部门预算绩效目标管理办法〉的通知》印发的部门整体绩效目标申报表。新申报表格式如表4-6所示。

表4-6　　　　　　部门（单位）整体支出绩效目标申报表
（　　年度）

部门（单位）名称					
部门职责					
年度主要任务	任务名称	主要内容	预算金额（万元）		
			总额	财政拨款	其他资金
	部门内部任务				
	任务1				
	任务2				
	任务n				
	跨部门任务				
	任务1				
	任务2				
	任务n				
	金额合计				
年度总体目标	目标1： 目标2： 目标3： …… 说明哪些是跨部门目标，哪些是本部门直接完成的目标。				

续表

一级指标	二级指标	三级指标	指标值
年度绩效指标	产出指标	任务1及其对应的一级项目	指标1：
			指标2：
			……
		任务2、任务1及其对应的一级项目	指标1：
			指标2：
			……
		任务3、任务1及其对应的一级项目	指标1：
			指标2：
			……
		……	
	效益指标	经济效益指标	指标1：
			指标2：
			……
		社会效益指标	指标1：
			指标2：
			……
		生态效益指标	指标1：
			指标2：
			……
		可持续影响指标	指标1：
			指标2：
			……
		……	
	满意度指标	服务对象满意度指标	指标1：
			指标2：
			……
		……	

说明：在填报部门整体绩效指标时，只需填写三级指标。效益指标根据实际情况设定，不一定完全涵盖经济效益指标、社会效益指标、生态效益指标、可持续影响指标。

八、厘清部门整体预算绩效评价的内容和框架

部门的管理活动可以理解为部门围绕战略目标,在特定人财物资源投入后,通过"办事、花钱和用人"所对应的"业务、预算和组织"三大过程,共同创造出部门的整体产出和效果,形成公共价值的过程。就投入和过程而言,在业务、预算、人力资源与资产等方面可以各自设定相应的绩效指标;但就最终结果而言,部门整体的产出和效果应该是统一的,能够反映部门核心业务的完成情况、战略目标实现情况和公众满意度。部门整体绩效在投入和过程层面的分割性和结果层面的统一性这一基本矛盾,决定了部门整体绩效在主体、对象、过程、信息等方面协同的基本内容和形式。预算作为贴着价格标签的一系列政策目标,具有鲜明的导向性、约束性和前置性等特点,破解部门整体绩效协同难题的优先选择应该是以预算为主线,将业务过程、组织管理过程串接起来,形成以部门预算为纽带的部门整体绩效协同机制,关键是处理好部门预算绩效管理与部门业务、资源和资产等其他绩效管理形式之间的匹配、衔接与耦合。

按照《中共中央 国务院关于全面实施预算绩效管理的意见》将部门预算全部收支纳入部门整体预算绩效评价。部门预算收入绩效评价主要评价部门预算收入的合法性、合规性、及时性、管理规范性等内容。部门整体支出依然是部门整体预算绩效评价的重点。根据部门整体绩效生成的逻辑,部门整体支出绩效评价的内容和范围,可以从两个维度进行刻画,一个维度是绩效生成的逻辑,另一个维度是资金的类型(见表4-7)。

表4-7　　　　　部门整体支出绩效评价的内容和范围

评价内容	部门预算资金		部门分配、管理和使用的专项转移支付资金
	基本支出	项目支出	
投入—运行成本	支出定额、支出标准和成本控制情况	立项依据、绩效目标、预算编制等	专项设立、绩效目标、预算分配等
过程—管理效率	资金管理(预算执行、预算管理、财务管理、资产管理等方面)、业务管理		资金管理、组织管理机制等

续表

评价内容	部门预算资金		部门分配、管理和使用的专项转移支付资金
	基本支出	项目支出	
产出—履职效能	部门整体层面绩效目标实现情况，项目和专项目标实现情况作为部门整体层面绩效目标实现的证据		
效果—社会效应	部门履职对经济社会发展的贡献；社会公众对部门履职履责的效果最终认知和满意度评价		
影响—可持续性	政策、管理、中期财政支出、机制创新等方面体现出来的可持续影响		

部门整体支出绩效评价的内容应围绕部门和单位职责、行业发展规划，以预算资金管理为主线，统筹考虑资产和业务活动，从运行成本、管理效率、履职效能、社会效应、可持续发展能力和服务对象满意度等方面，设置科学部门整体支出绩效评价的指标和标准，对部门整体绩效的经济性、效率性、效益性、可持续性和满意度等方面开展的评价。对于不同类别的部门，可根据其评价目标和模式选择个性指标，并对上述维度设置不同的权重，从而体现部门之间的个性。

本书认为部门整体支出绩效评价是一种"整体性的结构化评价"，整体性意味着部门整体支出绩效评价是针对部门整体层面的投入、过程、产出和效果，应该从总体上关注部门投入成本的经济性、管理过程的效率性、部门履职的效能性、可持续性和公众满意度。结构化评价意味着要理顺部门整体绩效与基本支出绩效、项目支出绩效和部门分配管理使用的专项资金绩效之间的层级分解、勾稽关联关系。

（一）评价内容的结构化

目标管理、逻辑模型、关键绩效指标和平衡计分卡是开展部门整体支出绩效评价的常用模型，这些模型为我们理解绩效的生成过程提供了有效的思维框架。这几类工具具有一定的共通性，引入系统理论，可以将这几类工具进行整合，将部门整体支出绩效评价划分以下几个相对独立又相互关联的结构化模块：一是投入成本的经济性模块，对应运行成本评价。二

第四章 我国部门整体预算绩效评价研究

是管理过程的效率性模块,对应管理效率评价。三是产出模块,对应履职效能评价。四是效果模块,对应社会效应评价和效益性评价。五是可持续发展能力,对应系统适应环境,在不断解决问题过程中实现优化升级。如表4-8所示:

表4-8 基于系统理论的部门整体绩效生成逻辑

评估		政府运作的系统过程				
		环境与资源	输入	转换设施和机制	输出	效果
部门整体支出绩效评价	基本要素	一般环境、外部操作环境、内部环境、资源	耗费的人、财、物等	技术管理制度	产出(产品、服务、规范等)	满意、信任、效益等
	评估议题和领域	环境评估、资源评估、诉求评估、投入评估、成本评估		管理能力评估、项目评估、流程评估	产出分析、质量或达标评估	效果评估、满意度评估、公信力评估
		政策评估、公共部门绩效评估、政府能力评估、治理评估、发展评估等				
	评估时段	前置评估	形成评估	过程评估	总结评估	结果评估和影响评估
	评估指标	资源状况	投入、成本	结构、流程、技术	产出	结果、满意、影响
		经济(economy)				
			效率(efficiency)			
					效益(effectiveness)	

1. 运行成本。参照《事业单位成本核算基本指引》等成本管理要求,对部门和单位成本进行核算,对实现其职能目标过程中实际发生的各种耗费按照确定的成本核算对象和成本项目进行归集、分配,计算确定各成本核算对象的总成本、单位成本等,向有关使用者提供成本信息的成本管理活动。部门的运行成本主要包括四大类:工资福利支出、商品和服务支出、对个人和家庭的补助以及资本性支出。

加快建立基本支出绩效评价指标体系，反映部门运行成本。部门基本支出绩效管理重点关注基本支出的测算依据、合法合规和运行保障功能发挥等方面，通过对基本支出的投入、过程、产出和结果的评价，设置基本支出总额、人员经费占基本支出总额比重、公用费占基本支出总额比重、基本支出总额分布结构等绩效目标和指标，集中反映公共产品供给运行成本耗费状况，并通过多种举措实现基本支出的经济性、效率性和效益性[①]。

2. 管理效率。管理效率是反映特定组织在管理活动中投入和产出的比例关系。部门整体支出管理效率主要通过业务管理、财务管理两方面予以体现。资金管理方面由预算执行、预算管理、财务管理、资产管理等方面的内容构成。业务管理主要通过部门项目管理制度、管理制度执行等方面体现出来。

3. 履职效能。履职效能主要从部门绩效目标实际完成率、项目完成及时率、质量达标率、重点工作办结率等方面进行衡量。

4. 社会效应。社会效应评价是部门履职对利益相关者和国民经济社会发展带来的影响。（1）经济效益，是用于衡量预算部门履行职责对经济发展所带来的直接或间接影响。（2）社会效益，是用于衡量预算部门履行职责对生态环境所带来的直接或间接影响。（3）生态效益，是用于衡量预算部门履行职责对生态环境所带来的直接或间接影响。（4）社会公众或服务对象满意度，是用于衡量社会公众、预算部门的服务对象对部门履职效果的满意程度。其中，社会公众或服务对象是指部门履行职责而影响到的部门、群体或个人。

5. 可持续发展能力。可持续性发展能力主要衡量部门的长远发展动力和长效发展能力，包括政策、组织管理保障、产出和效果、技术可持续性和财务可持续性等方面。该部分由体制机制改革和创新驱动发展两类二级指标组成。对部门整体运行成本、管理效率、履职效能、社会效应（包括公众满意度）、可持续性影响等方面开展相对独立的评价，形成上述几个维度的共性关键绩效指标，根据被评价部门的行业特征，合理设定部门上述几个维度个性指标和指标权重。在上述几个维度单独评价的基础上，进一步分析部门的投入产出比和成本效益，为部门间的比较奠定基础。

---

① 白景明：《加快实施基本支出预算绩效管理》，载于《中国财经报》2019年9月9日。

(二) 评价范围结构化

部门整体支出包括部门预算范围内的基本支出和项目支出以及部门分配管理和使用的专项转移支付资金。

部门基本支出绩效评价重点关注基本支出的测算依据、合法合规和运行保障功能发挥等方面，通过对基本支出的投入、过程、产出和结果的评价，设置基本支出总额、人员经费占基本支出总额比重、公用费占基本支出总额比重、基本支出总额分布结构等绩效目标和指标，集中反映公共产品供给运行成本耗费状况，并通过多种举措实现基本支出的经济性、效率性和效益性[①]。

在开展部门整体绩效评价的时候，要做到"点面结合"，所谓"面"指的是，结合各类自评报告，"对着预算看作执行，对着目标看完成"，形成项目、专项转移支付资金在面上的目标达成评分。所谓"点"意味着，抽取的部门重点支出，涵盖部门预算项目、专项转移支付资金等形式，其中部门预算项目应该涵盖各种类型的项目。抽取重点评价对象后，根据这些资金在预算管理上的特点，对其投入、管理、产出和效果进行深入的评价。将各重点项目评价的得分进行加权平均，以反映重点项目完成的情况。

(三) 评价指标层级的结构化

在产出和效果评价方面，应按照绩效规划阶段形成三级绩效目标体系，形成分级分类绩效评价指标。一是结合政府和部门中长期战略规划目标、部门职能目标和指标，评价部门整体绩效。结合部门的各项活动目标和指标评价部门活动层面的绩效。结合预算项目层面的绩效目标和指标，评价项目层面的绩效。上一层级的绩效指标一般对应下一层级的绩效目标，绩效指标由绩效目标分解形成。

(四) 完善评价结果与部门预算安排挂钩机制

确定支撑部门整体绩效实现的部门预算总额，在总额内由部门自主统筹安排本级和下属事业单位的具体预算，并按照"标准化、规范化、精细化"的要求编制部门预算。第一，明确绩效预算总额范围。对于房屋建筑

---

① 白景明：《加快实施基本支出预算绩效管理》，载于《中国财经报》2019年9月9日。

物构建、大型修缮等特殊性一次性项目要剔除考虑。第二，建立绩效预算挂钩机制。挂钩比例与部门事业发展目标及政府财政收支总幅度相匹配，避免过高过低。主要采用方式：一是产出指标挂钩。为事前挂钩方式，选取部门整体绩效指标中与部门事业发展关联度较大的指标为产出指标，根据产出绩效目标近几年情况，预计确定预算编制年度绩效目标与上年度（或基期年）绩效目标增长情况，与绩效预算总额挂钩。二是产出指标评价结果挂钩。为事后挂钩方式，选取与部门事业发展关联度较大的指标为产出指标，根据产出绩效目标年度目标完成情况，与绩效预算总额挂钩。对于在绩效评价中未达到绩效目标的部门，财政部门应当予以挂钩机制清算，扣减下年度的绩效预算。

建立经选取的产出结果类部门整体绩效指标目标与预算总额挂钩机制，在部门预算总额内，由部门自主统筹安排本级和下属单位的具体预算。通过赋予部门更多的自主权，强化部门理财的主体责任，推动部门立足全局和长远来统筹安排财力，变"要我干"为"我要干"，激发部门提升绩效的内生动力。

（五）建立部门整体绩效报告制度

绩效报告是预算部门对部门绩效实际情况和预期目标对比的基础上，提出分析改进举措的总结和交代。部门在开展决算的时候，同时完成部门财务报告和部门绩效报告。部门绩效报告应该包括部门使命、年度优先事项、部门年度绩效目标实现情况、部门整体绩效目标与项目之间的关联说明、重点项目绩效自评和评价结果、绩效改进措施等方面。

部门将绩效报告报送财政，财政报送政府，并接受审计监督、人大审查监督和社会监督。党委政府、人大、审计和财政各司其职将部门绩效报告作为开展部门预算绩效监督的重要依据。财政通过部门整体绩效评价，以评促管，以评促建，推动部门预算绩效管理的开展。

第五章

部门整体预算绩效评价指标体系构建

作为技术工具,指标体系是绩效评价量化的基础,也是使绩效评价区别于财务监督与审计监察等其他监管手段的重要标志,是绩效评价科学化、规范化的前提与保障。在开展部门整体预算绩效评价的过程中,根据绩效目标约定的评价标准,以有效的评价方法和评价标准,对部门绩效目标完成情况进行评价,为部门绩效管理提供必要的信息支撑,帮助管理机构发现存在的问题,了解部门绩效优秀或不佳的原委,为部门绩效改进提供决策依据,既是开展部门整体预算绩效评价的理由与初衷,也是科学合理设置部门整体预算绩效评价指标体系的缘由与出发点。

正如阿姆斯壮(Armstrong M., 1994)所言:"评估是绩效管理的一个关键环节,如果无法评价,就无法改善,除非能在绩效目标实现程度的评价方法方面达成共识,否则一切确定绩效目标或标准的努力都是徒劳无益的。"不断改进与完善部门整体预算绩效评价方法,构建科学合理的部门整体预算绩效评价指标体系,也因此成为推进部门整体预算绩效评价的基础与关键。

第一节 我国部门整体预算绩效评价指标体系的发展与完善

在 20 世纪末大规模实施部门预算改革后,我国政府预算遵循"一个部门一本预算"的要求,按照人员、公用和项目三大类分别编制预算。迄今为止,围绕项目支出开展的绩效评价已有十余年,无论是在理论研究还是在实践推进层面,都已积累了较为丰富的经验。但项目支出绩效评价存在明显的局限性，项目支出绩效评价受项目生命周期限制，项目完成时，针对这一项目的绩效管理也基本随之结束，使项目支出绩效评价结果难以始终与部门预算资金分配有效挂钩，也使项目支出绩效评价对预算部门的激励与约束作用受到限制，这也说明纯粹的项目支出绩效评价已无法满足全面实施预算绩效管理的时代要求。

《中共中央 国务院关于全面实施预算绩效管理的意见》明确指出，要"实施部门和单位预算绩效管理。从运行成本、管理效率、履职效能、社会效应、可持续发展能力和服务对象满意度等方面，衡量部门和单位整体及核心业务实施效果，推动提高部门和单位整体绩效水平"。由此，对部门整体预算绩效评价实施赖以支撑的评价指标体系进行有针对性的系统研究，不仅必要而且十分迫切。

一、现行部门整体预算绩效评价指标体系

我国目前尚无针对部门整体预算开展绩效评价的指标体系，当前我国针对部门预算开展的绩效评价主要集中于部门整体支出。

我国部门整体支出绩效评价指标体系主要分为两大层级，一是中央层面部门整体支出绩效评价指标体系，二是地方层面部门整体支出绩效评价指标体系。

（一）中央层面部门整体支出绩效评价指标体系建设

我国中央层面部门整体支出绩效评价指标体系也可以细化为两个层级，一个是财政部发布的适用于全国各级各地的部门整体支出绩效评价指标体系，另一个则是各中央部门设置的本部门整体支出绩效评价指标体系。

1. 财政部发布的部门整体支出绩效评价指标体系。2013年，财政部印发《预算绩效评价共性指标体系框架》，该框架专门设有"部门整体支出绩效评价共性框架"。"部门整体支出绩效评价共性框架"由"投入、过程、产出和效果"四个一级指标和"目标设定、预算配置、预算执行、预算管理、资产管理、职责履行和履职效益"七个二级指标组成（见表5-1）。

第五章 部门整体预算绩效评价指标体系构建

表 5-1　　部门整体支出绩效评价共性指标体系框架

一级指标	二级指标	三级指标	指标解释	指标说明
投入	目标设定	绩效目标合理性	部门（单位）所设立的整体绩效目标依据是否充分，是否符合客观实际，用以反映和考核部门（单位）整体绩效目标与部门履职、年度工作任务的相符性情况	评价要点： （1）是否符合国家法律法规、国民经济和社会发展总体规划； （2）是否符合部门"三定"方案确定的职责； （3）是否符合部门制定的中长期实施规划
		绩效指标明确性	部门（单位）依据整体绩效目标所设定的绩效指标是否清晰、细化、可衡量，用以反映和考核部门（单位）整体绩效目标的明细化情况	评价要点： （1）是否将部门整体的绩效目标细化分解为具体的工作任务； （2）是否通过清晰、可衡量的指标值予以体现； （3）是否与部门年度的任务数或计划数相对应； （4）是否与本年度部门预算资金相匹配
	预算配置	在职人员控制率	部门（单位）本年度实际在职人员数与编制数的比率，用以反映和考核部门（单位）对人员成本的控制程度	在职人员控制率=（在职人员数÷编制数）×100% 在职人员数：部门（单位）实际在职人数，以财政部确定的部门决算编制口径为准。 编制数：机构编制部门核定批复的部门（单位）的人员编制数
		"三公经费"变动率	部门（单位）本年度"三公经费"预算数与上年度"三公经费"预算数的变动比率，用以反映和考核部门（单位）对控制重点行政成本的努力程度	"三公经费"变动率=[（本年度"三公经费"总额－上年度"三公经费"总额）÷上年度"三公经费"总额]×100% "三公经费"：年度预算安排的因公出国（境）费、公务车辆购置及运行费和公务招待费
		重点支出安排率	部门（单位）本年度预算安排的重点项目支出与部门项目总支出的比率，用以反映和考核部门（单位）对履行主要职责或完成重点任务的保障程度	重点支出安排率=（重点项目支出÷项目总支出）×100% 重点项目支出：部门（单位）年度预算安排的，与本部门履职和发展密切相关、具有明显社会和经济影响、党委政府关心或社会比较关注的项目支出总额。 项目总支出：部门（单位）年度预算安排的项目支出总额

续表

一级指标	二级指标	三级指标	指标解释	指标说明
过程	预算执行	预算完成率	部门（单位）本年度预算完成数与预算数的比率，用以反映和考核部门（单位）预算完成程度	预算完成率=（预算完成数÷预算数）×100% 预算完成数：部门（单位）本年度实际完成的预算数。 预算数：财政部门批复的本年度部门（单位）预算数
		预算调整率	部门（单位）本年度预算调整数与预算数的比率，用以反映和考核部门（单位）预算的调整程度	预算调整率=（预算调整数÷预算数）×100% 预算调整数：部门（单位）在本年度内涉及预算的追加、追减或结构调整的资金总和（因落实国家政策、发生不可抗力、上级部门或本级党委政府临时交办而产生的调整除外）
		支付进度率	部门（单位）实际支付进度与既定支付进度的比率，用以反映和考核部门（单位）预算执行的及时性和均衡性程度	支付进度率=（实际支付进度÷既定支付进度）×100% 实际支付进度：部门（单位）在某一时点的支出预算执行总数与年度支出预算数的比率。 既定支付进度：由部门（单位）在申报部门整体绩效目标时，参照序时支付进度、前三年支付进度、同级部门平均支付进度水平等确定的，在某一时点应达到的支付进度（比率）
		结转结余率	部门（单位）本年度结转结余总额与支出预算数的比率，用以反映和考核部门（单位）对本年度结转结余资金的实际控制程度	结转结余率=结转结余总额÷支出预算数×100% 结转结余总额：部门（单位）本年度的结转资金与结余资金之和（以决算数为准）
		结转结余变动率	部门（单位）本年度结转结余资金总额与上年度结转结余资金总额的变动比率，用以反映和考核部门（单位）对控制结转结余资金的努力程度	结转结余变动率=[（本年度累计结转结余资金总额－上年度累计结转结余资金总额）÷上年度累计结转结余资金总额]×100%

第五章 部门整体预算绩效评价指标体系构建

续表

一级指标	二级指标	三级指标	指标解释	指标说明
过程	预算执行	公用经费控制率	部门（单位）本年度实际支出的公用经费总额与预算安排的公用经费总额的比率，用以反映和考核部门（单位）对机构运转成本的实际控制程度	公用经费控制率=（实际支出公用经费总额÷预算安排公用经费总额）×100%
		"三公经费"控制率	部门（单位）本年度"三公经费"实际支出数与预算安排数的比率，用以反映和考核部门（单位）对"三公经费"的实际控制程度	"三公经费"控制率=（"三公经费"实际支出数÷"三公经费"预算安排数）×100%
		政府采购执行率	部门（单位）本年度实际政府采购金额与年初政府采购预算的比率，用以反映和考核部门（单位）政府采购预算执行情况	政府采购执行率=（实际政府采购金额÷政府采购预算数）×100% 政府采购预算：采购机关根据事业发展计划和行政任务编制的，并经过规定程序批准的年度政府采购计划
	预算管理	管理制度健全性	部门（单位）为加强预算管理、规范财务行为而制定的管理制度是否健全完整，用以反映和考核部门（单位）预算管理制度对完成主要职责或促进事业发展的保障情况	评价要点： （1）是否已制定或具有预算资金管理办法、内部财务管理制度、会计核算制度等管理制度； （2）相关管理制度是否合法、合规、完整； （3）相关管理制度是否得到有效执行
		资金使用合规性	部门（单位）使用预算资金是否符合相关的预算财务管理制度的规定，用以反映和考核部门（单位）预算资金的规范运行情况	评价要点： （1）是否符合国家财经法规和财务管理制度规定以及有关专项资金管理办法的规定； （2）资金的拨付是否有完整的审批程序和手续； （3）项目的重大开支是否经过评估论证； （4）是否符合部门预算批复的用途； （5）是否存在截留、挤占、挪用、虚列支出等情况

续表

一级指标	二级指标	三级指标	指标解释	指标说明
过程	预算管理	预决算信息公开性	部门（单位）是否按照政府信息公开的有关规定公开相关预决算信息，用以反映和考核部门（单位）预决算管理的公开透明情况	评价要点： （1）是否按规定内容公开预决算信息； （2）是否按规定时限公开预决算信息。 预决算信息是指与部门预算、执行、决算、监督、绩效等管理相关的信息
		基础信息完善性	部门（单位）基础信息是否完善，用以反映和考核基础信息对预算管理工作的支撑情况	评价要点： （1）基础数据信息和会计信息资料是否真实； （2）基础数据信息和会计信息资料是否完整； （3）基础数据信息和会计信息资料是否准确
	资产管理	管理制度健全性	部门（单位）为加强资产管理、规范资产管理行为而制定的管理制度是否健全完整，用以反映和考核部门（单位）资产管理制度对完成主要职责或促进社会发展的保障情况	评价要点： （1）是否已制定或具有资产管理制度； （2）相关资金管理制度是否合法、合规、完整； （3）相关资产管理制度是否得到有效执行
		资产管理安全性	部门（单位）的资产是否保存完整、使用合规、配置合理、处置规范、收入及时足额上缴，用以反映和考核部门（单位）资产安全运行情况	评价要点： （1）资产保存是否完整； （2）资产配置是否合理； （3）资产处置是否规范； （4）资产账务管理是否合规，是否账实相符； （5）资产是否有偿使用及处置收入及时足额上缴
		固定资产利用率	部门（单位）实际在用固定资产总额与所有固定资产总额的比率，用以反映和考核部门（单位）固定资产使用效率程度	固定资产利用率=（实际在用固定资产总额÷所有固定资产总额）×100%

第五章 部门整体预算绩效评价指标体系构建

续表

一级指标	二级指标	三级指标	指标解释	指标说明
产出	职责履行	实际完成率	部门（单位）履行职责而实际完成工作数与计划工作数的比率，用以反映和考核部门（单位）履职工作任务目标的实现程度	实际完成率＝（实际完成工作数÷计划工作数）×100% 实际完成工作数：一定时期（年度或规划期）内部门（单位）实际完成工作任务的数量。 计划工作数：部门（单位）整体绩效目标确定的一定时期（年度或规划期）内预计完成工作任务的数量
		完成及时率	部门（单位）在规定时限内及时完成的实际工作数与计划工作数的比率，用以反映和考核部门履职时效目标的实现程度	完成及时率＝（及时完成实际工作数÷计划工作数）×100% 及时完成实际工作数：部门（单位）按照整体绩效目标确定的时限实际完成的工作任务数量
		质量达标率	达到质量标准（绩效标准值）的实际工作数与计划工作数的比率，用以反映和考核部门履职质量目标的实现程度	质量达标率＝（质量达标实际工作数÷计划工作数）×100% 质量达标实际工作数：一定时期（年度或规划期）内部门（单位）实际完成工作数中达到部门绩效目标要求（绩效标准值）的工作任务数量
		重点工作办结率	部门（单位）年度重点工作实际完成数与交办或下达数的比率，用以反映部门（单位）对重点工作的办理落实程度	重点工作办结率＝（重点工作实际完成数÷交办或下达数）×100% 重点工作是指党委、政府、人大、相关部门交办或下达的工作任务

续表

一级指标	二级指标	三级指标	指标解释	指标说明
效果	履职效益	经济效益	部门（单位）履行职责对经济发展所带来的直接或间接影响	此三项指标为设置部门整体支出绩效评价指标时必须考虑的共性要素，可根据部门实际并结合部门整体支出绩效目标设立情况有选择地进行设置，并将其细化为相应的个性化指标
		社会效益	部门（单位）履行职责对社会发展所带来的直接或间接影响	
		生态效益	部门（单位）履行职责对生态环境所带来的直接或间接影响	
		社会公众或服务对象满意度	社会公众或部门（单位）的服务对象对部门履职效果的满意程度	社会公众或服务对象是指部门（单位）履行职责而影响到的部门、群体或个人。一般采取社会调查的方式

资料来源：财政部：《关于印发〈预算绩效评价共性指标体系框架〉的通知》，http://yss.mof.gov.cn/zhengwuxinxi/zhengceguizhang/201305/t20130507_857159.html。

财政部发布的"部门整体支出绩效评价共性框架"的设计基点起始于逻辑模型，试图从投入、活动、产出、结果、影响等关键要素，揭示部门履职如何达到预定目标，实现投入、活动、产出、效果之间的有效转换，即从预算配置角度考察投入；从预算执行、预算管理和资产管理三方面考察过程；从职责履行考察产出；从工作成效和社会效益考察效果，这一指标体系设计的逻辑脉络与项目支出绩效评价基本一致。

2. 中央部门整体支出绩效评价指标体系——以水利部为例。作为我国最早实施绩效考评工作的部门之一，水利部自 2002 年就开始了对预算绩效考评工作的探索。2009 年，水利部预算绩效管理工作进入加速推进的新阶段；2012 年 10 月，水利部预算管理领导小组正式成立，部领导亲自挂帅，研究确定包括绩效管理在内的部门预算重大事项，全面推进水利部预算管理工作；2013 年，水利部探索开展绩效目标执行监控工作；2014 年，水利部选取部分单位开展部门整体支出绩效评价，探索部门整体支出绩效管理经验；2015 年，水利部实现部门预算绩效目标管理全覆盖；2017

第五章　部门整体预算绩效评价指标体系构建

年,实现项目支出全面自评,并对重点项目开展深度绩效评价,绩效管理工作提质扩面。目前,水利部已基本建成"预算编制有目标、实施过程有监控、实施完成有评价、评价结果有反馈、反馈结果有应用"的全过程预算绩效管理体系,使绩效管理工作贯穿于预算全过程。

为构建适应水利行业特点的部门整体支出绩效评价指标体系,水利部组织研发中心和水规总院等单位开展平行研究。[①] 虽然财政部《预算绩效评价共性指标体系框架》将部门整体绩效评价指标列为投入、过程、产出和效果(效益)四大类,但基于前三类指标各部门的评价重点大致相近,部门间评价的差异主要集中于效益类指标,水利部研发中心和水利水电规划设计总院(以下简称"水规总院")将探索建立适应水利行业特点的效益类指标设定为部门整体支出绩效评价指标体系研究的热点与难点,尝试以流域综合规划为依据,以内容分析和政策计量法提取水利类效益指标,其设计思路如图 5-1 所示。

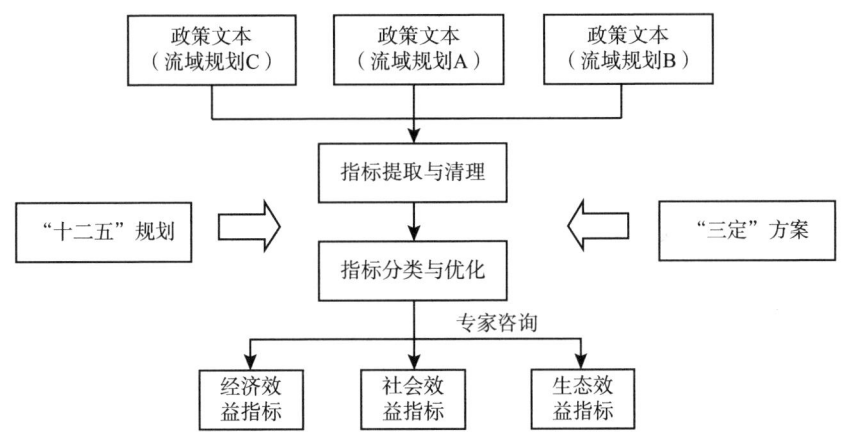

图 5-1　水利行业效益类指标设定步骤

水利部选取了部属黄河水利委员会三门峡库区水文水资源局和淮河流域水环境监测中心开展整体支出绩效评价试点,同时提出了部门整体支出绩效评价指标体系(见表 5-2)。

[①] 周晓花、柳长顺、姜玲、戴向前:《对水利部部门整体绩效评价效益类指标构建的思考》,载于《水利财务与经济》2016 年第 4 期。

表 5－2　　　　水利部部门整体支出绩效评价指标体系

一级指标	二级指标	三级指标	四级指标	指标解释
投入（15）	目标设定（12）	绩效目标合理性（6）	与国家法律法规、国家国民经济和社会发展总体规划的相符性	部门（单位）所设立的目标是否符合国家国民经济和社会发展总体规划
			与单位职责、"三定"方案确定的职责的相符性	制定的目标是否与本单位的职责相符，是否符合国家定岗定编员的规定
			与年度工作任务的相符性，与现实需求的相符性	是否与本单位制定的年度工作任务以及中长期规划相符
		绩效指标明确性（6）	可细化、可衡量程度，年度的任务数或计划数的明确性	依据绩效目标设定的绩效指标是否清晰、细化、可衡量，用以反映和考核项目绩效目标的细化程度
			与单位预算的匹配性	能否充分体现绩效目标、各绩效指标与关键目标值之间的关联度；是否与本单位的年度预算匹配；衡量指标是否与所能够获得的资金相匹配；绩效指标涉及的工作内容与预算明细是否相符
	预算配置（3）	在职人员控制率（3）	在职人员控制率、技术人员稳定率	在职人员是否超编，技术人员是否稳定

第五章 部门整体预算绩效评价指标体系构建

续表

一级指标	二级指标	三级指标	四级指标	指标解释
过程（20）	预算执行（8）	预算完成率（2）	财政资金预算完成率	预算完成率=（预算完成数÷预算数）×100% 预算完成数：部门（单位）本年度实际完成的预算数。 预算数：财政部门批复的本年度部门（单位）预算数
		预算调整率（1）	年度预算调整率	预算调整率=（预算调整数÷预算数）×100%
		支付进度率（2）	财政资金支付进度率	支付进度率=（实际支付进度÷既定支付进度）×100% 实际支付进度：部门（单位）在某一时点的支出预算执行总数与年度支出预算数的比率。 既定支付进度：由部门（单位）在申报部门整体绩效目标时，参照序时支付进度、前三年支付进度、同级部门平均支付进度水平等确定的，在某一时点应达到的支付进度（比率）
		结转结余变动率（1）	结转结余资金变动比率	结转结余变动率=[（本年度累计结转结余资金总额－上年度累计结转结余资金总额）÷上年度累计结转结余资金总额]×100%
		公用经费控制率（1）	公用经费控制率	公用经费控制率=（实际支出公用经费总额÷预算安排公用经费总额）×100%
		政府采购执行率（1）	政府采购执行率	政府采购执行率=（实际政府采购金额÷政府采购预算数）×100% 政府采购预算：采购机关根据事业发展计划和行政任务编制的，并经过规定程序批准的年度政府采购计划

续表

一级指标	二级指标	三级指标	四级指标	指标解释
过程（20）	预算管理（7）	管理制度健全性（2）	制定或具有合规合法完整的管理制度	部门（单位）为加强预算管理，规范财务行为、业务行为而制定的管理制度是否合规合法完整，用以反映和考核部门（单位）预算管理制度对完成主要职责或促进社会发展的保障情况
		资金使用合规性（4）	资金使用合规性	单位使用预算资金是否符合相关的预算财务管理制度的规定，资金拨付程序是否规范、手续是否齐全，用以反映与考核单位预算资金的规范运行情况
			资金支出与预算批复、实施方案的相符性	单位资金支出是否符合预算批复资金适用范围，反映和考核预算支出与预算的相符性
		基础信息完善性（1）	基础信息的真实性、完整性、准确性	基础信息是否真实；是否存在虚假的情况；基础信息是否完整、准确，重要信息是否缺失
	资产管理（5）	管理制度健全性（1）	制定或具有合规合法完整的管理资产制度	部门（单位）为加强资产管理、规范资产管理行为而制定的管理制度是否合规合法完整，用以反映和考核部门（单位）资产管理制度对完成主要职责或促进社会发展的保障情况
		资产管理安全性（1）	资产配置、使用、处置的合规性	资产保存是否完整；资产配置是否合理；资产处置是否规范；资产账务管理是否合规，反映单位资产日常使用规范性
		固定资产利用率（3）	固定资产使用率	固定资产利用率＝（实际在用固定资产总额÷所有固定资产总额）×100%

第五章 部门整体预算绩效评价指标体系构建

续表

一级指标	二级指标	三级指标	四级指标	指标解释
产出（40）	职责履行（40）	实际完成率（19）	实际完成工作率	实际完成率＝（实际完成工作数÷计划工作数）×100%
			重点工作完成率	省区市考核数量（31个）、标准征求意见数量（1份）、水生态文明城市建设数量（20个）、国家水利风景区批准数量（30家）、水污染时间风险源信息库数量（6个）、全国重要饮用水水源地管理（175个）、地下水开发利用监督检查和调研数量（3次）、高耗水用水定额和合同（9个）、节水国家标准数量（16个）等
		完成及时率（6）	完成及时率	分别评价，加权计算，大于等于95%
		质量达标率（11）	常规工作完成质量	常规工作是否达到质量标准（绩效标准值），大于等于90%
			重点工作完成质量	国家水利风景区评价结果、重要饮用水水源地检查、水资源论证等符合相关要求
		重点工作办结率（4）	列支重点工作完成情况	重点工作办结率＝（重点工作实际完成÷交办或下达数）×100% 重点工作是指党委、政府、人大、相关部门交办或下达的工作任务

续表

一级指标	二级指标	三级指标	四级指标	指标解释
效果（25）	履职效益（25）	经济效益（5）	国有资产保值增值	国有资产保值增值情况
			减少排污治理成本	大于等于1亿元
		社会效益（8）	保障水利部重点中心工作顺利实施	对水利部重点中心工作顺利实施的保障
			规范推动风景区建设	对规范推动风景区建设的作用
			文化建设对水利行业知晓度提升	文化建设对水利行业知晓度提升的作用
			提高职工技术素养	对提高职工技术素养的作用
		生态效益（6）	保护水资源	大于等于50亿立方米
			提高饮用水质量，维护水域功能	对地下水资源的保护
		服务对象满意度（6）	上级单位满意度	水利部及各司局满意度
			所属企事业单位满意度	所属企事业单位的满意度

资料来源：笔者根据相关资料整理所得。

从上述部门整体支出绩效评价指标体系可见，在财政部共性指标框架的基础上，水利部研发中心和水规总院结合水利部部门职责，依据综合管理、水资源管理、防汛抗旱、水土保持、农村水利、水文工作、建设管理、科技外事、水利执法等行业工作内容，从产出和效果（效益）两个维度，提出水利部部门（单位）开展整体支出绩效评价应遵循的指标体系框架，并针对流域综合规划分析提出了相应的水利效益类指标，基本覆盖了水利效益的各个方面，为水利类部门整体支出绩效评价指标体系的建立和完善提供了支撑与依据。

逻辑模型的理论意义在于：说明投入是如何带来产出、结果和影响的，其相互间的关系和影响路径，同时将预期效果与投入活动、过程和理论假设联系起来。该指标体系的优点在于逻辑思路清晰、便于理解,它将预算绩效评价看成一个系统工程,期望通过一定的资源投入及部门工作活动的开展,促进特定目标的实现,同时从资源投入、活动、产出和预期结果具有的内在相关性出发,帮助部门改进和完善管理,指导部门资源的分配和使用。

(二)地方层面部门整体支出绩效评价指标体系建设

在国务院发布《关于深化预算管理制度改革的决定》,提出要"逐步将绩效管理范围覆盖各级预算单位和所有财政资金,将绩效评价重点由项目支出拓展到部门整体支出和政策、制度、管理等方面"后,不少地方政府在《预算绩效评价共性指标体系框架》的基础上,对部门整体支出绩效评价指标进行了适用性改造,并将其用于地方部门整体支出绩效评价之中。

1. 北京市部门整体支出绩效评价指标体系。为加强北京市市级部门预算绩效管理,强化支出责任,规范市级预算部门整体支出绩效评价工作,2014年北京市发布《北京市市级预算部门整体支出绩效评价操作细则》,对财政部门和预算部门组织开展部门整体支出绩效评价的操作规范及要求予以明确规定。

北京市部门整体支出绩效评价虽然也将部门基本支出和项目支出都纳入整体预算支出绩效评价的范围,但同时也明确指出,北京市部门整体支出绩效评价的重点是项目支出,主要包括:(1)部门整体支出绩效目标以及项目支出绩效目标的设定情况;(2)部门资金投入、预算执行和管理情况;(3)为实现整体支出和项目支出绩效目标所制定的制度、采取的工作措施;(4)部门整体支出在有效履行部门职责中发挥的作用以及整体支出的绩效目标实现情况和效果;(5)部门开展预算绩效管理的情况;(6)绩效评价的其他内容。

北京市部门整体支出绩效评价的指标体系包括四级指标,一级指标为部门决策、部门管理和部门绩效三个部分。(1)决策类指标是针对部门预算配置而设置的评价指标,包括目标设定、决策过程和资金分配等内容。其中,目标设定指标细化为依据的充分性、目标的合理性和指标的明确性等;资金分配指标细化为分配依据、分配结果、"三公经费"变动率和重点支出保障率等。(2)管理类指标是针对部门预算执行和预算管理情况而设置的评价指标,包括预算执行、预算管理、绩效跟踪管理和资产管理等内容。其中，预算执行指标细化为非税收入预算完成率、支出预算执行率、支出预算调整率、结转结余率和公用经费控制率等；预算管理指标细化为管理制度的健全性、资金使用的合规性和安全性、预算信息的公开性和基础信息的完善性等；绩效管理指标细化为组织管理机构设立情况和绩效信息收集情况等；资产管理指标细化为资产管理规范性和固定资产利用率等。(3) 绩效类指标是针对部门履职效益而设置的评价指标，主要细化为产出和效果两类指标。该指标体系除将"服务对象满意度"指标明确为共性指标外，将经济效益、社会效益和生态效益也确定为必须考虑的共性要素，但可根据部门实际情况有选择地设置，并将其细化为相应的个性化指标（见表 5-3）。

表 5-3　　　　北京市部门整体支出绩效评价的指标体系

一级指标	二级指标	三级指标	指标解释
部门决策(15)	目标设定(6)	目标依据充分性	部门（单位）所设立的整体绩效目标依据是否充分，用以反映和考核部门（单位）整体绩效目标与部门履职相符性情况
		绩效目标合理性	部门（单位）所设立的整体绩效目标依据是否符合客观实际，用以反映和考核部门（单位）整体绩效目标与年度工作任务的相符性情况
		绩效指标明确性	部门（单位）依据整体绩效目标所设定的绩效指标是否清晰、细化、可衡量，用以反映和考核部门（单位）整体绩效目标的明细化情况
	决策过程(3)	决策流程明确、规范性	部门（单位）年度工作决策程序情况，考核单位的部门决策水平
		决策依据充分性	部门（单位）决策时具有充分的依据，经过严格的论证程序
	资金分配(6)	资金分配依据	部门（单位）本年度资金分配依据的充分性，用以反映和考核部门（单位）对成本的控制程度
		资金分配结果	与绩效目标的一致性，反映分配结果的合理性
		重点支出安排率	部门（单位）本年度预算安排的重点项目支出与部门项目总支出的比率，用以反映和考核部门（单位）对履行主要职责或完成重点任务的保障程度

第五章 部门整体预算绩效评价指标体系构建

续表

一级指标	二级指标	三级指标	指标解释
部门管理（40）	预算执行（15）	预算完成率	部门（单位）本年度预算完成数与预算数的比率，用以反映和考核部门（单位）预算完成程度
		预算调整率	部门（单位）本年度预算调整数与预算数的比率，用以反映和考核部门（单位）预算的调整程度
		支出进度率	部门（单位）实际支付进度与既定支付进度的比率，用以反映和考核部门（单位）预算执行的及时性和均衡性程度
		结转结余率	部门（单位）本年度结转结余总额与支出预算数的比率，用以反映和考核部门（单位）对本年度结转结余资金的实际控制程度
		结转结余变动率	部门（单位）本年度结转结余资金总额与上年度结转结余资金总额的变动比率，用以反映和考核部门（单位）对控制结转结余资金的努力程度
		公用经费控制率	部门（单位）本年度实际支出的公用经费总额与预算安排的公用经费总额的比率，用以反映和考核部门（单位）对机构运转成本的实际控制程度
		"三公经费"控制率	部门（单位）本年度"三公经费"实际支出数与预算安排数的比率，用以反映和考核部门（单位）对"三公经费"的实际控制程度
		政府采购执行率	部门（单位）本年度实际政府采购金额与年初政府采购预算的比率，用以反映和考核部门（单位）政府采购预算执行情况
	预算管理（15）	管理制度健全性	部门（单位）为加强预算管理、规范财务行为而制定的管理制度是否健全完整，用以反映和考核部门（单位）预算管理制度对完成主要职责或促进事业发展的保障情况
		资金使用合规性	部门（单位）使用预算资金是否符合相关的预算财务管理制度的规定，用以反映和考核部门（单位）预算资金的规范运行情况
		预决算信息公开性	部门（单位）是否按照政府信息公开有关规定公开相关预决算信息，用以反映和考核部门（单位）预决算管理的公开透明情况
		基础信息完善性	部门（单位）基础信息是否完善，用以反映和考核基础信息对预算管理工作的支撑情况

续表

一级指标	二级指标	三级指标	指标解释
部门管理（40）	绩效管理（5）	组织管理机构设立情况	部门（单位）是否设立了专门的预算绩效管理机构，用以反映和考核预算绩效管理工作的开展情况
		绩效信息收集情况	部门（单位）是否在实际工作中注重对相关绩效信息的收集和整理，用以反映和考核预算绩效管理工作的开展情况
	资产管理（5）	资产管理安全性	部门（单位）的资产是否保存完整、使用合规、配置合理、处置规范、收入及时足额上缴，用以反映和考核部门（单位）资产安全运行情况
		固定资产利用率	部门（单位）实际在用固定资产总额与所有固定资产总额的比率，用以反映和考核部门（单位）固定资产使用效率
部门绩效（45）	部门产出（20）	产出数量	部门（单位）履行职责而实际完成工作数与计划工作数的比率，用以反映和考核部门（单位）履职工作任务目标的实现程度
		产出质量	达到质量标准（绩效标准值）的实际工作数与计划工作数的比率，用以反映和考核部门履职质量目标的实现程度
		产出进度	部门（单位）在规定时限内及时完成的实际工作数与计划工作数的比率，用以反映和考核部门履职时效目标的实现程度
		产出成本	部门运用成本控制与改善
	效果（25）	经济效益	部门（单位）职责履行对经济发展的直接或间接影响
		社会效益	部门（单位）履行职责对社会发展所带来的直接或间接影响
		生态效益	部门（单位）履行职责对生态环境所带来的直接或间接影响
		可持续影响	部门（单位）绩效目标实现的长效机制建设情况
		社会公众或服务对象满意度	社会公众或服务对象对部门履职效果的满意程度

资料来源：《部门整体支出绩效评价指标体系》，https://www.taodocs.com/p-194960344.html。

2. 广东省部门整体支出绩效评价指标体系建设。为深化广东预算绩效管理制度改革，加强省级部门整体支出绩效评价工作，广东省先后出台了《广东省省级部门整体支出绩效评价暂行办法》《关于做好省级部门整体支出绩效评价试点工作有关问题的通知》等文件，并在2016年6月启动了广东省省级部门整体支出绩效评价试点工作，选取省林业厅、省质监局等6个省直部门作为省级部门整体支出绩效评价试点。

这是广东首次从部门整体支出的角度进行绩效评价，由第三方评价机构组织开展。根据试点部门的差异，评价机构制定了相应的绩效评价工作方案、评价规则，侧重对共性指标、个性化指标、重点考察内容和重点项目绩效等方面进行评价。在评价指标体系设计方面，广东省评价组力求从试点部门的具体情况出发，着重反映部门整体情况，充分考虑指标对整体支出绩效的分析作用，减弱单一项目的资金支出对全局的影响；在现场评价方面，详细了解重点考察内容和重点项目情况，从整体支出高度审核部门主要工作的实施绩效，并兼顾效率与质量。

广东省部门整体支出绩效评价的指标体系包括三级指标，一级指标为预算编制情况、预算执行情况和预算使用效益三个部分。(1) 预算编制情况。主要包括预算是否符合财政部门关于预算编制的要求和规范、绩效目标设置是否规范完整、绩效目标是否明确、绩效目标的覆盖面等情况。(2) 预算执行过程。预算部门在资金、项目、人员、资产等方面的管理情况。资产管理，包括预算执行情况、财政资金结余结转情况、财务合规性、预算信息公开等方面的情况；项目管理，包括项目申报、批复、调整、监督、完成等各方面情况；资产管理，包括资产配置、使用、安全等方面的情况，以及控制财政供养人员的人员管理情况。(3) 资金使用绩效。绩效目标的实现程度、部门履职情况以及重点工作完成情况，包括部门整体支出的经济性（预算控制）、效率性（完成进度和完成质量）、效果性（社会、经济、生态等方面的效益和可持续性）和公平性（服务对象满意度）（见表5-4）。

表 5-4　　　广东省部门整体支出绩效评价指标体系

一级指标	二级指标	三级指标	指标解释
预算编制情况（14）	预算编制（4）	预算编制合理性	考核部门（单位）预算的合理性，即是否符合本部门职责、是否符合省委省政府的方针政策和工作要求，资金有无根据项目的轻重缓急进行分配
		预算编制规范性	考核部门（单位）预算编制是否符合省财政当年度有关预算编制的原则，例如在规范性和细致程度方面是否符合要求等
		财政拨款收入预决算差异率	反映部门（单位）收入预算编制的准确性
	目标设置（8）	绩效目标合理性	部门（单位）所设立的整体绩效目标是否依据充分，是否符合客观实际，用以反映和评价部门（单位）设立的绩效目标与部门履职及年度工作任务的相符性
		绩效指标明确性	部门（单位）依据整体绩效目标所设定的绩效指标是否清晰、细化、可量化，用以反映和考核部门（单位）整体绩效目标的明细化情况
	保障措施（2）	制度措施	部门是否制定并严格执行了相关项目、财务管理制度以及实施方案
预算执行情况（40）	资金管理（18）	支出完成率	部门（单位）预算实际支付进度和既定支付进度的匹配情况，反映和考核部门（单位）预算执行的及时性和均衡性
		结转结余率	部门（单位）当年度结转结余额与当年度预算总额的比率，用以反映和考核部门（单位）对结转结余资金的实际控制程度
		转移支付下达率	转移支付是否按照《预算法》规定的要求下达

第五章 部门整体预算绩效评价指标体系构建

续表

一级指标	二级指标	三级指标	指标解释
预算执行情况（40）	资金管理（18）	财务合规性	反映部门（单位）资金支出规范性，包括资金管理、费用支出等制度是否严格执行；会计核算是否规范，反映是否存在支出依据不合规、虚列项目支出的情况；是否存在截留、挤占、挪用项目资金的情况
		存量资金清理情况	部门（单位）的财政存量，考核中国库集中支付结转结余存量资金的变动情况
		预决算信息公开	主要考核部门（单位）在被评价年度是否按照政府信息公开有关规定公开相关预决算信息，用以反映部门（单位）预决算管理的公开透明情况
	项目管理（13）	项目实施程序	反映部门（单位）所有项目支出实施过程是否规范，包括是否符合申报条件；申报、批复程序是否符合相关管理办法；项目招投标、调整、完成验收等是否履行相应手续等
		项目监管	反映部门（单位）对所实施项目（包括部门主管的省级专项资金和专项经费分配给市、县实施的项目）的检查、监控、督促等管理情况
	资产管理（6）	资产管理安全性	部门（单位）的资产是否保存完整、使用合规、配置合理、处置规范，收入及时足额上缴，用于反映和考核部门（单位）资产安全运行情况
		固定资产利用率	部门（单位）实际在用固定资产总额与所有固定资产总额的比例，用以反映和考核部门（单位）固定资产使用效率
	人员管理（3）	财政供养人员控制	部门（单位）本年度在编人数（含工勤人员）与核定编制数（含工勤人员）的比率

续表

一级指标	二级指标	三级指标	指标解释
预算使用效益（46）	经济性（4）	"三公经费"控制率	"三公经费"实际支出与预算安排的比率
		公用经费控制率	部门（单位）本年度实际支出的公用经费总额与预算安排的公用经费总额的比率，用以反映和考核部门（单位）对机构运转成本的实际控制程度
		预算调整	调整预算与预算的比率
	效率性（10）	重点工作完成率	部门（单位）完成党委、政府、人大和上级部门下达或交办的重要事项或工作的完成情况，反映部门对重点工作的办理落实程度
		绩效目标完成率	部门（单位）整体绩效目标中各项目标的完成情况，反映部门整体支出绩效目标实现程度
		项目完成及时性	反映部门（单位）项目完成情况与预期时间的对比情况
	效果性（30）	社会经济效益	反映部门（单位）履行职责对经济发展、社会发展和生态环境所带来的直接或间接影响
		项目可持续发展	项目完成后，后续政策、资金、人员、管理制度等影响项目可持续发展的因素，以及项目对人员、环境、资源带来的可持续发展
	公平性（2）	公众或服务对象满意度	反映社会公众或部门（单位）的服务对象对部门履职效果的满意度
加减分项	工作表现加减分指标	反映部门工作受到表彰或批评问责的情况	（1）加分项：工作获得中央或省委省政府表彰的，表彰一次加 1 分，同一项工作获得多次表彰的，按一次计算，累计加分最多 3 分，加分后总分不能超过 100 分；（2）减分项：在国务院大督察或人大审计、监察等监督检查时发现问题并被问责的，问责一次扣 2 分，同一个问题被问责多次的，按一次计算，累计减分最多 6 分，减分后总分不能低于 0 分

资料来源：《关于印发〈广东省省级部门整体支出绩效评价暂行办法〉的通知》，http://www.doc88.com/p-1136360047805.html。

从上述绩效评价指标体系来看，广东部门整体支出绩效考核指标体系以

第五章 部门整体预算绩效评价指标体系构建

"职能+重点项目"为主线,以"相关性、有效性、影响性"为评价要点,围绕部门整体支出的申请审批、使用管理和审核验收三个环节,设计了预算编制情况、预算执行情况和资金使用效益三个一级绩效评价指标体系,着重体现部门的职能目标、财务与内部管理,以及资金使用效果等方面的绩效。

3. 上海市部门整体支出绩效评价指标体系。为加强部门整体支出绩效管理,强化预算主管部门整体支出绩效管理责任,提高预算分配、使用、管理整体绩效,2019年,上海市印发《上海市市级预算部门(单位)整体支出绩效管理办法(试行)》。该办法指出,上海市市级预算部门整体支出绩效管理包括部门整体支出绩效目标管理和绩效评价两个方面。

对于部门整体支出绩效评价的内容,该办法明确提出,应依据部门整体支出绩效目标,从部门财政管理工作绩效、部门职能履行、部门履职效果、年度工作重点任务实施情况,以及财政管理、审计、人大巡查发现的问题着手,梳理评价内容,重点关注和分析部门开展预算绩效管理工作的规范性和执行力,部门履职中重大任务、重点工作完成情况和取得的效果,以及部门在推进事业发展中重大改革创新举措取得的成效。

《上海市市级预算部门(单位)整体支出绩效管理办法(试行)》并未发布部门整体支出绩效评价指标体系,仅提出要根据重点评价内容,确定评价思路,并根据整体支出绩效自评表的指标框架,细化部门整体支出绩效评价指标体系,评价指标要聚焦履职产出和履职效果等方面的核心指标。上海市《部门(单位)整体支出绩效自评表》见表5-5。

表5-5 上海市《部门(单位)整体支出绩效自评表》
(　　年度)

部门(单位)名称			下属单位个数	
整体支出规模		全年预算数	全年执行数	执行率
	资金来源: (1)财政拨款			
	(2)其他资金			
	资金结构: (1)基本支出			
	(2)项目支出			

续表

年度总体目标		年初设定目标		全年完成情况		
分解目标自评						
一级指标	权重	二级指标	三级指标	年度指标值	全年完成值	偏差及原因分析
投入管理指标	30	预算编审管理	根据沪财绩〔2018〕19号文的规定要求设置三级指标和指标值			
		预算执行管理				
		部门结转结余资金管理				
		国库管理				
		预算绩效管理				
		预决算信息公开管理				
		财政监督管理				
		政府采购管理				
		资产管理				

续表

产出指标	25	数量指标	任务1：			
			任务2：			
			……			
		质量指标	任务1：			
			任务2：			
			……			
		时效指标	任务1：			
			任务2：			
			……			
		……				
效果指标	35	经济效益指标				
		社会效益指标				
		生态效益指标				
		……				
满意度指标	10	满意度指标				
		……				

资料来源：《关于印发〈上海市市级预算部门（单位）整体支出绩效管理办法（试行）〉的通知》，https://www.czj.sh.gov.cn/zys_8908/zcfg_8983/zcfb_8985/ysgl_8986/ysjx/201907/t20190710_180700.shtml。

虽然《上海市市级预算部门（单位）整体支出绩效管理办法（试行）》未明确拟订整体支出绩效评价的指标体系，但在该办法中，上海市对部门整体支出绩效目标所应涵盖的绩效指标予以了明确规范，即部门整体支出绩效目标应反映部门为履职所分配、使用、管理的财政资金预期产出和效果,并以相应的绩效指标和指标值予以细化、量化,主要包括:

(1) 投入管理指标,指部门(单位)履职所需的财政资金和资产,以及服务履职应开展的财政管理活动。

(2) 产出指标,指履职任务完成情况,包括履职数量指标,即部门(单位)计划完成的各类重点工作和任务的数量;履职质量指标,即重点工作和任务需要达到的质量标准和要求;履职时效指标,即重点工作和任务的计划完成时间要求等。设置目标和具体指标,既可以集中反映某项重点任务的单项绩效指标,也可以分析提炼形成某类重点任务的综合绩效指标。

(3) 效果指标,体现部门(单位)职能履行要达到的效果,包括预期达到的经济效益、社会效益、生态效益等。经济效益是指部门(单位)履职活动以尽量少的劳动耗费取得尽量多的经营成果,或者同等的劳动耗费取得更多的经营成果,即资金占用少、成本支出少、有用成果多,如生产经营成果指标、消耗及消耗效果指标和资金占用及占用效果指标等。社会效益是指部门(单位)履职活动对社会发展所起的积极作用或产生的有益效果,如促进地方经济发展、促进社会进步、带动就业、提高人民生活水平等。生态指标是指部门(单位)履职活动给生态平衡和生态系统带来的影响,如优化环境、减少污染、保护生物多样性等。

(4) 满意度指标,包括社会公众或服务对象对部门(单位)履职的满意程度等。

从上述绩效目标所含指标可以发现,上海市其实也对部门整体支出绩效评价的相关考核指标予以较为清晰的界定。同时,上海市还对部门整体支出绩效评价的指标和权重予以规范,即部门整体支出绩效自评采用百分制,原则上一级指标中,投入管理指标30分,产出指标25分,效益指标35分,影响力指标10分。二级、三级指标分值在上一级指标权重范围内,按指标的重要性原则设置权重。

4. 地方部门整体支出绩效评价指标体系设置特点。总体来看,北京市、广东省、上海市部门整体支出绩效评价指标体系各具特点,代表了典型的三种部门整体支出绩效评价指标体系的设置模式。

(1) 北京市以部门决策、部门管理、部门绩效为核心设置部门整体支出绩效评价维度,是运用平衡计分卡的思路结合逻辑分析法设计指标体系,与《财政支出绩效评价管理暂行办法》提出的绩效评价思路相近,体现的是战略、财务、内部管理和客户绩效的有机组合。

（2）广东省以预算编制、预算执行、预算效果为核心设置部门整体支出一级评价指标，是依照预算实施周期及其对部门履职的影响来设计的，究其理论出发点主要在于平衡计分卡，但同时又融合了"投入、过程、产出和成果"的理念，是平衡计分卡与逻辑模型相结合的产物。

（3）上海市以投入管理、产出、效果、满意度为核心设置部门整体支出绩效评价指标体系，其评价维度与《预算绩效评价共性指标体系框架》提出的共性评价框架大致相同，但又进行了一定的改进，如将投入、过程两个指标合并为投入管理一个指标，将满意度指标从效果指标中分离，设定为单独的一级评价指标，其设计依据主要是绩效产生的"结果链"逻辑模型。

二、现行部门整体预算绩效评价指标体系面临的挑战

绩效评价指标体系是客观反映绩效评价结果的各类指标的集合体，是衡量、监测和评价财政支出经济性、效率性、有效性和公平性，揭示财政支出结果的量化手段。由于部门整体绩效评价涉及行业多，不同的行业、不同的部门，都会使评价指标的设计和选择迥然有异，由此，部门整体预算绩效评价指标体系的设置和选取应充分考虑具体行业及部门的特点，并结合经济和社会发展实际不断调整和完善。虽然我国部分地方和部门从不同的角度、通过不同的方式探索建立了一系列部门整体支出绩效评价指标，但离满足现实需求还相差甚远，还需要不断调整完善。

（一）权威性评价指标体系尚需统一或进一步细化

在中国，现行部门整体预算绩效评价指标体系与项目支出绩效评价指标体系设置最大的不同之处就在于：项目支出绩效评价指标体系相对集中与统一，各级各地或以《财政支出绩效评价管理暂行办法》（2011年）提出的项目支出绩效评价指标体系为模板，或以《财政支出绩效评价共性指标框架》（2013年）提出的项目支出绩效评价指标体系为模板，两套指标体系虽然在一级指标、二级指标方面存在一定的差异，但细化到三级指标时，除预算编制方面存在不同外，其他评价方面的差异已经非常微小，因此不论采用2011年模板还是2013年模板，评价结果的差异并不十分显著。

但部门整体支出绩效评价指标体系则不同，在中国目前还没有普遍适用的部门整体支出绩效评价指标体系，虽然财政部2013年推出的《绩效评价共性指标框架》也提出了部门整体支出绩效评价指标体系，但从前述可见，地方对此指标体系的遵从度并不高。以部门整体支出绩效评价开展得较早、推进程度也较深的北京市、上海市和广东省为例，北京市、广东省的部门整体支出绩效评价指标体系与《绩效评价共性指标框架》提出的部门整体支出绩效评价指标体系存在明显差异，其评价思路、评价要点、构建基础都不尽相同，就连最为接近的上海市部门整体支出绩效评价指标体系，也在一级指标方面做出了显著改动，其权重也发生了较大变化。

此外，在中央层面，还存在着另一个权威性部门整体支出绩效评价指标体系，此即为《中共中央 国务院关于全面实施预算绩效管理的意见》提出的针对部门整体支出开展绩效评价的6个维度——运行成本、管理效率、履职效能、社会经济影响、可持续性发展以及服务对象满意度。但这6个评价维度分别具有哪些核心内涵，其评价要点有哪些，如何据此构建二级和三级共性评价指标框架，基于尚未有权威性解释说明发布，使各级各地在推进部门整体支出绩效评价时，还无法对此指标予以细化，并将之应用于实践之中。

《中共中央 国务院关于全面实施预算绩效管理的意见》明确提出，要逐步推开部门整体预算绩效评价。部门整体预算绩效评价的全面推开有赖于统一完善的部门整体预算绩效评价指标体系的构建。基于权威性部门整体预算绩效评价指标体系构建的重要性与紧迫性，还应尽快统一并完善权威性部门整体预算绩效评价指标体系，以规范全国各级各地部门整体预算绩效评价指标体系建设，促进各级各地部门整体预算绩效评价覆盖面的拓展及评价质量的提升。

（二）难以适应不同形态部门的实际需求

政府部门在职能属性方面存在着较大差异，有的部门具有政策制定权；有的部门以政策执行为主；有的部门为纵向垂直管理机构；有的部门负有横向管理职责；有的部门为公共产品与服务供给机构；有的部门具有一定的经济管理权限。如何科学合理确定评价方法、构建与部门属性相符的部门整体预算绩效评价指标体系，也成为完善部门整体预算绩效评价指标体系建设需要思考的问题。

第五章 部门整体预算绩效评价指标体系构建

（三）指标体系出现"工具失灵"现象

在依照绩效评价指标体系开展评价时，若不能对评价主体的绩效做出合理的评价，就会产生"工具失灵"现象。绩效评价指标"工具失灵"在绩效评价实践中较为常见，即绩效评价指标体系庞大，却无法提供充分的信息来判断被评价主体绩效高低的问题。这些问题具体表现为：

1. 绩效评价指标体系对部门支出绩效的区分度不足。以某地部门预算绩效评价指标体系为例，该指标体系设计了5个一级指标、11个二级指标和34个三级指标。三级指标中有27个共性指标，其中扣分面（即被扣分部门所占的比例）为0的指标有8个，占共性指标总数的30%；扣分面在0~10%的指标有10个，占共性指标总数的37%。这就意味着，各预算部门有67%的绩效评价指标的得分区别并不大。从当年的评价结果来看，39个部门中评价得分90分以上的有31个。出现该评价结果的原因之一即是绩效评价指标体系中能够识别各部门绩效差异的指标偏少，评价指标设置的结构不尽合理：共性指标偏多，约占评价指标总数的80%，个性指标偏少，仅为20%；过程指标偏多，超过指标总数的79%，效果指标偏少，不到21%。

共性指标占比高，意味着评价指标的针对性不足；过程指标偏多，在逐渐规范的财务及项目管理下，部门运营过程的规范性问题占比逐步下降，导致绩效评价指标体系对部门整体预算绩效显示的区分度明显不足。

2. 绩效评价指标体系不能反映与显示评价中的问题。评价指标体系应能对部门的绩效进行有效衡量，最重要的是通过绩效评价，发现部门预算决策与执行中的不足并提出改进建议。但现有绩效评价指标体系，在部门得分高的同时，却存在绩效不佳的情况。以某水利项目为例，评价专家在评价项目时，按照绩效评价指标，该水利项目得分在90分以上，但同时评价专家也识别出其在立项环节存在的一些问题会直接影响项目的实施进度和成效，但在既定的指标框架下却没有可以反映存在问题的评价指标项。

3. 部门公共服务具有典型的外部性、公益性特点，指标难以量化。想要全面和科学地对部门整体预算绩效进行评价，应以量化为基础，其实，无论评价人员还是被评价部门都希望评价能够量化，便于打分、比较和反馈。但实践中除了产出数量等一些以量化指标为主的对象能够实现外，其他产出和效果都难以量化，尤其对于社会效益指标更是如此。作为政府的公共管理部门，其各项工作不是以直接的经济效益为导向的，其效益目标特别是一些宏观管理工作的目标，更多的是从维护社会安全稳定、推动国民经济健康发展的角度来考虑的，相应地，其效益指标也主要以社会效益为主，其效果是最终服务于部门以外的广大社会公众，而政府部门为社会公众提供的公共服务和公共产品，绝大多数是无法用量化指标来衡量的，如"提供安全畅通的交通运输环境""提升路网整体效能""满足广大人民群众的出行需求"，从而给部门整体预算绩效评价指标的确定带来一定的困扰。

4. 指标与预算、指标与指标间相关性不足，缺乏合理性、逻辑性与整体性。指标过于细碎，未突出部门履职重要性、综合性、整体性特征是当前部门整体预算绩效评价指标体系存在的问题之一。与项目支出绩效评价相比，部门整体预算绩效评价的特点在于综合性。各政府部门因工作复杂、职能众多，财政支出方向和用途各不相同，若仅简单地将项目绩效评价指标堆积到一起，就会忽视反映部门整体工作的综合性指标，从而难以全面综合反映部门的整体工作情况。

此外，预算绩效管理还需要明确部门预算与部门绩效目标之间的关系，以此来说明部门预算安排的合理性。但从当前的实践来看，部门整体预算绩效目标表中只明确了部门预算的总额和资金来源构成，并未将资金安排细化，使部门资金安排无法与部门职能、年度绩效目标以及绩效指标相关联。预算编制和部门绩效目标的"两张皮"，致使难以对绩效目标与预算安排的匹配性进行判断，也难以对部门预算安排的合理性进行有效管控。

再者，不少评价机构在设定部门整体预算绩效评价指标时缺乏整体性及逻辑性思维，各项指标间不能用同样的项目和工作衔接起来，导致按此指标体系进行的评价，只能从局部的、割裂的项目或工作中考察部门的产出效果，难以从部门整体预算绩效的角度来把握。另外，一些指标又具有相近性，导致评价信息的重复使用，降低了评价结果的效度。这样设定的指标体系缺乏系统性，难以在逻辑上成为一个完整的体系。

第二节 预算绩效评价指标体系设计理论模型及其在中国的应用

一、预算绩效评价指标体系设计理论模型

目前，在国际上有多种设置绩效评价指标体系的模型与方法，这些模型与方法各有其构建原理及适用领域，各国依据这些模式与方法的特点，有选择地采用其中某一种或某几种模型，构建适合不同评价对象、不同评价领域的评价指标体系。常用的绩效评价模型有以下几种。

（一）逻辑模型（LM）及其适用性分析

1. 逻辑模型（Logic Model，LM）的主要内容。作为一种概念化论证的方法，逻辑模型通过简单的框图来分析被评价对象复杂的内涵和关系，使之更易于理解。

通过对事件背景的分析，借助逻辑推理思维，逻辑模型把事件分为投入、过程或活动、产出、结果和影响等要件，然后按照事物层次间的因果逻辑关系"如果……那么"，来寻求这些要件之间的关系，找出投入资金与产出效果之间的内在联系。

逻辑模型注重把被评价对象产生的短期结果、中期影响和长期战略之间的关系概念化。逻辑模型是结果导向的，从结果的角度分析投入、过程及产出对结果的影响及贡献，进而衡量各环节绩效的大小，避免在与结果无关的活动上浪费时间和金钱（投入）。当结果很难衡量时，可以在产出与结果之间加入一个"中间成果"，中间成果是最终成果的间接指标，往往与客户满意度有关，通过客户满意度调查，比较容易获得中间成果的绩效。

应用逻辑框架法确定绩效评价指标应遵循以下步骤。

第一，辨认项目的利益相关者及其利益诉求，并对这些利益诉求进行分析归类，明确其与项目目标的相关性，设定目标指标，同时要关注项目各目标之间的关系，包括重要程度差异以及各目标之间是否存在价值冲突。

第二，分析实现项目的目标手段及途径，确定关键活动组，并对这些关键活动组设定绩效指标及评价标准。

第三，分析项目实施所需的资源及外部环境假设，设定资源投入经济性评价指标及项目目标与外部环境适应性的效果评价指标。

这样设计的指标体现了以结果为导向，满足利益相关者利益要求的原则，同时也符合多目标管理中重要性原则要求。将多目标转化为"指标"，再按照资源、输入、活动、输出、成果以及影响把指标分类，并整合为项目价值链，如图5-2所示，项目绩效即是在这些运作过程要素中产生的。这个"价值链"就是绩效产生的"因果关系链"。该逻辑过程"因果关系链"上的每一个节点都会直接或间接影响项目的行为表现即项目绩效，都可以反映项目的绩效水平。

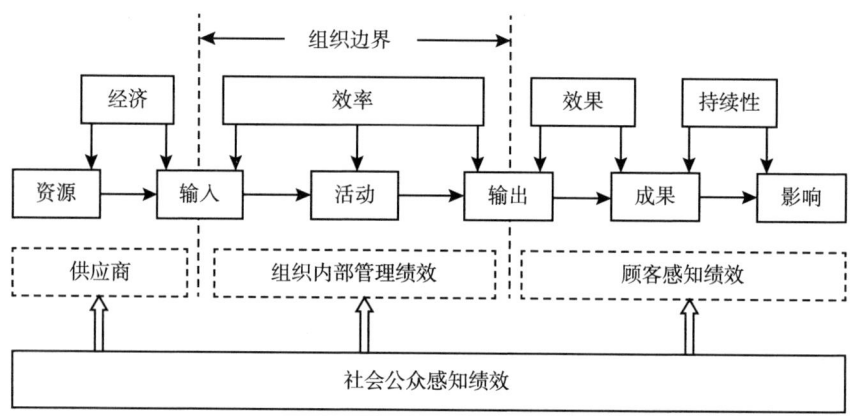

图5-2 基于逻辑框架法的绩效评价组织机理

项目各参与方沿着这一"因果关系链"从事活动，如果各个环节均满足项目各利益相关方的需求，那么就可能同时囊括项目绩效所体现的经济性、效率性、效果性、公平性和可持续性的绩效评价标准。

2. 逻辑模型（LM）适用性分析。应用逻辑框架法进行绩效评价指标体系的设计能够较好地将项目目标和所依附的外部客观环境相结合。通过对绩效评价指标体系的逻辑关系进行分析，厘清投入、产出、结果之间的关系，明确特定的人、财、物等资源投入是怎样通过项目实施过程实现项目目标的。只有厘清各个环节之间的因果关系，才能更好地发现项目实施中的问题，明确哪些地方应该去评价，找到关键的评价点进行控制和改善，避免只注重评价中的某一点，而忽略其他构建评价要点。

在国外，逻辑模型是应用比较广泛的一种项目管理方法，可以应用于项目策划、风险分析、评价、检查、监测和可持续性分析等方面。目前有2/3的国际组织将其作为援助项目的计划、管理和评价方法。

（二）平衡计分卡（BSC）及其适用性分析

1. 平衡计分卡（BSC）的主要内容。平衡计分卡（BSC）是由哈佛商学院的罗伯特·卡普兰（Robert S. Kaplan）教授和复兴集团公司总裁大卫·诺顿（David P. Norton）共同开发的，以信息为基础、系统考虑企业绩效驱动因素、多维度平衡评价企业绩效的一种新型评价系统。同时，它又是一种将企业战略目标与企业业绩驱动因素相结合，动态实施企业战略的战略管理系统，其功能在于识别和监控企业各个层级上的关键衡量标准，主要目的是将管理层制定的战略与运作层面的活动整合起来，通过在四个常常冲突的衡量标准中实现平衡而发挥作用。

平衡计分卡（BSC）的四个衡量标准分别是：企业的财务健康度、客户满意度、内部流程质量以及企业学习和成长的能力。

平衡计分卡（BSC）的四个维度的原理见图5–3。

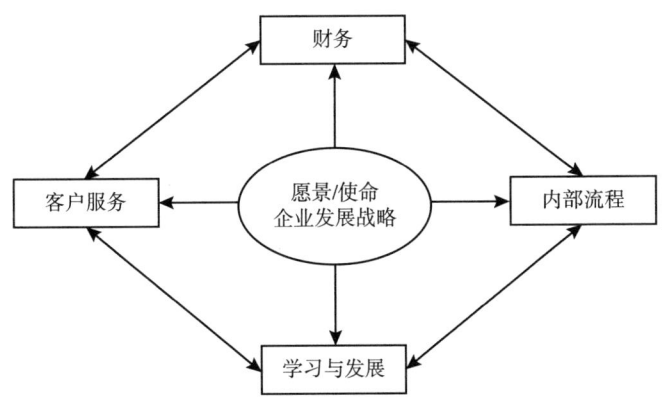

图5–3 平衡计分卡（BSC）四个维度的原理

2. 平衡计分卡（BSC）适用性分析。1992年，罗伯特·卡普兰与大卫·诺顿在《平衡计分卡：驱动绩效的量度》一文中，首次提出平衡计分卡绩效评价方法。他们认为，传统的财务会计模式只能衡量过去发生的事项（落后的结果因素），但无法评估组织前瞻性的投资（领先的驱动因素），因此，必须改用一个将组织的愿景转变为一组由四项观点组成的绩效指标架构来评价组织的绩效。此四项指标分别是：财务（financial）、客户（customer）、内部运营（internal business processes）、学习与成长（learning and growth）。借着这四项指标的衡量，组织得以用明确和严谨的手法来诠释其策略，一方面可在保留传统上衡量过去绩效的财务指标的同时，兼顾促成财务目标的绩效因素之衡量。在支持组织追求业绩之余，也督促组织的行为转向兼顾学习与成长，并透过一连串的互动因果关系，组织得以把产出（outcome）和绩效驱动因素（performance driver）联结起来，以衡量指标与其量度作为语言，把组织的使命和策略转变为前后连贯的系统绩效考评指标体系，把复杂而笼统的概念转化为精确的目标，借以寻求财务与非财务、短期与长期目标、落后与领先、外部与内部绩效之间的平衡。

基于能有效解决组织在制定战略和实施战略之间的脱节问题，堵住了"执行漏斗"，平衡计分卡理论受到了企业界的广泛关注，很多企业都引入并实施平衡计分卡，其业绩也得到了大幅提升。

近年来，平衡计分卡的应用领域也在不断拓展，其"实现战略制导"绩效管理系统的构建，可保证组织战略得到有效执行，被认为是加强部门战略执行力的最有效战略管理工具，在公共组织的应用也受到了理论界及实务界的关注和重视。

但是，平衡计分卡在实践中也存在一些问题，比如实施难度大、指标数量过多、部分指标的量化工作难以落实、实施成本偏高、缺乏对与制度环境融合问题的考虑，使得平衡计分卡的应用还不太成熟。

（三）关键绩效指标法（KPI）及其适用性分析

1. 关键绩效指标法的主要内容。关键绩效指标法（Key Performance Indicators，KPI）是通过对组织战略目标和业务流程的分析，明确组织实现战略目标的关键环节和要素，并以此为依据设定绩效指标的方法。关键绩效指标体现为对组织战略目标有增值作用的绩效指标。在目前的管理理论中，KPI已经成为企业整体绩效管理主要的绩效评价方法。

关键绩效指标法符合一个重要的管理原理——二八原理。二八原理是由意大利经济学家帕累托提出的一个经济学原理，即在一个企业的价值创造过程中，存在着"20/80"的规律，即20%的骨干人员创造企业80%的价值；而且在每一位员工身上二八原理同样适用，即80%的工作任务是由20%的关键行为完成的。因此，必须抓住20%的关键行为，对之进行分析和衡量，这样就能抓住业绩评价的重心。二八原理为绩效考核指明了方向，即考核工作的主要精力要放在关键的结果和关键的过程上。于是，所谓的绩效考核，一定放在关键绩效指标上，考核工作一定要围绕关键绩效指标展开。例如，企业经营活动的效果是内因外因综合作用的结果，这其中内因是各职位员工可控制和影响的部分，也是关键绩效指标所衡量的部分。关键绩效指标应尽量反映员工工作的直接可控效果，剔除他人或环境造成的其他方面的影响。如销售量与市场份额都是衡量销售部门市场开发能力的标准，而销售量是市场总规模与市场份额相乘的结果，其中市场总规模则是不可控变量。在这种情况下，两者相比，市场份额更体现了职位绩效的核心内容，更适于作为关键绩效指标。

2. 关键绩效指标法（KPI）适用性分析。KPI在工程领域也有着广泛的应用。2004年英国有关研究机构制定了建设工程的关键绩效指标（KPI），包括10个指标，分别是客户对于产品的满意度、客户对于服务的满意度、质量缺陷、对于成本的预测能力、对于进度的预测能力、安全、生产率、利润率、施工成本、施工进度。

这一绩效评价指标体系的目的在于鼓励业主、承包商、供应商等工程项目参与方准确地评价自己的绩效表现，以便采取积极的措施，建立持续改进的文化氛围。当然，制定KPI的基本出发点还在于管理者希望做到：（1）项目按时完成；（2）成本控制在预算范围内；（3）远离质量缺陷；（4）杜绝安全事故；（5）高效率；（6）有很好的收益以及团队能够持续改进绩效水平。

KPI指标体系涉及项目的计划与实施过程，内容涵盖项目目标及三大控制，在工程领域应用比较广泛。但这套指标体系主要以项目建设阶段为主，没有考虑项目全寿命周期的绩效问题。与此同时，还存在以下不足之处：（1）KPI指标比较难界定。KPI更多是倾向于定量化的指标，这些定量化的指标是否真正对企业绩效产生关键性的影响，如果没有运用专业化的工具和手段，比较难以界定。（2）KPI会使考核者误入机械的考核方式，过分地依赖考核指标，而没有考虑人为因素和弹性因素，会产生一些考核上的争端和异议。（3）KPI并不是针对所有岗位都适用。

二、财政部预算评审中心对指标体系设计理论模型的应用及发展

2017年，财政部预算评审中心对几个中央部门进行部门整体支出绩效

评价试点，试点采用了两套不同的评价指标体系，一套为财政部2013年推出的以逻辑模型为出发点设计的部门整体支出绩效评价指标体系，一套为以平衡计分卡为理论基点设计的部门整体支出绩效评价指标体系。

（一）以逻辑模型为出发点设计的部门整体支出绩效评价指标体系

依照国家××局的部门职能特征，财政部预算评审中心评价工作组围绕部门整体支出预算管理的前期（决策）、中期（管理）、后期（绩效）等阶段，将评价重点聚焦于各阶段的重点环节。前期决策，侧重于任务目标的确定以及部门预算编制；中期管理，侧重于制度建设、预算管理、收支管理、资产管理四个方面，从制度建设、制度落实的情况对预算、资金、资产三个部门整体支出管理核心内容进行考核；后期绩效，主要从履职成效、部门的可持续发展能力以及满意度三个方面评价，其中履职成效主要从数据生产（新型基础测绘体系建设），数据使用（测绘地理公共服务），行业管理以及基于数据生产使用、行业管理产生的影响力四部分进行系统评价，部门可持续发展能力从制度规划、科技创新、人才培养三方面进行评价分析，满意度方面从决策部门、协作部门、社会工作三个服务群体的满意度进行全面评价。具体思路见图5-4。

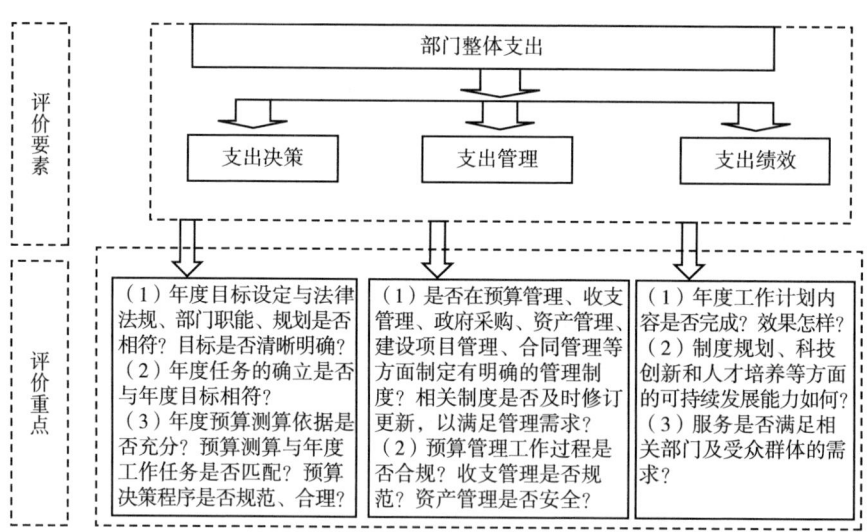

图5-4　国家××局部门整体支出绩效评价思路

第五章 部门整体预算绩效评价指标体系构建

根据图 5-4 的思路，结合单位实际情况，财政部预算评审中心评价工作组将国家××局部门整体支出绩效评价指标体系设置为四级指标，各级指标及评分标准详见表 5-6。

表 5-6　　国家××局部门整体支出绩效评价指标体系

一级指标	二级指标	三级指标	四级指标	指标解释
部门支出决策（15）	目标任务（8）	相关性	—	（1）目标与国家法律法规、政策和社会发展要求的相符情况； （2）目标与部门"三定"方案确定的职责相符情况； （3）目标与部门中长期规划的相符情况； （4）部门目标分解成工作任务和项目的情况
		明确性	—	（1）部门目标和工作任务制定清晰明确性，具体内容的细化、量化程度； （2）部门管理工作与业务（项目）内容安排情况
	预算编制（7）	测算依据	—	（1）预算与部门工作任务（项目）的匹配情况，是否体现部门工作内容的全面情况； （2）预算测算与中央及地方事权划分内容的匹配情况； （3）基本支出与项目支出边界界定的清晰明确情况； （4）项目间内容划分界定的清晰情况，重点内容优先保障安排情况； （5）预算测算与相关定额标准相符程度，"三年滚动规划"执行情况，按照国家行政事业单位相关支出标准进行费用测算情况
		决策程序	—	（1）各司局、各单位预算决策权责的清晰明确性； （2）预算决策可行性论证、单位及部门层面评审环节执行情况； （3）预算决策安排的项目源于项目库情况； （4）预算决策经单位内部领导签批、办公会决议等程序履行情况

续表

一级指标	二级指标	三级指标	四级指标	指标解释
部门支出管理（20）	制度建设（5）	制度健全性	—	（1）围绕预算、收支、政府采购、资产、基建、合同等制度管理体系建设情况； （2）根据国家及财政部相关要求及时更新调整制定情况，制度内容与部门当前管理工作需要的匹配情况
	预算管理（6）	预算执行	—	（1）预算执行比例； （2）预算与执行之间的差异，差异原因； （3）是否有调整、调整比例及调整原因
		绩效监控	—	对部门基础保障工作、绩效目标管理、绩效监控管理、绩效自评管理、评价结果应用等方面绩效管理工作完成情况
		预算公开	—	（1）财政部预决算公开工作要求执行情况； （2）公开内容全面性、真实性、准确性； （3）公开时效性
	收支管理（6）	收入管理	—	（1）各项收入间结构的合理性； （2）各项收入的边界、内容的确认情况； （3）各项收入的管理规范情况； （4）各项收入的核算工作完成情况
		支出管理	—	（1）支出内容、支出标准、支出范围的合理性，支出成本控制情况； （2）采购方式、支出程序、支出审批及相关支出管理要求的执行情况； （3）支出会计信息的完整性、真实性
	资产管理（3）	日常管理	—	（1）部门资产归口管理实现情况，使用责任明确情况； （2）资产定期清查盘点工作完成情况，对账实不符情况及时处理工作完成情况； （3）资产使用过程监管工作有效情况
		固定资产利用	—	（1）部门大型仪器设备使用情况； （2）2016年新增固定资产使用情况
		对外投资	—	部门对外投资管理有效情况

第五章 部门整体预算绩效评价指标体系构建

续表

一级指标	二级指标	三级指标	四级指标	指标解释
部门支出绩效（65）	履职成效（40）	新型基础测绘体系建设（12）	基础测绘	（1）地形数据和地形图制图数据的更新、检验完成情况； （2）控制点观测和数据处理及验收工作完成情况； （3）智慧城市试点建设工作完成情况； （4）其他基础测绘工作完成情况
			航空航天遥感数据获取	（1）数据获取工作的完成情况； （2）推广倾斜摄影、航空重力等航摄新技术的完成情况； （3）影像获取日常业务管理工作的完成情况
			地理国情监测	（1）遥感影像数据的获取工作完成情况； （2）基础性监测生产、数据库建设，统计分析及检测报告、数据及图件成果完成情况等
			全球地理信息资源建设	（1）地理信息资源数据产品的完成情况； （2）试验工作开展及明确相关工艺环节、形成生产技术规定工作的完成情况； （3）数据产品数据获取的完成情况等
		测绘地理信息公共服务（8）	数据共享与应用服务	（1）各类数据更新及各行业应用情况； （2）地图服务工作开展情况； （3）地理空间框架建设工作完成情况等
		行业管理（10）	行业标准制定	相关行业相关标准制定完整性及明确性与行业发展的匹配性
			执法检查	行政执法工作开展情况
			行政审批	（1）简政放权工作开展情况； （2）行政审批事项服务工作完成情况； （3）行政许可事项网上办理工作开展情况
		影响力（10）	产业发展	（1）地理信息产业总产值增长情况； （2）测绘服务总值增长情况； （3）系统单位全员劳动生产率平均值增长率等
			社会影响	测绘事业发展对国民经济协调发展方面的促进作用

续表

一级指标	二级指标	三级指标	四级指标	指标解释
部门支出绩效（65）	可持续发展能力（10）	制度规划（2）	规划保障	部门"十三五"事业发展、科技发展、人才发展、信息标准化等各方面规划对事业持续、稳定发展的保障作用的显著性
			法制建设	（1）法律法规、制度保障对行业发展、规范管理的保障作用； （2）《测绘法》和《地图管理条例》宣传解读和贯彻落实方案制定情况
		科技创新（4）	创新机制保障	相关规划、制度的制定情况，相关措施明确性及有效性
			创新平台建设	（1）与高校合作开展科技创新项目研究的工作开展情况； （2）完善国家重点实验室建设的工作开展情况，重点实验室研究内容是否符合当前发展需求
			科技成果	（1）通过验收成果应用比例增长情况； （2）科技成果发明专利比例增长情况； （3）科技成果获奖比例增长情况； （4）SCI论文发表比例增长情况
		人才培养（4）	行政管理人才培养	（1）行政管理人员培训次数增长情况； （2）专业技术任职行政管理工作人数增长情况
			技术人才培养	（1）技术人才培训次数增长情况； （2）专业技术人员中高级技师比例增长情况，与事业发展需求的匹配情况； （3）专业技术人员中博士比例增长情况，与事业发展需求的匹配情况； （4）对重点人才进行动态管理工作开展情况，海外引进高端人才、科技领军人才、学术带头人等重点人才储备量与计划相符性
	满意度（15）	决策部门满意度（5）	—	国务院相关部门对数据提供服务的满意度，用以反映和考核决策部门对相关服务提供的认可情况
		协作部门满意度（5）	—	行政机关及事业单位等相关数据协作使用部门对数据提供服务的满意度，用以反映和考核协作部门对相关服务提供的认可情况
		社会公众满意度（5）	—	社会公众对数据提供服务的满意度，用以反映和考核社会公众对部门相关服务提供的认可情况

第五章　部门整体预算绩效评价指标体系构建

根据上述部门整体支出绩效评价指标体系，评价工作组得出如下总体评价意见：（1）部门支出决策方面：国家××局工作任务与政策规划相关，内容较为清晰、明确，但并未制定部门整体支出绩效目标，部分目标未有效分解落实，效益性指标不够明确、细化；部门预算编制与部门工作任务相关，但人员投入机制不明确，测绘生产成本定额有待进一步论证，预算编制审核严谨性有待提高。（2）部门支出管理方面：部门整体围绕预算业务管理、收支业务管理、政府采购业务管理、资产管理及合同管理等方面的内部管理制度建设初步完成，但制度体系化程度及适用性方面仍有可提升空间，实质性绩效监控工作质量有待提高；部门收入预算完成较好，事业性收入逐年增加，测绘事业自主发展态势较好，核心内容支出保障率及"三公经费"控制率较好，政府采购执行基本有效，但部门支出审核不够严谨，合同管理有效性有待提高；部门资产规模逐渐扩大，固定资产管理情况良好，大型设备能够有效使用，但部分固定资产闲置，对外投资管理不够到位。（3）部门支出绩效方面：部门测绘生产工作完成率较高，部门履职工作对行业发展、国民经济发展、社会进步等均作出了较大贡献，但新型基础测绘建设顶层设计不足，测绘成果应用、行业管理工作与社会需求、测绘资质单位增长水平匹配性不足，相关工作有待深入开展；部门创新机制建设为测绘地理信息事业及部门可持续发展提供了有效保障，但是科技创新成果转化、人才培养特别是技术人才培养工作有待提高；部门相关工作开展的服务对象满意度较高，得到了社会各界的广泛认可，但协作部门、社会企业和公众也对部门数据开放共享、定制化服务水平提出了更高需求。

（二）以平衡计分卡为出发点设计的部门整体支出绩效评价指标体系

由于部门整体支出绩效评价不同于项目支出绩效评价，不是对部门所有项目评价的简单加总，需要从系统性、战略性去考察部门预算的整体运营效果。由此，财政部预算评审中心探索以平衡计分卡模型理论为指标体系涉及的基本逻辑，以履职效能、管理效率、社会效应、可持续影响以及服务对象满意度为一级指标，依照"突出部门核心业务，探索核心业务与资金投入关系，引导部门业务能力稳步提升；突出预算管理规范，引导部门提高财政资金使用效率；突出部门事业改革发展，引导部门增强服务供给能力；突出部门发展后劲，引导部门持续改革创新；突出服务对象满意度，引导部门增强社会服务意识"的原则，构建了一套以平衡计分卡为理论基础的部门整体支出绩效评价指标体系，并将其用于对国家××局的部门整体支出绩效评价试点之中。

  基于部门整体支出绩效评价是对部门预算最全面的工作考核和绩效监督，既包括项目支出，还包括人员、公用等基本支出，财政部预算评审中心评价工作组将评价的具体维度设定为：（1）以部门职责履行为切入点，凸显部门重点任务和核心业务完成情况；（2）以部门绩效目标为核心，查看绩效目标对部门工作部署及政府重大战略政策的反映；（3）立足于财务和业务管理，全面反映部门预算、收支、资产和业务等方面的管理效率；（4）以成本核算为焦点，探查部门履职支出与其交付公共服务的匹配性；（5）结合部门对国民经济影响和相关群体满意度，反映部门的社会经济效益；（6）着眼于部门可持续发展能力，探查部门改进与创新情况。

  经过全面深入的调查研究，财政部预算评审中心评价工作组认为：（1）在履职效能方面，国家××局较好地履行了职能工作，部门工作目标设定依据充分，目标内容总体比较合理，综合观测等核心业务水平发展情况较好，防灾减灾等资金投入产出效果明显，依法行政、基础设施建设、综合管理水平较高。但工作目标在细化程度和可衡量方面存有不足，工作完成时效性有待加强，对部分业务经费应加大投入产出效益，气象数据共享质量有待进一步提高。（2）在管理效率方面，预算编制程序上规范合规，预算管理、收支管理、资产管理和业务管理都有比较完备的规章制度和内控机制，部门支出结构总体稳定，固定资产利用率较高。但预算编制的科学性方面还有待加强，预算绩效目标设置的精细化、科学化水平还有待提升，地方财政投入机制不稳定、不平衡，项目支出进度偏慢，部分业务还存在交叉。（3）在社会效应方面，气象工作对促进经济发展、保护生态环境、保障生命安全、减少财产损失等方面具有积极而重要的作用，社会效应呈现良好发展态势。国际影响力逐步提升。社会公众满意度总体较高。但气象经济效益与国际先进水平还有一定距离，防灾减灾能力与保障人民生命财产任务需求还存在一定差距，气象信息服务产品供给水平距离科研、行业和企业用户的精准化需求还有较大的提升空间。（4）在可持续性方面，气象部门着力深化服务体制改革、业务科技体制改革、行政管理体制改革，气象现代化支撑作用显著，核心技术攻关有所突破，高层次、高学历人才培养已显成效。但国家对气象领域的财政事权和支出责任没有明确划分，中央和地方财政投入保障机制还不健全、不平衡、不稳定。气象行业市场化、社会化力量培育亟须加强，业务布局还有待进一步优化，现代化进程尚需加快，科技创新、成果转化、人才培养机制还需要进一步

第五章 部门整体预算绩效评价指标体系构建

激活（见表5-7）。

表5-7 国家××局部门整体支出绩效评价

一级指标	二级指标	三级指标	四级指标	指标解释
履职效能（40）	工作目标	目标设定质量	目标依据充分性	（1）是否依据国家法律法规、国家社会经济发展的总体规划设定； （2）是否符合部门工作职责、战略目标或中长期规划； （3）是否具有科学性和前瞻性
			工作目标合理性	（1）是否符合客观实际，是否可实现、可完成； （2）是否将部门年度工作要点进行细化分解，使其可衡量、可比较
		目标实现程度	目标管理有效性	（1）是否有对目标进行责任分解和管理的相关工作机制； （2）承接年度工作的各牵头单位是否制订相关的落实方案； （3）目标管理工作机制是否科学、合理，是否能有效保障目标执行和落地
			目标总体完成率	（1）部门是否完成既定任务（总体工作完成率=年度工作要点已完成的数量÷年度工作要点工作总数量）； （2）任务完成的时效和质量是否符合相关要求
	核心业务	综合气象观测水平	观测业务完成率	地面气象观测全国乡镇覆盖率、综合观测业务一级项目年度绩效目标、气象卫星一级项目年度绩效目标等核心业务指标完成既定目标情况
			观测业务关键指标投入产出比	综合气象观测业务关键指标投入和产出情况，反映综合气象观测业务工作努力和发展程度。本指标中综合气象观测业务关键指标选取为实时气象观测资料可用率。投入资金选取气象探测费
		公共气象服务能力	公共气象服务业务完成率	衡量公共气象服务业务目标的完成情况，包括重大活动保障、支农惠农和城市气象服务等方面工作
			公共气象服务关键指标投入产出比	公共气象服务关键指标投入和产出比值，反映公共气象服务工作努力和发展程度。本指标中公共气象服务关键指标选取提升基层气象为农服务能力、直通式为农服务体系覆盖新型农业经营主体的比例。投入资金选取"三农"服务专项经费

续表

一级指标	二级指标	三级指标	四级指标	指标解释
履职效能（40）	核心业务	气象预报预测水平	预报预测业务完成率	全球气候变化监测水平、24小时气象要素预报精细度（空间/时间）、24小时台风路径预报误差、24小时暴雨预报准确率、全球数值天气预报水平（可用预报时效、水平分辨率、气象卫星资料同化量）、气象预报预测一级项目绩效目标等核心业务指标完成情况
			预报预测业务关键指标投入产出比	气象预报预测业务关键指标投入和产出比值，反映预报预测业务工作努力和发展程度。本指标中预报预测业务关键指标选取天气预报业务质量和气候预测质量。天气预报业务质量为全年24小时晴雨预报准确率和最高最低气温预报准确率的平均值；气候预测质量为全年月降水预测准确率和气温预测准确率的平均值。投入资金选取预报预测专项经费
		气象防灾减灾能力	防灾减灾业务完成率	强对流天气预警提前量、气象预警信息公众覆盖率、人工增雨（雪）作业年增加降水量、人工防雹保护面积等核心业务指标完成情况
			防灾减灾关键指标投入产出比	防灾减灾关键指标投入和产出比值，反映防灾减灾工作努力和发展程度。本指标中防灾减灾关键指标选取气象预警信息公众覆盖率。投入资金选取气象灾害防御和服务专项经费

第五章　部门整体预算绩效评价指标体系构建

续表

一级指标	二级指标	三级指标	四级指标	指标解释
履职效能（40）	基础管理	气象依法行政能力建设	防雷减灾体制改革成效	（1）采取有效措施落实国务院规定，推进防雷减灾体制改革的情况； （2）防雷减灾体制改革工作是否取得良好成效
			法规和标准体系建设成效	（1）法规和标准化体系建设工作情况和取得成效； （2）对法规和标准化体系的执行和落实情况
		气象能力建设保障	基础设施建设和综合管理水平	（1）中央投资基建项目进展情况和对核心业务发展发挥作用情况； （2）综合管理一级项目、基础设施维修一级项目绩效目标完成情况
		气象信息数据管理	气象数据开放共享质量	（1）构建气象数据资源开放、共享机制情况，气象云平台、集约型门户网站建设情况，向社会统一提供的基础资料产品和卫星遥感数据产品数量情况；信息传输与处理一级项目绩效目标完成情况。 （2）核心期刊文章中引用气象数据的比例。 （3）为企业和国家重大科研项目提供数据服务产生的经济效益
管理效率（20）	预算管理	预算编制水平	预算编制规范性	（1）单位是否建立健全预算编制、审批、执行、决算与评价等预算内部管理制度以及三年滚动财政规划、项目库管理、健全项目预算审核机制执行落实情况和工作成效； （2）收入和支出预算编制是否规范，是否将所有部门预算收入全部编入收入预算
			预算编制科学性	（1）预算科目编制是否符合相关规定或要求，测算依据是否合理，是否与部门核心职责密切联系； （2）预算科目、项目的编制是否科学合理，编排是否清晰

续表

一级指标	二级指标	三级指标	四级指标	指标解释
管理效率（20）	预算管理	预算执行效益	预算资金使用效率	（1）支出预算完成率=（支出决算数÷支出预算总额）×100% （2）预算调整率=（预算调整数÷预算数）×100% 预算调整数：部门在本年度内涉及预算的追加、追减或结构调整的资金总和（因落实国家政策、发生不可抗力、上级临时交办而产生的调整除外）。 （3）结转结余率=结转结余资金总额÷支出预算总额×100% 结转结余变动率=[（本年度累计结转结余资金总额－上年度累计结转结余资金总额）÷上年度累计结转结余资金总额]×100%
			成本控制努力程度	（1）在职人员控制率=（在职人员数÷编制数）×100% （2）人均公用经费变动率=[（本年度人均公用经费－上年度人均公用经费）÷上年度人均公用经费]×100% 人均公用经费=年度在职人员公用经费实际支出数÷年度实际在职人数 （3）"三公经费"变动率=[（本年度"三公经费"总额－上年度"三公经费"总额）÷上年度"三公经费"总额]×100% （4）会议费变动率=[（本年度会议费总额－上年度会议费总额）÷上年度会议费总额]×100%
		预算监督成效	预算公开透明程度	是否按照相关制度规定开展及时公开部门预算和决算情况；公开内容是否符合规定要求
			预算绩效管理水平	（1）按照相关制度规定开展预算绩效评价工作情况，包括预算绩效目标设定和项目、政策、整体支出等内容以及绩效评价结果应用情况； （2）在财政部预算绩效管理工作考核中的成绩

第五章 部门整体预算绩效评价指标体系构建

续表

一级指标	二级指标	三级指标	四级指标	指标解释
管理效率（20）	收支管理	规范管理程度	收支管理规范性	（1）是否建立健全收入内部管理制度；是否建立健全支出内部管理制度、政府采购内部管理制度、建设项目内部管理制度、合同内部管理制度。 （2）财政拨款收入、事业收入、上级补助收入、附属单位上缴收入、经营收入及其他收入取得是否合法合规，管理是否符合事业单位财务规则的有关规定；上缴国库或者财政专户的资金是否按照国库集中收缴的有关规定及时足额上缴；是否按照规定提取或者设置的有专门用途的资金。 （3）资金的拨付和使用是否有比较完整的审批程序和手续；财务核算符合国家财经法规和财务管理制度及专项资金管理有关规定；部门基础数据信息和会计信息资料的真实性、完整性、准确性。 （4）国库集中支付制度和政府采购制度执行落实情况
		支出合理程度	支出结构合理性	（1）基本支出和项目支出结构是否合理，体现核心业务的一级项目配比是否合理，重点项目（一级项目）支出保障率； （2）非中央财政拨款对核心业务发展的支撑作用，表现为核心业务一级项目中非中央财政拨款的占比情况； （3）地方财政拨款对气象业务发展的支撑作用，表现为地方财政拨款在项目支出中的占比情况
	资产管理	国有资产管理成效	资产管理规范性	（1）是否建立健全资产内部管理制度，资产保存是否完整，是否定期对固定资产进行清查，是否有因管理不当发生严重资产损失和丢失的情况； （2）是否存在超标准配置资产； （3）资产使用是否规范，是否存在未经批准擅自出租、出借资产行为； （4）资产处置是否规范，是否存在不按要求进行报批或资产不公开处置行为
			部门固定资产利用率	部门固定资产利用率=（部门实际在用固定资产总额÷部门所有固定资产总额）×100%或资产闲置率=（闲置资产总额÷部门所有固定资产总额）×100%

续表

一级指标	二级指标	三级指标	四级指标	指标解释
管理效率（20）	业务管理	气象业务管理水平	业务之间交叉程度	（1）业务单位内部职能和工作之间是否存在交叉情况，业务单位内部管理效率是否高效； （2）各业务单位之间工作是否存在交叉，业务单位之间是否存在因工作内容交叉而导致重复投入情况
社会效应（20）	外部影响	国民经济影响	促进经济发展效益	（1）气象服务产生经济效益评估情况； （2）气象工作的社会经济效益投入产出比测算情况
			保障生态环境效益	（1）服务大气污染防治行动计划的情况； （2）应对气候变化、极端天气和气候事件的能力； （3）开发利用气候资源成效
			保障人民生命财产效益	（1）气象灾害造成的经济损失占GDP的比例变化情况； （2）因气象灾害死亡人数变化情况。 计算公式： 当年气象灾害造成的经济损失占GDP的比例＝当年气象灾害造成的经济损失÷当年GDP×100%
		国际影响	提升国际影响力	反映气象部门参与世界气象组织及其他国际气象机构的活动、开展国际交流、承担国际责任的情况
	社会满意	服务对象满意	用户满意度	衡量普通用户、科研用户和行业用户对气象服务的满意度
		管理对象满意	企业和社会组织满意度	衡量相关企业、社会组织和行业协会对气象行政审批、管理服务、参与公共气象服务情况的满意度
		监督部门评价	外部监督部门评价	衡量外部监督部门对气象部门依法行政情况的满意度

第五章 部门整体预算绩效评价指标体系构建

续表

一级指标	二级指标	三级指标	四级指标	指标解释
可持续性（20）	体制机制改革	全面深化气象改革	气象服务体制改革成效	（1）在气象服务社会化、市场化改革方面是否有重要举措； （2）是否有创新做法和相关典型案例； （3）是否有积极显著成效，促进气象服务提供主体的创新，提高气象服务市场的活跃度
			气象业务科技体制改革成效	（1）在气象科技体制改革和相关配套机制方面是否有相应的重要改革举措； （2）是否有创新做法和相关典型案例； （3）是否有积极显著成效
			行政管理体制改革成效	（1）在行政管理体制方面是否有相应的重要改革举措； （2）是否有创新做法和相关典型案例； （3）是否有积极显著成效
	创新驱动发展	现代化支撑	气象现代化进程	（1）气象现代化评价体系是否科学合理； （2）气象现代化评分和进程情况
		科技支撑	基础研究能力	（1）重大核心技术攻关和重点研发项目与气象部门核心职能或业务的匹配程度； （2）科研经费支出与核心技术匹配程度； （3）科研经费投入成效：省部级和国家级科技奖获得数量/当年度科研经费投入资金
			科技成果转化能力	（1）科技成果转化和应用与气象部门核心职能或业务的匹配程度； （2）科技成果转化和应用情况与成效
		人才支撑	高层次人才培养	（1）高层次领军人才培养、创新团队建设工作开展情况和成效，是否符合人才发展规划的要求； （2）国家人才工程人选情况，新入选国家级高层次人才工程的领军人才数量情况，是否有创新团队入选国家级创新团队
			高学历人才储备	（1）高级职称人才比重人才规划发展目标接近率＝实际值÷气象人才发展主要指标值 （2）硕士和博士人才数量人才规划发展目标接近率＝实际值÷气象人才发展主要指标值

(三) 两者理论模型应用辨析

逻辑模型呈现的是公共部门结果链所隐含的因果关系，而平衡计分卡通过组织流程的打碎及重构，选取四个新型维度，形成抽象的因果关系，重构的因果关系更加注重作为"因"的学习与成长以及作为"果"的使命，因此，相比之下平衡计分卡一方面体现了历史财务数据与部门未来价值驱动因素的平衡，弥补了传统财务评价指标体系的不足，实现了各部门绩效评价的创新性变革，另一方面将部门的使命和战略融入评价指标体系中，使其具备战略沟通和战略管理的功能，加之这一模型与政府部门的价值取向高度一致，基于平衡计分卡构建部门整体支出绩效评价指标体系，既可相对独立于项目支出绩效评价指标体系，又能辅助部门更好地实现自身职能和战略目标。

因能从更全面的角度对部门财政资金总量安排的合理性、资金结构与部门核心职能的匹配性、资金安排对部门战略目标实现的支撑度等方面进行考量，财政部预算评审中心设计的这套部门整体支出绩效评价指标体系在准确反映部门整体及核心业务实施效果、资产和业务活动状况，促使部门进一步科学合理配置资金、提高预算资源使用效益等方面发挥了重要作用，也因此得到相关部门的高度肯定。2018年9月发布的中共中央、国务院《关于全面实施预算绩效管理的意见》，关于部门和单位预算绩效管理方面，即选用了这一针对部门预算绩效的评价指标。中共中央、国务院《关于全面实施预算绩效管理的意见》明确指出，"实施部门和单位预算绩效管理。围绕部门和单位职责、行业发展规划，以预算资金管理为主线，统筹考虑资产和业务活动，从运行成本、管理效率、履职效能、社会效应、可持续发展能力和服务对象满意度等方面，衡量部门和单位整体及核心业务实施效果，推动提高部门和单位整体绩效水平"。

平衡计分卡是对传统绩效评价方法的一种突破，但是不可避免地也存在自身的一些缺点。

1. 实施难度大。平衡计分卡的实施要求部门有明确的组织战略；高层管理者具备分解和沟通战略的能力和意愿；中高层管理者具有指标创新的能力和意愿。因此管理基础弱的部门难以直接引入平衡计分卡，必须先提高自己的管理水平，才能循序渐进地引进平衡计分卡。

2. 指标体系的建立较困难。平衡计分卡对传统业绩评价体系的突破就在于它引进了非财务指标，克服了单一依靠财务指标评价的局限性。然而，这又带来了新的问题，即如何建立非财务指标体系、如何确立非财务指标的标准以及如何评价非财务指标。财务指标的创立是比较容易的，而其他三个方面的指标则比较难以收集，需要长期探索和总结。而且不同的部门面临着不同的问题，需要不同的战略，进而设定不同的目标，因此在运用平衡计分卡时，要求部门的管理层根据部门战略、主要职能加以仔细斟酌。

3. 指标数量过多。指标数量过多，指标间的因果关系很难做到真实、明确。平衡计分卡涉及财务、顾客、内部业务流程、学习与成长四套业绩评价指标，按照卡普兰的说法，合适的指标数目是 23~25 个。其中，财务角度 5 个，客户角度 5 个，内部流程角度 8~10 个，学习与成长角度 5 个。如果指标之间不是呈完全正相关的关系，在评价最终结果的时候，应该选择哪个指标作为评价的依据；如果舍掉部分指标的话，是不是会导致业绩评价的不完整性。这些都是在应用平衡计分卡时要考虑的问题。

4. 部分指标的量化工作难以落实。尤其是对于部分很抽象的非财务指标的量化工作非常困难，如客户指标中的客户满意程度和客户保持程度如何量化，再如员工的学习与发展指标及员工对工作的满意度如何量化等，这也使得在评价部门业绩的时候，不可避免带有主观的因素。

5. 实施成本偏高。平衡计分卡要求部门从财务、客户、内部流程、学习与成长四个方面考虑战略目标的实施，并为每个方面制定详细而明确的目标和指标。在对战略的深刻理解外，需要消耗大量精力和时间把它分解到部门，并找出恰当的指标。而落实到最后，指标可能会多达数十个，在考核与数据收集时，也是一个不轻的负担。并且平衡计分卡的执行也是一个耗费资源的过程，一份典型的平衡计分卡需要 3~6 个月去执行，另外还需要几个月去调整结构，使其规范化，因而总的开发时间长达一年或更长的时间。

基于上述问题的现实存在，虽然《中共中央 国务院关于全面实施预算绩效管理的意见》提出，要从运行成本、管理效率、履职效能、社会效应、可持续发展能力和服务对象满意度等方面，衡量部门和单位整体及核心业务实施效果，推动提高部门和单位整体绩效水平，但在该文件发布之后，各级各地以此为评价维度，设计部门整体预算绩效评价指标体系，开展部门整体预算绩效评价的较少。由此，还应对此指标体系的进一步完善开展细致深入的研究，并提出能够供各级各地实际操作的部门整体预算绩效评价指标体系。

第三节 部门整体预算绩效评价指标体系的完善思路

部门整体预算绩效评价将部门与预算活动密切相关的经济成果、社会贡献、环境改进和社会满意度纳入监督范围，使政府部门不仅要对资源的使用负责，更要对资源使用产生的结果负责，以帮助部门查找预算管理过程中的薄弱环节，规范资金管理行为，强化支出责任，从整体上提升预算绩效管理水平，提高财政资金使用效益，更好地履行职责。

部门整体预算绩效评价意义重大，《中共中央 国务院关于全面实施预算绩效管理的意见》（以下简称《意见》）对此明确指出，要"实施部门和单位预算绩效管理。将部门和单位预算收支全面纳入绩效管理，赋予部门和资金使用单位更多的管理自主权，围绕部门和单位职责、行业发展规划，以预算资金管理为主线，统筹考虑资产和业务活动，从运行成本、管理效率、履职效能、社会效应、可持续发展能力和服务对象满意度等方面，衡量部门和单位整体及核心业务实施效果，推动提高部门和单位整体绩效水平"。由此，还应以此为核心，在对国内外相关研究成果进行充分借鉴与学习，深刻理解并透彻掌握相关理论框架的基础上，提出适合中国国情并具有中国特色的部门整体预算绩效评价指标体系构建思路。

一、部门整体预算绩效评价共性指标框架设计与完善

应以问题为导向，针对部门整体预算绩效评价指标体系设置中存在的问题，提出部门整体预算绩效评价共性指标框架的改进思路与方法。

（一）部门整体预算绩效评价共性指标框架设计原则

部门整体预算绩效评价指标共性框架应依照系统性、可衡量、全面性等原则进行设计。

1. 增强指标体系的系统性，突出绩效指标的重要性和综合性。部门整体预算绩效评价共性指标框架应具有系统性，应建立在总体的、综合的部门整体预算绩效基础之上，各指标之间应该内部结构良好、指标关系一

致,从而保证评价结果。在整体绩效之下,通过对部门工作任务的分解,形成包括产出指标和效益指标在内的指标体系。产出指标与效益指标下的二级指标对应部门的整体或重点工作,使部门整体或重点工作成为贯穿产出和效益各具体指标的主线。如果产出数量指标为年度部门整体预算所对应的重点领域或重点项目,则产出的质量、进度、及时性指标以及各项效益指标也应围绕这些重点领域或项目进行。对于整体工作的反映,尽量采用综合性指标,而对于具体工作的反映,则尽量采用比较有代表性的重要指标。绩效指标的设定不应面面俱到,要抓住工作重点,同时应减少具体尤其是单个项目的绩效情况。

2. 注重各项指标的可衡量性。可衡量性既包括对定量指标的量化,还包括对定性指标的分级分档表述。只有这样,才能使定量指标和定性指标都能够进行量化。有些难以量化的指标可通过在表述上与历史年度相比、与其他地区相同部门的情况对比、与部门应当实现的目标对比等方式,形成级别或档次。

3. 避免对可度量原则理解偏差带来的关键指标遗漏问题。可度量原则是指绩效指标是数量化或者行为化的,验证这些绩效指标的数据或信息是可以获得的。可度量原则是所有指标体系设计应注重的一个灵魂性的原则,因为考核的可行性往往与这个原则的遵循有最直接的关系。然而,可度量并不是单纯指可量化,可度量原则并不要求所有的指标都必须是量化指标。但是,在实际设计中,应尽力使所有的指标都可以量化。诚然,量化的指标更便于考核和对比,但过分追求指标的量化程度,往往会使一些不可量化的关键指标被遗漏在系统之外。

(二) 部门整体预算绩效评价共性指标设计思路

鉴于部门整体预算绩效管理的重要意义,《意见》明确要求:"各级财政部门逐步开展部门整体绩效评价。"落实《意见》精神,逐步推开部门整体预算绩效评价,显然成为财政部门未来一段时期在预算绩效管理领域需要着重关注与开展的重要工作。因此,借鉴科学合理的评价方法,进一步完善部门整体预算绩效评价指标共性框架,就成为财政部门需要深入思考的问题。为此,应做到:

1. 拓展评价范围,涵盖部门预算收入与支出。《意见》首次提出,要求"将部门和单位预算收支全面纳入绩效管理,实施部门和单位预算绩效管理"。构建部门整体预算绩效评价共性指标框架,也应按照这一思路,将部门和单位预算的收支纳入评价范围,实现部门预算的全口径监督与管理。

2. 明确部门绩效是基本支出和项目支出共同作用的结果。基本支出是部门履职的重要基础,也会直接对应部门的部分核心职能,如审批、行政管理等,对主要承担行政及综合管理职能、资金结构为基本支出主导型或平衡型的部门更为重要,在构建部门整体预算绩效评价指标框架时,应对此予以考虑。

3. 明确基本支出和项目支出评价的侧重点。基本支出是非专门性支出,评价时无须单独评价其对应的履职效能,但对资金可以选取合理角度评价,比如机关运行经费控制程度等。项目支出是专门用途资金,除纳入部门整体绩效框架体系内评价之外,还应选取一定比例单独开展评价,并对整体绩效进行印证和反推。

从基本支出看,目前各地均实行定员定额管理,定员和定额均经过有关主管部门较为科学规范的测算,在整体支出绩效评价中衡量其绝对成本高低的必要性和可行性均不足,可考虑使用相对成本指标来反映,比如机关运行经费控制率或变动率、"三公经费"控制率或变动率等。从项目支出看,由于项目类型、工作内容、所在行业等纷繁复杂,用统一的测算方法和标准衡量其成本难度很大。从当前的实践看,对单个项目绝对成本的科学测定和衡量工作量已较大,对部门所有项目成本的核定更是难以完成。同时,由于项目支出绝对成本不具有必然的科学合理性,也不能用相对成本指标加以衡量。因此,就目前条件而言,项目成本控制只能通过成本控制措施等管理手段来反映,对其绝对成本和相对成本的衡量,需要留待项目定额标准体系逐步建立完善后才能实现。

4. 构建部门职责—核心任务—预算项目三级绩效考核体系,设计相对应的指标体系。应以职责为核心,明确部门中长期发展规划,以部门发展规划为依据,确定部门年度核心工作任务,并将工作任务细化为具体的预算项目,设置相关评价指标体系。

在部门职责梳理上,以部门"三定"方案、工作计划及政府工作部署等文件为依据,在总结部门最近 3~5 年工作的基础上,确认部门的核心职责,并确保各部门职责边界清晰、不交叉、不重叠。部门职责一般分为部门核心职能、专业职能和管理/行政职能,其中核心职能是为社会提供核心公共服务;专业职能是为部门有效达成工作目标提供服务,如科技创新、人才培养等;管理/行政职能提供部门基础保障,如人、财、物

第五章 部门整体预算绩效评价指标体系构建

保障等。

在核心任务上,不仅要反映任务产出,比如举办多少次活动、补助多少人数,还应反映任务效果,比如活动参与度、人群覆盖率等,否则在评价中容易出现重点任务均已完成,但部门履职效果实际不佳的状况。

在预算项目上,可选取部分重点项目开展重点评价,也可以通过统计全面数据,比如完成率等来反映。预算项目绩效可与其他层次绩效相互验证,比如部门使命、职责实现和重点任务目标均实现,但是重点项目绩效完成不佳,可以在一定程度上反映出项目设置与部门整体绩效无较大关联、预算与部门战略规划"两张皮"等问题。

(三) 部门整体预算绩效评价共性指标体系改进与完善

应按照指标选取的原则,以平衡计分卡为设计出发点,以《意见》提出的"运行成本、履职效能、管理效率、社会效应、可持续发展能力和服务对象满意度"为基本评价维度,设计部门整体预算绩效评价一级指标。同时,借鉴"投入、产出"逻辑模型及KPI设计思想,构建部门整体预算绩效评价二级指标体系,以搭建既具有理论支撑,同时又能适用于中国部门整体预算绩效评价实际需求,覆盖面更广、评价层次更清晰的部门整体预算绩效评价共性指标框架。

1. 部门整体预算绩效评价共性指标框架一级指标内涵界定。政府作为一种公共组织,是为广大民众利益服务的,政府的价值主要体现在其外部性而非自身利益最大化,这与企业以"利润最大化"或"股东价值最大化"为核心截然不同,这也使政府和企业的战略目标出现根本性的差异,政府的战略性目标包括公平、效率、平等、公正、民主、秩序、安全等,这些都指向促进政府部门的外部利益最大化。

2003年,尼文(Niven)在《面向政府和非营利组织平衡计分卡实施步骤》一书中,阐述了政府部门应用平衡计分卡的基本理论和实践路径。尼文认为,政府部门引入平衡计分卡应充分考虑自身的特性,应以部门战略为核心,在部门长期指标和短期指标、结果指标和行为指标、外部指标和内部指标等重要管理变量之间取得平衡(见图5-5)。

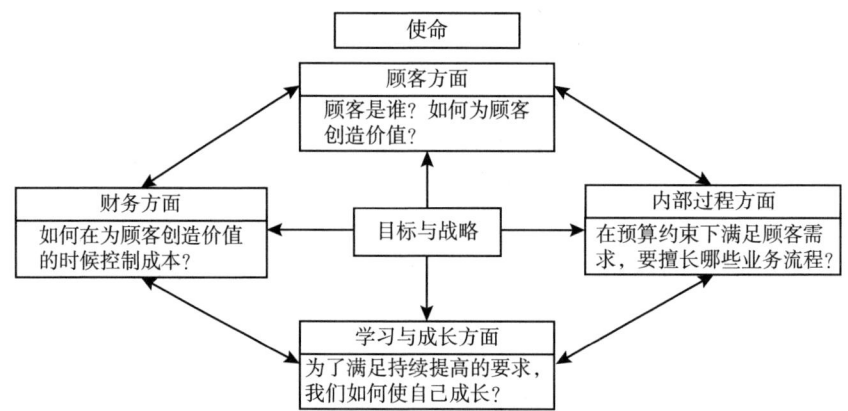

图 5-5 公共部门应用平衡计分卡的基本理论

本部分以平衡计分卡的思想为指导,在充分考虑平衡计分卡应用于预算绩效评价特殊性的基础上,对传统平衡计分卡模型进行了一定修正:以履职效能、部门效益和服务对象满意度替代顾客方面的维度,用运行成本替代财务方面的维度,用部门管理替代内部过程,用部门可持续发展能力替代学习与成长,同时添加部门战略规划指标。

修正后的部门整体预算绩效评价指标体系由部门战略规划、部门运行成本、部门管理效率、部门履职效能、部门社会效应和服务对象满意度、部门可持续发展能力等维度组成。

(1) 部门战略规划。政府作为非营利性公共组织,其最终目标不在于获取财务成功,而在于实现战略目标,完成其社会使命。但缺乏科学合理的战略考虑,未能清晰明确描述战略和使命,预算配置与部门战略缺乏有效关联,部门未能良好地履行职能,是当前政府部门预算绩效管理存在的共通问题。对此,应借助平衡计分卡科学调整部门预算绩效管理架构,将部门战略作为管理的核心,置于绩效评价指标体系的顶层架构。

由此,部门战略及发展愿景应为部门整体预算绩效评价的首要指标,应通过战略愿景与部门绩效目标的有机结合,强化部门战略对部门管理工作的指导与预算资源的优化配置,从整体上促进部门预算与部门目标、部门战略规划间的有效衔接与紧密联系,以增强部门预算绩效管理、强化部门预算对部门战略规划实现的有效支撑。由此,在基于平衡计分卡设计部门整体预算绩效评价指标体系时,其第一个考核维度应为部门战略规划。

该维度可选择如下评价指标:部门战略规划与国家战略的一致性、与

第五章　部门整体预算绩效评价指标体系构建

部门职能的匹配性，部门发展目标与战略规划的相符性，部门发展目标的合理性、可实现性与可衡量性，部门预算编制与部门发展目标的相关性及其保障性等。

（2）部门运行成本。运行成本是部门预算绩效管理的约束条件，因此，部门应基于预算资金支持，结合财务管控，在有效控制成本的同时，为公众创造更多的社会价值。在部门整体预算绩效评价过程中，部门应对纳税人负责，合理运用预算资金，实现对公共支出实际成本的有效控制，促进预算资金配置与使用效率的有效提高。

通常情况下，针对公共部门的运行成本是指政府部门在一定时期内为社会生产公共产品、提供公共服务、进行政府自我管理的活动所付出的费用，广义来说包含核心预算（running-costs）（养人的钱），即人员经费、办公经费；机构预算（bureau-budget）（设机构的钱），即资产维护性支出、专项支出、债务利息支出，可理解为职能处室为维持本部门运转所花费的资金；项目预算（program-budget）（做事的钱），即以项目形式划拨机构以完成部门职能的钱，包括政府购买、政府投资和政府转移支付，可理解为业务处室为完成本部门的事权，即社会经济职能运转所花费的资金。这种分类方式结合了政府机关的职能和组织架构，是对传统政府运行成本按人力成本、设备成本、隐性成本等分类的一种补充，以便更明确地理解经常被提到的"人吃、马喂和专项"的内在含义。"人吃"支出大致等于核心预算，"马喂"支出大致等于机构预算，"人吃""马喂""专项"支出大致可理解为部门预算。

狭义的政府运行成本指的是核心预算和机构预算，即"人吃"和"马喂"的部分，是部门整体预算绩效评价应该关注的领域，也是本评价指标设置的出发点。该维度可选择如下评价指标：服务成本以及实际开支，部门人均支出水平，部门财务管理与内部控制、部门核心业务投入产出比等。

（3）部门管理效率。政府部门以规范、严谨、程序化为特征，工作流程的评价指标尤其重要。政府的很多战略目标，比如公平、平等、效率、公正、秩序等，都需要规范性的内部流程来保障。建立一个廉洁、高效、为民谋福利的政府，需要一系列规范化的组织流程作为支撑。部门应科学制定各项业务流程，在遵循预算约束的前提下，对部门战略进行严格有效的执行，促进公众满意度实现有效提升。部门应关注内部关键流程，对价值主张进行有效传递，增强自身的预算执行力，有效实现自身肩负的社会使命。

政府管理效率代表政府的生产力，是衡量政府管理效率的重要指标，提升行政效率是政府行政管理的出发点和落脚点。该维度可选择如下绩效评价指标：部门基础制度管理、业务管理、预算管理和资产管理等。

（4）部门履职效能。部门的履职效能指部门工作目标的实现程度、部门职责履行以及重点工作完成情况，主要体现的是部门对职责范围内公共产品或公共服务的谋划与实际供给。

该维度可选择如下绩效评价指标：部门总体任务目标完成情况、部门核心任务完成情况。

（5）部门社会效应和服务对象满意度。政府的存在理由和目标是保障民众的利益，民众作为政府最大的顾客，决定着政府的存在和发展。民众的满意度以及民众的社会福利普及程度是考核政府行为的最重要的指标。政府部门要考虑公众需求，并对外部环境变化进行深入了解，据此对自身战略进行有效反馈和科学调整。

对于该维度可选择如下衡量指标：政府部门提供公共服务和相关产品的有效性，公众对政府部门所提供的公共服务和相关产品的满意度。

（6）部门可持续发展能力。政府部门的学习和成长主要来自部门进行科学变革和有效改进的相关能力。部门的可持续发展能力，主要体现在制度安排层面，可选择如下绩效评价指标：有效性较强的管理信息系统、对部门组织文化进行的改进、创新驱动发展能力、具备所需各项能力的员工人数、核心人员的离职率、员工实际满意度等。

2. 部门整体预算绩效评价共性指标框架设计。基于上述部门整体预算绩效评价维度，可考虑将部门整体预算绩效评价的共性指标体系设定如表5-8所示。

表5-8　部门（单位）整体预算绩效评价的共性指标框架

一级指标	二级指标	主要考核内容	指标解释
部门战略规划	战略规划相符性	与国家战略匹配、与部门职能相符	部门战略规划与国家战略匹配性、与部门职能相符性
	绩效目标合理性	绩效目标与部门战略相符	部门绩效目标与部门战略相符性
		绩效目标科学合理	部门绩效目标科学合理、细化量化
	预算编制保障性	对部门战略及绩效目标的保障	部门预算编制对部门战略的保障程度、对绩效目标的保障程度

第五章 部门整体预算绩效评价指标体系构建

续表

一级指标	二级指标	主要考核内容	指标解释
部门运行成本	基本经费成本控制	财政供养人员控制率	部门年度范围内，在岗人员和在编人员的比率，综合评价考核对象对人力成本的把控能力
		人均公用经费变动率	（年度在职人员公用经费实际支出数÷年度实际在职人数）与上年之比
		"三公经费"变动率	本年度"三公经费"总额与上年度"三公经费"总额之比
	项目经费成本控制	核心业务投入产出比	近3年核心业务投入情况，项目成本控制情况
部门管理效率	预算管理	预算编制	部门年度收支预算编制科学合理
		预算执行	部门年度收支预算实际执行规范
		收支管理	部门对收入和支出的管理
		预算公开	部门预算信息公开，预算公开透明度
	资产管理	资产管理规范性	部门资产管理规范性
		部门固定资产利用率	部门资产利用情况
	业务管理	业务管理水平和能力	部门业务管理水平和效率
	基础管理	依法行政能力	部门法规和标准化体系建设工作开展和取得的成效
		基础能力建设	部门基建投资建设和信息化建设对部门业务发展和能力建设的保障程度
		综合管理水平	部门综合管理能力和制度建设等情况，体现部门综合管理能力和水平

续表

一级指标	二级指标	主要考核内容	指标解释
部门履职效能	目标总体完成率	目标总体完成率	部门年度工作总体完成情况
	核心任务1完成率	核心任务1完成率	部门年度核心任务完成情况
	核心任务n完成率	核心任务n完成率	部门年度核心任务完成情况
部门社会效应	政治效益	社会效应指标1	部门（单位）履行职责对政治建设所带来的直接或间接影响
	经济效益	—	部门（单位）履行职责对经济发展所带来的直接或间接影响
	生态效益	—	部门（单位）履行职责对生态环境所带来的直接或间接影响
	社会效益	社会效应指标n	部门（单位）履行职责对社会发展所带来的直接或间接影响
	服务对象满意度	服务对象满意度	服务对象对部门服务的满意度
		管理对象满意度	管理对象对部门服务的满意度
		外部监督部门评价	外部监督部门对部门依法行政情况的满意度
部门可持续性发展能力	体制机制改革	服务体制改革成效	部门服务社会化、服务市场等情况
		行政管理体制改革成效	机构、职能、权力、责任、程序法定化，明确事权和相应的支出责任等情况
	创新驱动发展	人才支撑	人才对部门工作可持续发展的支撑
		科技支撑	科技对部门工作可持续发展的支撑

第五章 部门整体预算绩效评价指标体系构建

二、部门整体预算绩效评价个性指标体系设计原则与思路

（一）部门整体预算绩效评价个性指标体系设计原则

在设计部门整体预算绩效评价个性指标框架时，应研究相关设计思路及设计原理，着重关注如下构建标准。

1. 科学客观。这一原则包含两个要求：一是客观，即建构绩效评价指标体系必须采取严谨的态度，不能带有个人的主观偏见，更不能任意歪曲事实。应当以事实为依据，让事实和数据说话。应当依据统一的、标准化的衡量尺度进行取舍，注意排除指标选样过程中个人主观因素的影响。在指标体系建构过程中，对模型计算结果可能出现的偏差进行分析估计时，要尽可能消除主观因素的干扰，尊重客观计算结果。

二是科学，科学性主要体现在理论与实际结合和采用科学方法等方面，即评价的内容要有科学的规范性，指标体系建构的过程和结果应符合实证性和逻辑性。评价指标科学与否，取决于是否经过系统的经验观察和正确的逻辑推理。构建绩效评价指标所依据的事实应当是全面的、具有内在逻辑和相关性的，而不是个别的或偶然的，评价结果必须来自对客观实际的观察，并进行科学的抽象，而且要经得起实践的检验。不能在收集资料时东拼西凑、牵强附会，仅凭个别资料就得出结论，导致指标丧失科学性。

2. 系统全面。预算管理是一项系统工程，系统内部各要素之间既密切相关，又相互制约。只有系统内部各要素有机协调，整个预算管理系统的绩效才会良好。因此，绩效评价指标体系应该是一个多维的整体系统。在设置评价指标体系和选取个体指标时，应考虑各类指标在整体评价体系中的合理构成，以达到评价指标既能突出重点，又能保持相对均衡统一的目的，从而实现系统的最优化。

部门整体预算绩效评价因具有多因性和多维性的特点，评价内容虽不能包罗万象，但必须包括影响项目绩效的各个主要方面，这样才能保证绩效评价是全面而有效的。任何单一的指标都不可能全面反映项目支出绩效各方面的情况，因此必须综合多种指标全面衡量预算管理的绩效。由此，在指标选取时，要注意避免出现缺失或者污染。所谓缺失，是指绩效评价指标没能完全反映被评价者绩效的主要方面，指标的选择不全面；绩效评

价指标的污染，则是指选取的绩效评价指标与被评价者的目标无关。

3. 目标导向。管理者要求什么，被评价者就会追求什么，绩效评价就是这样的指挥棒。如果管理者追求顾客满意度，就要考核顾客满意指标，考核影响顾客满意的过程指标，被评价者在自己的工作中就将努力提高这些方面的绩效，以得到管理者的认可。因此，绩效评价指标应该在对管理者的预期目标进行分解的基础上产生，强调绩效评价指标对被评价者的引导作用，从而使被评价者能够为绩效目标的实现做出贡献。

4. 连续稳定。信度是指绩效评价指标的一致性或稳定性程度。如果系统全面是对指标体系空间上完整性的要求，连续稳定就是对指标体系在时间上完整性的要求。科学有效的绩效评价不是一次性完成的，而是一个长期的过程，保持评价指标的相对稳定可以有以下两个作用：一是比较参考作用。测定可量化工作的业绩，数字是最佳的衡量工具，但是缺乏可供比较的基准数字，任何资料都是没有意义的，只有能够与其过去的指标相比，才能显示出绩效的高低。

二是预测警示作用。积累了足够数量的时间序列指标后，对其进行线性排序，可以得到某些工作业绩的演化趋势信息，对其进行分析就可以得到具有一定信度的业绩趋势预测。在建构指标体系时，应尽量选取可以按照时间序列排序的矢量指标。

5. 操作便捷。绩效评价指标体系是要运用到日常管理活动中的，因此必须操作性强、便捷实用。所选择的绩效评价指标要有可操作性，能够被衡量。绩效评价指标是否可以被衡量，有两个评判标准：第一是可以用数量表示；第二是可以用行为描述。两者只要符合其一，就可以衡量。不能用数量表示也无法用行为描述的指标，可操作性弱，适用性差，应慎重选用。

（二）部门整体预算绩效评价个性指标体系设计思路

应在分类设计的总体思路下，依照部门职责、行业发展政策以及与绩效目标挂钩的原则，构建项目支出绩效评价个性指标体系。

1. 分类设置部门整体预算绩效评价个性指标体系。还应按照不同部门职能属性的不同，分别制定具有部门属性特征的共性指标。对于具有政策制定权限的部门，这些部门以保障公共产品和服务供给为主，应主要考察其公共产品和服务供给的程度及深度，弱化其经济效益指标。对于以政策执行为主的国务院直属机构，则主要评估其政策的落实及实施效果。同时，这些部门也以保障公共产品和服务供给为主，也应主要考察其公共产品和服务供给的程度及深度，弱化其经济效益指标。对于具有一定经济管理权限的机构，则要适当增加其政策制定与执行，以及对经济社会发展的促进及影响程度指标。

2. 从部门职能出发构建部门整体预算绩效评价个性指标体系。理论上来说，不论是对部门项目支出，还是对部门整体预算开展绩效评价，其根本目的都是通过对财政资金决策和使用效益的评价，反思部门履职行为是否正当、是否有效、是否违背了公共责任，服务对象对政府履职和提供的公共服务是否满意等方面的问题。绩效评价指标是开展绩效评价的工具，也是绩效评价价值导向的引导和反映，对部门项目支出绩效评价指标体系，特别是个性化评价指标体系的设计，应紧扣部门职责的履行，在厘清部门职责的基础上，对部门财政支出活动进行考察，进而查看部门财政支出项目的设立与部门职责履行行为之间的匹配性，部门项目的执行与实现公共价值所需资源之间的相关性，以及部门项目执行结果与应有的社会贡献度之间的相符性。因此，部门职责的履行应成为项目支出绩效评价个性指标体系设计的逻辑起点。

3. 结合绩效目标构建部门整体预算绩效评价个性指标体系。绩效目标是预算绩效管理的对象在一定时期内达到的产出和效果，是预算绩效管理的第一环节，是编制部门预算、编制中期财政规划、实施绩效运行跟踪监控、开展绩效评价等的重要基础和依据。绩效评价指标体系的设计是绩效目标的具体化过程，目标的准确性、全面性、相关性及其最终的实现情况如何，都要通过绩效评价指标，特别是与每一目标高度相关的个性化指标来衡量。因此，绩效评价个性指标体系的构建必须以绩效目标为基础。

第六章

部门整体预算绩效信息公开制度研究

第一节 部门整体预算绩效信息公开的必要性与制度框架

一、财政预算信息公开的发展历程

财政预算信息公开透明不仅是构建现代财政预算制度的要求，更是实现国家治理现代化和提升国家治理能力的重要手段。2008年《中华人民共和国政府信息公开条例》正式实施，要求县级以上各级政府及其部门在各自职责范围内确定主动公开的政府信息的具体内容，并重点公开财政预算、决算报告，为预算公开提供制度保证。2009年，财政部首次公布了财政预算报告和中央财政收入预算表、中央财政支出预算表、中央本级支出预算表、中央对地方税收返还和转移支付预算表4张表格，财政预算公开迈出重要一步。随后，在2010年报送全国人大审议预算的98个中央部门中，75个部门公开了部门预算，2011年这一数字增长至92个（见表6-1）。

第六章 部门整体预算绩效信息公开制度研究

表6-1 2008年至今预算公开相关法规文件

发布时间	发文机构	法规文件名称
2008年5月	国务院	《中华人民共和国政府信息公开条例》
2008年9月	财政部	《财政部关于进一步推进财政预算信息公开的指导意见》
2010年3月	财政部	《财政部关于进一步做好预算信息公开工作的指导意见》
2011年1月	财政部	《财政部关于深入推进基层财政专项支出预算公开的意见》
2011年5月	国务院	《国务院办公厅关于进一步做好部门预算公开工作的通知》
2012年6月	国务院	《机关事务管理条例》
2013年8月	财政部	《财政部关于推进省以下预决算公开工作的通知》
2014年8月	第十二届全国人民代表大会常务委员会第十次会议	《中华人民共和国预算法（2014年修正）》
2014年10月	国务院	《国务院关于深化预算管理制度改革的决定》
2016年2月	中共中央办公厅、国务院办公厅	《关于进一步推进预算公开工作的意见》

资料来源：根据中央人民政府门户网站、中华人民共和国财政部官网信息整理而得。

党的十八届三中全会以来，财政预算公开不断深化，并进一步纳入法制化轨道。2015年，新《预算法》正式实施，其中第十四条规定"经本级人民代表大会或者本级人民代表大会常务委员会批准的预算、预算调整、决算、预算执行情况的报告及报表，应当在批准后二十日内由本级政府财政部门向社会公开"。2016年，《关于进一步推进预算公开工作的意见》对预算公开作了进一步部署，要求扩大预算公开范围，公开预决算信息，细化公开内容，加快公开进度，规范公开方式，明确各部门各单位应自本级财政部门批复预决算及相关信息形成或变更之日起20日内主动公开。

从 2016 年开始，除了坚持中央和地方年度预算报告公开、中央部门预决算公开、"三公经费"公开之外，预决算公开力度和范围向纵深拓展（马蔡琛、赵早早，2020）。一方面，公开内容越来越规范和丰富，按照新《预算法》的规定，政府预决算公开的报表体系统一了，涵盖一般公共预算、政府性基金预算、国有资本经营预算、社会保险基金预算，更重要的是在部门预决算报告中逐步增加部门预算绩效信息的报告内容。公开部门预算的中央部门已由 2011 年的 92 个增加至 2017 年的 105 个，并搭建了"中央预决算公开平台"；2017 年，中央预算及各部门预算在通过原渠道公开的同时，首次在该平台上集中亮相，大大提高了信息获取的便利性。此外，公开的内容由最初的《财政拨款支出预算表》和《部门预算收支总表》增加为包括收支总表、"三公经费"支出表等在内的 8 张报表。2016 年，部分中央政府部门在当年公布的 2015 年部门决算中公开了部分绩效评价信息，迈出了中央政府绩效信息透明化的第一步（赵早早、刘钊，2018）。2017 年财政部选择科技部、教育部、环保部等 10 个部门，每个部门 1 个重点项目，列入《中央部门预算草案》报全国人民代表大会审查，在公开 10 个重点项目情况时，同步公开了项目支出绩效目标，包括：项目年度绩效目标，量化的绩效指标，如产出的数量、质量、时效、成本指标，经济效益、社会效益、生态效益、可持续影响等效益指标，以及服务对象满意度指标，以促进社会监督（新华网，2018）。如今，中央各部门的预决算报告都可以在财政部官网"预决算公开平台——中央部门预决算"上下载。

另一方面，公开预决算信息的政府层级和部门扩大了，地方政府及其部门的预决算公开速度加快。预决算公开的方式方法也有了创新，各级政府通过统一的政府门户网站或通过财政部门官方网站向社会公布预决算信息，尤其是部门预决算的报告格式也相对统一，这些方式创新有助于公众便捷、快速地了解和掌握感兴趣的预决算信息。这一时期地方政府的预算公开进程不断提速。据统计，地方 26.1 万家预算单位中，未公开部门预算和部门决算的单位大幅减少，由 2015 年的 3.7 万个和 5.6 万个降至 2016 年的 737 个和 778 个，平均降幅为 98.3%，且地方预决算信息公开的完整性、规范性和及时性等指标的达标率均超过 90%（财政部，2017）。2018 年，地方各级政府基本都能按要求公开预决算，财政部当年的检查工作覆盖各级部门和单位 26.78 万家，其中只有 8 家未公开（财政部，2018）。在各级财政部门的持续努力下，地方预决算公开工作提高了预算透明度，强化了社会监督。近年来，我国财政透明度一直呈小幅稳步攀升的趋势（见表6-2），为提升资金使用效率和政府公信力奠定了基础。

表6-2　　　　　2009~2016年我国省级财政透明度得分情况

指标	2009年	2010年	2011年	2012年	2013年	2014年	2015年	2016年
得分均值	21.71	21.87	23.14	25.33	31.4	32.68	36.04	42.25

资料来源：上海财经大学公共政策研究中心：《中国财政透明度报告》，上海财经大学出版社2017年版。

二、部门整体预算绩效信息公开的必要性与紧迫性

政府及其部门将预算绩效信息以容易获得、便于理解的方式向公众公布，这是绩效预算的创新性和制度特征之一（何达基，2007；Ho and Im，2015；乔伊斯，2007）。预算公开内容包含部门预算绩效信息，这已经成为世界主要国家财政预算公开制度中的习惯性做法。政府及其各部门相对于立法机构、监督机构、公民个人来讲，掌握着丰富的绩效信息及其相关基础信息，尤其是各预算部门是产生预算绩效信息的基础单位。在社会各界关注重点越来越多地集中于政府花钱究竟花在哪里、花的效果如何的背景下，各预算部门公开预算绩效信息，向外界解释和说明公共财政资金使用的方向、实现的目标、达成的效果等内容就显得非常重要，也十分必要。另外，绩效信息公开报告制度以及新技术在绩效信息产生和报告中的恰当应用未来将变得非常重要，也是解决各方信息不对称问题、实现决策科学、加强有效监督的关键所在。社会各界可以通过公开的部门预算绩效信息，正确地、全面地了解政府做了哪些事儿，做得如何，并以此对政府及其各部门的行为做出正确的判断，必要时向政府提供合理的意见和建议。

既有研究证明，绩效信息公开质量与公众满意度及积极反应之间是正相关的。如果公开的信息并不能引起公众的兴趣，即使政府及其部门通过公开透明的方式向公众提供信息，无论透明化的渠道和方法多么新颖，公众也不会在乎，那么希望透明化提高公众对政府的信任度、推动公共服务水平提升或者实现其他公共性目标的愿望也很难实现（科萨克，2014）。研究中国地方政府绩效报告与公众满意度关系的调查显示，中国地方政府绩效信息及其报告质量与公民对政府的满意度有正向影响（李文彬、何达基，2016）。由此可见，政府及其部门必须关注绩效信息报告的质量并丰富报告内容，以帮助信息使用者更积极、更有效地获得、理解和使用绩效

信息,进而可能影响预算决策结果和预算资金分配结果向着更好服务公众的目标靠近(Ho,2011;Moynihan and Beazley,2016;Bogt,Helden and Kolk,2015)。

绩效信息在预算绩效管理中非常重要,不仅因为前者是对管理过程与结果的反映,而且良好的公开制度还能够提升政府治理能力与治理水平、提高政府公信力和社会满意度。各级政府部门作为预算绩效管理制度的中枢机构,向上衔接国家战略与政策,向下通过将任务分解到项目来落实政策目标,整个过程均以财政资金为基础。公众期望政府是一个廉洁、高效的政府,这就要求政府及时、准确、透彻地向公众公开和解释预算信息,并符合财政纪律。通过财政信息,公众可以洞察、理解并监督他们的政府,与政府进行积极有效的沟通和互动。这也是部门整体预算绩效信息公开制度建设的重要意义所在。因此,绩效信息产生、收集、提交、分析与报告的制度及过程就显得尤为重要。对此,绩效信息公开制度需要能够对以下问题作出规定,即绩效信息包含哪些内容?如何产生与发展?存在什么问题?如何构建更完善的绩效信息与公开制度?

三、部门整体预算绩效信息公开的制度框架

部门整体预算绩效信息公开制度的建设,需要按照既有法律法规的要求逐步完善,并有必要集中回答三个核心问题:一是公开什么?这是指公开内容与范围,即部门应该向公众和社会提供哪些信息。二是公开质量如何?这是指被公开信息的质量与程度,包括信息的真实性、与透明化目标的相关性、可获得性、可理解性。三是如何公开?这是指公开的路径与方法,包括公开的渠道、媒介、方法等。以上三个核心问题,既是构成公开制度的基本要素,也是评价公开效果的基本标准。与此同时,我们必须认识到重要的一点,即部门整体预算绩效信息公开制度不是孤立存在的,其发展轨迹不仅受制于一级政府整体预算绩效管理制度,而且受制于行政管理制度,甚至受行政首长偏好的影响。因此,研究部门整体预算绩效信息公开制度的时候,除了关注公开制度本身,还需要考察其他相关制度对其可能产生的影响。

(一)绩效信息与部门整体预算绩效信息

绩效信息对于预算绩效管理而言非常重要,它是预算绩效管理的血液。与传统预算管理制度相比,预算绩效管理制度因为更关注产出或结果

第六章 部门整体预算绩效信息公开制度研究

而需要获得更多与绩效或判断绩效水平相关的信息。预算绩效管理制度不仅需要传统的财务类和资源投入类信息,更需要与产出或结果相关的非财务类信息,包括生产、收集、提交和分析与项目相关的成本信息。随着预算绩效管理制度及其对绩效信息需求的变化,绩效信息的内容、表现形式、概念与范畴等也必然随之发生变化。也正是由于预算绩效管理需要更丰富的、全面的绩效信息,所以这些绩效信息就成为联系预算与绩效的重要手段(Robinson,2007)。

虽然绩效信息对于预算绩效管理而言非常重要,但目前学界对绩效信息的界定并不一致,也没有统一的概念。与此同时,对部门整体预算绩效信息的界定也并不明确。从既有研究成果来看,绩效信息可以按照评价主体、评价对象、评价内容的不同进行界定和分类。比如,曹堂哲、罗海元(2019)按照评价主体进行定义,将财政部门对预算部门开展的整体支出绩效评价作为部门整体绩效的一种形式。赵早早等(2018)针对中央部门决算报告中公开的绩效信息展开研究,按照评价内容对绩效信息进行分类,包括部门自评价绩效信息、重点项目评价绩效信息(通常委托第三方机构开展的事后绩效评价)等。从该研究成果可知,当前我国中央部门的绩效信息公开仍然以项目绩效为主,尚未涉及部门整体预算绩效信息。存在这种普遍现象的主要原因是,在关于什么是部门整体预算绩效的问题上,无论理论界还是实践界均未达成共识。因为,这个概念是在中国实践中产生的,是不断反思预算绩效管理改革中纷繁复杂、"碎片化"的项目绩效评价的弊端而产生的。

鉴于对既有文献的研究,本书将从以下维度界定部门整体预算绩效信息的概念。只有明确这个核心概念,公开制度建设才有依据。

第一个维度:财政资金范围,突破既有的部门预算范畴。部门整体预算绩效信息所涵盖的资金范围,不仅包括《预算法》所指的部门预算,而且还应该包括部门为履行职责而负有二次分配权限、管理责任的财政资金。聚焦于中央政府各部门,部门整体预算绩效信息所涉及的资金,不仅包括部门用于自身基本支出和项目支出的资金,而且还应该包括其拥有二次分配权的资金,比如发改委掌握的基建类资金、教育部掌握的转移支付类资金等。

第二个维度:履职范围,建立战略—任务—项目的逻辑链条。部门整体预算绩效信息所涵盖的履职范围,应该遵从部门战略—任务—项目的逻辑链条,不是单指独立的、分散的、碎片化的项目,而是能够在"自上而下"的部门战略目标分解与"自下而上"的项目绩效汇总之间建立顺畅的呼应关系。部门战略性绩效信息是总领性的，能够统领项目绩效信息；项目绩效信息不仅个体清晰，而且能够呼应战略目标的要求。理论上讲，部门整体预算绩效信息能够积极、全面、系统地反映出一个部门作为一个整体的绩效预期和实现情况，能够体现出部门整体履职效果与局部项目实施绩效之间的和谐统一。

（二）部门预算绩效信息报告制度的基本框架

部门整体预算绩效信息的公开化、透明化、规范化需要围绕公开内容、质量和方式三个向度逐步完善制度建设。其中，"内容"主要指范围，即部门应该向公众和社会提供哪些信息；"质量"指公开信息的程度，即信息的真实性、与透明化目标的相关性、可获得性、可理解性；"方式"指公开的路径和方法。部门整体预算绩效信息公开的逻辑框架，如图6-1。

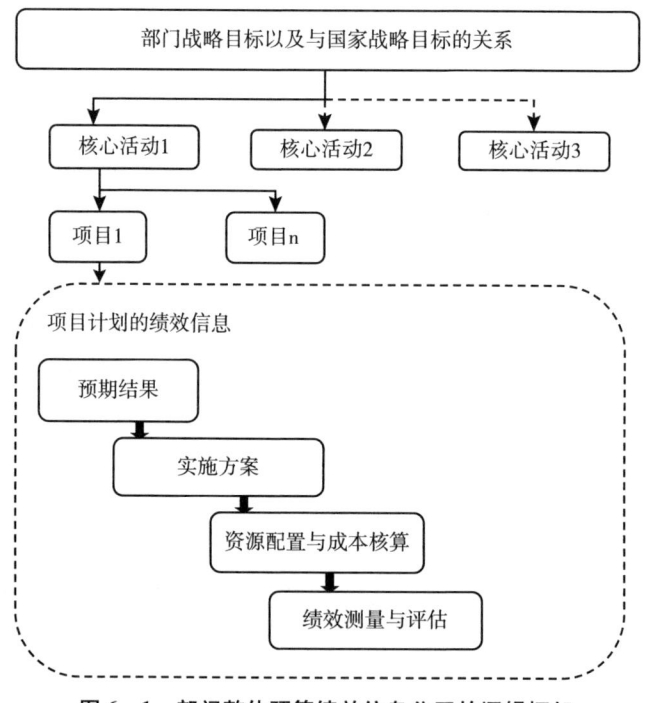

图6-1 部门整体预算绩效信息公开的逻辑框架

具体来看，部门整体预算绩效信息公开的内容、质量与方式共同构成了公开制度的三大内核，因此部门整体预算绩效信息公开报告需要在以下

第六章 部门整体预算绩效信息公开制度研究

四个维度进行设计：

第一，公开内容。内容主要指范围，即政府和相关部门应该向公众提供哪些信息，可以包含以下几个方面：（1）按照资金类型，公开内容包括部门预算资金和部门管辖范围内的各类专项资金、转移支付资金；（2）按照预算阶段，公开内容包括上年度预算绩效执行情况和本年度预算绩效目标、绩效指标等内容；（3）按照文本结构，包括部门职责、年度部门任务与国家战略发展的关系、各类项目绩效目标及其评价指标、上年绩效目标实现情况的说明、当年预算绩效目标的说明等。

第二，公开质量。质量主要指公开信息的程度，即信息的真实性、与透明化目标的相关性、可获得性、可理解性。为确保部门整体预算绩效信息公开的质量，报告应包含的主要内容见表6-3。

表6-3　部门整体预算绩效信息公开报告的质量标准（基本）

类别		问题
第一层次		
部门	战略目标	1.1 该部门年度战略目标是否清晰？
		1.2 该部门年度战略目标是否与国家战略目标、部门三年规划目标、部门职责相吻合？
		1.3 部门年度战略目标是否细化为可操作的主要活动？
		1.4 部门年度主要活动的主要负责人是否明确？
		1.5 部门年度主要活动是否设定明确的绩效目标？
		1.6 绩效目标和绩效指标是否与活动目的存在明确因果关系？
		1.7 根据绩效指标设定的目标是合理的还是过高估计的？
	管理效率	2.1 部门战略计划的实施是否有程序定期收集及时可靠的管理信息，包括来自关键计划合作伙伴的信息？
		2.2 部门管理是否采取了有意义的步骤来解决执行过程中发现的管理缺陷或问题？
		2.3 部门预算资金是否及时分配，并用于预期活动与项目？
		2.4 部门是否建立良好的管理制度以确保在执行中节省预算或改进执行程序？
	结果实现	3.1 部门战略目标是否收到了独立评估？
		3.2 部门战略目标是否实现了年度绩效目标？
		3.3 公众对部门战略目标实施结果是否满意？
		3.4 评估结果是否用于改进下年工作？

续表

类别		问题
第二层次		
活动与项目	计划目标	1.1 该项活动的目的和负责人是否明确？
		1.2 该计划花费中央政府提供的公共资金是否合理？
		1.3 程序的设计是否满足不冗余且不与任何其他程序重复？
		1.4 程序设计是否存在限制其有效性或效率的主要缺陷？
		1.5 绩效目标和绩效指标是否具体发展到适合衡量项目绩效？
		1.6 绩效目标和绩效指标是否与项目目的明确存在因果关系？
		1.7 根据绩效指标设定的目标是合理的还是过高估计的？
	管理效率	2.1 该计划是否有程序定期收集及时可靠的管理信息，包括来自关键计划合作伙伴的信息？
		2.2 该计划是否采取了有意义的步骤来解决执行过程中发现的管理缺陷或问题？
		2.3 资金是否及时分配，并用于预期目的？
		2.4 该计划是否可以节省预算或改进执行程序？
	结果实现	3.1 该计划是否收到了独立评估？
		3.2 该计划是否实现了年度绩效目标？
		3.3 公众对该计划的服务是否满意？
		3.4 评估结果是否用于改进计划？

第三，公开方式。一是统一发布渠道。为了便于公众获取信息，部门整体预算绩效信息除了目前由各部门自主发布的同时，还应该考虑建立统一发布平台，可通过财政部官网或者通过中央政府官网进行统一发布。二是创新信息公开技术。在部门整体预算绩效指标逐步完善的基础上，考虑借助大数据、信息可视化等技术，将部门关键绩效指标进行可视化公开。三是扩展公开渠道。除了官网之外，可以通过统一官方 App 的方式向公众推送。

第四,制度保障。绩效信息公开制度运行效果,不仅是自身建设问题,同时也受制于其他相关的制度性因素,包括中观层面和宏观层面的因素。其中,中观层面因素主要包括部门行政首长的重视程度、部门预算管理与绩效管理能力、部门内部信息化系统的统筹水平,毕竟部门是项目管理主体,而项目管理优劣会影响预算绩效结果和信息公开效果;宏观层面因素包括中国政府预算管理制度、预算监督制度、预算文化与传统等。因此,如要构建运行良好的部门整体预算绩效信息公开制度,必然不能忽视以上制度性因素的影响,尽可能同步推动相关制度改革,实现制度保障效果。

本章使用比较研究、案例研究和内容分析方法进行研究。首先,利用内容分析法针对2017~2019年中央部门决算报告中的预算绩效信息进行分析,深度挖掘中央部门预算绩效信息公开的现状与问题。其次,利用案例分析方法,详细阐述和分析广州市等先进的地方政府推动部门整体预算绩效评价与信息公开的过程、经验与启示。第三,利用比较研究的方法,在部门整体预算绩效信息公开的逻辑框架下,基于中国推动部门整体预算绩效信息公开制度建设的实际问题,研究美国、英国、加拿大部门预算绩效信息公开的现状与特点,为推动中国实践提供国际经验与借鉴。

第二节 中央政府部门预算绩效信息公开现状

2016年之前,中央政府层面的预算绩效评价信息尚未向公众公开。2016年,部分中央政府部门在当年公布的2015年部门决算中公开了部分绩效评价信息,迈出了中央政府绩效信息透明化的第一步(赵早早、刘钊,2018)。如今,中央各部门的预决算报告都可以在财政部官网"预决算公开平台——中央部门预决算"上下载。由于决算报告包含了预算绩效管理信息和部分项目绩效评价信息,这些信息可以用来进行分类比较研究。

本部分主要根据在财政部预决算公开平台上获得的2017~2019年中央部门2016~2018年的决算报告进行整理分析。因在下载的过程中,有些部门决算报告会提示"页面不存在"而无法下载,于是,笔者最终获取了2017年104份2016年中央部门决算报告、2018年94份2017年中央部门决算报告和2019年89份2018年的中央决算报告。此外,为了更好地对决算报告进行解读，在决算报告的基础上，同时也参考了部分前期中央部门的调研经历。

一、信息公开的进展

虽然中央部门预算绩效信息公开自 2016 年开始，时间较短，但是，综观 2016~2018 年三年决算报告中关于绩效评价的情况说明及其附件（自评价表和项目绩效评价报告），发现绝大部分中央部门都公开了预算绩效信息，并在深度和广度上有了很大的提升，信息公开的进展良好。一方面，公开报告提高了预算透明度，让公众和社会进一步了解中央政府各部门工作职责、范围和效果。尤其是通过较为详细的项目绩效评价报告，包括自评价报告和重点项目绩效评价报告，公众能够了解到更多的项目执行与评价过程信息。公众较之以前可以得到更多关于部门目标与职能、重点项目目标与范围、项目执行过程与基本情况、预算执行效果等信息。从绩效预算国际比较研究来看，以项目为基础进行绩效评价对构建预算绩效管理制度是非常必要的，因为这样才能将任务安排、描述绩效目标和项目结果联系起来，也有助于在财政资金分配过程中找到依据（何达基，2007）。另一方面，公开报告实际上也激发了中央政府及其各部门的潜能，刺激他们更谨慎的同时，也给政府及其部门创造了展示工作成效的机会。从调研中可知，公开重点项目绩效评价信息给各部门造成了很大压力，因为预算绩效信息公开之后，各部门必然要接受来自各方的监督，不乏批评之声。不过，有了预算绩效信息透明化的压力，中央政府及其部门可能更谨慎且积极地推动预算绩效管理制度建设，乃至推动整个行政管理制度的不断完善（赵早早、刘钊，2018）。

二、信息公开的主要内容

根据赵早早、刘钊（2018）建立的中央部门预算公开文本分析框架"评价主体—评价对象—评价规模—评价结果"，2017~2019 年中央各部门向社会公开的 2016~2018 年决算报告基本信息如表 6-4 所示。具体而言，中央各部门决算报告绩效评价对象主要集中在一般公共预算，且绝大多数中央部门都公开了相关信息。2017 年和 2018 年，分别只有 3 个和 4 个中央部门没有在决算报告中涉及一般公共预算绩效信息，且有两个中央

第六章　部门整体预算绩效信息公开制度研究

部门对未公布的原因进行了正当说明,他们是退役军人事务部和国家国际发展合作署。前者在2018年的决算报告中说明了该部并未在当年有绩效预算项目因此无法编制相应的绩效预算报告,而后者则是新组建部门,尚未编制2018年部门预算。

在一般公共预算中,尽管大多数中央部门对整体资金规模,包括项目数目、预算覆盖率、资金总额,进行了说明,但是仍然有些部门只是提及其中一项或者两项而非全部,如有些中央部门的决算报告会存在"本部门已对部门预算中所有一般公共预算项目实施绩效自评价,项目绩效评价预算覆盖率达到100%"之类的表述而没有对项目个数或资金总额的披露,或者只是表述自评的项目个数而未说明绩效评价包含多少资金或者预算覆盖率。

此外,很多报告还反映了第三方机构参与评价的情况,其中财政部预算评审中心协同第三方机构主要聚焦于重点绩效评价项目。

相对于一般公共预算绩效信息的广泛公开,政府性基金预算和部门(单位)整体性收支预算[①]的绩效信息在公开的决算报告中描述较少(见表6-4)。这是因为有些中央部门并不涉及政府基金性预算(部分中央部门在决算报告中说明了此种情况),但大多数中央部门并未在决算报告中予以说明。对于评价规模而言,少数对政府性基金预算和单位整体支出情况进行披露的部门,基本上都涵盖相对应的资金规模。

总而言之,就中央部门公开的评价对象及其规模和结果而言,中央部门在一般公共预算上公开程度最强(公开的部门数最多),政府性基金预算、单位整体性收支预算公开程度都差不多,处于较弱的状态(在决算报告中提及这两块的部门最少)。以下将对绩效自评价和重点项目评价进行详细说明。

(一)绩效自评价

2017~2019年,中央各部门向社会公开的项目个数和资金规模在不断增加,这也说明绩效预算透明化在逐步加强。在一般公共预算中,2017年,104个中央部门一共公开了2016年的1 209个一级项目和25 336个二

---

① 部门(单位)整体性收支预算一般是指中央部门本级及下设单位的整体预算情况。部门(单位)整体预算绩效评价及相关绩效信息,也能反映相关单位的绩效自评价情况。该项工作一般由各中央部门自行组织实施。

级项目,涉及资金32 269 347.85万元。到了2019年,94个中央部门公开了1 542个2018年的一级项目和58 558个二级项目,项目资金达到44 765 719.28万元。这也说明了绩效自评价的公开范围和内容有所提升。同时,政府性基金和单位整体性收支的项目公开数目与资金规模也有提升。2019年,中央各部门公开了769个2018年的政府基金性项目绩效评价,对比2017年公开的2016年政府基金性项目多了99个,且是在2019年中央部门基数为89个,而2017年为104个的情况下。单位整体支出公开的部门数也从2017年的37个增加到2019年的130个,资金规模从约121.42亿元提升到1 113.73亿元。

  虽然一般公共预算、政府性基金预算和单位整体支出自评价公开的项目数量和资金规模在增加,但是,仍然有一些中央部门并没有公布绩效评价的资金规模和一般公共预算覆盖率。通过观察三年的决算报告,发现这一情况已经开始有很大的好转。2017年和2018年政府性基金预算和单位整体支出的评价规模公开情况差不多且有缓慢增长。具体而言,2017年分别只有2个和7个中央部门公开了2016年政府性基金预算和单位整体支出的情况,2018年公开这两个预算绩效评价的中央部门数量已经增加到15个左右。2019年,在89个中央部门中,有18个中央部门公开了2018年的政府性基金预算绩效评价规模,且大部分部门在决算报告中提到其评价覆盖率也达到100%。此外,一般公共预算自评价的预算覆盖率及其披露情况也在增强。2017年只有58.6%的中央部门披露其在一般公共预算中的覆盖率达到100%,而到了2018年和2019年,这一比例上升到了约88%。有些中央部门的绩效评价预算覆盖率并未达到100%,但是它们还是将实际的预算覆盖率予以公开。如国家机关事务管理局和全国政协办公厅在2016年决算报告中提及的绩效预算覆盖率分别为46%和56%;而2017年的可供分析的决算报告中,只有新华通讯社的预算覆盖率为20%,文化和旅游部、国家自然科学基金会以及全国社会保障基金理事会分别为98%、93.26%和81.87%;2019年,公开出来的2018年自评价绩效预算覆盖率的中央部门基本都到了100%,只有国家自然科学基金会和全国社会保障基金理事会两个部门公开的预算覆盖率为94.94%和83.66%。与2017年决算报告提及的数字相比,这两个部门的变化也反映出预算覆盖率在缓慢提升。此外,根据对三年决算报告的分析,中央部门的公开信息内容也不完全一致,有些部门只从"预算覆盖率""资金总规模""项目数"中选择一项或者两项公开。如生态环境部在2018年政府决算报告中只公

第六章 部门整体预算绩效信息公开制度研究

布了项目数,而项目涉及的金额和覆盖率,报告并未提及。

在绩效自评价的报告形式和内容上,中央部门决算报告都会选择性的公开一个或者几个项目的自评价表和完整的绩效评价报告,里面包含项目所有的绩效目标、绩效衡量指标和预算完成率等相关绩效信息。根据对2017年和2018年的决算报告的整理,分别有87个和84个部门公开了包含这些信息的自评价表和绩效评价报告,且预算完成率和绩效分数都在60%和60分以上(见表6-4)。通过详细分析中央部门决算报告中自评价表和绩效评价报告发现,绩效评价报告一般包括"项目及其绩效情况简介""自评价发现的问题""下一步需要改进的内容"(只有极少数部门只指出问题而没有提出改进)这三类基本内容。但是,各个部门公开的翔实程度存在很大的差异(赵早早、刘钊,2018),从中所获得的有效信息也深浅不一(见表6-5)。在第三部分信息公开的质量评估上,还会详细论述。

表6-4　2017~2019年中央部门预算绩效信息公开部门数量概览　　单位:个

评价主体		自评价:中央部门			政府内部评价:财政部			委托评价:第三方机构		
		2016年	2017年	2018年	2016年	2017年	2018年	2016年	2017年	2018年
评价对象	一般公共预算	89	91	85	7	1	7	66	38	42
	政府性基金预算	1	15	18	—	—	—	—	3	1
	单位整体支出	10	16	16	—	—	—	—	6	7
评价规模	一般公共预算	88	82	77	—	—	—	64	37	37
	政府性基金预算	2	15	18	—	—	—	—	3	1
	单位整体支出	7	16	15	—	—	—	—	6	6
评价结果	一般公共预算覆盖率为100%	61	83	79	—	—	—	—	—	—
	报告中涉及预算完成率且在60%以上		87	84	—	—	—	—	—	—
	公开所有绩效指标且得分在60分以上		87	84	—	—	—	—	—	—

资料来源:根据2017~2019年中央各部门2016~2018年部门决算报告自制。

表6-5　　　2017～2019年中央部门预算绩效信息公开情况

评价对象	自评价结果			
	指标	2016年	2017年	2018年
一般公共预算	一级项目（个）	1 209	1 242	1 542
	二级项目（个）	25 336	56 401	58 558
	资金总规模（万元）	32 269 347.85	35 885 991.69	44 765 719.28
政府性基金预算	项目数量（个）	670	776	769
	资金总规模（万元）	1 214 288.9	4 397 167.61	11 137 377.88
单位整体支出	项目数量（个）	37	79	130
	资金总规模（万元）	120 526.84	997 450.86	2 395 022.54

资料来源：根据2017～2019年中央各部门2016～2018年部门决算报告自制。

（二）重点项目评价

在部门决算报告中，中央部门还会公开"重点项目"的绩效评价信息，包括项目名称、项目种类以及项目资金规模。有些中央部门会在决算报告后随附重点项目的完整绩效评价报告。基于对决算报告的阅读，可以将重点项目评价分为两类：第一类，以部门为主体进行的重点项目评价，这其中又可以分为两类。（1）绩效评价的主体为中央部门，自己内部组织绩效评价工作组，如中国银行保险监督管理委员会2018年决算报告中说明"原银监会执法办案支出项目"属于重点绩效评价项目，并在随后的绩效评价报告中写明"我会组织绩效评价工作组对2018年度原银监会执法办案支出项目开展了绩效评价"；还有"国家税务总局在2018年决算报告关于2018年度预算绩效评价说明"这一部分的重点项目下，列出了教育培训项目支出绩效报告，并在报告中写明"国家税务总局对2018年教育培训项目的执行情况进行了绩效评价"。根据整理，2018年，这类重点项目评价的项目数为135项，涉及的资金规模为2 557 968.13万元。（2）部门作为主体并委托第三方来展开绩效评价工作。如海关总署在2018年决算报告中写明"分别委托'北京金凯伟业咨询有限公司''中关村华夏新供给经济学研究院'等第三方机构对'关税征管'等6个项目开展重点绩效评价"。这一类重点项目评价的项目数在2018年达到203个，涉及资

第六章 部门整体预算绩效信息公开制度研究

金为 3 172 526.52 万元。第二类,以财政部为主体进行的重点项目评价,这类绩效评价的主体一般是财政部预算评审中心或者由它邀请第三方一起来进行评价;这一类项目最少,在 2016 年和 2018 年决算报告中仅公开了 7 个项目,资金规模分别为 372 058.55 万元和 596 629.05 万元(见表 6-6)。

表 6-6　2017~2019 年中央部门预算绩效信息重点项目公开情况

评价主体	中央部门自评			财政部门			第三方机构		
	2016 年	2017 年	2018 年	2016 年	2017 年	2018 年	2016 年	2017 年	2018 年
重点项目数量	—	143	135	7	—	7	267	171	203
重点项目资金规模	—	2 808 033.04	2 557 968.13	372 058.55	—	596 629.05	7 374 371.55	5 419 142.49	3 172 526.52

资料来源:根据 2017~2019 年中央各部门 2016~2018 年部门决算报告自制。

中央部门决算报告随附的绩效评价报告会公开重点项目的详细绩效评价信息。主要包括项目的基本情况(背景、年度绩效目标、内容和财政资金执行情况)、项目绩效评价情况(评价指标体系、评价方法及实施)、评价结果分析(投入、过程、产出、效果)等。特别是在第二部分评价结果分析中,基本上都列举出了 4 个一级指标(投入、过程、产出、效果)和若干个二三级指标及其评价方法(赵早早、刘钊,2018)。公众可以通过这些评价报告对项目基本情况有一个大致的了解。

但是,在有效绩效信息获取上还是较为有限。主要表现在三个方面。第一,报告较为专业,亲民性不够。具体而言,这些报告主要基于大篇幅的文字说明且聚焦于项目绩效评价的专业化论述。具体而言,在项目基本情况的描述上,列举大量的上级文件,在项目绩效评价的情况部分又单一使用各种绩效指标测定等专业术语和测算方法进行叙述,而其中指标设定的合理性与社会生活的联系探讨较少,生动性和具象化不够。这都可能会影响公众对重点项目评价的理解。第二,细化程度不够。每个部门绩效评价报告的翔实程度非常不一样,很多表述偏于概化,比如在叙述绩效目标完成时,很多报告出现"在……较好"类似的表述,至于什么标准为

"好"并未提及。有些项目往往涉及不少机构和众多业务流程，那么在绩效评价时须将其予以说明，并详述资金使用执行的情况，以及是否存在预算改进。但是，部分中央部门的绩效评价报告较为简洁，每个部分几句话，具体的项目运作情况不详。在这种情况下，公众只能了解有关项目的概况而非细节。但也有少数中央部门公开的绩效评价报告反映的信息较多，如海关总署在2018年的决算报告中随附的"2018年海关关税征管业务费项目"就较为详细，具体到了海关商品归类、海关化验、海关审价等诸多细节的流程管控，且用多种图表展示了项目执行的情况和具体的评价结论。第三，公开的评价结果分析程度不够且信息非常零散。在公开的重点项目评价上，有很多项目属于跨年项目，虽然多数绩效评价报告只简单说明了之前年度拨款数目和现有年度拨款数目等信息，但这些年度资金使用情况、本年度和之前之后年度的绩效目标联系及资金多年度控制情况并未进行说明。这样也就很难了解项目资金的动态使用效果。

三、信息公开的质量评估

随附的项目绩效评价报告、自评价表结合决算报告正文中的绩效评价情况说明可以反映出中央部门绩效信息的质量。质量主要指公开信息的程度，即信息的真实性、与透明化目标的相关性、可获得性、可理解性。本部分主要围绕决算报告随附的绩效评价报告和自评价表来进行分析。为了更好地评估预算绩效评价公开质量，笔者围绕着本章第一节中表6-3所列举的质量评价标准来进行分析。此外，在整理分析中央部门决算报告的过程中，增加了财政问责这一指标，即报告中是否有对未达标的人员予以惩罚的信息，来评估中央部门预算绩效信息公开质量。财政问责是绩效预算评价中的重要内容，也是对结果负责的一个重要衡量指标。根据对2017年和2018年决算报告的整理，中央部门预算绩效信息公开质量排序为：财政问责＜管理效率＜战略目标＜结果实现（见表6-7）。

（一）财政问责信息的公开质量

财政问责在公开上最弱。基本上没有部门涉及财政问责，即没有信息显示各部门会对未达标的项目及其相关人员采取何种措施。实际上，在搜集到的决算报告中，除了 2018 年中国福利彩票管理中心公布了项目的负责人外，没有其他部门对项目负责人予以说明。

（二）管理效率信息的公开质量

中央部门在决算报告中反映出来的管理效率信息也很少。具体而言，在 2017 年和 2018 年的决算报告中，分别有 7 个和 6 个部门对管理信息收集程序进行了说明；在资金分配上，也只有 16 个和 13 个部门对资金及时性和用途是否合理进行了说明。许多部门并未详细说明资金分配的情况，特别是跨年项目一般涉及多年期的支出框架，而多年期支出框架通常需要建立在对支出的远期估计之上并每年自动向前滚动（希克，2000）。但是，绩效评价报告并未对此予以反映，很多只是简单地介绍了项目年限以及每年拨付多少资金，至于如何在三年或者更长年限内估计和控制资金达到预期目标，以及当年实际支出和远期支出估计是否拟合战略目标等内容，均未体现在报告中。

（三）战略目标信息的公开质量

综观 2017 年和 2018 年的决算报告，公开最多的绩效评价信息是战略目标板块和结果实现板块中的"总的绩效目标"和"年度绩效目标"，基本上绝大部分部门都对此予以公开。具体而言，2018 年，94 个中央部门中有 87 个部门公开了 2017 年的总的绩效目标和年度绩效目标；2019 年，89 个中央部门中有 84 个部门公开了这两项指标（见表 6-7）。但是，很少有部门会具体阐述绩效目标设计的合理程度，且在战略目标阐述以及和国家计划政策吻合度的说明上也较少，描述较为简单。这些部门未列举国家具体的计划方针政策以及和项目之间的联系，只是对自己部门的职能进行列举，并提出类似"开展国民经济、社会发展等热点难点工作"的表述，至于难点是什么，并不清楚，整体的绩效目标描述较为概化。这类模糊的表述，有可能使公众难以从中理解该项目在战略目标中的具体地位以及该项目和部门职能之间的关系。

表6-7　　　中央部门预算绩效信息公开质量评价概况　　　单位：部门数

绩效评价信息		2017年（个）	2018年（个）
战略目标	阐述战略目标	25	33
	战略目标与国家计划政策吻合度说明	15	12
	列明主要负责人	1	—
	列明绩效目标	87	84
	绩效目标设计合理与否说明	44	19
管理效率	管理信息收集程序说明	7	6
	资金分配情况说明（及时和用途合理）	16	13
	管理制度说明（节约或者改进）	6	9
	多年度项目资金安排说明	—	—
结果实现	独立评估情况说明	38	42
	年度绩效目标说明	87	84
	公众满意说明	68	65
	和下年工作改进情况说明	60	52
财政问责	惩罚说明（未达绩效时）	—	—

注：有些部门的绩效评价报告说明项目周期和前一年的资金总数，但是仅限于总资金，不涉及多年期支出安排，因此没有统计在此表中。

（四）结果信息的公开质量

中央部门决算报告反映的结果信息最多。大部分中央部门都列举了公众满意度指标且进行了简单说明。2018年，94份2017年部门决算报告中有68个部门列举了此项；2019年，89份2018年部门决算报告中有65个部门列举了此项。但是，社会效益指标设置及其评价却比较简单且模糊，比如有中央部门列出社会效益指标为"提供指导"，在"最终绩效评价是否达到"一栏填写"提供了有效指导"。但是，究竟什么是指导？指导什么？项目的提供指导怎么和社会效益联系？并不清楚。这种模糊和概化的指标设置与评价削弱了绩效评价效果。

此外，下年工作改进情况说明也相对较少。有些部门在绩效评价报告中只提了项目存在的问题而未指出改进措施；有些中央部门即使在改进情况中予以说明，但未涉及详细的具体措施和流程，很多只是从大方向上予以指出，比如"细化指标"，究竟如何细化并未说明。很多的改进都是针对绩效管理本身进行的，这也说明了中央部门现行的绩效管理还存在着提升的空间。其实，决算报告随附的绩效评价报告和自评价表基本上反映了现有中央部门绩效评价的实施情况，也反映出中国预算绩效公开的进步。但是，通过阅读部门的自评表和报告，有些项目执行的全貌还不能完全理解。这种情况的存在也有可能是中央部门绩效管理过程上还须解决一些问题，如上文提到的绩效指标设计的概化和模糊性问题让最终的绩效评价透露的信息并不多。只有厘清、理顺和提升了绩效管理过程再配合预算绩效信息公开，让公众来监督，才能更好地进行资金的分配和控制，这样，政府及各部门与公众的交流互动才更加有效。这就好比一座正在装修的房子，在没有完全结束装修前，就邀请人来参观，这样，房子有哪些功能需要改进以及在装修效果的好坏上是难以观测清楚的，因为参观者只能看到半成品的房子。

四、信息公开存在的问题

综上，目前中央部门预算绩效信息公开尽管进展良好，但仍然存在着诸多亟待改善的问题，突出的问题在于，中央政府部门所公开的预算绩效信息内容和质量尚未能从公众角度进行调整和完善（赵早早、刘钊，2018）。具体包括：

第一，公开内容千差万别，难以横向比较。从对三年的中央部门决算报告中的预算绩效信息展开分析可知，尽管按照党中央、国务院和财政部门的要求，中央部门都在决算报告中公布了关于"预算绩效管理工作开展情况"的内容，但是每个部门公开的具体内容、结构、表述方式等存在差异。

第二，公开内容难以理解。由于各部门公布的信息中，并不涉及对中央政府预算绩效评价工作整体情况的介绍，导致公众和读者很难准确理解和把握文本中多次出现的概念、范畴乃至表达方式的实际意义。公众由于缺乏对中央政府预算绩效管理全局性的认识，也很难准确把握和理解各部门所公布的绩效信息内容。此外，绩效评价信息作为正式决算报告的一部分，其表述也非常专业，而且很多可能直接截取对上级或者人大的报告。如果是面向公众，这种对上报告的方式相对枯燥，让公众很难快速、整体的掌握项目资金的执行情况。由于部门公开的绩效信息较为有限，很多涉及预算绩效管理和评价工作的基本术语并没有给予明确说明或解释。于是，这些公开信息在能够让公众一目了然地获得关于公共预算资金的目的、使用方向、最终效果等绩效信息上还存在提升的空间。

第三，绩效信息模糊不清容易造成困扰。主要表现在五个方面：一是自评价与重点项目评价之间的联系与区别不清楚；二是无法获得所有自评价项目的绩效信息；三是不清楚纳入重点项目绩效评价范畴的项目选择标准；四是不清楚自评价资金、重点项目评价资金与部门预决算之间的关系；五是绩效预算评价结果对未来项目和预算分配决策影响不明。其实，针对这些问题，首先需要进一步扩大项目预算绩效评价的公开力度，特别是第二类重点项目预算绩效评价的相关细节；其次，在内容形式上，也可采用列表或者图形方式展示预算绩效信息的基本信息、评价标准、结果与部门职能目标以及社会影响之间的关系。对于跨年度的项目，可以增加历史纵向和现行预算执行进度的动态比较来衡量项目成本—效益的代际影响。同时，还需要根据预算评价结果建立和未来预算分配决策的关系，指导未来项目绩效管理实践达到资金的优化配置。这需要配合部门预算绩效管理的改革。

第四，所有的绩效信息披露过于零散且绩效信息披露不够。中央部门预算绩效信息一般是作为附属部分在决算报告正文中予以反映。项目绩效评价报告经常作为附件放在决算报告的最后。这就妨碍了公众连续的阅读和对整体情况的把握。此外，在决算报告中，只披露了一般公共预算支出绩效信息，而其他"三本账"的预算绩效信息，如政府性基金预算支出、单位整体性支出绩效信息披露不够，社保基金预算和国有经营资本预算的绩效信息尚未提及。

第五，获取的方式单一且宣传不足。中央部门整体预算绩效信息由各部门自主公开，同时也可以通过在财政部官网"预决算公开平台——中央部门决算"中查询各部门每年度的决算报告而获取。虽然具有统一的平台，但是，由于渠道单一且未见广泛宣传，很多公众甚至非财政部门或基层官员都不知道从何种渠道进行查阅。如果采用数据可视化或者在固定时间以展板的形式将绩效信息向公众公开，相信不仅有助于公众更加直观且详细地了解整个情况，而且对政府活动会更加理解。

总之，为了更好地站在公众的角度上完善和提升预算绩效信息公开质量，我国中央政府首先应该规范和提升绩效管理体系，在科学理性评价的基础上，建立一套完整的部门整体预算绩效信息公开制度，规范和统一部门整体预算绩效信息公开报告的内容与质量，对制度性概念进行统一和规范，减少歧义，确保提供全面、详细的绩效预算信息，同时采用多种渠道和可视化数据展示，或者通过多样化展板的方式确保公众和社会各界能够获得其感兴趣的、有助于其判断政府花钱效果的、理解政府行为的、促进公共服务质量提升的有效信息。最终，更好地促进政府与公众之间对话，帮助政府持续推动绩效预算改革以适应公众多元需求，并培育负有责任心的公民和讲求预算理性与民主的行政文化。

第三节 广州市部门整体预算绩效信息公开探索

本节以广州市为典型案例展开分析：一是介绍广州市所进行的部门整体预算绩效管理框架，这是绩效信息产生的制度基础；二是通过分析广州市部门整体预算绩效报告的内容，透视2017年广州市部门整体预算绩效管理的实施情况；三是对广州市各部门整体预算绩效信息质量展开初步评估；四是探讨广州市预算绩效信息公开历程；五是启发与思考。

一、绩效信息公开制度的发展历程

广州市公开部门预算绩效信息的历史并不长，最近五年进展最快。公开报告的绩效信息，从最初以规模以上的部门支出项目为主，逐步扩展至部门整体预算绩效信息。最近，社会各界对部门整体预算绩效的关注度逐渐增强，这也成为广州市进一步完善绩效信息报告形式与内容的影响因素之一。

（一）以部门项目支出绩效信息为主的公开制度（2008~2014年）

广州市公开报告的预算绩效信息，最初主要是部门项目支出绩效信息，只是在政府内部进行报告，从2008年开始向人大报告。2008年7月，广州市财政局经市政府批准，向广州市人大作了《关于2006年市本级财政支出绩效情况的报告》，主要汇报了2007年对2006年和跨年度安排的

500万元以上的支出项目的绩效评价结果以及推行财政支出绩效评价的成效。此后广州市财政局每年就政府的预算绩效管理情况向人大报告。虽然评价结果没有在政府网站上公开，但相关信息会在人大刊物上公布，因此公众依然可以通过广州市人大的资料查询2008～2014年的绩效评价结果①，但这个阶段公开的力度较小，公众只能通过人大相关公开资料看到整体的评价情况和部分项目的评价结果，但是难以查询具体项目的绩效评价情况。

（二）重视部门整体预算绩效的开始（2014年至今）

2014年，广州市预算绩效管理情况向社会公开，包括绩效目标和绩效评价结果。当年，广州市财政局发布了《广州市财政局关于印发广州市预算绩效管理办法的通知》，确立了绩效管理的三大原则：全面系统、科学规范、公正透明。该文件中的第十二条规定："财政预算经市人民代表大会审查批准后，财政部门在单位预算批复中同时批复绩效目标，并由预算单位在一定范围内公开。"第三十一条规定："绩效评价结果应当按照政府信息公开等有关规定向社会公开，接受公众监督。"2015年至今，部门在预算报告中不仅公开一般公共预算项目的绩效目标，而且还公开部门整体绩效目标和指标。部门在事后绩效评价结果报告中，也会重点公开报告部门整体预算绩效的自评情况（见表6-8）。

表6-8　　　　　　广州市绩效信息公开发展历程表

时间	绩效目标和指标公开		绩效评价结果公开	
	项目层面	部门层面	财政局评价	部门自评
2008～2010年			向人大报告	
			向人大报告	
			向人大报告	
2013年			向人大报告	

---

① 由于个别原因，2011～2012年的人大相关资料被销毁，无法查询，只能通过财政局查询。

第六章 部门整体预算绩效信息公开制度研究

续表

时间	绩效目标和指标公开		绩效评价结果公开	
	项目层面	部门层面	财政局评价	部门自评
2014年	30个预算绩效评审项目的绩效目标随部门预算一并批复、公开		首次在市财政局网站公布了2012年、2013年共11个项目的第三方评价报告	
2015年	对2016年33个预算绩效评审项目进行了绩效目标的批复和公开		财政局网站公布"市民办教育发展专项资金"等8个项目的第三方评价报告	
2016年	在2017年部门预算中，试点部门公开全部118个预算项目绩效目标和绩效指标，其余部门公开一般公共预算安排支出的项目绩效目标6 846项、市级财政专项资金绩效目标21项		在市政府门户网站公开第三方评价报告，同时在财政网站公开58个自评项目的评价结果	
2017年	在2018年部门预算中公开一般公共预算项目绩效目标8 089项，实现了一般公共预算支出项目绩效目标公开的全覆盖；市发展改革委、市教育局等12个部门在公开一般公共预算项目绩效目标的基础上，一并公开项目绩效指标2 147项，占项目总数的26.54%	市发展改革委、市教育局等12个部门在2018年部门预算中公开主要部门任务及目标	经市人大常委会审议的10份第三方评价报告和70项自评复核结果在市政府门户网站和市财政局网站同时公开	

续表

时间	绩效目标和指标公开		绩效评价结果公开	
	项目层面	部门层面	财政局评价	部门自评
2018年	在2019年部门预算中实现一般公共预算支出项目绩效目标公开的全覆盖	所有部门在2019年部门预算中公开部门整体绩效目标和关键指标、主要任务及关键指标	经市人大常委会审议的《关于2016年度市本级财政支出绩效情况的报告》、10份第三方评价报告及80项自评复核结果在市政府门户网站和市财政局网站同时公开	各部门在2017年度部门决算中报告2017年部门整体绩效管理情况
2019年	（2020年部门预算尚未通过）	（2020年部门预算尚未通过）	在市政府门户网站和市财政局网站同时公开对2017年度61个财政支出项目的绩效评价结果，其中公开第三方评价报告10项、绩效自评复核结果51项	各部门在2018年度部门决算中报告2018年部门整体绩效管理情况

注：2017年虽然财政局要求市发改委、教育局等12个部门按照"部门职责—工作任务—项目目标"的要求编制了部门整体绩效目标，但在实际公开的部门预算中大部分部门都公开了部门主要工作任务和目标设定情况。

资料来源：根据广州市财政局历年向人大所作的本级财政支出绩效情况的报告整理而成。2018年的情况根据已公开的部门预算情况和财政局发布的通知进行统计。

二、部门预算绩效信息公开的制度基础

广州市部门整体预算绩效管理制度设计与管理过程是绩效信息产生的基础，也是绩效信息公开的基础。以部门预算管理过程为主线，绩效信息的产生可以分为三个阶段（见图6-2）。

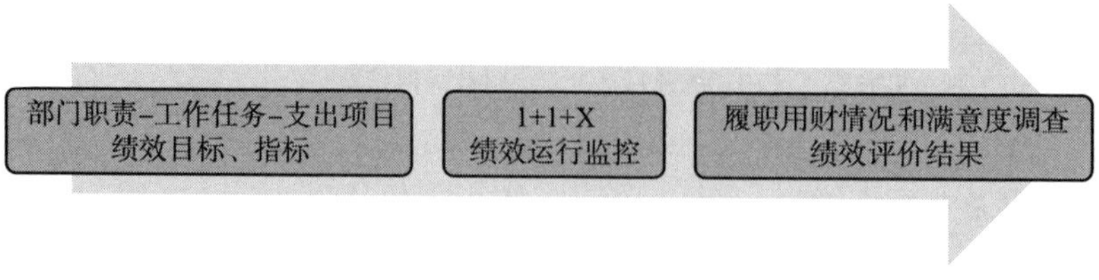

部门职责-工作任务-支出项目绩效目标、指标 → 1+1+X绩效运行监控 → 履职用财情况和满意度调查绩效评价结果

图6-2 广州市部门整体预算绩效信息的构成

（一）绩效目标和指标信息：预算准备阶段

目前广州市预算准备阶段的绩效信息主要包括按照"部门职责—工作任务—项目目标"的逻辑编制的绩效目标和指标，主要分为三个层面：部门层面、任务/政策层面和项目层面。其中，部门职责是根据市委市政府决策部署、部门事业发展规划和"三定"方案及年度工作计划确定的部门宏观的整体工作；工作任务是为了实现部门整体工作目标而确定的年度主要工作任务；支出项目指预算项目。

具体而言，部门层面和任务/政策层面的绩效目标和指标主要反映在部门预算的"部门主要工作任务和目标"中。这个部分主要包括两个方面的内容：（1）确定工作目标所依据的政策；（2）部门整体及主要工作任务绩效目标，包括部门整体绩效目标、指标；部门主要任务或政策的绩效目标和指标。且每个指标后面都需要写明预期实现值。

项目层面的绩效目标则反映在"重点项目预算绩效目标情况"[①] 和"部门预算项目支出预算表"中，财政局会选取部分项目进行事前绩效评估，评估结果是申请预算的必要条件。

（二）绩效运行监控信息：预算执行阶段

绩效运行监控主要包括部门整体和重点项目绩效运行监控。部门在日常工作中对其项目绩效目标和预算安排进行自行监控，每年年中，部门需按照要求根据重点项目的绩效运行情况填写《市本级财政支出项目绩效运行信息登记表》，经过部门主管的审核汇总后报送给财政局；上半年结束，部门需根据部门1~6月份部门整体支出进度和主要任务的绩效实施情况填写《广州市部门整体支出绩效目标年中监控情况表》报送财政局（见图6-3）。

财政局也会对部门开展第三方部门整体监控，主要按照"1+1+X"体系，即包括1个部门整体支出、1个人大重点审议项目和若干项目，财政局每年选择部分部门请第三方对部门的自行监控情况进行审核，并从部门年初确立的部门任务中各选取1~2个关联项目实施跟踪监控，根据分析结果填写《关联项目绩效运行监控表》，并形成部门整体监控报告和重点项目支出监控报告。财政局将结果反馈给部门，对发现的管理漏洞和绩

---

① 2018年和2019年广州市的重点项目指预算金额在500万元以上项目。

效目标偏差进行及时预警和督促部门纠正或整改,以促进绩效目标如期实现(中国发展研究基金会、广州市财政局课题组,2019)。

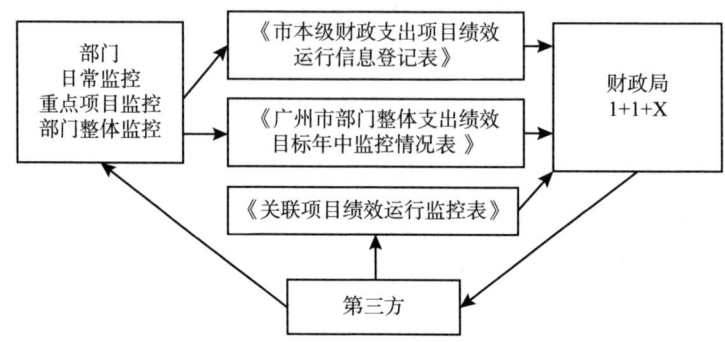

图6-3 广州市部门绩效运行监控

资料来源:笔者自制。

(三)绩效评价结果信息:决算和评估阶段

在预算完成之后,需要根据事前所确定的目标对项目进行绩效评价,部门在这个阶段的绩效评价主要分为两部分:部门整体预算绩效评价和预算项目绩效评价,财政局可对不同层面的绩效评价请第三方进行再次评价(见图6-4)。

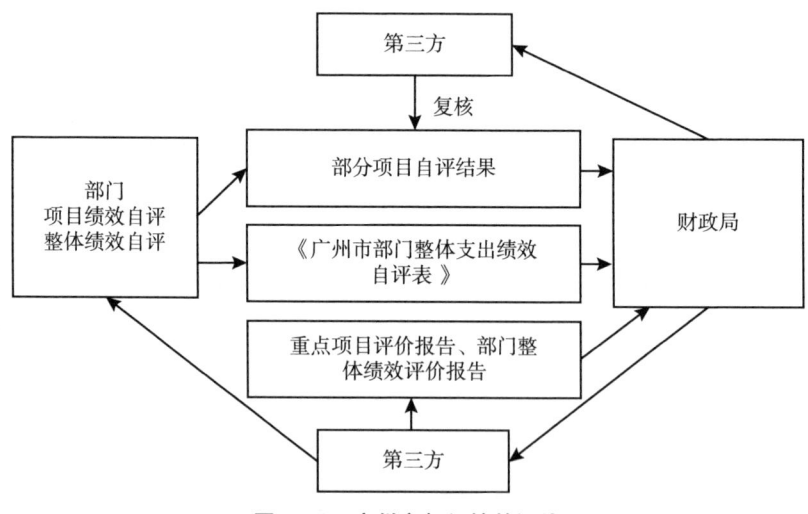

图6-4 广州市部门绩效评价

资料来源:笔者自制。

第六章 部门整体预算绩效信息公开制度研究

1. 部门整体预算绩效评价。根据财政局的要求在年度预算完成之后，部门需要自行组织开展部门整体预算绩效自评，并填写《广州市部门整体支出绩效自评表》，作为部门决算公开的基础。表格的内容包括部门的支出总额、部门预算完成率、部门年度目标及其完成情况、部门主要任务、任务绩效目标完成情况以及任务设计的实际支付金额。

此外，广州市财政局也会挑选部分部门评价部门整体支出绩效情况，广州市对部门整体预算绩效评价主要包括两个方面，即部门履职用财情况和满意度调查评价两个部分，具体可以参见图6-5。

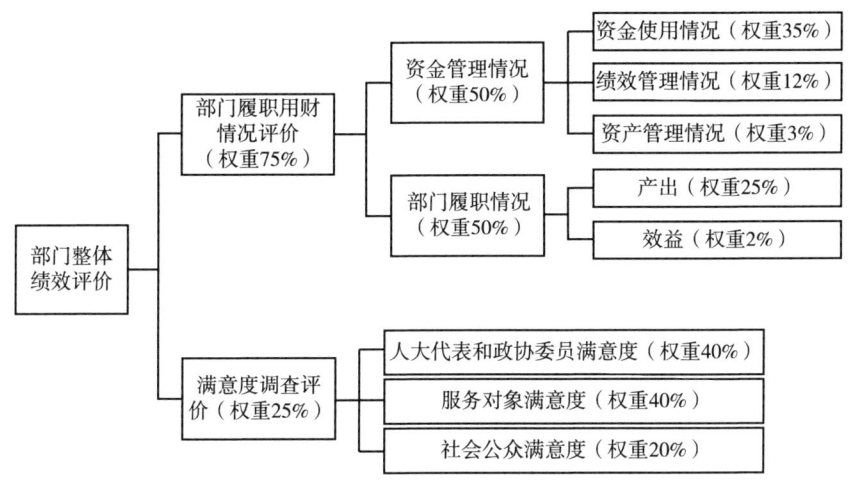

图6-5 部门整体预算绩效评价框架图

资料来源：中国发展研究基金会、广州市财政局课题组：《现代国家治理中的全面预算绩效管理——广州市的探索与经验》（会议版），中国发展出版社2019年版，第252页。

其中，部门履职用财情况关注部门资金管理和履职情况。其中资金管理包括资金使用情况，其下级指标包括预算完成率、预算调整率、财政拨款收入预决算差异率、部门预算资金支出均衡性、结转结余率、政府采购执行率、基本预算控制率；绩效管理情况的下级指标包括绩效目标明确性、绩效指标有效性、项目绩效运行监控开展情况、项目支出绩效自评情况；资产管理情况的下级指标包括资产管理安全性、固定资产利用率。部门履职情况中的产出和效益指标分别考察重点工作完成指标、年度任务完成指标和社会及经济效益。

2. 预算项目绩效评价。在项目评价层面，广州市的评价方式主要分为：部门自评、第三方自评复核、重点项目第三方评价。

一方面，财政局会选定项目要求各个支出单位进行绩效自评，即根据财政局的自评要求就项目的绩效完成情况进行报告。在以往年度，绩效自评包括自评报告和根据指标体系的打分结果。但从2018年起，部门不需要提交绩效自评报告，而是简化为填写《项目支出绩效自评表》，涉及的内容包括绩效目标完成情况、具体指标完成情况、存在问题、改进措施。2019年，财政部门要求各个支出部门将200万元以上的项目自评交财政局备案。另一方面，在部门进行自评之后，财政局会选择部分自评项目进行自评复核，主要邀请第三方根据部门提供的书面资料对自评结果重新打分；对一些资金规模大、社会影响广的重点项目，财政局也会邀请第三方进行重点评价，形成第三方评价报告。

此外，2019年，财政局还请广州市社会保险基金管理中心开展广州市社会保险基金预算绩效自评，评价的资金范围进一步扩大。

三、部门预算绩效信息公开制度的实施情况

2018年，广州市各个部门在2017年度部门决算中首次公开了部门整体预算绩效情况。这份报告是对部门过去一年所开展的预算项目支出绩效目标申报和公开、项目绩效运行情况、项目绩效评价情况，以及部门整体支出绩效和重点工作完成情况的报告。本书在广州市政府门户网站政务公开专栏收集了102份[①]部门决算报告，分析其公开的部门整体绩效管理情况。

（一）绩效目标及指标

根据102份部门的报告，2017年广州市各部门共组织申报2017年度项目支出绩效目标17 274项[②]，申报覆盖率100%，其中向社会公开一般公共预算项目支出绩效目标15 611项[③]，公开覆盖率为100%的部门有87个，其余部门未公开或公开了部门项目的绩效目标。

---

① 本书下载了103份部门决算报告，但是民防办公室因涉及很多保密项目，因此不在分析范围内。

② 其中市委组织部未说明申报了多少项绩效目标，因此未统计在内。此外，部门对申报绩效目标的项目的计算既包括一级项目，也可能包含二级项目。因此跟本书绩效信息公开部分所提及的公开绩效目标数有不同的计算口径。

③ 其中有4个部门未说明公开了多少项绩效目标。

（二）绩效运行监控情况

2017 年，广州市有 61 个部门对其 500 万元以上财政资金支出项目的绩效运行情况进行跟踪监控，监控项目共 793 个，涉及资金 3 607 246.66 万元。其中，对 500 万元以上项目进行事中监控且覆盖率为 100% 的部门有 56 个，占有监控责任部门的比重为 91.8%。其中一般公共预算资金项目 57 个，涉及资金 2 549 921.09 万元。[①]

（三）绩效评价情况

1. 部门项目自评。根据各个部门公开的部门整体绩效管理报告，广州市各个部门在 2018 年都对本部门 2017 年度的预算项目进行了自评，自评项目总数为 8 553 个[②]，涉及资金 7 016 195.45 万元，其中政府性基金项目 861 个，涉及资金总额为 2 567 383.88 万元。此次部门进行的自我评价涉及项目范围很广，其中覆盖率为 100% 的部门有 97 个，占部门总数的 95.1%。除了 75 个无政府性基金项目的部门之外，有 8 个部门对本部门政府性基金项目的自评覆盖率为 100%。[③]

此外，100 个部门各公开了一个自评项目的得分情况[④]，101 个部门公开了 1~3 份以部门为主体开展的绩效评价报告，自评报告总计 151 份。自评项目得分情况和以部门为主体开展的绩效评价报告都是部门就其支出项目进行的自评，两者存在两点区别：（1）是否有自评分数，项目的自评得分是根据项目年初设定的绩效目标，依照财政支出绩效评价体系进行打分的结果，而自评报告不需要对项目的具体分值进行计算；（2）资料是否详细，自评得分的项目一般只需要公布绩效完成情况，但以部门为主体开展的绩效评价报告需要对项目安排、项目管理、项目绩效、可持续性及问题等进行更详细的报告。

2. 重点项目第三方评价。重点项目的评价报告虽是由财政局委托第三方进行，但在 2017 年度部门决算中，部门也对重点项目第三方评价报告予以公开，共计 45 份报告，涉及 31 个部门。

---

① 其中有 4 个部门未说明项目资金类型。
② 其中有 1 个部门未说明自评项目数量，本书根据其公开的两份自评结果计为 2。也有一个部门年初项目数很大，事后评价根据实施单位合并为 5 个。此外，由于年中项目变动和部分部门自评覆盖率不到 100%，因此年初申报项目数和年终评价项目数差异较大。
③ 其余部门未说明覆盖率或覆盖率不足 100%。
④ 有一个部门公开了两个自评项目分数。

3. 部门整体预算绩效自评。2018 年 102 个部门对本部门的"部门整体支出绩效和重点工作完成情况"进行了报告,其中有 101 个部门填报了《广州市部门整体支出绩效自评表》,列出部门整体及主要任务的绩效完成情况,99 个部门对部门主要任务的绩效目标完成情况进行了报告。部门整体绩效自评涉及资金 9 685 893.16 万元,其中一般公共预算资金 6 816 425.45 万元。

通过部门预算绩效管理的实施情况可以看出,绝大部分部门都已经按照规定实施了本部门的预算绩效管理,绩效目标和指标申报、绩效运行监控和绩效结果评价等工作都逐步规范。除了部门绩效管理的工作量方面的说明,本书还将对其公开的信息质量进行初步评估,由于部门整体绩效评价是将来改革的主要方向,也是广州的特色,因此评估的内容主要放在部门层面的绩效信息上。

四、部门整体预算绩效信息的质量评估:战略目标部分

按照本书设立的质量评估框架,初步尝试对广州市部门整体绩效预算信息公开情况进行评估。由于广州市财政局要求各个部门在编制下一年部门预算时,对下一年的支出绩效设置目标和相应绩效指标,并围绕其部门主要职能在目标—任务—项目之间建立联系。因此,针对广州市部门整体预算绩效信息,可以尝试对部门战略目标信息的报告质量展开分析,如表 6-9 所示。

表 6-9　　　　广州市部门整体预算绩效信息公开
　　　　　　　　报告的质量标准(战略目标部分)

类别	问题
战略目标	(1) 该部门年度战略目标是否清晰?
	(2) 该部门年度战略目标是否与国家战略目标、部门三年规划目标、部门职责相吻合?
	(3) 部门年度战略目标是否细化为可操作的主要活动?
	(4) 部门年度主要活动的负责人是否明确?
	(5) 部门年度主要活动是否设定明确的绩效目标?
	(6) 绩效目标和绩效指标是否与活动目的存在明确因果关系?
	(7) 根据绩效目标设定的目标是否合理还是过高估计的?

第六章　部门整体预算绩效信息公开制度研究

将评价战略目标绩效信息的标准问题进行细化，可以分为四个主要维度：一是目标的清晰性；二是目标依据的充分性；三是整体关键指标的明确性；四是任务的清晰性，详见表 6-10。根据这四个维度，对广州市 2019 年 121 个预算单位的部门预算绩效信息进行内容分析。

表 6-10　　　　　　"战略目标"信息质量的评价维度

衡量维度	具体评价依据
目标清晰性	目标聚焦程度
	产出或结果导向程度
	语言表述简练程度
目标依据充分性	与三年规划、部门职责、市委市政府政策规划等文件相关联程度
	文件明确程度
	文件信息的明确程度
关键绩效指标明确性	指标与部门整体目标关联程度
	指标数量合理性
	指标量化程度或评价标准明确程度
任务清晰性	任务数量合理性
	任务描述清晰性
	任务—项目关系清晰性

（一）整体目标的清晰性

部门整体目标是提供服务的重要管理工具，目标能够清楚传递组织要实现的目的，提供追求和指引，关注结果，是监督绩效的基础。从广州市各个部门整体支出目标的设置来看，2019 年有 2 个一级预算单位没有设置部门整体支出目标。在其余 119 个部门中，设置目标很清晰的部门有 8 个，这些部门有一个聚焦的部门总体目标、产出或结果导向，语言表达简洁，指向明确，对部门工作有很强的引导意义。比如原广州市商务委员会 2019 年的部门整体支出绩效目标为"以建设国际商贸中心为总目标，围绕建设全球贸易枢纽、全球资源配置中心和国际会展中心的三大功能支撑，落实各项重点工作，为我市建设国家重要中心城市做出新贡献，力争2019年实现社会消费品零售总额增长率7%左右，商品进出口总值增长率3%左右，实际使用外资金额与上年持平"。这对部门的工作有非常清晰的指导意义。

有30个部门设置的总体目标比较清晰，这些部门有些未设置一个总体目标，而是设置几个目标，比如农业局的目标为"履行部门职责，制定多个支农惠农政策，促进'三农'发展；大力配合我市推进实施乡村振兴战略，加强组织领导和统筹协调，扎实推进乡村振兴工作；财政资金支出率达标，农民收入增加，农民人均可支配收入增长率达到7%以上"，其目标没有体现部门的整体性。

约有一半的部门目标设置比较一般，大多是用部门的任务来替代部门的整体目标，其对目标的描述过于详细。此外，少数部门的目标不太清晰或很不清晰，对部门目标的内容描述很空泛，对部门的管理工作指导意义不大（见图6-6）。

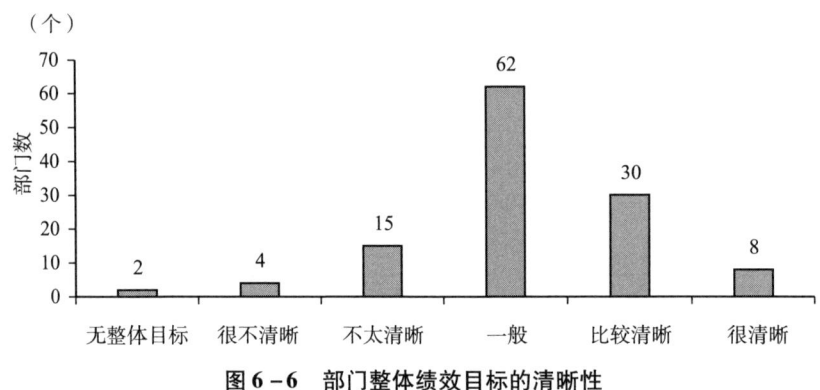

图6-6 部门整体绩效目标的清晰性

（二）目标依据的充分性

根据财政局预算编制的要求，各预算单位申报绩效目标之前应列出其确立目标的依据。财政支出的绩效应该与部门的工作规划挂钩，以提升绩效规划的战略导向。通过分析发现，广州市各部门制定其绩效目标的政策依据主要可以分为八类，其中，被提及最多的是广州市委、市政府及若干市级部门所制定的政策，其次为中央、国务院及中央部门所制定的政策以及部门"十三五"规划（包括其他形式的部门工作计划）、国家法律法规、领导有关重要讲话（见图6-7）。

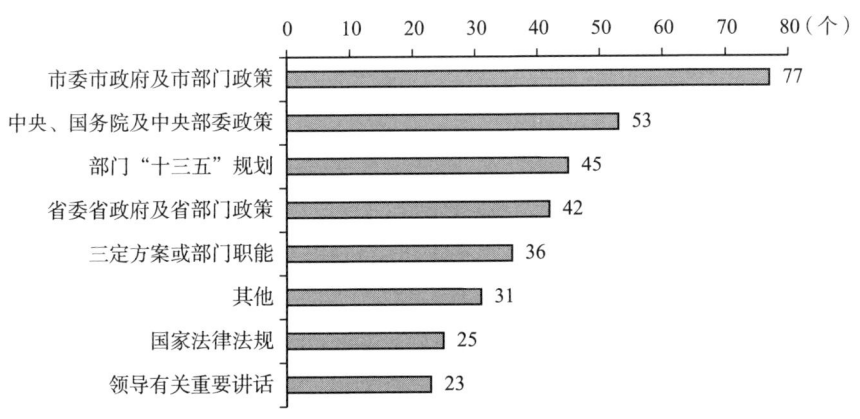

图6-7 绩效规划的目标依据（单位：部门数）

注：包括其他规范性文件、民主党派的章程、区级法院检察院所对应的区级政策等。
资料来源：笔者根据各部门2019年部门预算制作。

其中，大部分部门的政策依据是1~4个，目标依据最多的为原广州市国土资源和规划委员会，其目标的设定依据源于中央、省、市、部门职能、部门规划、国家法律法规和其他规范性文件。也有一个部门没有目标设立的依据。

在目标依据的详细程度方面，暂可分为不详细、详细和很详细三个层次。其中51%的部门明确列出了目标所依据的政策等文件名称，如2019年政府工作报告、《广州市国民经济和社会发展第十三个五年规划纲要（2016-2020年）》。

40%的部门提及文件中的重要表述。如教育局的目标设立依据为"《广州教育事业发展第十三个五年规划》要求：总体目标是到2020年，全面实现教育现代化，率先建成学习型社会和人力资源强市……"科学技术协会的目标依据提到"……认真落实市委市政府决策部署结合实际，使科协组织的政治性、先进性、群众性更加突出，开放型、枢纽型、平台型特色更加鲜明……"但是有些部门的绩效目标设置依据过于详细，照搬部门年度规划，针对性不强。

此外,还有9%的部门并未明确提及目标依据的具体文件,只是采取过于简单的描述,如"贯彻执行中央、省、市有关公安工作的方针、政策,以及××部门'十三五'规划等工作目标"。其中也有几个部门没有理解目标设立依据的含义,所列出的文件依据是广州市的预算管理的相关文件,表明部门完全没有理解绩效目标设计的意义所在(见图6-8)。

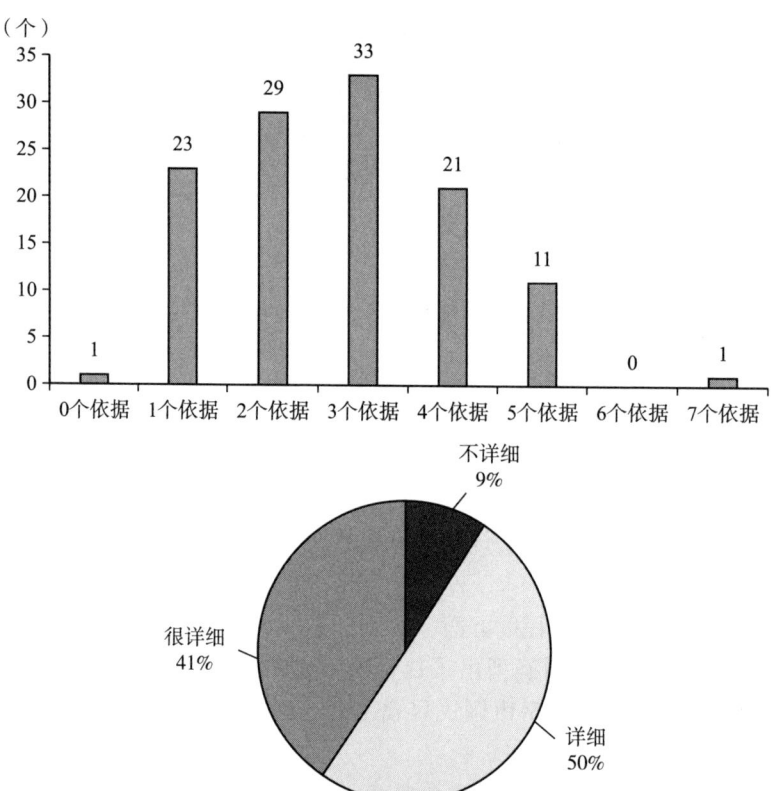

图6-8　部门绩效规划的目标依据数及目标依据详细程度

资料来源:笔者根据各部门2019年部门预算制作。

(三)部门整体关键绩效指标的明确性

各个部门的整体绩效目标都以文字表述的方式进行阐述,因此本书主要分析能够更清晰体现部门绩效的关键绩效指标。图6-9展示了121

个预算单位的关键绩效指标的数量。可以看出，超过80%的部门的关键绩效指标为5个或5个以下，少数部门的绩效指标超过6个。指标并非越多越好，数量越多，表明部门对其部门整体关键绩效的认识不够聚焦和明确。

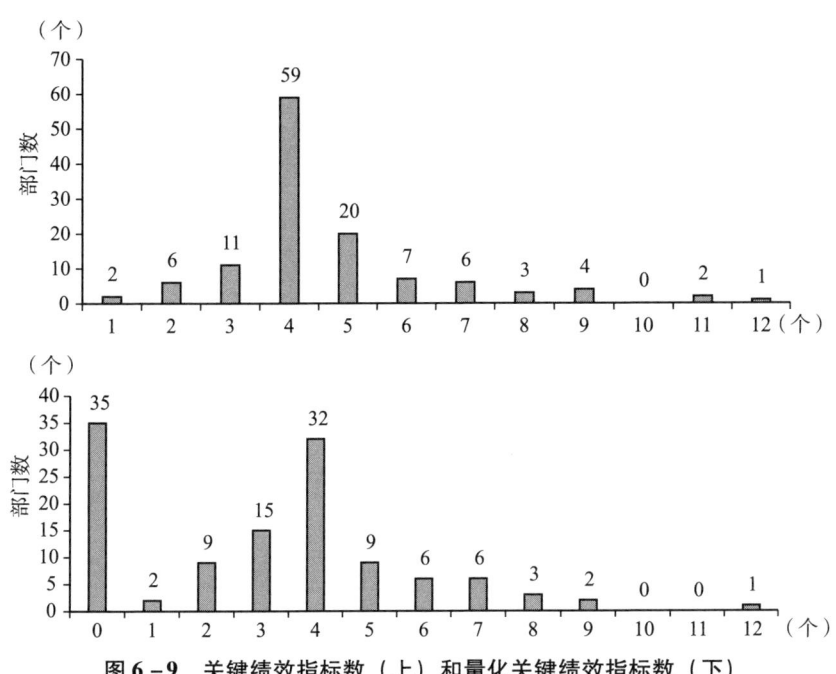

图6-9 关键绩效指标数（上）和量化关键绩效指标数（下）

资料来源：笔者根据各部门2019年部门预算制作。

在指标的量化程度或衡量标准的明确程度方面，所有部门的指标总数合计562个，有数据量化或明确绩效标准的指标有366个，约占65.1%。其中有36个部门的部门整体关键绩效指标完全是定性的指标，没有明确的评判标准，这不利于事后进行绩效评价。

此外，在绩效指标设置与部门整体目标的关联程度方面，本书发现，只有极少数部门的关键绩效指标来自部门的整体绩效目标，大部分部门的整体绩效指标都是从分散的项目中提炼出来的，不能体现部门的整体性。

(四) 部门的任务/政策的清晰性

部门的任务/政策服务于部门，部门整体绩效目标的实现，需要部门对工作任务进行系统梳理。根据统计，在121个预算单位中，所有部门的任务总数为545个，其中62.8%的部门列出了3~5个任务，部门的工作重点明确。有4个部门完全没有列出部门任务或只笼统列出一个部门任务，而有14个部门的部门任务有8个或8个以上，数量很多，没有对部门内部的预算支出项目进行系统的归类和梳理（见图6-10）。

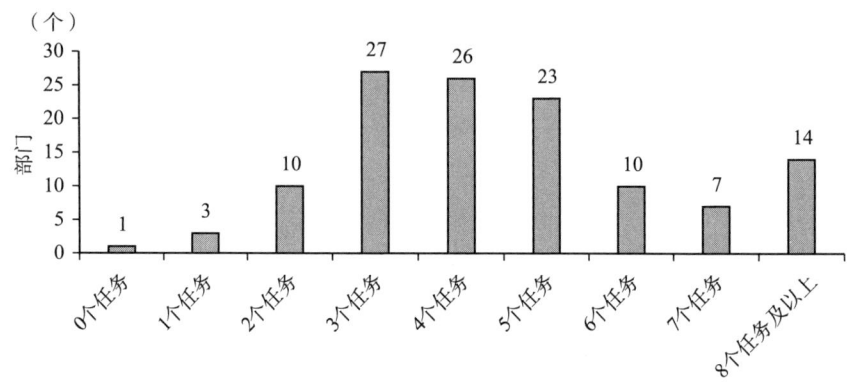

图6-10 部门任务数的分布情况

资料来源：笔者根据各部门2019年部门预算制作。

部门的任务/政策应该与部门项目建立有机联系，这样不仅能清楚展示部门的工作重点，也能体现部门为实现任务所建立的具体实施方案。因此，本书已就部门对任务描述的清晰性、任务—项目的关联度评估了部门任务的清晰程度。结果发现，大多数部门都对本部门的任务/政策描述得比较清楚，但是只有11%的部门的任务能够与部门整体目标有机结合，大部分部门都是根据部门实施的项目进行自下而上的整合，而且，其项目的整合与部门任务之间的关联度很不明确，任务—项目之间的关系有很大提升空间。此外，极少数部门没有列出部门的主要任务，只简单列了一个项目（见图6-11）。

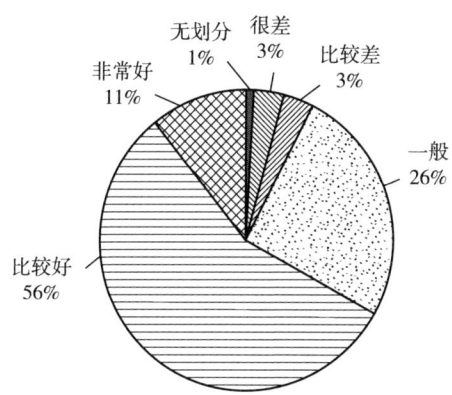

图6-11 部门任务数的分布情况

资料来源：笔者根据各部门2019年部门预算制作。

在任务/政策的划分中主要存在以下几个问题：(1) 部门任务与部门绩效目标之间的关系不明确。大部分部门的任务都是按照自下而上的逻辑，根据具体的项目进行归类整合，而非根据自上而下的逻辑，依据目标设立任务，因此即使任务清晰、明确，也很难看出任务和绩效目标之间的关联性。(2) 任务/政策—项目之间的关联不明确。由于很多部门的任务都是自下而上，依据项目整合体现部门任务或政策，因此两者之间关系模糊。而且，很多部门的项目整合度不够。有些部门只选取了几个项目简单罗列为部门任务，遗漏了很多重要任务，也有些部门列出太多项目或任务，部门年度支出的方向、重心不够明确和突出。(3) 语言表述不简练。很多部门对部门任务的描述采取大段文字，阅读体验不好。

其中，原广州市工商行政管理局对其年度主要支出计划列示得很清晰，该部门在原有的模板基础上进行了自主修改，除了展示部门任务/政策之外，还加入了一列，在每个要完成的任务之后列出了对应实施的预算项目。这种结构方式体现了"总目标—分目标—实施方案"的联系，逻辑更加清晰（见图6-12）。

通过上述分析可以看出，总体而言，广州市各个部门在绩效管理的许多环节上尚待优化，如部门整体目标不够清晰、目标依据和关键绩效指标不够明确、任务不够清晰等。各个部门之间的水平参差不齐，大部分部门仍然有很大的提升空间。

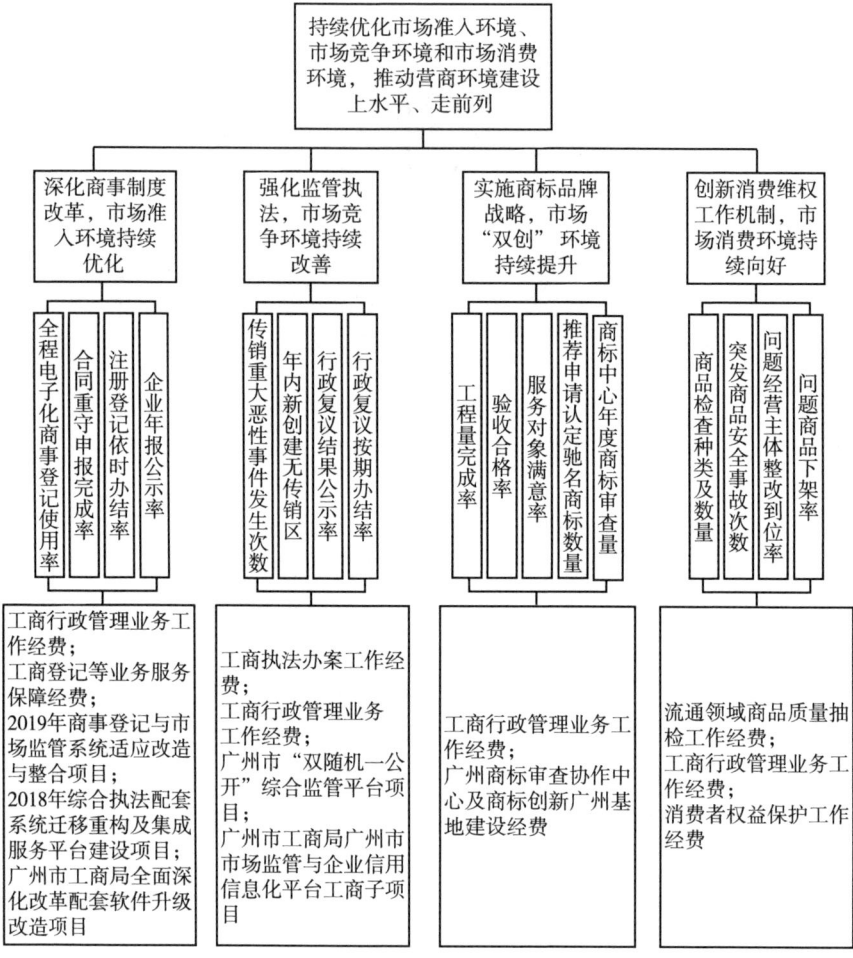

图 6-12　原广州市工商行政管理局部门整体及主要工作任务绩效目标

注：因为该部门的部门整体关键指标设计不够简略明确，因此图中没有列出。绩效指标的预期实现值没有在图中呈现。

资料来源：笔者根据各部门2019年部门预算制作。

总之，部门整体预算绩效信息公开的目的，不仅在于公开本身，而在于通过公开发现预算绩效管理制度的不足，并推动其发展与完善。通过梳理广州市预算绩效信息公开内容、评价公开质量，可以肯定地讲，广州市目前正在建立起比较系统的预算绩效管理制度，公开信息质量也在不断提升，尤其在部门整体预算绩效信息和部门战略目标信息的公开方面进步很大。广州市下一步应考虑如何完善各项制度，持续提升部门整体预算绩效信息的公开质量。

第四节 国际案例与经验研究

一、美国案例

（一）绩效信息公开的制度

美国联邦政府的绩效信息公开有着深厚的法律基础和健全的制度体系。

1. 宪法基石。美国《宪法》第一条第九款明文规定："一切公款收支的报告和账目，应予以经常公布"，预算公开成为美国立国的基石之一。但预算公开的有效落实，离不开规范的政府预算制度，以及一整套法律体系的支持。20世纪初期，美国各级政府仍没有建立规范的政府预算制度，政府预算由国会主导，助长了当时的政治腐败，预算公开更是无从谈起。

2. 规范预算程序和组织体系。受困于巨额财政赤字，塔夫脱总统邀请纽约市研究局成立塔夫脱委员会，于1912年发表了《国家预算的需要》，强调对财政资金的行政控制和协调，限制国会的预算权力。

1921年美国国会通过并颁布了《预算和会计法》，标志着美国开始建设现代预算制度，该法创立了新的预算程序，建立了保证预算公开的组织体系，批准成立总统的预算办公室，也即是后来的管理与预算办公室（OMB），加强了政府预算管理的行政控制和协调职能，授权预算局设立调查员，负责审查主要支出部门业务的组织、活动和方法，预算的权力逐渐从国会转移到行政部门；要求每个部门配备一名预算官员负责预算编制以及与预算局的协调，各部门在提交拨款申请至预算办公室的时候，需要详细地阐明项目的绩效和成本；指导了一系列的政府会计制度改革，促使会计体系适应了现代预算的需要。

3. 公开预算文件。1966年美国通过和实施了《信息自由法案》，旨在促进联邦政府信息公开化。该法案规定了公众在获得政府信息方面的权利和政府机构在向公众提供政府信息方面的义务：要求联邦政府的记录和档案原则上向公众开放；公众可向任何一级政府机构提出查阅、索取复印件的申请；政府机构必须公布本部门各级组织受理信息咨询、查找的程序、方法和项目，并提供信息分类索引；公众在查询信息的要求被拒绝后，可以向司法部门提起诉讼，并应得到法院的优先处理。该法案为政府预算公开奠定了重要的制度基础，具有非常重要的历史价值。

4. 公开预算制定过程。1976年美国通过了《政府阳光法案》，其目的是促进政府预算制定过程的公开。该法案规定，公众可以出席、旁听和观看预算会议，取得会议的相关文件和信息，预算会议全过程公开，包括每个人的发言。预算会议应尽量选择适当的场所以便容纳更多的公众。为了方便公众观察，可以派发或张贴公开会议的指导手册，阐述参会的主要人员、他们的职务、投票的程序、专门术语的解释，以及该机关根据该法所规定的程序。

5. 网上公开。1996年美国实施《电子信息自由法修正案》，要求政府采取网络等与时俱进的方式公布政府预算信息。自此，美国建立了政府预算公布的互联网主页，与联邦政府信息进行相互链接，在网络上公布有关联邦政府预算的大量文件和数据。

6. 绩效信息公开。1993年美国国会通过《政府绩效与结果法案》，明确要求政府部门公开绩效报告。这项立法是美国绩效预算改革的一个里程碑，因为它首次表明国会完全接受以绩效为导向的预算管理制度和预算流程，包括在战略规划、预算编制和相关报告中都需要体现绩效理念并恰当地使用绩效管理方法。

2010年美国国会通过了《〈政府绩效与结果法〉现代化法案》（Modernization Act of 2010；GPRAMA），强调绩效信息等实证证据在政策、预算、决策中的重要作用，要求联邦政府机构将绩效计划、绩效进展情况、绩效报告等绩效信息在公共网站上进行公开和更新，让公众更好地理解联邦项目在做什么；联邦政府机构设立一名首席运营官（Chief Operating Officer）和一名绩效改进官（Performance Improvement Officer），负责监督所在部门改进项目绩效情况。

2014年《数字化问责制和透明度法案》（或称为《数据法案》）要求，联邦政府机构必须不断地提高预算透明度并公开绩效报告，向国会和公众报告年度和多年的绩效目标，以及年度绩效结果。

第六章　部门整体预算绩效信息公开制度研究

2017年管理与预算办公室（OMB）发布了通告 A-11《预算的准备、提交和执行》，这份文件相当于《〈政府绩效与成果法〉现代化法案》的详细版，以及联邦政府机构预算管理的操作手册，规定了绩效信息公开的具体要求和细节，比如，联邦政府机构绩效计划及绩效报告的内容、在公共网站公开绩效信息的时间等。

（二）绩效信息公开的内容

1. 在资金类型方面涵盖所有财政资金。根据管理与预算办公室（OMB）的通告 A-11，只要使用财政资金的联邦政府机构、政府企业（government corporation），其绩效信息都需要向社会公开[①]。

2. 在预算阶段方面全过程覆盖。管理与预算办公室（OMB）的门户网站上公布了历年各个美国联邦机构的绩效报告系统（Performance Reporting System）、预算与绩效概览（Budget and Performance Summary）。绩效报告系统主要介绍部门基本职能和年度战略目标、部门绩效预算管理制度、部门未来三年的绩效计划概述，包括部门战略目标、任务目标（战略目标分解到具体的任务目标）、相关主要活动及其绩效评价指标。预算与绩效概览包含了近三年的预算、近三年的绩效目标实现情况、部门使命、本年度预算。

除了绩效报告、预算与绩效概览这两份材料，根据管理与预算办公室（OMB）的通告 A-11，联邦政府机构必须每年编制部门年度绩效计划和上年度绩效报告，比如2019年编制2020财年年度绩效计划和2018财年年度绩效报告（FY 2020 Annual Performance Plan and FY 2018 Annual Performance Report），并将这份报告在部门的门户网站上公开发布，接受社会各界的监督。这份报告的内容包括：一是部门基本职能和战略目标概述；二是部门绩效管理制度概述；三是部门组织体系概述；四是部门年度绩效计划概述，包括战略目标、任务目标（战略目标分解到具体的任务目标）、相关主要活动及其绩效评价指标；五是部门上年度绩效报告，即对比上年绩效目标（包含年度目标和季度目标），根据相关基础信息和数据来分析具体绩效评价指标的实现情况，并与绩效目标中的绩效预期指标进行对比，分析绩效目标的实现程度。

综上所述，美国联邦政府机构公开的绩效信息既有预算编制阶段的绩

---

① OMB. *Preparation, Submission and Execution of The Budget*, 2017：Section 200.1.

效目标、预算执行阶段的季度目标及实现情况,还有预算评价阶段的绩效目标实现情况,覆盖了预算管理的全过程。

3. 在文本结构方面包含必要的绩效信息。美国联邦政府机构编制的部门年度绩效计划和上年度绩效报告包含了必要的绩效信息,下面以美国国防部2020财年年度绩效计划和2018财年年度绩效报告为例,介绍美国公开的绩效信息。

根据美国五年中期财政规划的框架,国防部实行五年部门绩效计划和三年滚动绩效报告与编报制度,即当年的绩效报告必须包含以后三个财年的绩效计划报告,并且,在同一个报告中必须包含当年的绩效报告内容。例如,美国国防部2020财年年度绩效计划和2018财年年度绩效报告分析了2020~2022年的绩效计划、2018年绩效实现情况。

(1)部门总体目标。该报告首先阐述了部门总目标,一是恢复战备状态,建立一支更具杀伤力的联合部队;二是吸引新伙伴并加强军事联盟;三是开展部门业务改革,提高绩效水平。部门总目标与部门的职能定位、国家年度战略目标紧密相连。

(2)绩效管理情况。接下来该报告分析了部门的绩效管理情况,国防部强调战略驱动,重视数据提供的客观证据,以企业管理的思路开展部门改革,采用绩效管理帮助部门更好地履行部门职责;分析了2017年和2018年的财务审计、组织改革、IT系统、采购、人力资源管理等方面的绩效情况;分析了2019年和2020年为实现绩效目标的主要举措;详细阐述国防部的组织架构及其职能。

(3)绩效目标。该报告第一层次以表格形式展示了2019~2022财年的绩效计划,将三个部门总体目标(goal)逐层分解,第二层次是战略目标(strategic objective),第三层次是项目目标(program goals)。国防部用了98页分析2019~2022财年的绩效计划,可见目标设置非常详细(见表6-11)。

第六章 部门整体预算绩效信息公开制度研究

表 6-11　　年度绩效计划表

部门总体目标（goal）	战略目标（strategic objectives：SO）	项目目标（program goals：PG）
部门目标1——恢复战备状态以建立一支更具杀伤力的联合部队	SO1.1——提高战备能力，建立一支更具杀伤力的部队（P&R）	PG*1.1.1：提高部门衡量、评估和理解战备的能力 PG1.1.2：改革自动化国防战备框架，增加功能性、完整性和实用性 PG1.1.3：强化资源与战备之间的联系 PG1.1.4：增加申请资格的机会 PG1.1.5：提高对A类事故根本原因的理解能力 PG1.1.6：提升高级战略思维能力
	SO1.2——现代化核心能力建设（A&S）	PG1.2.1：显著改进F-35程序的执行 PG1.2.2：推动核企业改革，使核威慑现代化走上正轨 PG1.2.3：建立弹性和快捷的物流
	SO1.3——增强信息技术和网络安全防御能力（CIO）	PG1.3.1：落实首四项网络优先事项 PG1.3.2：实现联合区域安全栈（JRSS）功能 PG1.3.3：实施网络供应链风险管理活动 PG1.3.4：加速整个国防部的人工智能交付和采用，以实现大规模的任务影响 PG1.3.5：授予联合企业防御基础设施（JEDI）云合同 PG1.3.6：推出账户跟踪和自动化工具（AT-AT）供应工具 PG1.3.7：联合企业防御基础设施（JEDI）环境对企业开放 PG1.3.8：现代化战术无线电通信（波形、无线电、密码） PG1.3.9：确保电磁频谱（EMS）的接入、使用
	SO1.4——向作战人员和决策者提供及时和相关情报，以超过对手，并提供决定性和优势（英特尔）	PG1.4.1：在竞争和有争议的环境中保持优势 PG1.4.2：利用商业技术和创新解决方案 PG1.4.3：提升国防安全 PG1.4.4：深化联盟和外国伙伴关系 PG1.4.5：增加企业集成
	SO1.5——实施招募和保留最佳总兵力的计划，以增强战备能力（P&R）	PG1.5.1：确保军队、联邦文职人员和合同制保障人员的总成本保持在恰当水平，且能为相应的每一套军事需求提供最佳的人力和能力保障 PG1.5.2：改善文职工作人员的征聘和留任工作 PG1.5.3：加强招募和维持全志愿军（All-Volunteer Force） PG1.5.4：确保实施组织倡议，促进多样性和包容性
	SO1.6——发展创新的运营理念（A&S）	PG1.6.1：继续训练战斗指挥官，以响应经证实的紧急行动需要

注：2018~2022年为国防部五年滚动财政规划期；*表示此项目为"跨部门优先目标"类项目；P&R为战备办公室、A&S为采办和持续保障办公室、CIO为业务处理和系统审查办公室。

资料来源：美国国防部，2020财年年度绩效计划与2018年绩效报告，2019年。

(4) 绩效目标的任务分解。紧接着对三个部门的总目标分别进行详细的任务分解。根据部门总目标—战略任务目标—项目目标的从属关系，层层分解，并且针对优先目标详细阐述绩效目标的内容、绩效信息的差距、主要领导者/机构、管理方面最大的挑战、绩效报告的方式与渠道等。通过这样的列表，一是明确项目绩效目标的内容；二是明确项目绩效实施的相关机构及其负责人，清晰规定责权利关系（见表6-12）。

表6-12　　　　　　　　　　任务分解表

部门总目标1：恢复战备状态以建立一支更具杀伤力的联合部队	
战略目标（SO）1.1：提高战备能力	
负责战略目标的领导：分管人事和战备工作的国防部副部长 USD（P&R）	
项目目标/国防部优先目标1.1.1：提高国防部衡量、评估和理解战备能力	负责优先目标的领导：分管人事和战备工作的国防部副部长 USD（P&R）
绩效目标概述：跟踪战备报告中确定的关键指标项目，如人员配备和保留、培训、设备可用性、维修等，衡量军队恢复战备状态的进展。每个指标都是针对已确定的主要军队元素中的挑战和战备抑制因素量身定制的，并被设计为战备恢复的系统优先指标。主要军队元素是支持国防战略最关键的要素	
绩效信息差距：无	
已调整绩效目标和指标：更新军队元素的数量和度量标准，以反映修改后的目标	
合作伙伴（内部和外部成员）：内部：MliDeps、CAPE、审计员，外部：联合人员	
主要优先管理事项和挑战：战备报告是跟踪战备能力的框架，是该部的一项最高优先事项	
主要治理组织：战备管理组和战备执行管理组	
已发表的绩效/进度报告：R2F 是提交国会的半年度季度战备报告的基础	
绩效目标贡献程序：国防战备报告系统	

资料来源：美国国防部，2020财年年度绩效计划与2018年绩效报告，2019年。

(5) 绩效指标。美国重视基于绩效指标的数据来对绩效目标的实现情况进行实证分析，对每个项目目标都设计了一套指标体系，并且设置了各个阶段的目标值（见表6-13）。

第六章 部门整体预算绩效信息公开制度研究

表6–13　　　　　　　项目目标1.1.1的绩效指标体系

绩效指标		2019年第一季度	2019年第二季度	2019年第三季度	2019年第四季度	2020财年	2021财年	前一年结果
PM1.1.1.1：优化和改进战备恢复框架的项目量/目标（军队元素（FE），至少3个度量/FE）	目标值	68FEs/292	N/A	79FEs/295	N/A	96FEs/330	106FEs/365	新
PM1.1.1.2：优化空军战备恢复框架的项目量/目标	目标值	26FEs/132	N/A	31FEs/100	N/A	36FEs/100	41FEs/125	新
PM1.1.1.3：优化陆军战备恢复框架的项目量/目标	目标值	10FEs/50	N/A	15FEs/65	N/A	20FEs/75	20FEs/75	新
PM1.1.1.4：优化海军陆战队战备恢复框架的项目量/目标	目标值	12FEs/40	N/A	13FEs/50	N/A	15FEs/60	20FEs/70	新
PM1.1.1.5：优化海军战备恢复框架的项目量/目标	目标值	10FEs/60	N/A	10FEs/70	N/A	15FEs/80	15FEs/80	新
PM1.1.1.6：优化特种作战司令部战备恢复框架的项目量/目标	目标值	10FEs/10	N/A	10FEs/10	N/A	10FEs/15	10FEs/15	新

资料来源：美国国防部，2020财年年度绩效计划与2018年绩效报告，2019年。

（6）上年度绩效目标的实现情况。绩效计划与绩效报告的最后一部分是分析上年度绩效目标的实现情况。完全根据之前确立的结构和框架，针对每个项目目标进行逐一分析，清晰阐述每个部门目标、战略任务目标、项目目标及其相应的绩效评价指标，几乎一对一地进行绩效情况汇总报告。

首先用文字阐述总体的实现情况，明确负责这项目标的主要领导。然后分析各个阶段的实现情况。接着分析仍然存在的问题及差距，指出下一步努力的方向。接下来围绕核心绩效评价指标，具体阐述三个方面的数据：一是2017~2018财年核心绩效指标的完成情况数据，有些数据如果需要在2019年测量，那就必须标识出来；二是上一年度的实际结果；三是2019年度和2020年度的预期目标。用表格展示具体的绩效指标数据，量化分析绩效目标的实现情况，将目标值和实际值进行对比，帮助读者一目了然地呈现各个时间节点的绩效情况，哪些目标已经实现、哪些目标未能实现都跃然纸上，并且可以与上一年对比，得知绩效进展的程度，与下一阶段对比，找出绩效差距的程度。最后是专业名词解释。国防部用了91页分析2018年度绩效目标的实现情况，可见分析得非常详细，提供了大量有用的绩效信息（见表6-14）。

表6-14　　　　　　　　　　　项目目标1.1.1的实现情况

项目目标/国防部优先目标1.1.1：提高国防部衡量、评估和理解战备能力		负责优先目标的领导：分管人事和战备工作的国防部副部长 USD（P&R）						
绩效指标		2018年第一季度	2018年第二季度	2018年第三季度	2018年第四季度	2019财年	2020财年	前一年结果
PM1.1.1.1：优化和改进战备恢复框架的项目量/目标（军队元素(FE)，至少3个度量/FE）	目标值	18FEs/54	28FEs/84	N/A	50FEs/150	100FEs/300	125FEs/375	18FEs
	实际值	23FEs/83	48FEs/231		67FEs/285			
PM1.1.1.2：优化和改进空军战备恢复框架的项目量/目标（军队元素(FE)，至少3个度量/FE）	目标值	6FEs/18	7FEs/21	N/A	10FEs/30	20FEs/60	25FEs/75	6FEs
	实际值	6FEs/21	12FEs/85		31FEs/132			

第六章 部门整体预算绩效信息公开制度研究

续表

绩效指标		2018年第一季度	2018年第二季度	2018年第三季度	2018年第四季度	2019财年	2020财年	前一年结果
PM1.1.1.3：优化陆军战备恢复框架的项目量/目标	目标值	4FEs/12	5FEs/15	N/A	10FEs/30	20FEs/60	25FEs/75	4FEs
	实际值	4FEs/23	9FEs/42		9FEs/44			
PM1.1.1.4：优化海军陆战队战备恢复框架的项目量/目标	目标值	2FEs/6	5FEs/15	N/A	10FEs/30	20FEs/60	25FEs/75	2FEs
	实际值	7FEs/18	11FEs/46		11FEs/58			
PM1.1.1.5：优化海军战备恢复框架的项目量/目标	目标值	5FEs/15	6FEs/18	N/A	10FEs/30	20FEs/60	25FEs/75	5FEs
	实际值	5FEs/18	7FEs/55		7FEs/44			
PM1.1.1.6：优化特种作战司令部战备恢复框架的项目量/目标	目标值	1FEs/3	5FEs/15	N/A	10FEs/30	20FEs/60	25FEs/75	1FEs
	实际值	1FEs/3	9FEs/3		9FEs/7			

资料来源：美国国防部，2020财年年度绩效计划与2018年绩效报告，2019年。

（三）绩效信息公开的方式方法

1. 统一发布渠道。美国联邦政府的绩效信息公开以网络为主，除非为了推进部门使命等特殊原因，在效益大于打印成本的情况下，机构可以向利益相关者、合作伙伴提供打印的绩效材料。为了便于公众获取信息，美国联邦政府机构的绩效信息除了由各部门在各自的门户网站上发布外，管理与预算办公室还建立了官网发布平台"Performance.gov"进行统一发布，绩效材料的格式是pdf。"Performance.gov"可以链接到各个部门的官网，以获取部门更详尽的信息。

管理与预算办公室规定了信息发布和更新的时间,跨机构优先目标(Cross-agency Priority Goals)的实现情况、年度绩效计划每年更新一次,机构需要在每年的2月份将其放到官网上,例如,2020财年年度绩效计划及2018财年年度绩效报告、2020财年国会通过的部门预算需要在2019年2月发布到官网上。阶段性绩效目标的实现情况需要每个季度更新一次,帮助利益相关者、合作伙伴、社会各界及时得知项目的进展情况。

2. 创新信息公开技术。美国联邦政府在部门整体预算绩效指标逐步完善的基础上,借助信息可视化技术,将部门关键绩效指标进行可视化公开。在官网发布平台上,联邦政府的跨机构优先目标的关键绩效指标(Key Performance Indicator,KPI)可以进行交互式的可视化展示,如图6-13所示,可以清晰地看出实际值和目标值的差距,但是需要非常好的网络环境才能顺利加载这些图片。网站也提供了这些关键绩效指标数据的下载链接,格式是xls,可供公众进行编辑和分析。

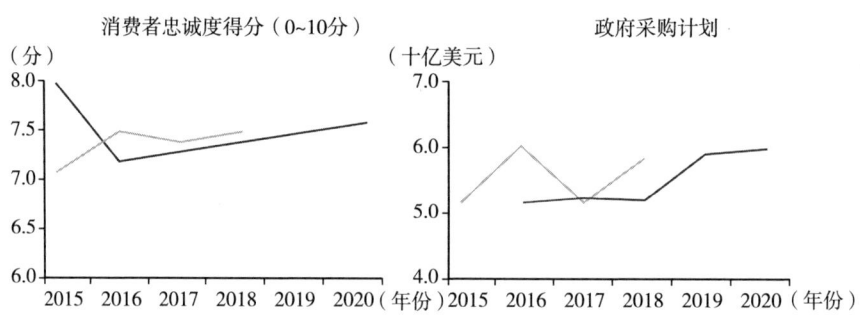

图6-13　建立联邦政府跨部门可视化绩效指标

3. 多种手段保证信息真实性。管理与预算办公室要求联邦政府机构发布到官网上的绩效信息需要与提交国会的版本一致,必须附上部门领导、秘书长、首席运营官、绩效改进官或首席财务官的电子签名,以及部门领导承诺绩效数据完整和真实的送文函,对所公开的信息的真实性承担责任[①],接受《联邦纪录法案》(Federal Records Act)的约束。

---

① OMB. Preparation, Submission, and Execution of The Budget, 2017: Section 260.5.

隶属于美国国会的政府审计办公室（Government Accountability Office，GAO）对政府机构公开的绩效信息的真实性进行监督。[①] 绩效改进委员会（Performance Improvement Council，PIC）发展出名为《数据质量模型及其实践案例》的操作手册，指导联邦政府机构使用验证和确认技术（Verification and Validation，V&V）来检验和核对绩效信息。[②] 这本操作手册可以通过发邮件给绩效改进委员会免费获取。

（四）对中国绩效信息公开的启示

1. 建立健全的法律制度框架。我国的绩效预算改革起步较晚，尚未形成成熟的法律制度体系。《预算法》搭建了预算绩效管理工作的框架，《中共中央 国务院关于全面实施预算绩效管理的意见》大致明确了绩效信息公开的内容，建议进一步将绩效信息公开的具体内容、时间、方式、方法等予以制度化，健全我国部门整体预算绩效信息公开的制度体系。

2. 统一公开的渠道和内容。目前我国的绩效信息公开基本上是各自为政，在自己的门户网站上发布自己部门的绩效信息，没有统一的公开渠道。我国可以借鉴美国的经验，将一级政府部门的预算报告、决算报告、绩效评价报告在同一个官网上进行统一发布，报告里面附带相应部门的链接，让公众更便利地获取绩效信息，并且采取可视化技术进行交互分析，增强数据的可读性。

除此以外，我国绩效信息公开缺乏统一的要求，公开的绩效信息内容和范围五花八门，有的公布了绩效等级和绩效目标的实现情况，有的仅公布了绩效情况，有的涵盖了所有项目，有的仅公布了重点项目；公开的绩效信息散落在各份报告里面，比如，绩效目标在预算报告里面，绩效目标的实现情况在决算报告里面，绩效结果在绩效评价报告里面。我国可以通过制度明确需要向社会公开的绩效信息核心内容，制定统一的报告逻辑框架、核心概念、范围、标准、方式、时间等，比如，在当年预算报告里面公布下年度的绩效目标以及上年度的绩效目标及其执行情况，在当年决算报告里面公布上年度的绩效目标及其执行情况。财政部发布具体的操作手册对各级政府部门绩效信息的公开加以解释和指导，如美国预算管理局编制的多达948页的《预算的准备、提交和执行》，以此提高绩效信息的标准化程度，增强绩效信息在部门之间的可比性。

[①][②] OMB. *Preparation, Submission, and Execution of The Budget*, 2017: Section 260.9.

3. 保证绩效信息的质量。由于缺乏统一的逻辑框架以及保证信息真实的措施,我国绩效信息的质量尚有很大的提升空间。在绩效信息的可理解性方面,我国可以在绩效计划中制订清晰的绩效目标体系,按照"部门总体目标—战略任务目标—项目目标"的逻辑,将宏观的部门目标逐层分解至具体的项目,为每个项目设置了若干个绩效指标及相应的目标值;在绩效报告中,对每个项目目标逐一进行分析,列出绩效指标的目标值与实际值进行对比,并且提供上年度的历史数据,帮助公众进行持续评价。

在绩效信息的真实性方面,我国可以要求公开的绩效材料附上部门领导的签名和部门盖章,接受法律和审计部门的约束及监督,借鉴美国绩效改进委员会的验证和确认技术(V&V)来检验和核对绩效信息。

4. 重视绩效结果对管理的正向影响。绩效信息公开的目的不仅仅是奖优罚劣和削减预算,还应该不断推动预算管理制度改革以及提高政府治理效果。目前我国不断健全绩效评价结果反馈制度和绩效问题整改责任制,试图形成反馈、整改、提升绩效的良性循环,但是大部分向社会公开的绩效信息中只提及项目存在的问题而未指出改进措施。建议加强绩效结果对管理的正向影响,通过绩效评价来识别和发现问题及管理缺陷,然后制定对策,真正采取有意义的步骤来解决问题,从而完善管理过程、提高绩效管理能力、培育讲求绩效的行政文化。

二、英国案例

英国是实施绩效预算历时最长的国家之一,从 1979 年撒切尔政府开展"雷纳评审"开始,英国在预算领域曾实施财政管理新方案(FMI)、综合支出评审、公共服务协议制度、商业计划、部门单一计划等做法,其绩效预算改革经历了长达 40 年的发展。在此过程中,英国的预算和绩效信息公开的制度和实践也不断发展。本书主要介绍 2015 年大选以来,英国内阁办公室执行小组和财政部实施的新的绩效预算制度,尤其关注其绩效信息的公开。第一,着重介绍绩效信息的架构;第二,围绕绩效规划、监督和报告文件,分析英国绩效信息的内容;第三,对其绩效规划和监督文件进行质量评估;第四,主要介绍绩效信息公开的制度规定和公开的路径和手段;第五,分析英国经验对中国预算绩效管理的启发与思考。

第六章　部门整体预算绩效信息公开制度研究

（一）英国绩效信息的架构

现阶段，英国政府正在运行的政府规划和绩效框架主要包括 4 个部分：（1）部门单一计划，主要内容是部门的目标、部门如何利用资源实现目标，以及如何衡量绩效；（2）支出审查、预算和估算（包括主要估算和补充估算），确定部门的资金和预算安排；（3）年度报告和账目，呈现部门在财政年度支出和活动完成之后实现的结果情况；（4）政府账目和公共支出统计分析，全面展示整个政府的收入和支出、资产和负债情况。[①] 规划、支出与绩效是英国现行预算管理不可分割的三个部分。在当前制度下，绩效信息主要体现在两份文件中，即部门单一计划及年度报告和账目。

1. 部门单一计划。部门单一计划（SDPs）是每年更新的部门年度工作目标、绩效的管理和规划，具有绩效规划和监督作用，是年度报告和账目的基础。部门单一计划以多年期的规划为基础，将部门的活动和支出结合，每年进行更新，目的是提升政府规划的质量。这项措施的特点是，部门不仅要确定优先性排序、绩效目标分析，还要说明对于未完成的目标应该采取的详细方案。这些计划需要经过内阁办公室和财政部的同意，以确保部门的优先性能够反映政府的优先性，而且可以在与财政部达成的支出协议下实现。[②] 但这份文件不需要经过议会的批准，政府可以不断进行修改和更新。

这项新的文件可以说是在部门商业计划（business plans）基础上又重新关注绩效目标和测量指标，实施这项制度的目的主要是：在部门和中央之间设置清晰的优先性排序，并且就具体说法达成一致；为提供的服务表示公开承诺；提高政府追踪绩效和支出、联系投入与产出、提高资金价值的能力，且减少部门的行政负担。[③]

部门单一计划虽然不具有法律效力，但它是政府政策和支出优先性的建议，并且也会涉及政府重视的关键绩效指标（Key Performance Indica-

---

[①] Cabinet Office, HM Treasury, The Government's Planning and Performance Framework, https://www.gov.uk/government/publications/planning-and-performance-framework/the-governments-planning-and-performance-framework.

[②] NAO, 2018, Improving Government's Planning and Spending Framework, HC 1679 SESSION 2017 – 2019 26, P. 22.

[③] NAO, 2016, Cabinet Office and HM Treasury: Government's Management of Its Performance: Progress with Single Departmental Plans, HC 872 Session 2016 – 17, P. 32.

tors, KPIs)。这些绩效指标会定期在网上公布和更新,每年在年度报告和账目中进行报告。议会中的选任委员会会利用这些 KPIs 审查部门的绩效和支出是否有效完成政策目标。① 部门单一计划主要是单个部门的绩效计划,而跨部门重点工作由内阁层面的执行特别工作组(implementation task forces)主导。

2. 年度报告和账目。每年财政年度结束之后的次年 7 月份左右,部门需形成年度报告和账目向议会的选任委员会进行报告。这份文件不同于单纯的支出文件(比如主要估算和补充估算都不包含绩效数据,主要是资金支出的描述和支出限额),部门年度报告和账目是预算支出信息和绩效信息的结合,包含绩效报告、专责报告和财务报告三个部分。因此年度报告和账目是预算支出管理和绩效管理相结合的体现(见图 6 – 14)。

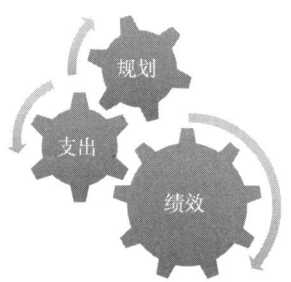

图 6 – 14 英国预算和绩效管理结构

资料来源:陈凯、肖鹏:《预算绩效目标管理的国际比较与启示——基于目标设置理论的研究视角》,载于《经济研究参考》2019 年第 12 期。

(二)绩效规划与绩效报告的内容

1. 部门单一计划的内容。部门单一计划的内容包括部门的目标、部门将如何利用资源实现目标、如何测量其绩效。根据内阁办公室的要求,部门单一计划要求包括以下内容②:一是中期财务规划,包括部门支出评

---

① House of Commons. Financial Scrutiny Uncovered: A Guide for Members by the Committee Office Scrutiny Unit, 2017, P. 13; HM Treasury, Supply Estimates: A Guidance Manual, 2011, pp. 34 – 36.

② Chief Executive of the Civil Service and Permanent Secretary for the Cabinet Office, Clarifying Our priorities – Single Departmental Plans, July 2015, available at: https://civilservice. blog. gov. uk/2015/07/29/clarifying-our-priorities-single-departmental-plans/; Comptroller and Auditor General. Government's Management of its Performance: Progress with Single Departmental Plans, Session 2016 – 17, HC 872, National Audit Office, July 2016.

议方案和所有年份的支出；二是部门目标和活动：确定战略目标、次级目标和工作领域；三是绩效指标：指标、资源分配、时间表/可提供性，每个目标/活动层次的关键风险和条件（dependencies）；四是职能说明（functions statements）：提出政府的职能，如产权职能、数字职能或商业职能如何支持部门的活动。由于部门单一计划分为内部和外部两个版本，目前无法获得其内部版本。本书根据网上公开的中央各个部门的计划，可以获得其整体的内容结构（见图6-15）。

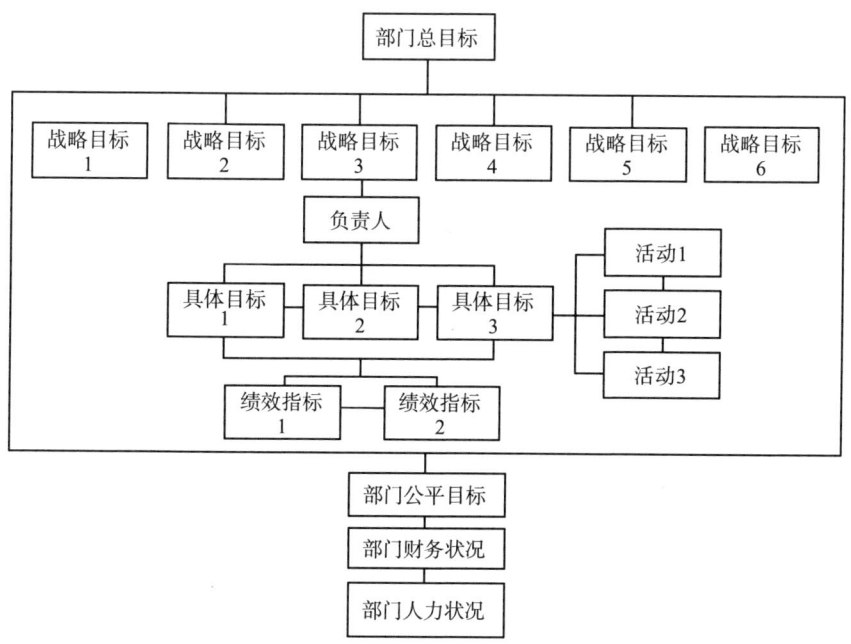

图6-15 英国交通部2018年部门单一计划内容结构

资料来源：笔者自制。

不同部门公开计划的格式与要求大致一致，主要包含目标、财务状况、人力状况三个部分。目标主要分为三个层次：部门总目标、战略目标、具体目标。在每个战略目标之下，都有相应的绩效指标及其资料来源。在每个具体目标之下都列出了为实现具体目标相应需要实施的活动。以交通部2018年的部门单一计划为例。交通部有一个总目标，即"为人们建立一个安全、稳定、高效且可靠的运输系统；支持强大、有效的经济发展，并促进就业"。总目标下划分了六大战略目标，即"（1）支持更强大、更清洁、更高效的经济发展；（2）加强人和地域联系，平衡全国各地的投资；（3）促进旅行更便捷、更现代、更可靠；（4）确保交通运输的安全性、稳定性和可持续；（5）准备运输系统技术升级，确保脱欧之后未来交通发展更加繁荣；（6）促进部门所有的活动建立效率和生产力的文化"。每个战略目标之下都列出了负责的部长和官员，六大战略指标下都有1~2个绩效指标。战略目标被分解为具体目标和为实现具体目标将采取的措施或依靠实施的项目。从这个架构可以看出，其绩效指标主要是根据战略目标设立，因此主要体现部门的整体绩效。

总体而言，这份文件注重规划性，也注重可操作性。战略目标、活动、绩效指标等信息详细说明了部门的绩效计划，绩效报告就是以这些绩效计划为基础。

2. 部门年度报告和账目。如上文指出，部门每年向议会提交的年度报告和账目包括三个部分：绩效报告、专责报告和财务报告。其中，绩效报告是本书所关注的重点。本书仍然以交通部为例，考察其年度报告和账目的内容，对其绩效报告内容进行解析。报告的前言部分是主管交通的国务大臣和常任秘书分别就过去一年的工作的简要总结。正文部分则主要报告过去一个财政年度部门整体的绩效表现。绩效报告部分主要包括三个方面的内容：绩效概览、绩效分析和绩效指标。

（1）绩效概览。这部分主要对部门总目标、组织架构、愿景、战略、治理、风险和绩效的等部门基本信息和绩效整体情况的简要介绍。其中，部门的总目标和战略目标都与部门单一计划的内容相同。

（2）绩效分析。绩效分析主要围绕交通部的战略目标进行，六大战略目标分别对应六个分析，每个分析也主要根据战略目标下的具体目标进行划分，介绍过去一年为实现具体目标进行了哪些工作、目前的进展情况、实施中出现的问题及解决过程、为推进工作进行的相关努力等内容。

（3）部门单一计划绩效指标。这部分主要根据部门单一计划中所列出的指标完成情况提供数据，并与上一财政年度的结果进行比较。每个指标都是量化指标，都有相应的资料来源介绍。

此外，在绩效报告部分还有一节可持续报告，内容是针对联合国的可持续发展目标交通部所做的工作、政策引导、在绿色政府承诺上所实现的目标、可持续采购。

（三）部门单一计划（SDPs）的质量评估

绩效信息的质量是其被使用的前提。因此，在绩效管理中，不仅要生产信息，更要提升绩效信息的质量。英国对预算的绩效管理以部门单一计划为基础，各个部门的年度绩效报告均以之为基础，因此本部分主要对英国的部门单一计划进行评估。评估主要分为三个维度：（1）文本内容的清晰和全面性；（2）计划的有用性，即在实践中是否有用；（3）计划的可实现性或可操作性。

1. 文本内容评估。2018年，内阁办公室的核心审查小组对于17个部门的部门单一计划的质量进行了评估。这个评估主要针对计划中的内容设立了六个评估标准，每个标准都设置了五个维度。内阁办公室的评估结果可以参见表6-15。

表6-15　　　　　内阁办公室的核心审查小组对2018年
17份SDPs的质量评估结果　　　　　　单位：分

标准	100	75	50	25	0
目标清晰且有下级目标	9	5	1	2	0
有具体的节点或交付的活动	4	7	3	3	0
可测量的绩效指标	7	1	6	3	0
包含对公众的承诺	13	3	1	0	0
中期财务和人力资源计划	7	5	5	0	0
职能计划	10	3	2	2	0

资料来源：National Audit Office. *Annual Report and Accounts* 2018-19，https：//www. nao. org. uk/wp-content/uploads/2019/06/NAO-Annual-Report-and-Accounts-2018-19. pdf。

根据内阁办公室核心审查小组的意见，2018年部门单一计划在目标设置上做得较好，几乎所有的部门都提出了清晰的战略目标和具体的下级目标。在工作实施的具体节点和要交付的活动上，小组要求几个部门提供更多的节点，一些节点没有日期。在设置可测量的绩效指标方面，小组建议多个部门要开发自己的绩效指标，有一些部门的时间节点和指标之间的关系不够清晰。也有几个部门在小组的提醒之下包含了所有竞选时对公众的承诺，比如住房、社区和地方政府都没有将其在住房白皮书中的承诺放入部门单一计划，国防部草案未提供74亿项目绩效目标的具体细节。有一些部门的部门单一计划没有包含中期财务和人力资源规划，也有几个部门没有覆盖整个规划周期，目标的实施应该有相应的财力和人力保障，但有些部门的计划并没有相应的财务和人力做支撑。在职能规划方面，大多数的计划草案都非常明确本部门对整个政府的资产、数据化、人力资源、宣传等共同职能上的贡献是什么。

2. 实用性评估。相比较以往的绩效管理框架，英国内阁办公室的执行小组力图推动政府业务规划能力的持续性提升，目的是帮助部门从内部自我改善，而非利用中央的强制力实施改变，部门单一计划是其中重要一步。那么各个部门对于部门单一计划的有用性的感知态度如何？英国国家审计办公室对2018年的部门单一计划进行了评估，是基于部门员工对部门单一计划的态度调查。根据这份调查，63%的部门人员认为部门单一计划是其部门内部规划的一部分，58%的被调查者对部门单一计划在其部门管理中的用处持比较积极的态度（见图6-16）。

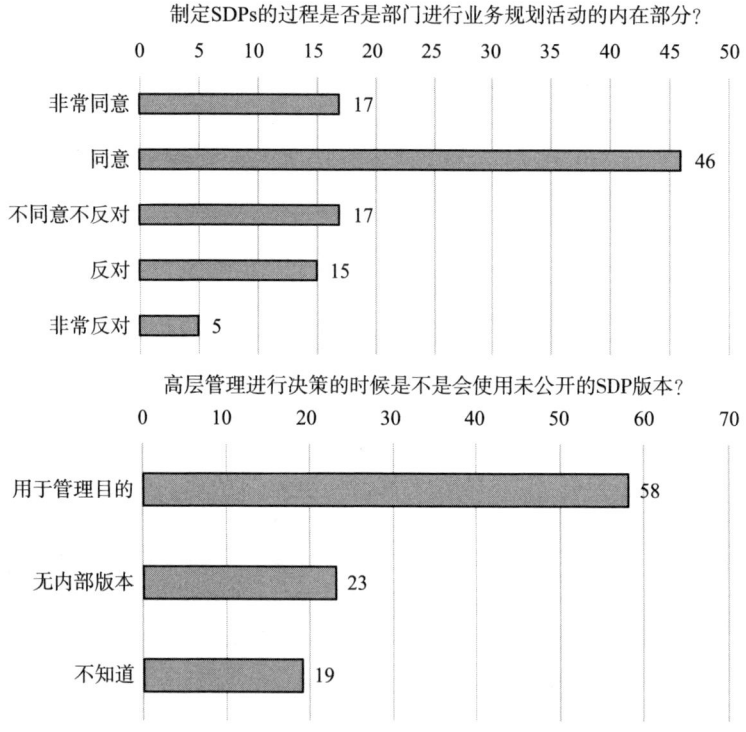

图6-16 部门人员对SDPs有用性的态度

资料来源：National Audit Office. *Annual Report and Accounts* 2018-19，https：//www. nao. org. uk/wp-content/uploads/2019/06/NAO-Annual-Report-and-Accounts-2018-19. pdf。

第六章 部门整体预算绩效信息公开制度研究

3. 可实现性评估。绩效目标的实现需要以部门的财力、人力为支撑，国家审计办公室在对英国 2018 年部门单一计划的调查中考察了部门单一计划是否可负担，但发现不是所有的部门单一计划都是可以负担的。很多部门的首要目标是不超支，但这就让部门不能进行更长期的规划，因此只能将一些无法实现的承诺推到以后。在调查中，只有 16% 的人认为，部门有相应的资源、人力和技能为部门的优先工作提供支撑，而有 45% 的人认为，虽然列为优先的工作，但实际已经停止或很大程度上推迟了（见图 6-17）。

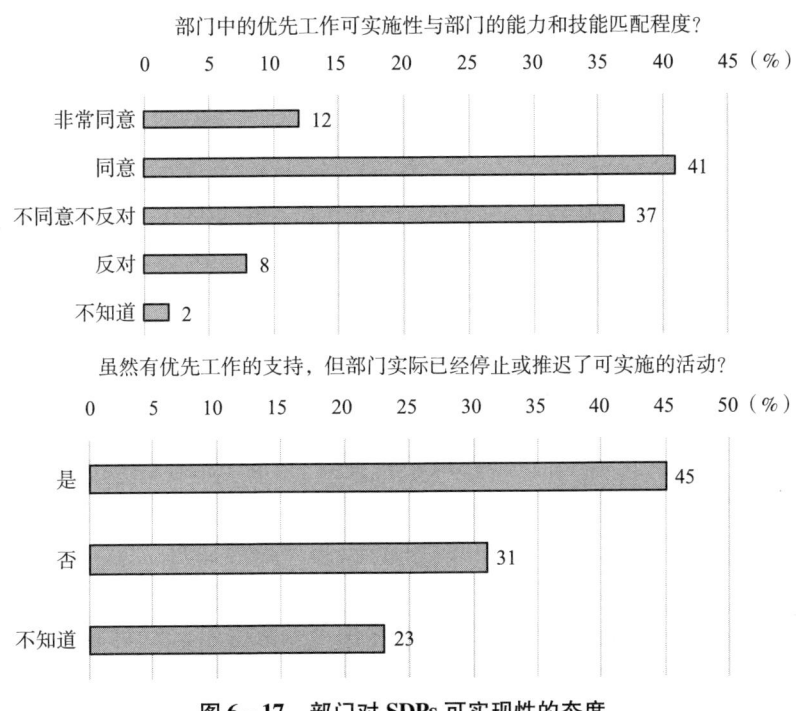

图 6-17 部门对 SDPs 可实现性的态度

资料来源：National Audit Office. *Annual Report and Accounts* 2018-19，https://www.nao.org.uk/wp-content/uploads/2019/06/NAO-Annual-Report-and-Accounts-2018-19.pdf。

4. 纵向评估：以交通部为例。上述都是对 2018 年的部门单一计划进行的截面评估，为了从纵向上考察部门单一计划的变化，本书以交通部为例，比较其 2017 年、2018 年、2019 年三年的部门单一计划的内容。通过比较可以看出，三年以来，交通部部门单一计划的内容在不断提升。在内容组成方面，三年的计划都注重战略目标、绩效指标和财务状况的结合，但2017年的计划中没有包含人力资源状况，2018年和2019年的计划增加了这部分内容（见表6-16）。

表6-16　　　　交通部2017~2019年部门单一计划的变化　　　　单位：个

项目	2017年	2018年	2019年
战略目标	5	6	6
绩效指标	7	10	15
财务状况	有	有	有
人力资源状况	无	有	有

资料来源：笔者自制。

战略目标和绩效指标是部门单一计划中最关键的内容，是进行部门绩效监督的基础。三年来，这两个方面的内容也有所提升。

在战略目标方面，2018年和2019年的计划相比2017年有两个方面的提升。首先，绩效目标数量的变化。2017年的战略目标有5个，2018年和2019年增加了一个战略目标，即让旅程更加便捷、现代和可靠，这一指标更注重服务导向。其次，战略目标的表述更具体、细化和清晰。2017年的战略目标之一为"促进经济增长和机会"，但2018年和2019年变为"支持更强大、更清洁、更高效的经济发展"；"建立统一的英国"变为"加强人和地域联系，平衡全国各地的投资"；"改善旅行"变为"促进旅行更便捷、更现代、更可靠"。

在绩效指标方面，2018年和2019年的绩效指标比2017年也有较大进步。首先，绩效指标的数量增加。2017年的绩效指标有7个，2018年为10个，2019年为15个。其次，绩效指标的信息也更明确。2018年的绩效指标有对应的数字信息和资料来源，但没有具体的时间节点，因此很难判断是部门的预期绩效还是已经完成的绩效。2018年和2019年的绩效指标所对应的绩效信息都很清晰，都是部门以往年度的绩效情况。这也表明，在部门单一计划中，部门并没有强制设定其具体的绩效指标值，绩效指标是事后衡量部门绩效的风向标，参考值主要来自以往年度相应的绩效表现。

（四）绩效信息公开

英国政府信息公开经历了缓慢的发展历程①，现在是世界上最透明的国家之一，其绩效信息公开程度也非常高。

1. 公开的制度依据。

英国目前政府信息公开的主要依据是《信息自由法》。根据法律第一部分第19款规定：每个公共机构都必须制定、公布和执行公开计划；确定要公开的信息分类、信息公开的方式、信息公开是否免费、信息公开的公共利益考虑。公共机构必须根据信息专员办公室制作的公开计划模板制订公开计划（publication scheme），经过信息专员办公室（ICO）批准后实施。制定和审查公开计划时，每个公共机构都必须依据公共利益预算原则决定公开的理由和公开的信息，并按照其所认为的恰当方式公布其公开计划。②

仍然以交通部的公开计划为例，其公开计划列出了信息收费情况、公开的信息类型、哪些信息不公开、从哪里找到相关信息等。交通部主动公开的信息类别有9类，分别是：（1）我们是谁及我们做什么；（2）我们支出什么和如何支出；（3）我们的优先性是什么及进展如何；（4）我们如何决策；（5）我们的政策和程序；（6）信息登记和备案；（7）我们提供的服务；（8）收费信息；（9）书面申请。其中，第（3）项信息包括战略、绩效信息、计划、评估、检查和评审。③

2. 公开的方式和途径。

（1）主动公开、分别公开、集中展示。英国政府公开信息的方式分为两种，一种是主动公开，一种是依申请公开。根据部门的公开计划，预算和绩效信息都属于主动公开的范畴。

绩效信息均由部门自行公开。有些信息会在同一个网页上进行汇总，如内阁办公室对部门的部门单一计划进行了汇集，查阅很便捷。④

（2）uk.gov 的一站式公开。目前英国政府信息公开采取一站式公开方式，所有部门的部门单一计划的公开版、年度报告和账目及各类财务数据都可以在政府网站 gov.uk 上找到。

---

①② 万鹏飞：《英国政府信息公开的发展与反思》，载于《公共管理评论》2017年第1期，第75~103页。

③ Department for Transport, Public Scheme, https://www.gov.uk/government/organisations/department-for-transport/about/publication-scheme#classes-of-information.

④ Building a Country that Works for Everyone: The Government's Plan, https://www.gov.uk/government/collections/a-country-that-works-for-everyone-the-governments-plan.

(五)启发与思考

首先,中国的预算绩效管理应该更关注部门整体,将部门的规划、预算和绩效报告三者有机结合。未来可以通过形成规范的预算绩效报告制度,倒逼部门预算绩效管理水平的整体提升。目前中国预算绩效管理中,部门的规划、预算及管理还处于分离的状态。一方面,现有的绩效管理大部分以项目评价为基础,部门整体评价还刚刚起步,如何对部门进行绩效评价还没有明确的框架。另一方面,目前中国的预算绩效管理和部门的绩效管理还是两套体系,这在一定程度上造成了管理的重叠甚至冲突,以及资源的浪费。因此,中国未来的预算绩效管理应该更好地协调两者之间的关系。以部门整体绩效为主,在部门规划、支出和绩效报告之间建立有效连接,部门通过支出和内部管理实现部门单一计划中所设定的绩效目标,在年度报告和账目中,绩效信息、支出信息、管理信息都会有所呈现,使预算管理和绩效管理建立有机联系。

其次,中国的预算绩效管理应该提升绩效目标设置的科学性和合理性。目标管理是预算绩效管理的基础,后续的绩效运行监控和事后绩效评价都需要以科学合理的绩效目标为前提。通过英国交通部的案例可以看出,其公开的部门单一计划中的绩效目标虽然并没有设置明确的值,但其绩效和主要衡量指标都有明确的历史参考值、数据来源、时间限制,背后有国家的统计数据做支撑。目前我国的预算绩效管理还没有建立起完善的预算绩效目标管理体系,在一定程度上影响预算绩效管理工作的开展和效果。[1] 加强目标管理,做好绩效目标的制定和审核是我国预算绩效管理的重点和难点。

最后,中国的预算绩效管理应该加强不同部门之间的互动和有机配合。预算绩效管理虽然是以财政部门为主导,但也离不开其他政府职能部门的配合。通过英国的案例可以看出,英国的内阁办公室和财政部是其政府规划和绩效框架中的两个核心机构,能够为部门提供引导和支持,在2018年部门建立部门单一计划的过程中,内阁办公室给了两轮反馈,将内阁办公室和财政部等部门的意见反馈给了各个部门,而部门认为这些反馈

---

[1] 沈显荣:《财政预算绩效管理中存在的问题和对策》,载于《财会学习》2020年第1期,第81~82页;邓盾:《完善预算绩效目标编制的对策建议》,载于《财政监督》2019年第23期,第55页。

提升了其部门业务规划的质量。① 其国家审计办公室则会对预算绩效管理、部门的单一计划进行分析,并提出建议,各个机构之间的有效配合促进了绩效和预算管理的实施和完善。② 因此,中国的预算绩效管理不仅需要发挥财政部门的主导作用,也应该发挥政府办公室、发展和改革委员会和审计部门的作用,加强各个职能部门的有机配合和良性互动。

不同国家的绩效预算制度是与国家的整体制度背景息息相关的,英国的绩效预算改革历史较长,目前的制度框架是长期探索的结果,其改革的经验不能照搬到中国。此外,其制度的设计也并非是完美的,比如政府虽然倡导部门规划、支出和管理的结合,但如何将三者有机结合依然取决于部门的自主性。但其做法可以为中国探索更好的预算绩效管理模式以启发。未来中国预算绩效信息公开制度建设,仍需要立足于本国实践,不断探索完善。

三、加拿大案例

(一) 信息公开的制度与框架

加拿大的财政年度从每年的 4 月 1 日开始到次年的 3 月 31 日结束。政府请求国会预算拨款需要遵循《供应业务》(Business of Supply) 所规定的相关程序。相关管理原则由《宪法》《财政行政法案》和众议院的常设秩序 (standing orders) 所规定。

加拿大部门预算公开制度与其财政报告制度密切相关,部门预算公开的相关要求由财政报告制度所决定,具体包括报告提交的时间和内容,而按照加拿大开放政府的要求,部门的所有预算和工作计划都应公开,具体方式是在其官方网站公布。

加拿大的财政报告制度主要包括前瞻性报告、呈国会的年内报告和呈国会的年底报告,部门整体绩效信息也在相关报告中体现(见表 6 - 17)。

---

① NAO,*The Government's Planning and Performance Framework*,2018:36, https://www.gov.uk/government/publications/planning-and-performance-framework/the-governments-planning-and-performance-framework.
② 张培培:《英国绩效预算改革中的部门协作》,载于《江苏师范大学学报》(哲学社会科学版) 2019 年第 5 期,第 101~110 页。

表 6-17　　　　　　　　　加拿大主要年度财政报告

财政报告制度	报告主体	预算（权责发生制）	估计（现金支付制）	其他
前瞻性报告	联邦政府	年度预算 经济和财政更新	主体估算 补充估算（A、B、C）	公共财政长期可持续性报告 债务管理战略
	部门和机构	**面向未来的业务陈述**	**部门计划**	
呈国会的年内报告	联邦政府	财政监测月报		
	部门和机构		**季度财务报告**	
呈国会的年底报告	联邦政府	加拿大公共账目（第Ⅰ、Ⅱ、Ⅲ卷） 年度财务报告		联邦税收支出报告 财政参考表 债务管理报告
	部门和机构	**财务报表**	**部门效果报告**	

资料来源：Moretti（2018）。粗体部分为本节作者所加，旨在突出部门和机构预算情况。

1. 联邦政府估算。联邦预算估算是联邦政府向国会申请预算的主要文件，由相关部门的部门预算和联邦政府相关支出预算组成。在加拿大，国会日历被分为三个阶段，每个阶段国库委员会主席都要向国会提交预算估算（estimates）文件。估算文件是国会根据国会拨款法案进行投票表决的基础，明确政府可支出资金的目的和具体额度。

主体估算通常2月提交，补充估算A通常5月提交，补充估算B通常10月或11月提交，补充估算C在下年2月提交。补充估算主要涉及主要估算中来不及估算或不可预见的支出。支出部门需要按照工作进度，在联邦政府向国会提交估算文件前，将部门估算提交财政部。

估算文件主要包括三个部分。

第一部分是政府支出计划，包括联邦支出概况和估算的核心要素概览。

第二部分是主要估算，列出下年的现金支出计划。其中，大约1/3要国会根据相关法案拨款。国会按类别（运作支出、资本支出和转移支出）对这些拨款进行投票。

第三部分是部门支出计划，由每个部门和机构的部门计划及结果报告组成。

部门计划报告是每个部门和机构描述其支出优先顺序、核心责任、主要项目、预期结果以及相关资金需求等内容的报告,需要连续分析未来三年的情况。2017~2018 财年,国库委员会秘书处要求部门提供所有有助于计划效果实现的以往评估结果。如果既往评估结果显示实现预期效果有困难,部门则要给出从这些困难中获得的经验教训。

2. 季度财政报告。财年内支出以预算(权责发生制的)和拨款(现金支付制)两种形式报告。财政部每月公布累计的预算情况,即财政监测月报,包括赤字、收入和支出等内容。2009 年《财政行政法案》要求,从 2011~2012 财年开始,部门、机构和公营企业需要准备和公布季度财政报告。每一份报告都包括以下资金的使用情况:一是主要估算和补充概算授权使用的资金;二是本季度结束时机构仍可以使用的经财务委员会核准的转移性拨款。各部门、机构和公营企业必须在报告所述期间结束后 60 天内,在其网站上公布本财政年度前三个季度中每个季度的财政报告。部门和机构的季度财政报告以现金为基础通过财政表格的形式呈现,主要报告季度内财务简要情况和财年累计进展情况、风险和不确定性,与运作、人事和项目相关的重要变化和附录。季度财政报告还包括一个描述部分,提供关于影响季度或年度财政支出效果以及与操作、人员和项目相关的重要变化的详细说明。

3. 年底财政报告。根据《财政行政法案》要求,"加拿大公共账户"是政府报告与预期(预算)相比的实际执行情况以及如何使用国会拨款资金的报告。报告由国库委员会秘书处准备,包括以下三卷内容:

第一卷是加拿大政府综合财政报告。除了传统的财政报告内容外,还包括一个预算专栏,呈现与年初预算计划相比的实际执行情况,此外还包括财务报表的讨论和分析部分。

第二卷是以现金支付制呈现的部门和机构财务报表,呈现预算执行情况与年初预算的比较情况。

第三卷是按照《财政行政法案》《财政委员会的政策或指引》或国会委员会要求提供的相关细节信息和分析。

对支出部门而言,年度财政报告即为部门结果报告。部门结果报告向国会和公众报告政府机构一年来所取得的成就,记录当年的实际绩效与其部门计划中优先性和预期结果的比较。这些也作为估算文件的一部分递呈国会。

4. 综合财务报表。除了部门结果报告外,每个财年的末期,支出部门还要提交财年末财务综合报表,明确部门管理责任、财务综合状况、部门债务和现金情况等。报表内容非常详尽,除主体部分外,通常还包含篇幅大概 3 倍于主体报告的辅助说明。

（二）信息公开的内容与特点

由于加拿大建立了较为完备的部门预算绩效报告和公开制度，各部门的报告时间、方式和主要信息较为一致。下面以加拿大农业与农产品部 2016~2017 财年、2017~2018 财年和 2019~2020 财年的相关报告为例，呈现加拿大部门预算绩效信息的内容和特点。

1. 信息公开的内容。

（1）部门计划。部门计划包括部长致辞，计划概览，存在的理由、任务和作用，运行背景，关键风险，计划结果，支出和人力资源以及补充信息等内容（见专栏 6-1）。

专栏 6-1：加拿大农业与农业食品部 2017~2018 财年部门计划

- 部长致辞
- 计划概览
- 存在的理由、任务和作用：我们是谁，我们在做什么
    - 存在理由
    - 任务和作用
- 运行背景：影响我们工作的条件
- 关键风险：影响我们实现计划和结果能力的条件
- 计划结果：今年以及以后我们想实现的目标
    - 项目
    - 内部服务
- 支出和人力资源
    - 计划支出
    - 计划人力资源
    - 投票估计数
    - 面向未来的简要业务说明
- 补充信息
    - 企业信息
    - 次级项目的支撑信息
    - 补充信息列表
    - 联邦税式支出
    - 组织联系信息
- 附录：概念释义

资料来源：Agriculture and Agri-Food Canada, 2017-18 Department Plan, http://www.agr.gc.ca/resources/prod/doc/pdf/dp-pm_2017-18_eng.pdf。

部长致辞是对部门职责和年度工作重点进行陈述。计划概览是简要给出年度主要计划和工作要点。为了便于公众了解，部门计划还设置了部门职责、工作愿景、工作任务、权力和角色等内容。运行背景则突出未来一年可能影响计划展开的相关条件。关键风险则列出与部门职能相关的特殊风险。2017~2018财年，农业与农产品部认为其关键风险是灾难性危机、信息管理和技术、敏感资产的安全等涉及该部门所有项目的主要风险。计划结果则将每一个主要项目的预期结果呈现出来，包括项目所需要的财力资源和人力资源。

（2）部门结果报告。2015~2016财年以前，联邦政府要求政府部门提供部门绩效报告（departmental performance report），自2016~2017财年开始，加拿大财政部秘书处要求用部门结果报告（departmental results report）代替部门绩效报告。部门结果报告将提交给议员并向社会公开，主要内容包括与部门计划、支出优先性和预期结果相比较所获得的实际结果，部门结果报告在秋季提交议会。

部门结果报告主要包括部长致辞、结果概览、存在理由、运行背景和关键风险、支出和人力资源趋势分析等内容（见专栏6-2）。

部长致辞是对年度工作结果进行综合总结。结果概览是对部门年度主要工作结果进行简单呈现。运行背景则突出呈现这一财年影响工作效果实现的各种外在环境情况。关键风险给出对部门所有项目均密切相关的一些主要风险及其应对情况。结果部分则按项目，比照年初预定目标，仔细描述项目的结果实现情况。具体内容包括预期结果、绩效指标、指标目标、达到结果的时间节点、实际完成结果和前两个财年的结果完成情况。同时，给出项目本财年资金和人力资源使用情况。资金部分包括项目的主要估算资金、计划使用资金、实际可用资金、实际使用资金（被授权使用）以及实际使用和计划使用的资金差额。人力资源部分包括计划人员、实际人员以及实际人员与计划人员的差额情况。

（3）综合财务报表。除了部门结果报告外，每个财年的末期，支出部门还要提交财年末财务综合报表，明确部门管理责任、财务综合状况、部门债务和现金情况（见专栏6-3）。

专栏 6-2：加拿大农业与农业食品部 2017~2018 财年部门结果报告

- 部长致辞
- 结果概览
- 存在的理由、任务和作用：我们是谁，我们在做什么
    - 存在理由
    - 任务和作用
- 运行背景和关键风险
    - 运行背景
    - 关键风险
- 结果：我们实现了什么
    - 项目
        - 项目 1.1 商业风险管理
            - 描述
            - 结果
        - ……
        - 项目 3.1 内部服务
- 支出和人力资源趋势分析
    - 实际支出
    - 实际人力资源
    - 投票支出
    - 加拿大政府支出和行为
    - 财务陈述和财务陈述概览
        - 财务陈述
        - 财务陈述概览
- 补充信息
    - 企业信息
        - 组织文件
        - 报告框架
    - 次级项目的支撑信息
    - 补充信息表
    - 联邦税式支出
    - 组织联系信息
- 附录：概念释义

资料来源：Agriculture and Agri-Food Canada, 2017-18 Department Plan, http://www.agr.gc.ca/resources/prod/doc/pdf/dp-pm_2017-18_eng.pdf。

> **专栏 6-3：加拿大农业与农业食品部财年末综合财务报表（未经审计）**
>
> 2018 年 3 月 31 日
> 目录
> 管理责任说明，包括财务报告的内部控制
> 财务状况综合报表（未经审计）
> 业务和部门净财务状况综合报表（未经审计）
> 部门净债务变动表（未经审计）
> 现金流量表（未经审计）
> 综合财务报表附注（未经审计）

资料来源：Agriculture and Agri-Food Canada, 2017-18 Department Plan, http://www. agr. gc. ca/resources/prod/doc/pdf/dp-pm_2017-18_eng. pdf。

2. 信息公开的特点。

（1）责任、任务与结果同时公开。加拿大部门预算绩效公开的首要特征是部门责任、项目任务与预期结果同时公开，使国会议员、相关管理者和公众明确了解项目任务、预期结果及其与部门工作职责的内在关联。

加拿大农业与农产品部的核心责任包括国内与国际市场、科学和创新、部门风险和内部服务四个部分。下面以 2019~2020 财年该部门国内与国际市场部分的预算绩效计划为例，呈现公开情况：

第一，简要描述。加拿大农业和农产品部与相关部门合作，通过项目、服务和相关工作来提高其在国内外市场的竞争力。加拿大农业和农产品部还通过维持和扩大市场准入机会增加部门产品出口来提高农产品国际利润。

第二，计划概览。2019~2020 财年，加拿大农业与农产品部将继续支持加拿大农业部门充分利用市场和贸易机会，提高加拿大农业的国内和国际竞争力。增加加拿大农业和农产品出口量并提高产品多样化水平，为加拿大整体贸易议程做出更大贡献，提高农业和产品在全国经济中的重要性。

"2018 年国家经济战略列表"指出了政府与工业部门合作的具体途径，以实现一些部门的雄心勃勃的增长目标，其中便包括农产品。例如，农产品表披露了一系列建议合作部门，以及灵活的规制体系、交通和基础设施改进、多样化市场建构、创新和多样化的劳动力等内容。在这些指引

下,农业与农产品部将继续与政府和工业伙伴合作以提高部门的竞争地位,聚焦于增加产品附加值和吸引对部门的新增投资。

2018年政府秋季经济报表显示,针对国家经济战略列表推荐的合作部门,已经采取重大步骤来提升国家竞争力。具体包括进行重大税改以刺激投资,对规制体系进行基础性调整,在创新领域进行关键投资,如创立战略创新基金。通过启动出口多样化战略,力争到2025年加拿大出口量增加50%。这一战略将帮助加拿大商业开拓新的市场,包括:投资基础设施以支持贸易,尤其是与亚洲和欧洲的贸易;协助公司开拓新市场;为出口者提供更多贸易服务,例如,对加拿大贸易专员处的投资将支持加拿大扩大出口,其中包括农业部门出口。

加拿大是世界上最大的农产品和海洋食品出口国,农业和农产品部门是加拿大经济增长的核心推动部门。支持该部门充分利用国际竞争机遇,保持并扩大市场准入(包括通过协商和执行贸易协定),是助力到2025年实现农产品出口达到750亿加元的关键举措。

农业和农产品部将持续与相关伙伴合作以实现政府承诺的农业和农产品市场多样化和增加出口。该部门将在欧洲和亚洲开拓新的贸易机会,尤其是那些执行2017年9月"加拿大—欧洲联盟全面经济贸易协定"的地区和进入2018年12月"跨太平洋伙伴关系全面和渐进协定"的相关区域。该部门还将支持政府努力推进世界贸易组织现代化,并在近期和将来的贸易协商中继续提高农业利润,例如与南方共同市场(阿根廷、巴西、巴拉圭和乌拉圭)和东南亚国家联盟相关国家合作,具体计划结果见表6-18。

表6-18 　　　　2019~2020财年加拿大国内与国际市场
计划目标及其结果实现情况

部门计划	部门计划指标	目标	达到目标时间	2015~2016财年结果	2016~2017财年结果	2017~2018财年结果
加拿大农业与农产品部对经济增长的贡献	农业与农产品部对经济绩效贡献的百分比	2017年到2025年间年均增长2%	2019年12月31日	3.61%	5.52%	2.55%

第六章 部门整体预算绩效信息公开制度研究

续表

部门计划	部门计划指标	目标	达到目标时间	2015~2016财年结果	2016~2017财年结果	2017~2018财年结果
加拿大农业与农产品部对经济增长的贡献	农业食品产品售价变化百分比	2017年到2025年间年均增长4.5%	2019年12月31日	2.41%	5.91%	3.81%
	农业和农业食品出口额	750亿加元	2025年12月31日	613亿加元	626亿加元	648亿加元
通过解决贸易争端、减少贸易壁垒、提高贸易位置打入国际市场	农业与农产品部推进解决或减少贸易壁垒、世贸组织争端解决和技术性贸易问题的程度	维持或高于80%	2020年3月31日	无	无	无
	农业与农产品部通过协商、协议和讨论改进贸易政策程度	维持或高于80%	2020年3月31日	无	无	无

注：表中"无"的原因是这些指标是2018~2019财年部门结果框架调整后新引入的，因此以前并不报告此指标。

表6-18提供了2019~2020财年，农业与农产品部"国内与国际市场"部分的主要计划，明确给出了相关指标、指标目标、完成时间和往年结果实现情况。

（2）预算与人力资源同时公开。加拿大部门预算公开的一个重要特征是与部门核心责任相关的预算与所需的人力资源情况同时公开。加拿大农业与农产品部2019~2020财年四项核心责任的预算计划摘要见表6-19，该部门2019~2020财年四项核心责任的人力资源计划摘要见表6-20。将预算计划与人力资源计划同时公开，便于相关主体部门综合使用资源，也便于国会和公众了解部门运作状况。

表6-19 农业与农业食品部核心责任与内部服务预算计划摘要

单位：百万加元

核心责任与内部服务	2016~2017财年支出	2017~2018财年支出	2018~2019财年预计支出	2019~2020财年主体估算	2019~2020财年计划支出	2020~2021财年计划支出	2021~2022财年计划支出
国内和国家市场	495	188	294	236	236	231	203
科学和创新	626	606	577	587	587	589	576
部门风险	1 343	1 021	1 176	1 507	1 507	1 507	1 507
小计	2 464	1 814	2 046	2 330	2 330	2 327	2 286
内部服务	151	171	173	151	151	151	149
总计	2 615	1 985	2 219	2 481	2 481	2 478	2 435

注：（1）2016~2017财年和2017~2018财年支出是指各财年实际支出。由于农业与农产品部2018~2019财年报告框架的变化，2016~2017财年和2017~2018财年的支出项目按照2019~2020财年的核心责任对应调整。（2）2018~2019财年是预计支出，反映为财年末期的预计支出。（3）2019~2020财年、2020~2021财年和2021~2022财年是计划支出，反映资金已经列入部门年度参考基准并得到了部门授权。计划支出还没有加入2019年最新情况可能带来的调整。更多信息将适时在2019~2020财年的补充估算中呈现。

表6-20 农业与农业食品部核心责任和内部事务人力资源计划摘要（全职人员）

核心责任与内部服务	2016~2017财年全职人员	2017~2018财年全职人员	2018~2019财年预计全职人员	2019~2020财年计划全职人员	2020~2021财年计划全职人员	2021~2022财年计划全职人员
国内和国际市场	512	512	518	514	514	501
科学和创新	2 531	2 599	2 631	2 711	2 712	2 687
部门风险	462	450	449	448	448	448
小计	3 505	3 561	3 598	3 673	3 674	3 636
内部服务	1 089	1 112	1 144	1 192	1 192	1 192
总计	4 594	4 673	4 742	4 865	4 866	1 828

注：（1）全职人员仅反映由部门授权资源供养人员。2018~2019财年，有52名全职人员是由农业与农产品部通过与工业合作者达成合作协议供养的研究人员。（2）由于农业与农产品部2018~2019财年报告框架的变化，2016~2017财年和2017~2018财年的全职人员按照2019~2020财年的核心责任对应调整。

资料来源：Agriculture and Agri-Food Canada, 2017-18 Department Plan, http://www.agr.gc.ca/resources/prod/doc/pdf/dp-pm_2017-18_eng.pdf。

（3）编制滚动预算。表6-20和表6-21显示，农业与农产品部的预算和人力资源计划都是滚动编制的，2019~2020财年的计划就包含了2020~2021财年和2021~2022财年的相关计划。滚动编制预算有助于增强相关主体对计划及其预期结果可实现的信心，呈现部门工作的延续性。

除了未来两个财年的预算情况外，表6-20和表6-21还包括了相关工作过去两年的已完成情况和正在实施及准备实施年度的情况。过去两年已经完成情况旨在说明目前计划和未来计划的可实现性。由于预算计划要在财年开始前完成，预算计划完成时，本财年的实际工作尚未完成，其中包括正在实施和准备实施的年度预算和人力资源情况。因此，实际上一个财年的预算计划包含了六年的预算情况。

（三）信息公开的质量评估

从支出部门及其活动和项目的预算信息公开情况来看，加拿大部门整体预算绩效信息公开的质量较高。

1. 部门层面。在加拿大政府官网上，累计公布了1996~1997财年到2018~2019财年所有财年的部门计划[①]和部门结果报告[②]（2006~2014财年间称为公告、2014~2016财年间称为部门绩效报告）。进入到每个财年的报告链接后，该财年所有联邦政府部门、机构和公共企业的相关报告按部门名称的字母顺序升序排列。[③] 相关报告内容齐全完整、极易获得。对往年材料的需求还可以通过向官方邮箱发送邮件索取。

进入到每个报告页面，除报告内容外，还提供报告的pdf下载链接，可免费下载报告。每个报告还提供其进行档案管理的"国际标准序列号"，例如加拿大农业与农产品部2016~2017财年部门结果报告的国际标准序列号为2560-9505。每个报告的更新时间较为固定，例如"部门结果报告"被要求在秋季提交议会，该报告通常会在财年结束年的11月上旬在官网上更新，加拿大农业与农产品部2016~2017财年部门结果报告的更新时间为2017年11月9日。

---

① Departmental Plans, 2020-21 Departmental Plans, https：//www.canada.ca/en/treasury-board-secretariat/services/planned-government-spending/reports-plans-priorities/2020-21-departmental-plans.html.

② 2018-19 Departmental Results Report, https：//www.canada.ca/en/treasury-board-secretariat/services/departmental-performance-reports.html.

③ 2016-17 Part Ⅲ - Departmental Results Reports, https：//www.canada.ca/en/treasury-board-secretariat/services/departmental-performance-reports/list-institutions-2016-17-departmental-results-reports.html.

相关报告的可理解性较好。加拿大政府部门的部门计划、部门结果报告都包含"部长致辞"这个部分，并配有部长面带微笑的大头照，给人带来亲切感。在这部分，部长以较为宽松、欢快的措辞介绍部门的计划或结果，可理解性较好。

2. 活动与项目层面。在活动层面，部门计划和部门结果报告都会按项目呈现项目的主要内容、预期（完成）结果、相关绩效指标、绩效指标的目标值等内容。例如，农业与农产品部2017～2018财年部门结果报告中对"项目1.2：市场准入、协商、部门竞争力和评估系统"的公开情况。首先是简要陈述，描述该项目的主要目的、意义和目标；然后呈现项目实施后达到的结果，接着分别给出结果实现概况（见表6-21）、预算财政资源情况（见表6-22）和人力资源情况（见表6-23）。项目和活动的具体内容清晰明确。

表6-21　　　　　　　　　　　项目实现结果

预期成果	业绩指标	目标	完成目标日期	2017～2018财年项目实际成果	2016～2017财年项目实际成果	2015～2016财年项目实际成果
加拿大农业和农产品部为市场机遇和风险负责	农业和农产品（包括海产品）出口价值2014～2015财年基数为56.4亿加元	56.4亿加元	2017年12月31日	64.6亿加元	62.5亿加元	61.6亿加元（目标是50.3亿加元，在2016～2017财年更新）

资料来源：Agriculture and Agri-Food Canada, 2017-18 Departmental Results Report, http://www.agr.gc.ca/eng/about-our-department/planning-and-reporting/departmental-results-reports/2017-18-departmental-results-report/? id=1536950956460.

表6-22　　　　　　　　项目预算财政资源　　　　　　　　单位：百万加元

2017～2018财年主要估算	2017～2018财年计划支出	2017～2018财年被授权可用资金	2017～2018财年实际支出（被授权）	2017～2018财年实际支出与计划支出差额
173	173	217	193	197

注：表中"实际支出"高于"计划支出"主要是因为，2017～2018财年的"补充估算"支持奶业部门发展所增加的资金，其具体金额来自2016～2017财年的结转。

资料来源：Agriculture and Agri-Food Canada, 2017-18 Departmental Results Report, http://www.agr.gc.ca/eng/about-our-department/planning-and-reporting/departmental-results-reports/2017-18-departmental-results-report/? id=1536950956460.

第六章 部门整体预算绩效信息公开制度研究

表6-23　　　　　　　　项目人力资源（全职人员）　　　　　　单位：人

2017~2018财年计划全职人员	2017~2018财年实际全职人员	2017~2018财年计划与实际人员差距
407	451	44

注：实际人员高于计划人员主要由于需要人员支持奶业项目。

资料来源：Agriculture and Agri‐Food Canada，2017-18 Departmental Results Report，http：//www.agr.gc.ca/eng/about-our-department/planning-and-reporting/departmental-results-reports/2017-18-departmental-results-report/？id=1536950956460.

（四）启发与思考

完备的信息报告和公开制度是深化绩效预算改革的重要步骤。随着我国预算绩效管理改革不断深化，政府部门预算绩效信息作为预决算报告的重要组成部分，被纳入各级政府向人大和社会公开的范围，这是很大的进步。取得这些成绩的同时，还有很多需要改进之处。政府提交人大审议的预算报告从过于简单的"看不懂"，到过于复杂的"看不完"，是一个进步，但远没有达到目的。预算报告的完备性、可读性和公开性还有待提高。下一步改革不仅仅需要对预算绩效信息及其报告的时间和频率做出规定，还需要进一步改善报告的形式和重点，有效呈现绩效导向的预算配置计划和结果。优化公开的方式，通过外在监督促使包括预算绩效信息在内的预决算报告和公开体系进一步制度化。

1. 建立部门整体预算绩效的报告和公开制度。我国的部门整体预算绩效评价工作起步较晚，各地还没有形成比较成熟的部门整体绩效报告和公开的经验做法。在这方面，可以借鉴加拿大的做法，按照时间顺序，确立部门整体预算绩效信息报告的内容要求、时间要求和公开要求。建立起部门整体预算绩效报告与公开的制度体系。

2. 优化部门整体预算绩效的公开方式。我国目前大部分地方政府的预算绩效信息都在部门网站公开。政府门户网站还没有同步公开政府部门的预算绩效信息，很多地方财政部门门户网站公布的仅仅是本部门（财政部门）的部门预算信息，而没有其他部门的预算绩效信息。在这方面可以借鉴加拿大的预算绩效信息公开经验。既在各部门门户网站公开，也可以通过统一渠道（政府门户网站或财政部门网站）公开，通过这个统一渠道，公众可以便利地查阅所有政府部门的预算绩效情况。

3. 注重部门预算绩效信息的积累性。我国预算绩效管理改革起步较晚，相关信息的电子化公开改革也推进较晚。这导致我国地方政府部门预算绩效情况公开进度缓慢，个别改革先行区也仅公开改革后的部门整体绩效情况，而对改革前部门的整体绩效情况不甚了解。加拿大政府门户网站可以查阅1996~1997财年到2018~2019财年20多个财政年度的部门整体预算绩效信息情况，这点非常值得我国借鉴。而且，当进行新的改革后，加拿大政府部门会将往年财政支出情况按照改革的最新要求进行重新整理，以便公众可以在前后一致的框架下了解部门的绩效情况，进行前后对比。当前我国正处在部门整体预算绩效改革的起步阶段，应该提高信息积累意识，从改革之初便突出绩效信息的累进性，并根据当前的预算绩效信息报告标准，将以往部门预算及其绩效情况对应到当前标准中公开出来，提高部门绩效信息的累积性。

4. 重视部门中期支出规划与预算绩效管理的衔接。中期支出规划有利于保持预算的持续性，结合部门近期目标和长期目标使预算随时间的推进不断加以调整和修正，能使预算与实际情况更相适应，有利于充分发挥预算的指导和控制作用。加拿大部门预算编制横跨时间较长，包括前两年的预算完成情况、编制当年和计划年以及此后的两个目标年的预计情况。例如，编制2019~2020财年预算，一是需要汇报2016~2017财年和2017~2018财年预算完成情况。二是汇报2018~2019财年的预计支出情况。由于2019~2020财年将从2019年4月开始，计划可能要在2018年下半年开始，而此时2018~2019财年尚未结束，因此需要报告2018~2019财年余下时间的预计支出情况。三是编制2019~2020财年预算估计情况。四是2020~2021年和2021~2022年两个目标财年情况。未来，我国各级政府及其部门应该重视部门中期支出规划与预算绩效管理衔接的重要性。2015年1月，国务院印发《关于实行中期财政规划管理的意见》，从中期财政规划主要内容、编制主体和程序、组织实施等方面做出部署，全面推进中期财政规划管理。但实践中，各级政府中期财政规划工作进展缓慢。参考加拿大的经验，未来我国部门整体预算绩效管理改革可逐步规范中期支出规划的编制与报告工作，在报告部门整体预算绩效情况时，同时报告部门过去工作绩效、当期运作绩效和未来预计绩效，使相关主体明确部门预算绩效的历史状况，提高预算透明度。

5. 提高部门战略任务与绩效目标及其关键指标的关联性。目前，我国部门整体预算绩效评价与报告制度还没有形成固定的改革模式。试点改革地区尝试建构完整的部门整体预算绩效评价体制，但除了相关流程的不足外,部门整体绩效目标及其关键性指标的设置上与部门战略任务之间的关系仍不够明晰。比如,多数部门根据年度工作重点,选取与部门三定方案中部门职责相关的内容设置;关键指标则主要选用相对宏观或反映财政运作规范的指标。未来,我国各级政府应该更加重视将部门核心职责分解为明确的绩效目标,通过合理设置绩效指标并明确指标所要达到的目标值,清晰而明确地对目标完成情况进行测量。这些基础性工作为丰富报告内容、提升报告质量奠定了基础,能够在部门战略目标、核心任务与整体预算绩效目标及其任务目标之间建立越来越清晰的联系,进而促进部门整体预算绩效质量的提升。

第五节 政策建议与改革路径

部门整体预算绩效信息公开的目的,不仅在于公开本身,而在于通过公开发现预算绩效管理制度的不足,并推动其发展与完善。为了确保部门整体预算绩效信息公开的质量,不仅需要建立和完善公开制度,还应该推进相关制度改革与不断完善。

一、建立部门整体预算绩效信息公开制度

1. 明确核心概念,限定部门整体预算绩效信息公开的内容范围。通过制度确定需要公开的"部门整体预算绩效信息"究竟包含什么内容,明确统一的公开报告逻辑框架、核心概念、标准、流程等。

从资金范围来看,部门整体预算绩效信息所涵盖的资金范围,不仅包括《预算法》所指的部门预算,而且还应该包括部门为履行职责而负有二次分配权限、管理责任的财政资金。聚焦于中央政府各部门,部门整体预算绩效信息所涉及的资金,不仅包括部门用于自身基本支出和项目支出的资金,而且还应该包括其拥有二次分配权的资金,比如发改委掌握的基建类资金,教育部掌握的转移支付类资金等。

从履职范围来看,建立战略—任务—项目的逻辑链条。部门整体预算绩效信息所涵盖的履职范围,应该遵从部门战略—任务—项目的逻辑链条,不是单指独立的、分散的、碎片化的项目,而是能够在"自上而下"的部门战略目标分解与"自下而上"的项目绩效汇总之间建立顺畅的呼应

关系。部门战略性绩效信息是总领性的，能够统领项目绩效信息；项目绩效信息不仅个体清晰，而且能够呼应战略目标的要求。理论上讲，部门整体预算绩效信息能够积极、全面、系统地反映出一个部门作为一个整体的绩效预期和实现情况，能够体现出部门整体履职效果与局部项目实施绩效之间的和谐统一。

2. 优化公开内容，让绩效信息更易理解。增加年度中央部门整体预算绩效评价宏观背景介绍。由财政部门统一发布年度部门整体预算绩效评价工作背景和标准的解释说明，包括核心概念解析、整体绩效与"自评价""重点项目绩效评价"的关系、不同类型评价的标准和流程等。

尝试扩大自评价项目的绩效信息公开范围，可以通过列表形式公开所有自评价项目基本信息（立项目标、预算规模、预算执行绩效等），重点增加阐述项目绩效结果与部门履行职能之间关系的说明。

提倡每个中央政府部门在重点项目中选择1~2个项目公开绩效评价信息。各部门可参照财政部主导评价的第一类重点项目绩效评价信息的公开内容和结构，主动公开由其部门自己主导评价的重点项目绩效信息。

对于多年期的项目或者已设立多年的重点项目，可以考虑增加以往年度的绩效信息，进行持续评价和绩效结果比较。

3. 重视拓宽传播方式与渠道，让绩效信息公开更接地气。从传播渠道和方式来讲，为了便于公众获取信息，建议财政部门整合部门预算绩效评价与管理信息，通过统一的渠道进行发布。通过绩效信息可视化的手段，让公众更便于了解和理解部门花钱的效果。

4. 重视绩效评价结果对未来年度预算决策与管理的正向影响。绩效评价信息公开的目的不应该仅仅是奖优罚劣和削减预算，重点应该落在不断推动预算管理制度改革，完善管理过程、提高绩效管理能力、培育讲求绩效的行政文化。

二、推动制度协同发展与完善

1. 完善部门整体绩效管理。部门整体预算绩效信息的质量依赖于部门整体绩效管理水平的高低，而不再局限于对单个项目碎片化的绩效评价与管理。部门根据工作规划、部门职责等所确立的绩效目标成为评价依据，使得部门整体绩效不再是"将部门整体支出绩效评价等同于基本支出的合规性审查和重点项目绩效评价的简单加总"，评价依据更明确。部门需要资金保障正常的运转和业务职责的实现,虽然预算管理实践将部门的支出区分为基本支出和项目支出,但对于一个部门而言,所有的预算资金都是为了保障部门整体工作的推进,因而只评价项目不能全面体现部门的绩效,尤其是对于那些基本支出规模较大的部门。随着对部门整体支出评价的探索,可以对各类部门的整体绩效进行更全面的评价,这也意味着部门支出绩效评价报告和部门的工作报告可以有机结合起来。在此基础上,将来是否可以尝试将政府内部不同的绩效评价进行整合,整合型的绩效管理意味着将财政的支出绩效与政府的绩效管理相融合,这可以避免重复评价,减少资源浪费,因而是一个可以探索的方向。

2. 建立政策和预算更密切融合的预算制度。部门整体预算绩效信息必然要反映部门如何利用有限的财政资金,自上而下地将政策分解落实到任务和项目,再自下而上地通过项目执行实现政策目标。这个逻辑环节需要政策—预算之间的有效衔接。然而,在中国,预算和政策分离的问题由来已久,政策规划很少考虑政府财力,而编制好的预算可能因为政策的调整而频繁变动。只有促进政策和预算的结合,才能确保政策能够真正落地,也能够为预算提供明确的政策引导,进而提升预算支出的效率和效果。国际上的预算改革的主要目的是用绩效信息引导资金分配,但这方面的能力一直很难见成效。如果在政策与预算之间建立更密切的联系,预算绩效信息可以用来引导政策,通过政策的变化引导预算资金的变化可能更合理,但这需要政府和部门加强对预算绩效信息的重视。

3. 建立绩效信息公开的协同配合体制机制。实施绩效预算比较成功的国家,无不是有一个非常强势的财政部(如韩国、澳大利亚),或配合协调的核心机构的支持(如英国)。通常,财政部门是预算绩效管理的主导部门,而各个部门是预算绩效管理的责任主体。但是财政部门的力量是有限的,因此部门是预算绩效管理的责任主体,目前绩效目标和指标的建立、绩效运行监控和评价都主要依赖部门才能完成。根据鲁滨孙(Robinson,2007)的观点,支出部门比决策者对其运行状况了解更充分,这样就很容易引发策略性博弈,因此他建议,政治领导人、财政部门或其他核心部门必须参与界定支出部门收集什么信息,而且可能还需要参与到信息搜集中。这一方面需要多个政府领导核心的互相配合,另一方面,在中国的背景下,可能进一步建立更加公开的绩效信息制度,借助于社会监督的力量也是一种可行的途径。

4. 探索更"有绩效"的预算绩效管理。生产绩效信息是有成本的,探索更有效率的管理方式也是未来常态化、制度化预算绩效管理需要思考的问题。虽然"全方位、全过程、全覆盖"是目前预算绩效管理的总体要求，但如何以更有效率的方式实现仍有待探索。目前的绩效评价已经覆盖到所有一般公共预算项目，但是并非所有的项目都需要进行评价。特别在引入部门整体预算绩效管理之后，从整体上把握部门绩效、督促部门以结果导向推动过程管理，可能是实现预算绩效管理的可行之路。

附录一

英国交通部部门单一计划

交通部的部门单一计划①（2018年5月23日更新）列出了本部门到2020年的战略目标以及实现这些目标的计划。部门总体任务是为人们建立一个安全、稳定、高效且可靠的运输系统；支持强大、有效的经济发展并促进就业。

为实现这些目标，本部门建立了一个完整且庞大的项目实施计划。该计划的核心指导原则是在政策制定、决策和实施中，以公路、铁路和航空用户的需求为核心。本部门会围绕效率和生产率，通过日益多样化和包容性的员工队伍，与英国公路公司、铁路公司等实施机构合作，确保目标的实现。

一、部门六大战略目标

(1) 支持更强大、更清洁、更高效的经济发展；
(2) 加强人和地域联系，平衡全国各地的投资；
(3) 促进旅行更便捷、更现代、更可靠；
(4) 确保交通运输的安全性、稳定性和可持续；
(5) 准备运输系统技术升级，确保脱欧之后未来交通发展更加繁荣；
(6) 促进部门所有的活动建立效率和生产力的文化。

---

① 这是交通部的部门单一计划。交通部的实施机构，如英国铁路公司和高速公路公司都有自己的商业计划。

（一）目标1：支持更强大、更清洁、更高效的经济发展

负责该目标具体实施的部长包括：铁路部部长兼伦敦部长（Jo Johnson MP），道路安全部部长（Jesse Norman MP），海事部部长（Nusrat Ghani MP）和航空部部长（Baroness Sugg CBE）。

负责官员：铁路组司长，国际、安全和环境组司长，道路、权力下放和机动车组司长，高速公路和重大铁路项目组司长。

1. 次级目标。

（1）公路、铁路和航空的基础设施项目建设。

部门将如何实现这一目标？

①实施首个道路投资战略，由100多个主要道路项目组成，包括A303、A14和新泰晤士河下游交叉口升级的大型扩建项目，并与第二个道路投资战略进行协商（促进可持续发展目标9）；

②在未来六年内，投资500多亿英镑来检修英格兰和威尔士的铁路网——提升资产年限，提高可靠性并减少中断（促进可持续发展目标9实现）；

③监督HS2有限公司的工作，提供新的、全面整合的高速南北铁路，从根本上加强伦敦与中北部之间的铁路运力，并释放现有网络的容量以缓解拥堵（促进可持续发展目标9）；

④完成三个重大铁路项目：Thameslink, Crossrail 和 Intercity Express Program，加快其他项目的进展；

⑤寻求议会批准国家机场政策，促进有关东南部机场扩容的决定。

（2）实施跨政府产业战略中的运输要素。

部门将如何实现这一目标？

①引领"未来移动大挑战"项目，该项目旨在使英国在物流、人流和服务方面成为世界领先者；

②与商务能源与产业战略部（BEIS）合作，为产业战略提供技术承诺，包括数字化铁路技术；

③建设高速铁路2号（HS2），成为经济增长的引擎，创造就业机会并帮助实现经济再平衡（促进可持续发展目标8）。

（3）支持英国的海事和航空部门战略。

部门将如何实现这一目标？

①发布详细的海事战略2050，确保海洋技术研发、技能和保护环境的

前沿地位；

②围绕消费者和面向全球的需求，以实现安全、可靠和可持续的航空事业为目标，建立新的航空战略。

2. 部门的绩效及其主要衡量指标。

（1）公共预算资金所支持的交通基础设施在建项目数。

绩效指标为77[①]（2017年10月），基于截至2017年10月的国家基础设施和建设管道统计。此77个项目由至少415个独立项目组成（资料来源：国家基础设施和建筑管道；发布周期：每年）。

（2）技能提升。

由本届政府为公路和铁路调拨3万名技工提供技能提升服务。2016年1月28日发布的"运输基础设施技能战略"阐述了部门将如何监控和报告进展情况。

（二）目标2：加强人和地域联系，平衡全国各地的投资

负责该目标具体实施的部长包括：铁路部部长兼伦敦部部长（Jo Johnson MP），道路安全部部长（Jesse Norman MP），海事部部长（Nusrat Ghani MP）。

负责官员包括铁路组司长，道路、权力下放和机动车组司长，高速公路和重大铁路项目组司长，资源和战略组司长。

1. 次级目标。

（1）加强英国政府与当地、区域和分权机构的合作，以实现国家和区域目标，并最大限度地提高公共投资的价值。

部门将如何实现这一目标？

①部门将继续实施"分权协议"，让区域政府有权力根据对地方的了解和需求进行投资；

②通过17亿英镑的城市转型基金支持城市发展交通并促进当地经济增长（可持续发展目标11）；

③支持包括北方和中部地区交通局在内的次国家交通机构的持续发展，使其成为地区强大力量，并为实现长期经济繁荣提供其所需的建立和

[①] 这个数字与之前通过国家基础设施和施工管道收集的数据不具有可比性，因为数据获取和记录的方式因时间而存在差异。

保障交通战略的干预措施（可持续发展目标 9）；

④继续建立评估和建模战略，强化支持稳健和均衡的投资决策的证据基础和工具。

（2）努力发展全国的运输网络。

部门将如何实现这一目标？

①部门将建立地方道路新网络，提高全国地方和区域道路的战略重要性；

②到 2020～2021 年，为全国 40 多个地方重大项目提供资金支持，提高地方交通网络能力，缓解拥堵并促进经济增长，快速推动牛津—米尔顿凯恩斯—剑桥走廊项目中东西铁路和牛津—剑桥高速公路的"缺失环节"（促进可持续发展目标 8）；

③制定"北方动力枢纽铁路"战略实施大纲，完成"横贯铁路 2 号"可行性评估。

（3）与社区和地方政府部（MHCLG）合作，支持新建住宅。

部门将如何实现这一目标？

①部门将与英国铁路网、高速公路和其他 DfT 机构合作，释放剩余土地，支持新建房屋（促进可持续发展目标 11）；

②部门将与社区和地方政府部合作，共同制定住房和交通投资策略，最大限度地发挥 HS2 和东西铁路等转型投资的作用，并支持地方联合实施。

2. 部门的绩效及其主要衡量指标。

部门将使用 DfT 旅程时间统计数据监视性能。相关数据源于 DfT 旅程时间统计。数据每年都会发布（统计数据为 2015 年数据；2016 年 5 月底可获得 2016 年数据）。

（三）目标 3：促进旅程更便捷、更现代、更可靠

负责该目标具体实施的部长包括：铁路部部长兼伦敦部部长（Jo Johnson MP）和道路安全部部长（Jesse Norman MP）。

负责官员包括铁路组司长，国际、安全和环境组司长，道路、权力下放和机动车组司长。

1. 次级目标。

（1）实施新的数字技术以改善旅程。

部门将如何实现这一目标？

①与英国铁路公司合作实施 2018 年 5 月发布的《数字化铁路战略》，包括通过探索者项目加快全网数字信号和交通管理；

②支持议会通过《机动车及电动车辆条例草案》（促进可持续发展目标 13）；

③实施新的数字传输服务，以获取街道维护的信息。

（2）以公民和企业用户为核心，提供可靠、可及且经济高效的交通网络。

部门将如何实现这一目标？

①发布全面的《运输战略》，确保每个人都能以最便捷的方式进入交通系统，包括在 2019 年 4 月之前实施步行少于九步的车站，确保在铁路系统引入乘客申诉员代表铁路用户的利益，并支持铁路和公路监管办公室及运输焦点机构作为战略公路网的监督者和用户监管者；

②通过各种补贴和政策支持公交及社区交通服务，包括完成立法改革和实施开放数据的新举措；

③实施《人人连接：铁路战略规划》中提出的以用户为中心的改革议程，持续以缓解拥挤和为乘客与货物运输提供可靠服务为目标进行铁路投资；

④取消塞文桥的收费。

（3）改进票务系统和信息，使乘客更容易获得最佳票价。

部门将如何实现这一目标？

①在 2018 年 12 月之前，让乘客在几乎所有铁路网络中均可以选择免持纸质票；

②支持北部交通机构发布智能购票，为铁路和公交乘客提供现代化的支付方式和移动旅行信息。

（4）投资于公路和铁路维护与更新。

部门将如何实现这一目标？

①用精心策划、长期投资计划维护和改善国家公路及铁路网络（促进可持续发展目标 9）；

②每年向地方当局拨款 10 亿英镑以上，以帮助维修和维护地方公路。

2. 部门的绩效及其主要衡量指标。

（1）总体铁路旅行满意度如图 A1-1 所示。

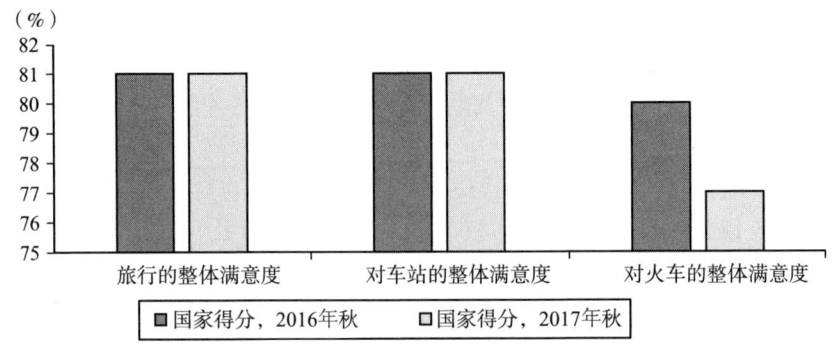

图 A1-1 总体铁路旅行满意度

资料来源：运输焦点的国家铁路旅客调查（发布周期：每年两次）。

（2）公路用户满意度。

满意度达到 89%（2016/2017 财年），这是战略公路网最近旅程的满意度得分；资料来源为国家公路用户 2016~2017 财年满意度调查（发布周期：每年）。

（3）铁路列车准点率①。

准点率达到 88.5%（2017/2018 财年第三季度），数据来源于公路和铁路办公室（发布周期：每季度）。

（4）英格兰非频繁性公交服务准点率②。

该准点率为 82.7%（2016/2017 财年），数据来源为"公共汽车的 DfT 频率和等待时间统计"（发布周期：每年）。

（5）公路平均延误。

具体数据来源如表 A1-1 所示。

表 A1-1　　　　　　　　　公路平均延误

战略公路网络平均延误（单位：秒/辆/英）	截至 2016 年 12 月 9 日	截至 2017 年 12 月 9 日
英格兰地方 A 级公路平均延误（单位：秒/辆/英）	45.9	46.9

资料来源：道路拥堵和可靠性统计（发布周期：每季度）。

---

① 铁路和公路办公室定义铁路旅行的"准点"是在伦敦和东南部或区域以及苏格兰运营商的计划时间表的 5 分钟内到达最终目的地，或者在长途运营商的 10 分钟内到达。2017 年第三季度至 2018 年的数据是临时数据。

② 公交车服务的"准点"由交通部定义为早到 1.00 分钟到晚 5.59 分钟。非频繁性服务定义为每小时 5 次或更少的服务。英格兰的数字是根据当地政府对其公交车总出行比例的权重来估算的。缺失数据被估算。

(四) 目标4：确保交通运输的安全性、稳定性和可持续

负责该目标实施的部长包括：铁路部部长兼伦敦部长（Jo Johnson MP），道路安全部部长（Jesse Norman MP），航空部部长（Baroness Sugg CBE），海事部部长（Nusrat Ghani MP）。

负责官员包括国际、安全和环境组司长，道路、权力下放和机动车组司长。

1. 次级目标。

（1）维护运输系统的安全。

部门将如何实现这一目标？

①实施《道路安全声明》，继续寻求加强道路安全的机会；

②通过部门的监管制度、征求意见、指导和技术研究，与运输行业合作伙伴密切合作，继续管理所有交通设施的安全风险；

③继续在海外部署英国航空安全专家，与国际合作伙伴和东道国一道促进航空安全；

④根据《国家网络安全战略》，发展和促进交通网络安全。

（2）确保未来交通投资以可持续性为导向，包括推广新技术以减少排放。

部门将如何实现这一目标？

①为2050年实现公路交通零排放制定计划，并使英国成为世界上开发和制造电动车最佳地点（促进可持续发展目标13）；

②与英国环境、食品和农村事务部共同实施《国家空气质量战略》的政府承诺（促进可持续发展目标13）；

③继续与国际海事组织合作减少航运温室气体排放，根据2018年4月的历史性全球协议，在21世纪尽快逐步减少国际航运的温室气体排放（促进可持续发展目标13）。

（3）增加骑行和步行旅行的次数。

部门将如何实现这一目标？

实施步行和骑行战略，包括"骑行力项目"，该项目将在2018~2019年间为30万名儿童提供骑行培训（促进可持续发展目标13）。

2. 部门的绩效及其主要衡量指标。

（1）超低排放车辆的新注册总数和比例如表A1-2所示。

表 A1-2　　　　　　超低排放车辆的新注册总数和比例

指标	2016 年	2017 年
超低排放车辆（ULEVs）新注册数	41 837	53 203
超低排放车辆（ULEVs）新注册数占所有新注册机动车比重	1.2%	1.7%

资料来源：DfT 车辆统计表 VEH0170（发布时间：每季度）。

（2）道路安全数据。

截至 2017 年 9 月和截至 2016 年 9 月年度之间报告的道路伤亡人数下降 4.5%，从 182 747 人（包括死亡人数 1 800 人）降至 174 510 人（包括死亡人数 1 720 人）。数据来源于"道路伤亡人数报告"，临时估计数据包括 2017 年 7~9 月，数据每季度发布。

（五）目标 5：准备运输系统技术升级，确保脱欧之后未来交通发展更加繁荣

负责该目标实施的部长包括：道路安全部部长（Jesse Norman MP），航空部部长（Baroness Sugg CBE）。

负责官员主要是国际、安全和环境组司长。

次级目标如下。

（1）确保交通用户和企业在脱欧谈判中获得最佳结果。

部门将如何实现这一目标？

①全面支持英国谈判代表，以确保在交通方面得到尽可能最好的脱欧和未来关系协议；

②制定新的交通法律法规，以确保英国脱欧时拥有所需的权力。

（2）将英国定位为未来移动技术和服务的全球领导者。

部门将如何实现这一目标？

①作为"移动未来大挑战"项目的一部分，发布《未来城市移动性》初步战略，明确概述政府如何利用新兴技术和趋势带来的机遇来解决城市交通挑战；

②对所有相关立法启动彻底的监管审查，确保英国继续是世界上拥有交通创新和新服务最开放环境的国家之一。

（3）辅助制定独立的、有特色的国际贸易政策，为脱欧做准备。

部门将如何实现这一目标？

①继续建立国际运输贸易联系，并与贸易发展局（DIT）合作，支持出口和制定运输贸易政策；

②开发新的咨询公司——Crossrail International 于 2017 年 9 月注册成立，发挥了 Crossrail 项目成功的国际影响并提高了英国私营部门的报价。

（六）目标 6：促进部门所有的活动建立效率和生产力的文化

负责该目标实施的部长是航空部部长（Baroness Sugg CBE），负责官员为该部门资源和战略组司长。

次级目标如下。

（1）在交通部及其独立机构中嵌入效率和节约文化。

部门将如何实现这一目标？

①履行 2017 年《交通基础设施效率战略》中的承诺，包括发布"一年进展"年度报告详述进展情况；

②继续加强部门的商业能力建设，并与内阁商业服务办公室合作，以实现到 2022 年在中小企业的支出中占 33% 的政府目标；

③发布《运输基础设施技能战略两年评估》；

④实施有效和高效的 2019 年至 2020 年业务规划流程，包括维持交通部及下属机构的中期财务预测（2020 年以后）。

（2）保证各项职能正常运转，确保部门工作的效率、效果和安全。

部门将如何实现这一目标？

①继续进行能力和技能投资，包括通过与职业鉴定和资格认证有关的清晰职业生涯规划，专注于包括商业和项目管理在内的关键职业；

②实施多元化和包容性战略，以成为行业内公认的包容性领导者为目标，并发布部门和独立机构中性别工资差异解决方案报告；

③推动交通部网络安全和业务持续改善。

（3）实施《交通基础设施效率战略》。

部门将如何实现这一目标？

①兑现《交通基础设施效率战略》中的承诺，包括发布"一年进展"年度报告。

②部门的绩效及其主要衡量指标。

主要指标为公务员调查中的"员工年度参与度指数"，见表 A1-3。

表 A1–3　　　　　　交通部员工年度参与度指数

年份	交通部员工年度参与度指数（%）
2015	61
2016	63
2017	65

资料来源：公务员调查（发布周期：每年）。

二、部门的平等目标

2017 年，部门发布了第一个《多元化和包容性战略：不同的人群、同样的团队》，该战略列出了交通部到 2021 年将实现的六个目标。具体来说，部门将做到以下六点：

（1）通过包容性交通战略消除旅行障碍，让就业更容易；

（2）成为政府系统中最具包容性的部门之一；

（3）更好地反思所有级别、岗位和职业中的工作人员，尤其关注高级职位；

（4）吸引、认可和培养多元人才；

（5）培养部门的员工网络，使之成为公务员系统和交通领域的佼佼者；

（6）确保部门组织中的每个人都理解多元化和包容性的重要性，以及部门中每个人都在这一过程中如何发挥作用。

三、部门的财务状况

（1）部门支出限额（DEL）（包括折旧）：118 亿英镑。

（2）资源性支出限额（包括折旧）：38 亿英镑。

（3）资本性支出限额（L）：81 亿英镑。

（4）年度管理支出（AME）（包括折旧）：148 亿英镑。

本文件中包含的控制总数与 2018/2019 财年主要供应估算中的控制总数一致，目前已经提交议会批准。议会批准程序产生的任何变化将在适当时候反映出来。另外，为支持脱欧的准备工作，还向交通部拨款 7 580 万英镑。这是与 2018 年春季声明一起宣布的，将通过 2018/2019 补充预算予以确认。

四、部门的人力状况

截至 2017 年 12 月 31 日,交通部拥有 2 370 名全职员工,不包括其他机构。数据来源于每个季度发布的 ONS 公共部门就业数据。

五、部门如何为跨政府优先事项做出贡献

部门会就跨部门议题开展跨部门合作,领域包括:一是产业战略;二是环境和清洁增长;三是住房;四是种族差异。

附录二

浙江省部门整体预算绩效管理实践

（一）改革历程

2003年，浙江省初步开展财政支出绩效评价，开始对预算绩效管理工作的早期探索。

2004年，浙江省省长吕祖善在省级财政专项资金管理工作座谈会上指出："从下半年起，我们对省级财政专项资金要试行绩效评价。绩效评价的实质是把专项资金支出和产出挂起钩，专项资金不能白给，必须拿出对等的效益。"

2005年，浙江省政府办公厅下发《关于认真做好绩效评价工作的通知》，省财政厅组建绩效评价处，同时建立厅绩效评价联席会议制度，并明确厅内部职责分工。

2007年，施行《浙江省省级预算审查监督条例》，其中第三十条规定，省人大对决算草案进行审查时将对重点支出及其绩效情况进行重点审查。

2012年，浙江省政府进一步出台了《关于全面推进预算绩效管理的意见》，明确了建立"预算编制有目标、预算执行有监控、预算完成有评价、评价结果有应用"的预算绩效管理运行机制的总体目标和各项工作要求。

2016年，进一步启动了省级财政的项目支出绩效自评全覆盖改革，从部门全覆盖提升到项目全覆盖：通过简化自评表式，并直接嵌入预算编制系统，明确了2017年度省级部门预算的所有项目都要实施绩效自评，并对自评抽查结果建立红灯警示制度，强化了绩效自评的硬约束。

2019年，浙江省贯彻落实党的十九大精神，按照《中共中央国务院关于全面实施预算绩效管理的意见》文件中的要求，制定发布了《中共浙江省委、浙江省人民政府关于全面落实预算绩效管理的实施意见》（以下简称《实施意见》),着力打造全方位、全过程、全覆盖的预算绩效管理体系(见图 A2 – 1)。

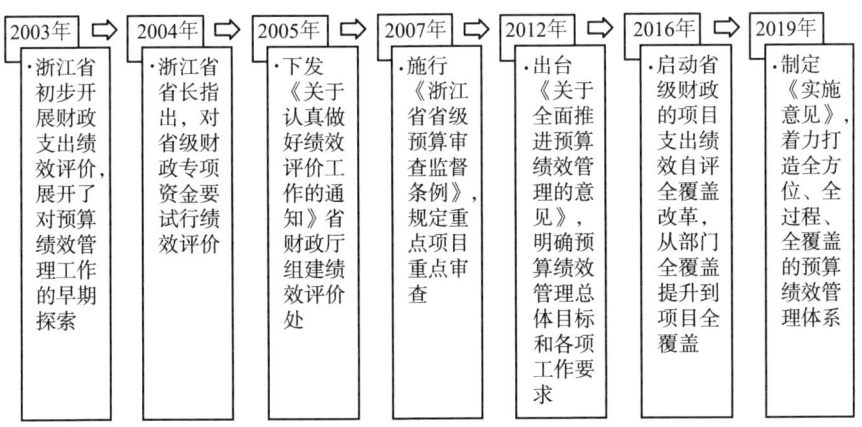

图 A2 – 1　浙江省预算绩效改革历程

(二) 改革目标

在中共浙江省委办公厅发布的《实施意见》中明确提出,到 2022 年底全省基本建成全方位、全过程、全覆盖的预算绩效管理体系。省级到 2019 年底将一般公共预算全部纳入全过程预算绩效管理,其他政府预算及其他各类资金开展预算绩效管理试点;到 2020 年底基本建成全方位、全过程、全覆盖的预算绩效管理体系。市县到 2020 年底将一般公共预算全部纳入全过程预算绩效管理,全面开展绩效评估、目标、监控、评价、成果应用等工作;到 2022 年底逐步覆盖其他政府预算及其他各类资金,基本建成全方位、全过程、全覆盖的预算绩效管理体系。

各级党委和政府要科学统筹规划,结合实际情况制定全面实施预算绩效管理的路线图和时间表,总结经验、平稳实施,鼓励有条件的地区先行先试、率先推进。彻底改变一些地方和部门存在重投入轻管理、重支出轻绩效的意识;彻底解决一些领域财政资金低效无效、闲置沉淀、损失浪费的问题;彻底健全绩效评价结果与预算安排和政策调整的挂钩机制。不断优化财政资源配置、提高公共服务质量,建立起一个高效、完善的预算绩效管理体系。

(三) 改革措施

1. 政策规定。

为深入贯彻落实党的十九大关于"全面实施绩效管理"的战略部署和《中共中央国务院关于全面实施预算绩效管理的意见》精神,加快建成全方位、全过程、全覆盖的预算绩效管理体系,促进浙江省高质量发展。浙江省于 2019 年 1 月发布了《中共浙江省委、浙江省人民政府关于全面落实预算绩效管理的实施意见》,对其全面实施预算绩效管理工作提出以下要求:

(1) 坚持全面推进、突出重点。预算绩效管理既要将绩效理念和方法深度融入预算编制、执行、监督全过程,构建事前事中事后绩效管理闭环系统;又要聚焦提升覆盖面广、关注度高、持续时间长的重大政策、项目的实施效果。

(2) 坚持问题导向、提高实效。针对绩效理念尚未牢固树立、绩效管理的广度和深度不足、绩效激励约束作用不强等问题,以全面实施预算绩效管理为关键点和突破口,推动财政资金聚力增效,提高公共服务供给质量,增强政府公信力和执行力。

(3) 坚持科学规范、公开透明。抓紧健全科学规范的管理制度,完善绩效目标、绩效监控、绩效评价、成果应用等管理流程,健全绩效指标体系,推动预算绩效管理标准科学、程序规范、方法合理、结果可信。大力推进绩效信息公开透明,主动向同级人大报告、向社会公开,自觉接受人大和社会各界监督。

(4) 坚持权责对等、约束有力。建立责任约束制度,明确各方预算绩效管理职责,清晰界定权责边界。健全激励约束机制,实现绩效评价结果与预算安排和政策调整挂钩。增强预算统筹能力,优化预算管理流程,调动各地各部门的积极性、主动性。

2. 基本原则。

(1) 强化部门理财的主体责任。出台预算绩效管理相关的实施办法文件,从制度层面规范部门整体绩效预算改革、部门主体责任;明确在政府专项管理中财政、部门、项目单位等的职责分工;按照《预算法》规定的财政与部门的主体责任分工,重新梳理各部门的工作职责。强化"绩效论英雄"理念,将绩效管理贯穿部门本级运行和事业发展管理工作的全过程,以提供有效公共服务为衡量标准,提升财政资金配置和使用绩效,促进政府整体绩效提升。

（2）顶层设计、分步推进。科学设计部门整体绩效预算管理模式，建立目标管理、过程控制、系统集成、迭代深化、公众满意的绩效管理新机制。按照"试点先行、逐步扩面"的要求，力争到2021年全省全面实施部门整体绩效改革。

（3）集中财力办大事。综合运用一般公共预算、政府性基金预算、国有资本经营预算等预算资金，以及政府和社会资本合作（PPP）、政府产业基金、政府债券等政策工具，吸引带动金融资本、社会资金增加对重点领域、重大项目投入，系统构建以绩效为核心的集中财力办大事财政政策体系和资金管理机制。绩效目标要聚焦聚力浙江省委、省政府中心工作和重大任务，重点突出、导向鲜明、细化量化。在部门预算安排中优先落实重点工作，根据绩效评价结果建立奖惩机制，形成集中财力办大事的制度安排。

3. 具体措施。

浙江省各级政府绩效考评部门负责重点工作绩效目标设计和评价工作，建立与财政部门的联动工作机制；财政部门负责部门整体绩效预算制度设计，建立绩效指标体系和评价体系，建立整体绩效与部门预算挂钩机制，负责部门整体绩效评价；各部门负责部门整体绩效目标的编制，按要求编制预算和执行预算，提出部门整体绩效自评结果，负责内部绩效管理。

（1）建立部门整体绩效指标及绩效目标体系。部门整体绩效指标与绩效目标体系是部门整体预算编制的前提，是预算执行、绩效评价、财政监督的重要依据。

第一，绩效指标体系。绩效指标既是编制绩效目标、开展绩效评价的依据，也是建设责任政府的依据。在建设过程中，主要考虑：一是"一个部门，一套指标"，以更好地体现部门职能和专业性。二是预算绩效指标与行政绩效指标相融合。在设置部门整体绩效指标时，引入政府绩效管理考评指标，逐步将两大指标体系融为一体，最终使用同一套考评指标。在目前两大体系尚未融合的情况下，将部门预算绩效指标按重要程度分为一类指标和二类指标，一类指标为同级党委政府确定的重点工作绩效指标，并提高一类指标分值比重；二类指标由部门本级运行绩效指标和事业发展绩效指标组成。两类指标设定一定的分值后综合为部门整体绩效目标指标。三是建设统一的绩效指标框架。根据试点经验，建议将部门整体绩效指标分为产出结果类指标和社会评价类指标。产出结果类指标根据各部门职能职责,反映本部门各项事业产出与结果,厘清关键任务和目标,按照重要程度设置一类指标和二类指标;社会评价类指标包括廉政建设、公众满意率和投诉结案率等。四是确定绩效指标分值和赋分原则。要适当考虑该项绩效指标与部门预算总额的关系,并参考近 3 年指标完成情况(见图 A2-2)。

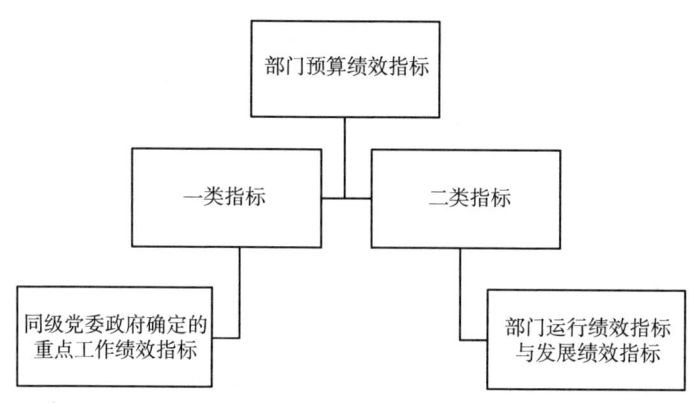

图 A2-2 浙江省部门预算绩效指标框架

第二,绩效目标体系。围绕整体绩效目标建立的部门指标体系,由党委政府确定的年度部门重点工作、部门本级运行和事业发展工作、预算编制的财政管理工作落实情况等绩效指标组成。通过目标设定及指标体系的层层分解,目标指标评价标准得到了很好的细化与量化,有效地实现了可审核、可监控、可评价。编制绩效目标的关键是确定目标值。部门单位要根据上年度评价结果、相关政策,提出新预算年度的绩效目标计划,同时列出近几年绩效目标值以作比较。在预算执行过程中,原则上不调整部门整体绩效目标,确需调整的,报财政部门审核,并相应调整年度预算安排。

(2)建立与部门整体绩效挂钩的预算总额包干机制。确定支撑部门整体绩效实现的部门预算总额,在总额内由部门自主统筹安排本级和下属事业单位的具体预算,并按照"标准化、规范化、精细化"的要求编制部门预算。第一,明确绩效预算总额范围。明确预算包干总额核定的范围、内容、要求、分工和时间等。根据部门整体绩效预算改革要求,从政策依据、预算细化、预算执行率、资金绩效四个方面入手,明确核定要求。第二,建立绩效预算挂钩机制。挂钩比例与部门事业发展目标及政府财政收支总幅度相匹配，避免过高过低。将考核结果进行有效运用，实行三项挂钩。一是将财政管理绩效考核与综合目标考核奖挂钩。二是部门整体绩效考核结果与专项绩效奖励挂钩。三是财政管理绩效考核中预算直接关联指标考核结果与部门预算包干总额挂钩。此外，还应该将预算绩效与信息公开相挂钩，借助人大、监察和审计的力量，监督部门整体绩效预算实施的全过程。

（3）建立部门整体绩效评价机制。第一，厘清绩效评价目的。通过对部门预算绩效目标的实现度进行评价，监督预算资金；对部门整体绩效进行测量，确定被评价人绩效状态，推动完善制度。第二，建立绩效评价规则。一类指标由党委政府部门重点工作绩效考评牵头部门负责，财政部门直接取用党委政府的考评结果；二类指标由财政部门和职能部门共同负责评价，根据绩效指标数据来源和赋分原则打分，最后形成部门整体绩效评价结果。第三，全面展开绩效评价。通过自评和外部评价相结合的方式，对预算执行情况开展绩效评价。逐步完善第三方机构参与绩效评价的方式，使评价结果更加客观、独立、公正。第四，以数字财政一体化为保障，全程跟踪预算使用。运用"互联网+大数据共享"新模式，将年初预算绩效目标审核流程纳入一体化系统，在软件操作上全面实现预算项目绩效目标全程跟踪。构建项目支出跟踪评价系统，实施全方位、全过程的实时动态分析评价，建立预算单位自评、财政实时跟踪的双线评价模式，实现在线绩效跟踪与自评财政业务管理。

（4）建立部门整体绩效评价奖惩机制。第一，通过之前建立的挂钩机制，使得部门整体绩效评价结果与下年度部门预算奖惩挂钩，可建立事后绩效预算总额挂钩方式，对评价结果优秀的部门予以奖励，对结果差的部门予以扣减。第二，积极探索部门整体绩效评价结果与干部收入分配、领导选拔任用挂钩的机制。树立"干多干少不一样"导向。对部门整体预算绩效目标的实现度进行评价，并将评价结果作为政府工作人员绩效考评的重要内容，根据指标实际完成情况，对应到具体人员负责，进而安排绩效奖惩金额，以体现"干多干少不一样"的导向。

（四）应用场景举例——以浙江省 A 院整体预算绩效评价为例

为深入学习贯彻习近平新时代中国特色社会主义思想和党的十九大报告提出的"全面实施绩效管理"的新要求，2018 年以来，A 院根据省财政厅整体绩效预算改革试点的指导意见，积极开展部门整体绩效预算改革，探索符合农业科研院所特色的整体预算绩效指标体系和评价机制，建立以绩效为核心的预算管理机制和部门整体绩效评价奖惩机制，着力推进从项目绩效管理向单位整体预算绩效管理转变，管好用好财政资金，探索出一条全面绩效管理助推浙江省乡村振兴的新路子。A院整体绩效预算改革的具体做法如下。

1. 构建指标体系。

将省委省政府确定的"乡村振兴考核任务"作为一类指标，保障"三农"发展的"科技创新绩效指标"作为二类指标，构建具有农业科研单位特色的整体预算绩效指标体系，将科技资源聚焦于乡村振兴的中心任务，确立绩效管理工作导向，将注意力聚焦于工作开展的实际成效。

2. 科学设计绩效指标。

作为部门整体绩效预算改革最关键的环节，绩效指标设计能清晰反映出本部门年度主要任务及目标，是部门主要职能的体现。A院整体绩效指标设计分为产出与效果、社会评价、辅助指标以及加减分项四部分，辅助指标与加减分项只作为评价整体绩效指标体系的参考指标，不设置权重。

（1）聚焦产出与效果，厘清关键任务和目标。在设置指标名称时，围绕省委省政府重点工作和科技创新与服务，以量化为主，尽量精简，坚持结果导向，优先选择可直接从统计部门取得数据的指标；在设置绩效指标值时，根据设置的绩效指标，分析历年对应指标值情况，结合单位发展规划与目标，科学合理设置绩效指标值；在设置指标权重时，科学确定赋分原则，指标权重根据其在A院工作任务中的重要性程度设置。此外，明确各项指标值的数据来源与考核主体，便于考评工作的顺利开展。

（2）引入第三方评价，注重社会影响力。A院的社会评价指标包括科技创新与科技服务满意度、廉政建设等方面，其中科技创新和科技服务满意度通过第三方调查机构设计有关专项调查获取有关满意度测评数据；廉政建设通过A院整体党风廉政建设、作风建设情况、有关廉政情况通报获取有关数据与信息。

3. 明确科技创新关联指标。

选取指标体系中与科技创新事业发展关联度较大的科研经费、农业新品种新技术、高质量论文、知识产权与专利、科技成果转化、技术服务和科技下乡六个绩效产出指标，建立年度预算总额与整体绩效产出指标挂钩的预算分配机制。以预算绩效目标管理为手段，提升科研创新和科技服务的供给质量与效益。

年终，A院对照预算绩效状况进行总结分析，对照整体绩效预算指标进行自评，并配合浙江省财政厅对整体绩效指标开展评价，确定考核结果。浙江省财政根据整体评价结果进行奖惩，对预算挂钩产出指标评价结果进行清算，同时根据绩效完成情况以及年度工作任务指标适时调整完善绩效指标体系。

4. 建立完善的绩效考评体系。

在整体绩效预算理念指引下，A院积极探索院对下属研究所的财力保障与综合绩效目标考核挂钩的机制，将强化基本保障与实现绩效目标相结合，将提高科研人员科研创新、科技服务产出与减轻科研人员负担相结合；加强内部综合绩效考评，将预算绩效管理目标纳入单位内部考评体系，建立科研创新、科技服务、人才建设、内部管理的年度绩效目标；优化财政项目布局结构，保证财政资金向重大建设工程、重要科研平台、重点学科和重大科技成果培育倾斜；建立年度重点工作与预算执行同步协调、同步检查的工作机制，助推绩效目标的实现。

5. 强化预算编制与预算执行。

（1）优化预算编制，合理分配资金。结合年度综合绩效考评结果，进一步完善基本支出保障体系，充分调动科研人员积极性；建立项目资金管理库，建立中长期项目规划管理体系，优化专项资金分配机制。

（2）严格执行预算，规范支出标准。建立严格的预算安排与预算执行挂钩机制，强化预算执行进度；进一步完善支出标准体系，促进预算支出标准化。

（3）加强项目绩效评价，强化结果应用。建立全面实施绩效评价体系，强化预算绩效监督，采取自评与第三方评价相结合的方式，多渠道提高绩效管理水平；加强绩效评价结果应用管理，优化项目资金安排。

（4）加强预算公开机制，接受社会监督。建立绩效管理适时公开制度，扩大绩效监督范围及社会影响。

（五）存在的问题

1. 部分单位和部门对预算绩效管理的理解不足。一些单位在实际工作中更加关注事情是否完成，是否以最快的时间完成，在年度中间会经常出台一些当年度需要落实和完成的政策工作，对行政效率的关注程度远远超过财政资金使用效率。这样的理念会导致偏向注重争取和投入资金，而忽视产出和效益。预算绩效管理工作实行"统一组织"和"分级负责"

制度，各级财政部门统一组织管理预算绩效，并按照隶属关系各自负责同级的其他职能部门的预算绩效管理。而在当前体制下，各部门对上级部门的工作要求较为重视，而对同级牵头负责预算绩效的财务部门的要求难以用相同标准对待，一定程度上影响了部门和单位财务预算部门的预算绩效管理推进工作。

2. 部门职责划分不够明确。在预算绩效目标设定与监管方面，财务部门与业务部门尚需要进一步加强工作衔接，在具体实践过程中，财务部门审核专业绩效目标较为困难；业务部门资金使用方向与绩效目标紧密结合的意识尚需加强。

3. 绩效目标设定不够合理，预算绩效目标设定不够明确。部分单位笼统采取"大幅提高""较好""优良""满意"之类的描述性标准，无法体现出具体变化，需要对目标指标进行量化。绩效目标较低或者缺失。出于对考核结果的考虑，在设定目标时，部门往往会选择不那么难实现的水平；此外，在群众满意度方面，很多部门从未开展群众测评工作，没有考虑群众满意度，预算绩效目标设定不合理、不全面。

（六）浙江省经验总结

浙江省在建成全方位、全过程、全覆盖的预算绩效管理体系的总目标下，逐渐构筑起统一可比、突出重点的预算绩效指标体系和层层分解、细化量化的预算绩效目标体系。建立起总额包干、三项挂钩的部门整体预算绩效监管机制，明确了项目范围、内容、要求、分工和时间等信息，为预算公开提供了条件；预算安排与部门职能、重点工作一一对应，保障财政资金精准投向政府重点工作和部门重要职能所在。以挂钩机制和信息化工具为基础建立了部门整体预算绩效评价与奖惩机制，通过全过程的预算绩效监督管理，实现预算绩效自评与第三方评价，并将考评结果与来年部门预算审批和绩效奖励切实挂钩。

浙江省在预算绩效管理工作方面起步较早，预算绩效改革也取得了初步成效。尽管在实际工作过程中，仍旧存在着一些不足，但根据其现阶段成果，可以提炼出以下预算绩效管理工作的"浙江经验"。

1. 改革进程："试点先行、逐步扩面"。2004年，预算绩效管理工作开展之初，浙江省首先在科技、农业、卫生、教育四个部门进行试点。2018年，与部门整体绩效挂钩的新一轮包干预算改革也是率先在6个省级部门11个市县展开试点。通过鼓励有条件的地区先行先试、率先推进，再根据试点地区、部门的工作成效总结经验，逐步向全方位、全覆盖的预算绩效管理靠近。

2. 指标体系："统一可比、主次分明"。推动预算绩效指标与行政绩效指标统一，但在不同部门之间，预算绩效指标各有侧重；按照重要程度、指标类别进行科学赋值，构建科学可比的预算绩效指标体系，实现各类指标各有权重。由上自下、主次分明地制定预算绩效目标；从上级的总目标，层层分解到一线部门，结合过去完成情况，科学制定尽量细化、量化的预算绩效目标。

3. 考评机制："三项挂钩、总额包干"。在部门预算绩效管理工作中，实现财政管理绩效考核与综合目标考核奖励挂钩，部门整体绩效考核结果与专项绩效奖励挂钩，财政管理绩效考核中预算直接关联指标考核结果与部门预算包干总额挂钩。根据"三项挂钩"，进一步明确绩效预算总额范围、内容、要求、分工和时间等，从政策依据、预算细化、预算执行率、资金绩效四个方面入手，全过程监督预算使用情况，要求部门在规定的预算总额下包干完成预期工作。

4. 监督机制："全程监控、实时跟踪"。充分利用互联网技术与大数据技术，构建数字财政一体化。通过软件系统的建设与运用，将预算绩效目标审核流程纳入一体化系统，进而实现实时动态的预算使用全过程跟踪监管。此外，进一步结合预算使用单位自评，建立预算单位自评、财政实时跟踪双线监管模式，实现在线绩效跟踪与自评财政业务管理。

5. 考评结果："充分运用、切实执行"。绩效考评结果并不意味着预算绩效管理工作的结束。利用已经建立的"三项挂钩"预算总额包干机制，充分使用预算绩效考评结果所传达的信息，切实将部门整体绩效评价结果与下年度部门预算奖惩挂钩，对评价结果优秀的部门予以奖励，对结果差的部门予以扣减。在此基础上，落实"干多干少不一样"，积极探索部门整体绩效评价结果与干部收入分配、领导选拔任用挂钩的机制。

附录三

云南省部门整体预算绩效管理改革

（一）改革历程

云南省于2005年开展预算绩效评价试点的探索工作；

2006年，云南省出台《省级财政预算支出绩效评价暂行办法》，该暂行办法为全省推进预算绩效管理提供了基本的规章与实施方法；

2008年，云南省开展预算公开工作，初步探索预算信息公开制度建设；

2010年，云南省财政厅绩效评价处更名为绩效管理处，预算绩效管理工作从财政支出绩效评价向全过程预算绩效管理体系发展；

2012年，云南省出台《关于全面推进财政支出预算绩效管理的实施意见》，对在全省范围内全面推进预算绩效管理做出了精心部署；

2015年，云南省印发《云南省省级财政预算绩效管理暂行办法》，为覆盖所有财政性资金的预算绩效管理新机制的设立提供指导；

2019年，云南省贯彻落实《中共中央 国务院关于全面实施预算绩效管理的意见》文件精神，印发《关于全面实施预算绩效管理的实施意见》，提出全面推进四级预算绩效管理工作，在2020年前构建预算与绩效一体化的管理体系，逐步构建"全方位、全过程、全覆盖"的管理体系（见图A3-1）。

附录三 云南省部门整体预算绩效管理改革

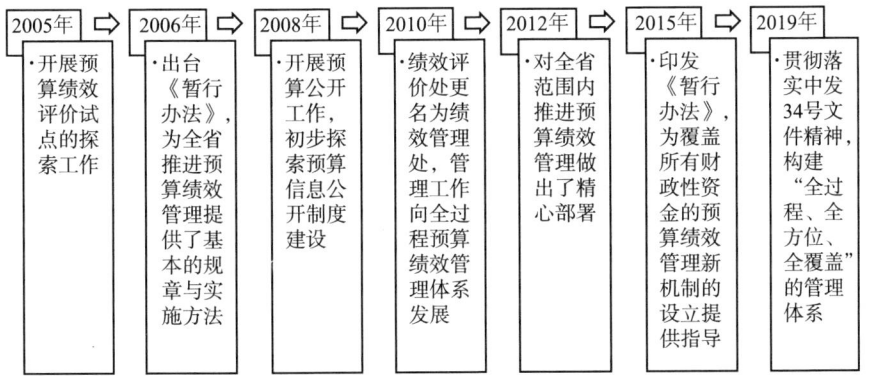

图 A3-1 云南省预算绩效管理的改革历程

（二）改革目标

2019年，云南省委、省政府根据中共中央、国务院下发的文件，发布了《关于全面实施预算绩效管理的实施意见》（以下简称《意见》）。《意见》提出，要加快建立现代财政制度，提高财政资源配置效率与使用效益。在2020年之前，在全省、州（市）、县（市、区）、乡（镇）各级政府各部门实现预算与绩效一体化，逐步建成全方位、全过程、全覆盖的预算绩效管理体系。

云南省遵循党中央、国务院的预算绩效管理相关决策部署，结合当前本省各级政府各部门亟须解决的问题，提出实施意见。意见主要目标包括预算与绩效一体化管理体系的构建、预算绩效管理支撑体系的建立、权责一体化的激励约束机制的建立、预算绩效管理监督的问责和工作的考核。相较于上级文件中的实施意见要求，《意见》有所创新，主要表现在：一是提出树立预算绩效管理意识与理念；二是强调和细化各级转移支付预算绩效管理，将各级转移支付资金纳入预算绩效管理范畴，赋予各级政府和各部门资金使用和项目安排的自主权，并承担相应的预算绩效管理责任；三是以信息系统为支撑，加速预算与绩效管理一体化进程，实现预算管理与绩效管理信息化建设同平台、同标准；四是《意见》提出要丰富预算绩效评价考核方法，自评与再评价、项目评价与政策评价、上下级联动与第三方评价相结合；五是新设立"预算绩效管理工作与地方债券额度"挂钩机制；六是鼓励各级对上级转移支付资金进行评价，同级政府统筹安排评价结果中收回的低效、无效的资金。

(三) 改革措施

1. 政策规定。2019 年，云南省人民政府根据中央出台的意见，同时针对目前预算绩效管理仍存在的绩效管理理念不够牢固，财政资金无效、低效使用和绩效评价结果运用不充分等问题，发布了《关于全面实施预算绩效管理的实施意见》，其中明确提出，构建预算与绩效一体化的管理体系、健全预算绩效管理制度、建立预算绩效管理支撑体系、建立权责一体化的激励约束机制和实施保障措施。同年，根据中央和云南省人民政府出台的意见，同时联系云南预算绩效管理的实际工作情况，云南省财政厅、省委组织部、省审计厅联合发布了《云南省全面实施预算绩效管理工作推进方案》，其中提出了 16 条相关的措施和要求，进一步推动了云南省的预算绩效管理工作。

2. 具体措施。基于政策规定，云南省具体制定了相应的部门整体预算绩效评价措施，主要内容如下。

（1）部门整体预算绩效目标。设置部门整体绩效目标和项目绩效目标需贯穿在不同部门与地区之间，并且在设置时需要考虑到党中央、国务院决策部署及省委、省政府对此提出的要求。例如，实现目标明确、指向合理、具体量化、互相适应的要求。绩效目标主要是产出、成本、经济效益、社会效益、生态效益、可持续影响和服务对象满意度等指标。同时财政部门需深入对预算绩效目标的审核，尤其是在其充分性、关联性、完整性方面。对与要求相悖的安排预算不能通过，对于审核通过的绩效目标与预算同步批复下达。

（2）部门整体预算绩效评价指标。详细的评价指标是绩效目标的细分，制定这一系列的评价指标旨在考核部门和单位、政策和项目两方面的预算绩效管理工作。评价部门和单位整体及政策和项目实施效果时，在考虑到部门重大发展战略、部门和单位职责的情况下，需从成本效益、履职效能、工作效率、社会效应、可持续发展因素和服务对象满意度等方面进行多维度衡量。在此过程中主要应围绕预算资金管理，同时也要兼顾资产和业务活动，从而达到推动提高部门和单位整体绩效水平的目的。对于政策的落实情况以及项目预算资金运用效果，需要从成本、效益、数量、质量、时效等方面进行考虑。在评价过程中，项目的必要性、投入的经济性、绩效目标设置的合理性、具体方案的可行性、筹资的合规性等是考虑的核心要素。

(3) 部门整体预算绩效运行监控。不同部门与地区需做好预算绩效运行监控。一方面,同时监控各部门对绩效目标的实现程度和执行进度,为了确保绩效目标按期有效的实现,需要积极纠正在监控过程中偏离设定目标的部分,及时处理出现的各种问题。另一方面,各级财政部门要成立、完善相应的机制,例如重大政策和项目绩效跟踪机制、预算执行预警机制和纠错机制,对存在重大问题的政策和项目要暂停或停止预算拨款,督促及时整改,并向同级政府报告。

(4) 部门整体预算绩效评价结果应用。各部门与地区应开展绩效评价和结果应用。一方面,各部门要建立预算绩效评价体系并完善相应的评价机制,通过建立委员会或工作组的方式积极开展绩效自评,同时将评价结果报送同级财政部门。另一方面,积极引导第三方机构参与预算绩效评价,利用独立性优势使评价结果更公正。因此,为提高评价的工作质量和效益,可以综合运用评价方法,结合自评与重点评价、项目评价与政策评价以及上下级联动评价与第三方评价;同时,为加强绩效评价的结果应用,可以落实绩效问题整改责任制度和绩效评价结果反馈制度。

(四) 应用场景举例——以 B 厅为例

为深化预算绩效管理改革,云南省于 2019 年启动了部门整体全过程预算绩效管理工作,其中考虑到 B 厅绩效目标编制基础较好,且作为行业主管部门具有较好的代表性,因此以 B 厅为例介绍其主要做法及特点。

1. 绩效目标。第一,总体绩效目标。结合部门工作计划和 B 厅与云南省政府签订的目标责任书,B 厅设立 2020~2022 年 3 年期的总体绩效目标。主要包括:水资源开发利用保障合理,防汛抗旱工作实现预定目标,防治水土流失工作,生态经济效益和社会公众或服务对象满意度达标。第二,年度工作目标和重点工作任务。为确保圆满完成规划目标任务,B 厅根据总体绩效目标明确了工作任务,具体为以下四个方面:(1) 进一步加大水利保障制度,有效做好水利防灾减灾工作,重点补齐防灾减灾短板。(2) 着力推进节水改造,重点县、山区"小水网"等农田水利工程建设,突出高效节水灌溉和"五小水利"建设,加快灌排自如的农田水利灌溉体系。(3) 切实抓好全面推行河长制工作。(4) 突出抓好水资源治理和水生态文明建设,重点建立水功能区水质达标评价体系,加强监测管理,增强水资源爱护和水污染防治力度,着重推动饮用水水源地安全保证达标建设。

2. 评价指标。B厅各部门的整体支出绩效指标分为三级，三级绩效指标均在部门年度绩效目标的统领下设定。一级指标主要包括产出、效益和满意度三个指标。二级指标下具体设有数量指标、质量指标、经济社会效益指标和服务对象满意度指标。二级指标下又设置了可具体量化的三级指标，并将指标设置归到绩效管理，十分全面，实现全覆盖。

3. 运行监控。为实现对绩效目标的监控，B厅加强确立对绩效全过程监控治理的认识，贯彻落实"谁主导、谁应用、谁负责"绩效管理职责；订立了一系列相关规则，进一步明确估算执行和绩效管理的详细规定。通过办公室外部监督、部门内部监督的方式强化全过程绩效监督，将预算绩效在预算编制、预算执行、决算的各个环节中加以体现，具体为绩效目标编制、绩效跟踪、绩效评价等。预算执行过程中，以预期绩效目标为中心，对项目的组织进展过程动态监控，及时发现和指正项目实施过程中存在的弊端，确保绩效目标达到预期理想效果。

4. 结果应用。第一，部门整体支出绩效自评。水利保障、水土保持生态治理、服务对象满意度综合评价等级均为"优"，完成了预期绩效目标。具体表现为按照要求督促工程实施，确保资金的使用效益以及工程的施工质量；保证水质覆盖监测，为水生态文明建设提供基本保障。水土流失防治分区、范围和要素全面覆盖的标准化监测站网，促成了全省建设"覆盖全面"水土保持监测站网的目标。第二，项目绩效指标自评。2017年度B厅绩效自评得分为93.31分，等级综合评定为"优"。绩效指标明确，目的设定合理。绩效指标契合部门"三定"方案确定的责任，同时细化为详细的工作任务，通过明晰、可权衡的指标值加以表现。水利保障方面：完成五级河长制体系，完成投资重点水网工程建设项目；水资源整治和水生态文明建设方面：实现《云南省水资源公报》的编制任务；防治水土流失方面：实现水土流失治理面积5 134.49平方公里，水土保持工作取得一定成果。经济效益和生态效益均达成预期指标，社会公众和服务对象满意度高达90%以上。

（五）存在的问题

云南省在以B厅为试点的部门整体预算绩效评价改革进程中成效卓著，具有先进性和借鉴意义，但仍存在着绩效目标设定存在不足、部门决算和预算批复存在差距、支出进度管理工作不到位等问题。

1. 绩效目标设定存在不足。各层次确定的考核标准、考核条件分布失衡，例如满意度和可持续指标下的三级指标量化的数量不多，且一级指标中的满意度指标占比较其他两个指标较低。部分指标的考核标准比较简单，质量不高，如绩效指标中除产出指标可以进行明确量化衡量以外，效益指标和满意度指标都是受主观因素影响较重的指标，其成果未必能够在短期得以体现，因此也只能凭借受益人数及其主观评分来进行衡量，可能存在偏差。

2. 部门决算和预算批复存在差距。年度部门决算和预算批复有一定差距。例如，B厅存在差距的主要原因为该厅非税收入主要为水资源费和水土保持补偿费，该部分资金预算按照云南省财政厅的规定，全部由厅内系统负责申报，部门预算批复也全部下达至B厅系统。但是在实际预算执行过程中，该部分资金主要下达至厅内直属的各预算单位，因此造成年初预算数与决算数存在较大差异。部分项目预算执行较慢，结余结转率高，资金使用效益低。此外，未按相关文件"……年度终了，应当进行全面清查盘点，对资产盘盈、盘亏应当及时处理"的规定统一组织全厅的固定资产全面清查盘点。个别单位存在固定资产盘盈、盘亏的情况。

3. 支出进度管理工作存在问题。支出进度管理工作存在着一定的滞后情况。例如，仍需进一步抓好支出进度管理工作，增强对进度管理的监控力度。由于实际预算下达时间较晚，项目的实际执行进度会因此受到影响，从而进一步影响绩效指标。

（六）云南省经验总结

云南省贯彻了《中共中央 国务院关于全面实施预算绩效管理的意见》的精神，立足于基本问题，明确了绩效管理的详细要求，立足远、站位高、举措实；云南省不仅着眼于财政资金的运用效益，还重视完善长效机制，从整体上提升了财政资源的配置效率。但是在云南省的实践经验中，绩效目标设定、部门决算和预算批复、进度管理工作方面仍然需要进一步改善。因此，关于云南省预算绩效管理的经验及其出现的问题，可以进行以下借鉴。

1. 建立全方位预算绩效管理格局。部门在总体绩效目标和年度工作目标的设置上紧紧围绕部门和单位职责、行业发展规划，在项目绩效指标的设置上全面衡量了政策和项目的预算资金运用效果。但是部门在考核时有些项目绩效指标的量化数量不够，并且指标的设置呈现不平衡状态，同时有些指标确定的考核条件和考核标准过于粗略和单一。

鉴于此，部门在设置绩效目标和绩效指标时，需要同时涉及部门内外的共同发展和产出、效益、满意度等方面的多维度考量；不仅需要着眼于短期效益，还应该考虑可持续影响的因素。在设置项目绩效指标时，部门应该提高效益指标和满意度指标下二级指标和三级指标的数量和质量，在平衡各个指标的同时避免过多主观因素的影响，以此形成全方位一体化的预算绩效目标和指标设置体系。

2. 建立全过程预算绩效管理链条。在预算实施的过程中均遵循了全过程一体化的原则，通过制度的设置、各处室的组织和参与、领导的监督和控制以及责任的落实，保障了评估机制设置、绩效目标设置、绩效运行跟踪、绩效评价及结果应用的管理一体化进程。但是部门在支出进度管理工作上的力度仍然缺乏。

鉴于此，在预算绩效管理的施行进程中，部门不仅需要从制度层面确保预算绩效管理的全过程一体化，还应当从领导层面和责任层面监督预算绩效管理全过程的实施，多措并举保证预算绩效管理链条的连续性和完整性，进一步推动支出进度管理的调整、完善和优化。

3. 树立预算绩效管理理念。虽然部门都在逐渐加强预算绩效管理理念，但预算绩效管理理念仍然缺乏普及性，部门决算和预算批复存在差距一定程度上也是由于预算绩效管理理念的缺乏。

因此，部门应当从制度层面、领导层面和权责层面，通过相关政策制度的建立、领导思想工作的开展、责任主体的落实和激励的强化，将预算绩效管理理念贯穿于整个预算绩效管理的全过程和其他的方方面面中，进一步完善公共财政资源的配置，推动部门职能职责有效落实和履行，以此降低政府和公众之间的委托代理问题。

4. 建立预算绩效管理支撑体系。部门的预算绩效管理体系已较为成熟，并在此基础上提出信息系统的建立来保障信息的沟通。

因此，部门应当加强信息化，并以此为支撑建立预算绩效管理的信息系统，确保预算绩效管理全过程、全方位的覆盖，进一步推动预算绩效管理的一体化进程，实现预算管理和绩效管理的同标准和同平台。同时信息系统应当连接省、州（市）、县（市、区）、乡（镇）四个部分，缓解各部分之间的信息沟通问题，提高预算绩效管理工作的一致性和规范化，进一步提高预算绩效管理的工作效率。

附录四

北京市部门整体预算绩效管理的实践经验

一、改革回顾

(一) 预算绩效管理改革背景

2000年，我国预算管理从预算编制方法切入开始进行改革，围绕着部门预算这一核心，以建立一套完整的部门预算管理制度体系，达到"提高预算编制的科学化和规范化程度，增强预算管理的透明度，强化预算约束"的目的（马洪范，2018）。到2018年，中共中央和国务院发布《中共中央 国务院关于全面实施预算绩效管理的意见》，确立了我国"全面实施以结果为导向的预算绩效管理模式"。在中央政府的大力推进下，地方政府进行预算绩效改革的热情高涨。作为首都的北京市更是走在了地方政府预算绩效改革的前列，取得了显著的成果，也因此连续7年被财政部评为预算绩效管理优秀省市。

(二) 预算绩效管理改革历程

北京市在2002年开始预算绩效评价试点，2004~2006年选取北京市残疾人联合会、北京市投资促进局等部门试点开展了部门整体支出绩效评价，将部门基本支出和项目支出全部纳入考评范围，探索按照财务指标和业务指标两方面内容进行考评打分。2010年，北京市出台《北京市市级财政支出绩效评价管理暂行办法》，在该暂行办法中明确了部门整体支出绩效评价的概念，并逐步建立起部门整体支出绩效评价相关评价体系，同年北京市在全国首创事前绩效评估模式。2011年，北京市颁布了《北京市预算绩效管理办法（试行）》，全面推进全过程预算绩效管理，同时以北京市科委、北京市卫生局和北京市医院管理局为试点单位进行部门整体支出绩效评价试点，之后逐步推广并实现部门整体支出绩效评价的全覆盖。2018年，为了建设整体支出绩效评价体系，北京市财政局选取了北京市教育局、北京市园林绿化局和北京市气象局三个部门进行了试点。2019年7月9日，为了贯彻落实《中共中央国务院关于全面实施预算绩效管理的意见》，北京市发布了《中共北京市委 北京市人民政府关于全面实施预算绩效管理的意见》（以下简称《意见》）。在《意见》发布之后，2019年10月22日北京市又出台了《北京市预算绩效管理办法》（以下简称《预算绩效管理办法》）和《北京市市级财政支出事前绩效评估管理办法》。

二、改革目标

在《意见》中，北京市明确提出预算绩效管理的总体目标是"力争到2020年底，市、区、乡镇基本建成全方位格局、全过程闭环、全范围覆盖、全成本核算、多主体联动的全面预算绩效管理体系，实现预算和绩效管理一体化"。

北京市财政局局长吴素芳在2019年预算绩效管理国际研讨会上以"求真务实努力探索具有北京特色的全面预算绩效管理体系"为题做了主题演讲。她指出，北京市"坚持理论与实践相结合、国际视野与中国特色相融合、中央精神与北京实际相一致，求真务实，勇于创新，打造了全面预算绩效管理的'北京模式'"。对标中央精神，服务首都发展，是北京市预算绩效管理的出发点。北京市每一次预算绩效改革都是在中共中央、国务院的指导下进行的；实践"减量发展"，北京市政府提出要"提质增效'减'出高质量"，开启新时代的首都现代化建设新篇章，预算绩效管理是实现这一目的的有力抓手。

三、改革措施

（一）总体改革措施

为了实现《意见》所提出的目标，北京市提出"将绩效理念和成本意识贯穿于预算管理全过程,建立预算管理和绩效管理融合机制,着力提高财政资源配置效率和使用效益",为此北京市共提出15项具体举措来构建一条全方位、全过程和全覆盖的预算绩效管理体系,其中包括"探索全成本绩效预算管理模式";"强化成本效益分析结果的应用,完善财政支出定额标准体系,建立以服务质量、投入成本和实施效果为重要考核内容,以结果为导向配置公共资源的预算管理模式";"深化事前绩效评估管理";"推动建立项评估决策机制,对新出台重大政策、项目预算实行随报、随评、随入库管理,评估结果与部门政策调整和预算安排挂钩";"提升绩效运行监控水平";"对绩效目标实现程度和预算执行进度实行'双监控'";"加大绩效信息公开力度";"推进绩效目标和绩效评价报告'双公开',搭建社会公众参与绩效管理的途径和平台,自觉接受人大和社会各界监督"。

北京市从2002年开始预算绩效评价试点,到2019年已经形成了一套绩效评估管理办法,并开始探索全成本预算绩效管理,将绩效理念和成本意识贯穿部门预算管理全过程,进一步优化财政支出结构,强化成本控制,建立预算管理和绩效管理融合机制,这就是"北京模式"。

(二)开展部门预算项目事前绩效评估,将绩效理念和方法引入部门预算决策机制

2010年,北京市在全国率先推出了部门预算项目事前绩效评估模式;2019年,出台了《北京市市级财政支出事前绩效评估管理办法》(以下简称《事前评估绩效管理办法》)。《事前评估绩效管理办法》强调事前评估应遵循绩效导向,即要"以绩效导向和成本控制理念为出发点,以投入、产出和效果为评估重点,注重成本效益,对项目(政策)决策进行综合评估",起到严把入口关的作用,防止"拍脑袋决策",可以有效提高预算编制的科学性和精准性。

《事前评估绩效管理办法》要求"对新出台重大政策、项目预算,实行随报、随评、随入库管理,评估结果作为申请预算的必备要件"。

《事前评估绩效管理办法》将事前评估实施主体分为财政部门、预算部门和其他部门,而且不同实施主体评估的内容并不完全相同,比如,北京市财政局"原则上对重点项目和新增政策进行评估",而市级预算部门和单位"原则上对本部门本单位新增事业发展类项目进行评估",并在之后通过完善,"逐步实现新增项目事前评估全覆盖"。

另外,《事前评估绩效管理办法》还按评估对象将事前评估内容分为项目事前评估和政策事前评估,并规定不同的评估对象有不同的评估内容。具体地说,项目事前评估的内容"主要包括立项必要性、投入经济性、绩效目标合理性、实施方案可行性和筹资合规性",而政策事前评估的内容"主要包括政策设立必要性、政策目标合理性、政策资金合规性、政策保障充分性和政策的可持续性"。

《事前绩效评估管理办法》对评估方法也做了详细的规定。评估方法包括成本效益分析法、对比分析法、因素分析法、公众评判法和其他评估方法。其中,成本效益分析法"要求对全部成本和效益进行对比来评估项目(政策)投入价值,以实现投入最小的成本获得最大的收益为目标的分析方法"。

《事前绩效评估管理办法》强调要对"立项必要性充分、实施方案可行性强、绩效目标明确合理、投入产出比较高的项目(政策)"予以支持。而对于评估结论为"不予支持"的,《事前绩效评估管理办法》要求"一定程度上核减部门和单位的项目预算控制数"。

在组织管理方面,《事前评估绩效管理办法》还邀请专家学者、人大代表、政协委员和第三方实施事前绩效评估,使得评估结果更加客观和公正。

(三)推行部门预算全成本绩效管理,逐步建立部门预算约束机制

北京是全国首个减量发展的城市,北京市政府提出减量发展要做到"提质增效'减'出高质量",预算绩效管理是实现这一目的的有力抓手。2018 年,北京市试点建立了"部门职责—保障范围—行业标准—投入成本—工作数量—施政结果—绩效考核"的闭环管理机制,和"运行成本—收费价格—政府补助"联动调整的财政保障机制,在全国率先建立"预算安排核成本、资金使用有规范、综合考评讲绩效"的绩效成本预算管理模式。这是对先前偏重于事后监督考核的预算管理模式的一大改进,通过讲究成本效益的绩效成本管理,可以达到最大限度发挥财政资金使用效益,提升绩效管理水平的目的。

全成本绩效管理遵循"一个基本工作思路、二组核心指标体系、三类分析核算方法、四项主要工作程序"。

所谓一个基本工作思路是指通过"建立闭环管理机制,客观测算、全面衡量实施成本,制定成本定额标准,确定预期效益和监督考核指标,保

障各方责任特别是政府托底责任的有效落实,有效推动部门决策科学化和政府治理现代化"。二组核心指标体系是指在全成本绩效管理中建立成本指标体系和效益指标体系。二组核心指标体系既包括投入成本和经济效益指标,也包括社会效益和生态环境效益指标;既考察了当期的成本效益,也考虑到可能产生的远期成本效益。三类分析核算方法是指将项目分为纯公益性、准公益和市场化程度高的项目,并分别采用不同的方法进行分析核算。纯公益性项目由政府全额提供公共服务,可采用的方法有最低成本法和动态比较法等;准公益项目由政府承担一定比例资金,可以选用的方法包括作业成本法、显示偏好法和走访调查法等;市场化程度高的项目可由政府投入一定的引导性资金进行市场化,可以采用的方法如净现值法和因素分析法。四项主要工作程序则是做到"明确保障范围和投入成本""确定合理的项目预期效益""分类确定成本效益核算方法",最后对成本预算绩效进行运用推广,在北京市建成"全方位格局、多主体联动、全过程问效、全链条闭环、全成本夯基、全范围覆盖的预算绩效管理模式"。

在全成本绩效管理当中,北京市将市场经济的成本理念和方法融入政府预算的编制、执行、考核和评价各个环节,做到以"预算安排核成本、资金使用有规范、综合考评讲绩效"为原则,力求"客观测算、全面衡量实施成本,制定成本定额标准,确定预期效益和监督考核指标,保障各方责任特别是政府托底责任的有效落实",达到"注重成本效益,重视责任约束"。在预算闭环的不同阶段,全成本预算绩效强调的侧重点不同。在预算编制阶段,"利用成本与质量的比较结果,确定高质量低成本的项目或政策绩效目标,并通过成本核算确定财政资金投入规模";在预算执行阶段,"利用成本质量监控,确保绩效目标的顺利推进";在预算考核和评价阶段,"评价项目或政策的实际成本质量结果,对照绩效目标开展监督与问责,形成以设立绩效目标、衡量项目成本、实施绩效评估、评价为核心的预算绩效管理体制"。

2018年4月,北京市选取了学前教育和养老机构运营两个项目进行研究分析,通过实地调研、问卷调查等方式收集数据,经过统计分析形成了《幼儿园运行绩效成本预算报告》和《养老机构运营绩效成本预算报告》。报告搭建了成本指标和效益指标体系,相关的研究成果已经在北京市2019年部门预算和2019~2021年中期财政规划编制中得到应用,这也"实现了国内成本预算绩效改革的'破题'"。

四、应用场景举例

北京市在预算绩效管理中进行了很多有益的尝试,并形成了"北京模式",其中包括事前绩效评估和全成本预算绩效管理。由于笔者收集的资料有限,在本书中仅以绩效指标设计为例进行介绍。

不同的预算部门在职能、业务内容等方面具有明显的特性,在绩效指标设计时需要考虑不同部门的业务性质进行相应的设计才能更为准确地衡量部门的工作成果,即对预算部门的绩效考核要重视个性指标的作用。个性指标的设计要求是要能体现部门职能和行业特点,能被量化,并且能够突出重要性和综合性。以北京市C局、北京市D局和北京市E局为例,三家预算单位的绩效评价指标设计充分考虑了自身的业务特点。

北京市C局、北京市D局和北京市E局的指标设计在一级指标层面大体上是按照投入、产出与结果、能力建设和社会评价四个方面来设计,并且这四个一级指标的占比都分别是15%、55%、15%和15%。从二级指标开始结合不同部门的业务特点来设计指标。而由于不同部门业务复杂程度不同,相应的指标设计的详细程度也有所不同,有些部门将所有指标都细化到三级指标程度,有些部门的部分指标只具体到二级指标,而有些部门细化到三级指标,甚至是五级指标。

下面以E局相关的园林绿化事业为例进行详细分析。

园林绿化事业指标共分为三级,其中一级指标4项(见图A4-1)、二级指标17项(见图A4-2~图A4-5)。

在北京市园林绿化事业绩效指标表中则包含了能够充分体现园林绿化特点的指标,如每万常住人口的园林绿化事业财政拨款、造林面积完成率、造林面积合格率、森林覆盖率、人均公园绿地面积、古树名木保护率等。

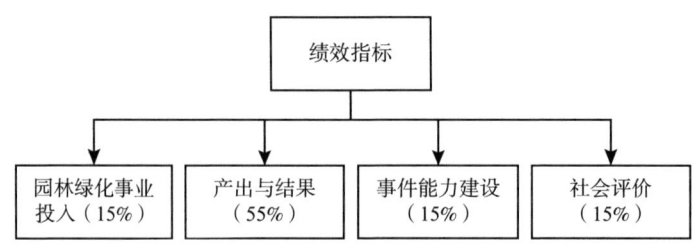

图A4-1 园林绿化绩效指标体系——一级指标

附录四 北京市部门整体预算绩效管理的实践经验

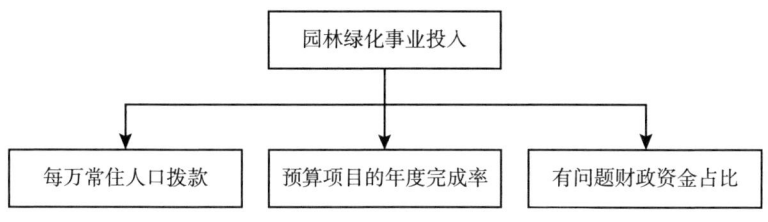

图 A4-2 "园林绿化事业投入"下二级指标

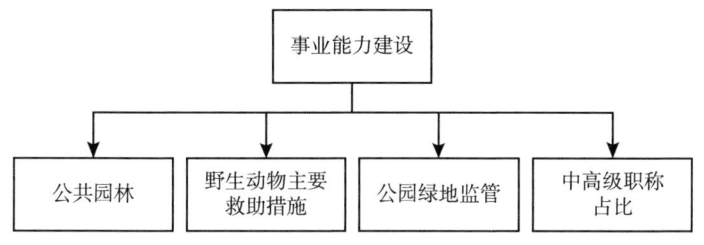

图 A4-3 "事业能力建设"指标下二级指标

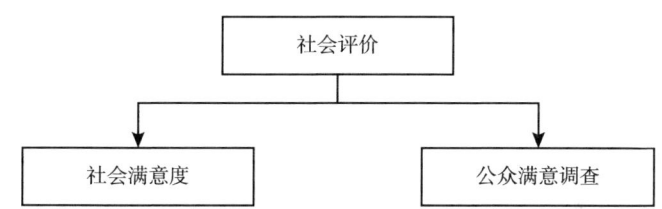

图 A4-4 "社会评价"下二级指标

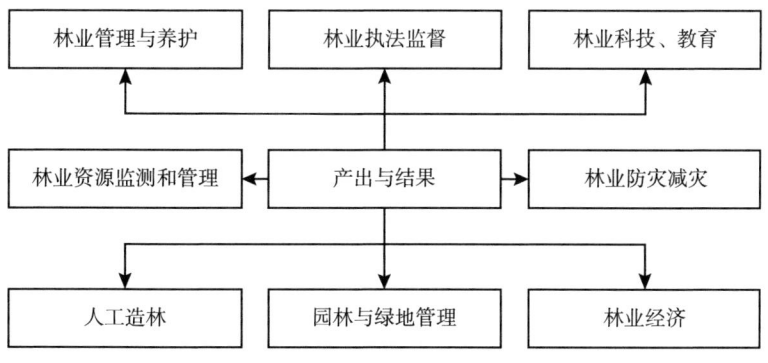

图 A4-5 "产出与结果"下二级指标

部分二级指标还继续细分为三级指标，像一级指标"园林绿化事业投入"下的二级指标"预算目标的年度完成率"下设置了"项目完成率"和"项目预算资金完成率"两项三级指标（见图A4-6）。

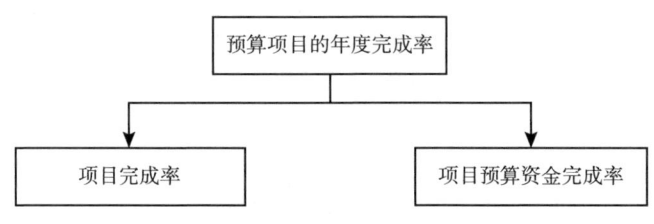

图A4-6 "预算项目的年度完成率"下三级指标

而像三级指标"城市绿化质量"还继续设置"城市绿化覆盖率""A类公园和绿地面积占比"和"街道绿化和行道树得到A类的占比"3项四级指标（见图A4-7）。

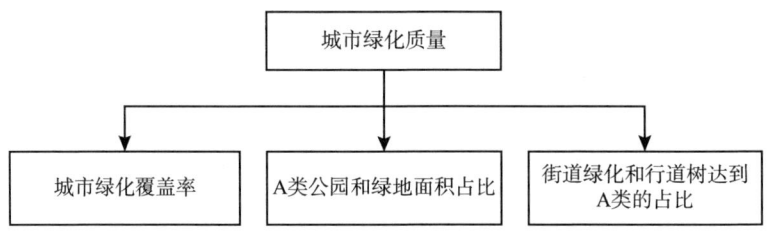

图A4-7 "城市绿化质量"下四级指标

在指标设计方面除了要体现预算单位业务内容之外，还需要结合预算单位提供产品和服务的性质是否具有经济效益而有所不同。具体来说，对主要提供公共产品和服务的部门，对公共产品或服务覆盖程度及深度的指标有所侧重，同时考核其公共产品或服务的质量，不一味强调经济效益指标，而对有一定经济管理权限的部门，除经济效益指标外，还要增加政策制定与执行对经济社会发展目标实现的保障程度的指标等。比如，对于北京市教育局的绩效考核指标，主要围绕着教育经费拨款水平、各阶段学生入学率等反映教育资源投入及利用程度的指标，而对于北京市园林绿化的绩效考核指标当中则包括了"林业经济"方面的指标，如园林绿化产业总产值增长率，这个指标用以反映园林绿化涉及园林旅游、果品树木、树木木材加工、林业的衍生产品的产值增长情况，是一个较为典型的能够反映对经济社会贡献的指标。

与园林绿化事业类似，北京市C局相关的气象事业和北京市D局相关的教育事业也仅有社会评价一个一级指标以反映政策目标群体对政策实施的满意程度，而且在指标设计时都结合了自身部门的特点。北京市C局绩效指标包括4项一级指标、14项二级指标和12项三级指标，此外还包括5项四级指标和7项五级指标。除了社会满意度和特殊用户满意度两个指标是从政策目标群体角度进行考察外，其余指标均与效率或经济效益有关。北京市气象事业绩效指标在设计时紧扣气象的特殊性设置了相关考核指标，比如气象预报的及时率和准确率，提前24小时、提前12小时和提前2小时的预警准确率，并在各时段下划分不同的预警项目，如暴雨（雪）预警准确率、雷电预警准确率等。除此之外，指标中还包括预报预警业务覆盖率、预警信息发布覆盖率和气象信息透明度等指标。另外，在北京市气象局的绩效指标中还考虑到了人工影响天气的指标，比如人工影响天气作业计划完成率、人工影响天气作业的成功率。

北京市教育事业整体绩效管理指标体系包含一些体现教育行业特点的指标，如幼儿入学率、安全设备设施达标率、普惠性幼儿园覆盖率、义务教育大班额比例、小学教育A类班级占比、小学教育均等化水平等。

五、存在的问题

李金珊和徐越（2018）指出，当前我国财政管理体制所谓的绩效大体上是重"财"而轻"政"，在指标设计上往往表现为经济学绩效评价指标，而缺乏对政策的价值评价。这在北京市教育、园林绿化和气象事业绩效指标设计中也有所体现。以北京市教育事业绩效指标体系为例，该体系共包含教育经费投入与管理、产出与结果、能力建设和社会评价4项一级指标，并由此衍生出16项二级指标和29项三级指标。在三级指标中，仅有"政府绩效考核公众满意度"和"绩效评价公众满意度"两个指标是从政策目标群体的角度来进行考核，这显然并未充分考虑到"公共性"的特点，即"评价角度立足于政策目标群体，以结果为导向和政策目标群体满意度导向为评价导向"（李金珊、徐越，2018）。

六、经验总结

北京市在预算绩效管理方面取得了令人瞩目的成果,形成了鲜明的"北京模式",其中有些经验值得推广。首先,通过事前绩效评估管理构建了部门预算绩效管理工作的事前环节,可以严把部门预算决策关,从源头上提高预算编制的科学性和精准性。另外,通过引入社会第三方评价可以得到较为客观的结果。北京市通过"着力打造具有绩效管理服务能力的社会第三方中介机构,培养一批具备绩效管理专业能力的队伍,强化绩效研究能力,建立了专家库和各项管理制度,确保第三方评价更加客观、专业和公正"。全成本预算绩效管理将成本意识贯穿于部门预算管理各环节,通过运用成本效益分析法,提高了部门的自我约束意识,推动预算管理机制在公共资源配置、绩效考核方面的进步,这也是全成本预算绩效管理在我国的首次尝试,可以为我国的全成本预算绩效管理提供有益的借鉴。北京市的预算绩效管理中体现出着重强调"产出了什么"的结果观,事前绩效评估环节强调遵循"绩效导向""以绩效导向和成本控制理念为出发点""注重成本效益",全成本绩效管理理念更是将市场经济中的成本理念和方法融入政府预算绩效管理当中,强调成本的支出要有效益,在指标设计方面也多从经济效益角度来进行设置。

附录五

广州市部门整体预算绩效管理实践

（一）改革历程

2000年，我国开始在中央本级试行部门预算。财政部在下发的《关于改进2000年中央预算编制的通知》里，要求进一步将大部分支出预算编制具体细化到有关单位和项目。广州市于2000年10月制定了《广州市市本级部门预算编制改革总体方案》，2001年度预算选择了市科技局、教育局、技术监督局、劳动和社会保障局、水利局为部门预算编制的试点单位。

2004年，广州市成立绩效评价处，在全国率先开始财政绩效管理改革。

2008年，广州市制定《广州市财政支出项目绩效评价试行办法》，首创向市人大常委会报告财政支出绩效情况。

2012年，广州市尝试开展财政支出第三方评价工作并将评价报告公开，要求无论金额大小，预算项目必须申报绩效目标。

2014年，广州市制定《广州市预算绩效管理办法》，形成了财政绩效管理的"广州模式"，形成了"1+5"制度体系，全面规范了预算绩效管理工作。

2016年，广州市与国务院智库中国发展研究基金会签订合作框架协议，希望加大推进广州市预算绩效管理，创造在全国可推广、可复制的改革创新模式。并启动部门全过程预算绩效管理试点，推动绩效管理重心由项目转移到部门整体。

2018年，广州市贯彻党的十九大精神，遵循中央、省关于全面实施预算绩效管理的要求，制定《广州市全面实施预算绩效管理意见》，构建"全方位、全过程、全覆盖、全公开"模式（见图A5-1）。

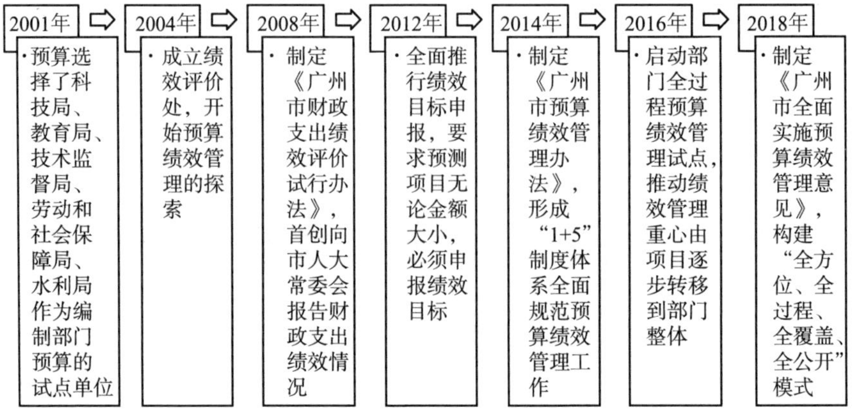

2001年	2004年	2008年	2012年	2014年	2016年	2018年
·预算选择了科技局、教育局、技术监督局、劳动和社会保障局、水利局作为编制部门预算的试点单位	·成立绩效评价处，开始预算绩效管理的探索	·制定《广州市财政支出绩效评价试行办法》，首创向市人大常委会报告财政支出绩效情况	·全面推行绩效目标申报，要求预测项目无论金额大小，必须申报绩效目标	·制定《广州市预算绩效管理办法》，形成"1+5"制度体系全面规范预算绩效管理工作	·启动部门全过程绩效管理试点，推动绩效管理重心由项目逐步转移到部门整体	·制定《广州市全面实施预算绩效管理意见》，构建"全方位、全过程、全覆盖、全公开"模式

图 A5-1　广州市预算绩效管理历程

（二）改革目标

2019年，广东省委、省政府根据《中共中央国务院关于全面实施预算绩效管理的意见》要求，印发了《关于全面实施预算绩效管理的若干意见》（下称《意见》）。

《意见》提出，要加快建立全方位、全过程、全覆盖的预算绩效管理体系，实现"花钱必问效、无效必问责"的要求，提高财政资源配置效率和使用效益，体现政策实施效果。到2020年，省级基本建成全方位、全过程、全覆盖的预算绩效管理体系；到2022年，市县级基本建成全方位、全过程、全覆盖的预算绩效管理体系。

广州市在总结分析其先前的做法、成效及问题的基础上，遵循中央、省关于全面实施预算绩效管理的要求，研究制定了《广州市关于全面实施预算绩效管理的意见》，提出广州市到2022年基本建成"全方位、全过程、全覆盖、全公开"的预算绩效管理模式的总目标，继续开展部门整体预算绩效管理，相比上级的要求更是多了"全公开"这一目标。

（三）改革措施

1. 政策规定。2019年，中央出台的《财政部关于贯彻落实〈中共中央国务院关于全面实施预算绩效管理的意见〉的通知》中提到，"逐步推动预算部门和单位开展整体绩效自评，提高部门履职效能和公共服务供给质量……各级财政部门要会同有关部门抓紧建立绩效评价结果与预算安排和政策调整挂钩机制，按照奖优罚劣的原则，对绩效好的政策和项目原则上优先保障，对绩效一般的政策和项目要督促改进，对低效无效资金一律削减或取消，对长期沉淀的资金一律收回，并按照有关规定统筹用于亟须支持的领域"。

根据中央及省的政策意见，以及此前广州市已有的经验和问题，广州市在2019年也出台了《广州市预算绩效管理办法》进行具体预算绩效管理规划，其中第五章第二十三条指出，部门整体支出评价应涵盖预算部门所有预算资金，对照期初部门整体绩效目标，从预算资金管理和工作任务完成情况两方面，综合反映部门履职用财的总体效果。

第二十四条指出，绩效评价主要包括：（1）绩效目标的设定情况；（2）资金投入和使用情况；（3）为实现绩效目标规定的制度、采取的措施等；（4）实施全过程绩效管理的情况；（5）绩效目标的实现程度及产出和结果的经济性、效率性、效益性；（6）绩效目标的其他内容。

第二十四条还指出，评价指标体系分为共性指标和个性指标，要建立与期初绩效目标的对应关系，重点考核被评价对象绩效目标的实现情况。

基于此办法，为更加透明公开地进行部门整体预算绩效评价，广州市财政局出台了《广州市2019年度全面实施预算绩效管理工作方案》，规定部门整体支出绩效评价需由部门整体绩效自评与第三方部门整体评价两个部分组成。

（1）部门整体绩效自评。要求各单位自行开展部门整体绩效自评，并填写《广州市部门整体支出绩效自评表》，内容包括：

第一，部门资金情况。用预算完成率考核部门整体支出的预算完成情况、用预算调整率考核部门整体支出的预算调整情况，修正预算完成率。

第二，年度目标。预算部门根据本部门工作职责、年度工作计划进行填写，并评价完成情况。

第三，绩效管理情况。预算部门根据本部门年度重点工作计划和评价任务中的关键指标及指标值，填写相应资金数量。

第四，存在问题及改进措施。预算部门根据实际情况总结并提出改进方向和措施。

（2）第三方部门整体评价。广州市财政局通过委托第三方机构，对需要被广州市人大进行专题审查部门预算的部门开展部门整体支出绩效评价，并将第三方评价结果作为安排预算资金的重要依据。

第三方部门整体评价实施具体表现在以下五个方面。

第一，拓宽项目评价领域。广州市财政局初步筛选后征求广州市人大常委会预算工作委员会、广州市审计局意见，重点对一定金额以上的民生项目、市政府重点投资项目或具有重要社会影响和经济影响的项目开展第三方评价。

第二，择优确定承办机构。每两年按政府采购程序招标20家财政绩效管理服务机构，市财政局印发了《第三方绩效评价工作指引》，并对中标机构开展绩效管理培训。

第三，全程跟踪评价过程。一是做好协调沟通工作，及时协调第三方机构、被评单位和有关部门之间的关系；二是做好督促监管工作，督促评价按进度开展，把握关键时间节点；三是做好考核验收工作，评价初步完成后，组织座谈会，验收评价报告，并考核第三方机构。

第四，着力提升报告质量。市财政局选取优秀评价案例作为样本，要求报告坚持问题导向，反映客观绩效情况，充分披露问题并提供依据，最终提出针对性强的建议。

第五，注重评价结果应用。一是公开评价结果，在市政府门户网站及市财政局网站公开第三方评价报告，主动接受媒体报道、社会公众监督；二是启动深度检查，市财政局针对问题开展专项检查，深入追查单位违规使用资金的问题；三是加强整改落实，督促有关部门及时整改被披露的问题，并将整改落实情况报市人大常委会审核。

2. 具体措施。事实上，早在2014年，广州市就已经出台过一版《广州市预算绩效管理办法》（以下简称《办法》），此办法尚未像2019年新版一样，详细提及部门整体支出评价的政策规定及措施，但已经提及"需要进行部门整体支出评价""可以对财政支出采取绩效自评、重点评价、第三方评价等形式""分为共性指标和个性指标"等要求，为2019年版搭建了基本框架，这也是广州市探索部门整体预算绩效评价的试行办法。2019年新修订的《广州市预算绩效管理办法》则是在此基础上，结合中央、省的《意见》要求，进一步完善的版本。

基于2014年《办法》，2016年广州市启动了试点工作，在市残联、市知识产权局试行部门整体全过程预算绩效管理，2017年将该模式推广至12个部门，推动预算绩效管理由项目拓展至部门整体，至2019年已有不小成效。

广州市部门整体预算绩效评价以目标为导向，因此其通过搭建三级绩效目标体系，为预算绩效评价提供框架。部门整体预算绩效评价则分解为公众满意度调查评价及部门履职用财情况评价两部分。

第一，部门整体绩效目标为导向：三级绩效目标体系。广州市探索构

附录五 广州市部门整体预算绩效管理实践

建起整个部门的"部门职责—工作任务—预算项目"三级绩效目标体系（见图 A5-2）。

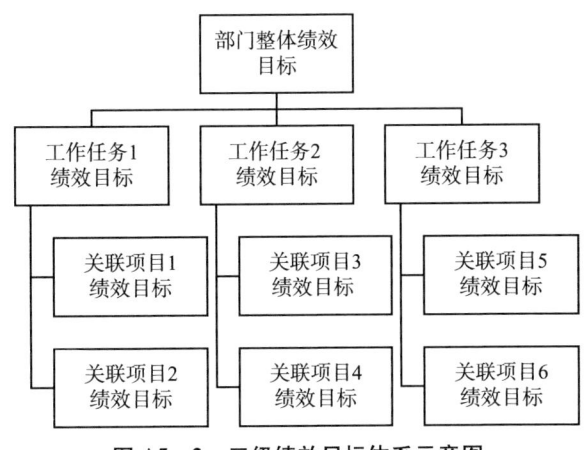

图 A5-2 三级绩效目标体系示意图

"部门职责"绩效目标确定部门整体的宏观工作目标。"工作任务"绩效目标确定年度重要工作任务及相关的绩效目标。"预算项目"确定预算项目及项目的绩效目标。每个层级均设置绩效目标、关键指标及预期实现值，为做好部门整体绩效评价提供依据，在进行部门整体预算绩效评价时，以相对应的绩效目标为基础，进行评价及评价结果应用（见表 A5-1）。

表 A5-1　　　2018 年部分年度目标及关键共性指标摘录

部门整体支出绩效目标	关键指标（共性指标）	预期实现值
部门整体预算资金使用情况	部门年度整体预算完成率	部门（单位）预算实际支付进度和既定支付进度的匹配情况，反映和考核部门（单位）预算执行的及时性和均衡性。部门年度整体预算完成率＝年内实际支出预算资金数÷（年初部门整体预算数＋年内预算调整数）×100%，2018 年预算完成率为 95% 以上

续表

部门整体支出绩效目标	关键指标（共性指标）	预期实现值
部门整体预算资金调整情况	部门年度整体预算调整率	财政项目或部门日常运作经费如果出现工作内容调整，可向财政部门申请预算资金调整。部门年度整体预算调整率＝当年调整预算金额÷年初预算总额×100%，2018年预算调整率为10%以下

如表 A5-1 所示，部门年度目标中出现"部门年度整体预算完成率"及"部门年度整体预算调整率"共性指标反映部门整体预算资金使用情况及部门整体预算资金调整情况，而上述《广州市 2019 年度全面实施预算绩效管理工作方案》的部门整体支出评价中，部门整体绩效自评也提出"用预算完成率考核部门整体支出的预算完成情况，用预算调整率考核部门整体支出的预算调整情况，修正预算完成率"，对应其目标。

在进行部门整体支出预算绩效评价时，各部门会基于标准文件，以部门整体支出预算绩效目标为导向，制定客观可量化指标。

第二，部门整体预算绩效评价框架：公众满意度调查和部门履职用财情况。部门整体预算绩效评价包括"公众满意度调查评价""部门履职用财情况评价"两个内容，通过内部和外部的评价，涵盖部门预算资金管理和工作任务完成情况两方面，反映部门预算绩效管理的效率及效果。

首先，公众满意度调查评价。设置"公众满意度"指标，将社会人士引入绩效评价机制，委托第三方机构采取问卷调查的方式，从知晓度、认同度、参与度、获得感、满意度五个维度，对人大代表和政协委员、部门服务对象、社会公众三个群体进行抽样调查（见图 A5-3）。通过公众满意度调查评价，可以反映各方相关人群对部门履职用财能力的满意度，增加公众的参与度，促进评价的客观性和实用性，使预算绩效评价的成果真正作用于民。

其次，部门履职用财情况评价。部门履职用财情况评价依据部门整体绩效目标，对部门资金管理情况、部门履职情况进行全面评价。部门资金管理评价中又细分出资金使用情况、绩效管理情况、资产管理情况三个方面，其下又细分出若干三级指标具体考察部门预算绩效，并给各个指标赋权及说明评分标准。此框架为广州市制定的共性框架，其中的资金管理情况及其下属指标（见图 A5-4）为统一设置的共性指标，所有部门都需按照这些共性指标对应的评分标准计算相应得分。除搭建上述部门整体预算绩效评价共性指标框架外,各部门还需要结合部门整体预算绩效目标,细化部门履职情况的产出和效益个性指标,因部门制宜。

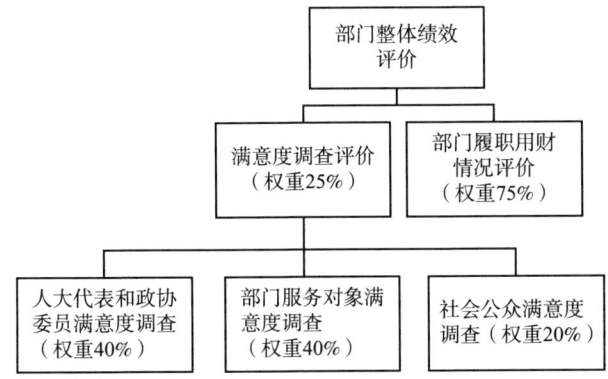

图 A5-3　满意度调查评价

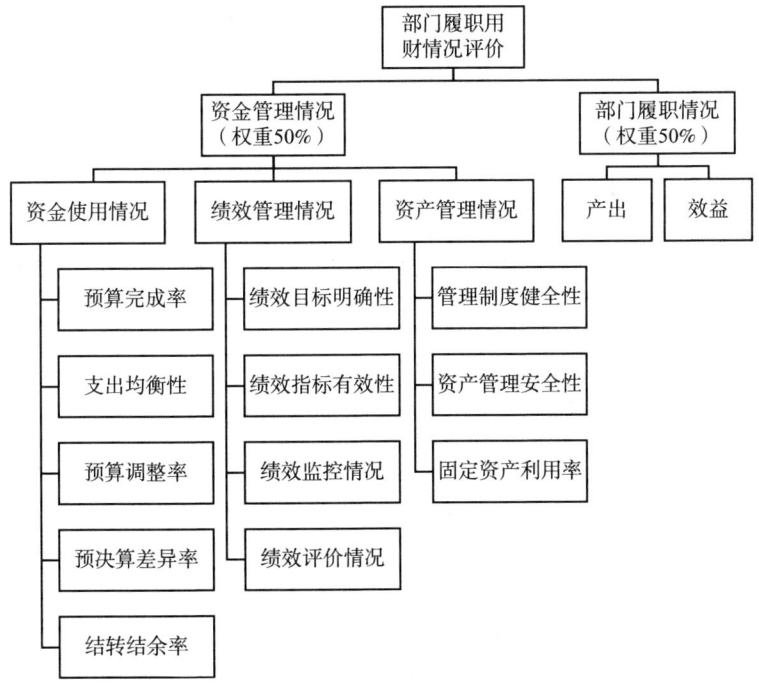

图 A5-4　部门履职用财情况

第三，部门整体预算绩效评价结果应用。2016~2018年，广州市财政局通过应用部门整体预算绩效评价结果，削减预算幅度达39.7%。13个项目根据第三方评价报告提出的意见建议做出调整，做到了以绩效调预算、以绩效调政策。《广州市本级绩效评价结果应用管理暂行办法》中提出，绩效评价结果应用是指财政部门通过多种形式充分利用绩效评价结果，并将其转化为提高预算资金使用绩效的具体行为。一般采取评级的形式，分为优、良、中、低、差五个等级。方式主要包括结果反馈与整改、结果公开、预算安排与调整、结果报告与问责等。

首先结果反馈与整改。财政部门以评价结果意见函的形式，将评价结论、存在的问题和意见建议反馈给被评价单位。被评价单位制订整改方案，在规定时间内将整改落实情况反馈财政部门。

其次结果公开。将绩效评价基本情况、评价结论、整改情况等可披露事项按有关规定在政府及部门门户网站公开。

再次预算安排与调整。评价结果为"优"的项目，财政部门、预算部门（单位）在安排预算时优先保障和支持；评价结果为"良"的项目，在安排预算时继续支持，并根据项目实际情况确定支持额度；评价结果为"中"的项目，除规定必须予以保障的项目外，需进行重新评估，从严从紧安排预算；绩效评价结果为"低"或"差"的项目，除规定必须予以保障的项目外，调减或撤销预算。

最后结果报告与问责。各部门及时报送部门自评结果，审查部门对绩效评价报告弄虚作假或绩效任务完成情况与绩效目标严重背离的部门及其责任人按照《广州市关于加强市直党政机关工作人员财经问责工作的意见》等相关规定实施绩效问责。

（四）应用场景举例——广州市F部门整体预算绩效评价

为深化预算绩效管理改革，广州市于2016年启动了部门整体全过程预算绩效管理试点工作，现以F部门为例介绍其主要做法及特点。

1. 建立三级绩效目标体系层次。F部门根据广州市部门整体的"部门职责—工作任务—预算项目"三级绩效目标体系，将其整体支出绩效评价分成"部门整体目标完成情况""工作任务完成情况""预算项目完成情况"三个层次的内容（见图A5-5）。

附录五　广州市部门整体预算绩效管理实践

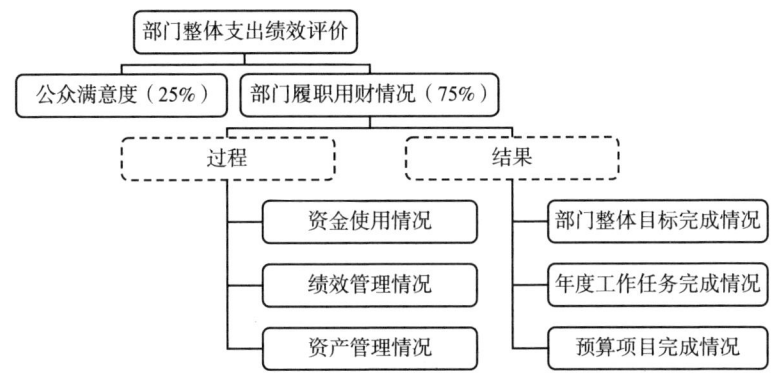

图 A5 – 5　F 部门整体支出绩效评价内容

与"部门职责"层面对应的是"部门整体目标完成情况",主要评价"残疾人服务覆盖率""服务对象、社会群众满意度"等部门整体支出绩效目标完成情况。

在"工作任务"层面对应的是"工作任务完成情况",主要评价"康复服务工作支出计划""维权工作支出计划"等重点工作任务的完成情况。

在"预算项目"层面对应的是"预算项目完成情况",主要评价"孤残人士供养费""F 部门安养院残疾人护理专项经费"等重点项目的绩效完成情况。

通过建立三级绩效目标体系层次,进行三个层级的部门整体预算绩效评价,既能从整体层面反映部门整体预算绩效情况,也能通过项目层面的评价,将绩效完成情况与预算资金建立对应关系,从而为提高部门整体支出绩效管理水平提出具体的方法,以提高政府资金管理水平。

2. 制定详细指标及评价标准。F 部门在年初设定部门整体支出绩效目标,制定详细指标、评价标准,力图以结果为导向,提高评价的客观性。如 F 部门的某些文件,依据部门整体支出绩效评价框架对各指标进行详细说明,对具体指标进行加权、量化。

F 部门结合部门整体预算绩效目标,除遵循前述设定的共性指标外,还细化部门履职情况的产出和效益个性指标,设置指标权重及目标值,将指标量化(见图 A5 – 6 ~ 图 A5 – 8)。

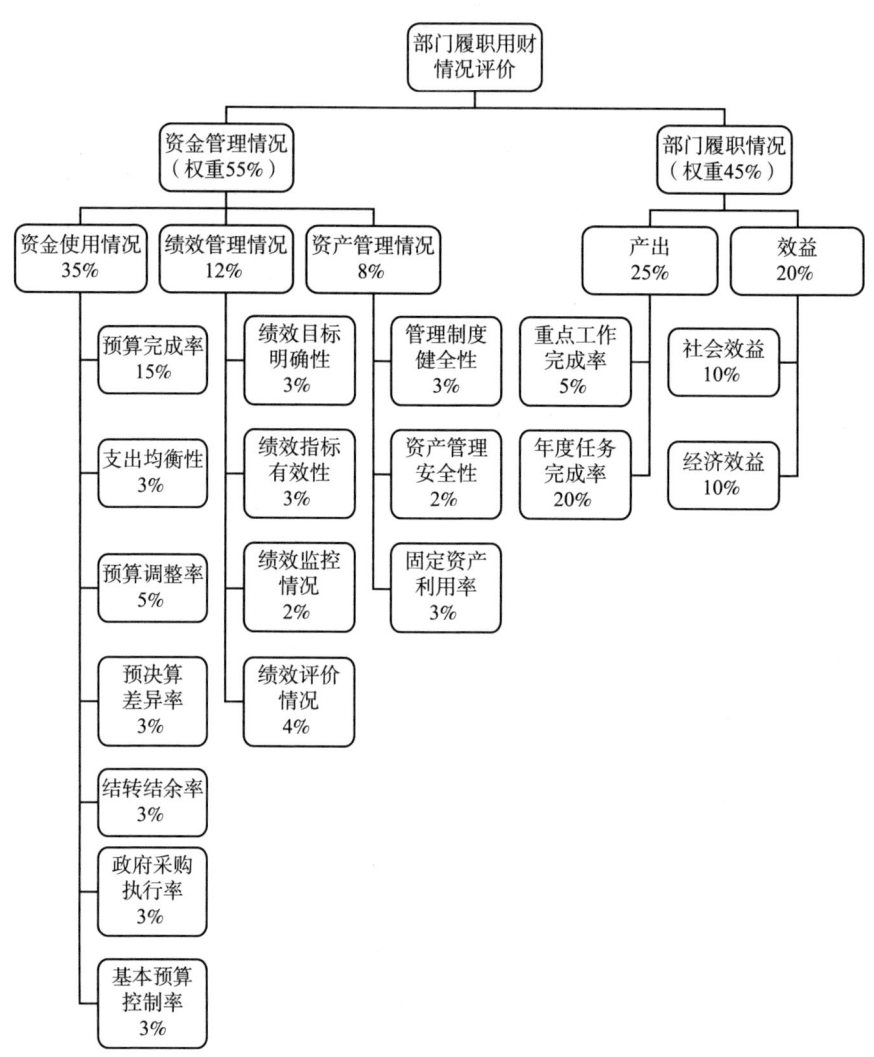

图 A5-6 F 部门履职用财情况

附录五 广州市部门整体预算绩效管理实践

图 A5-7 F 部门产出目标

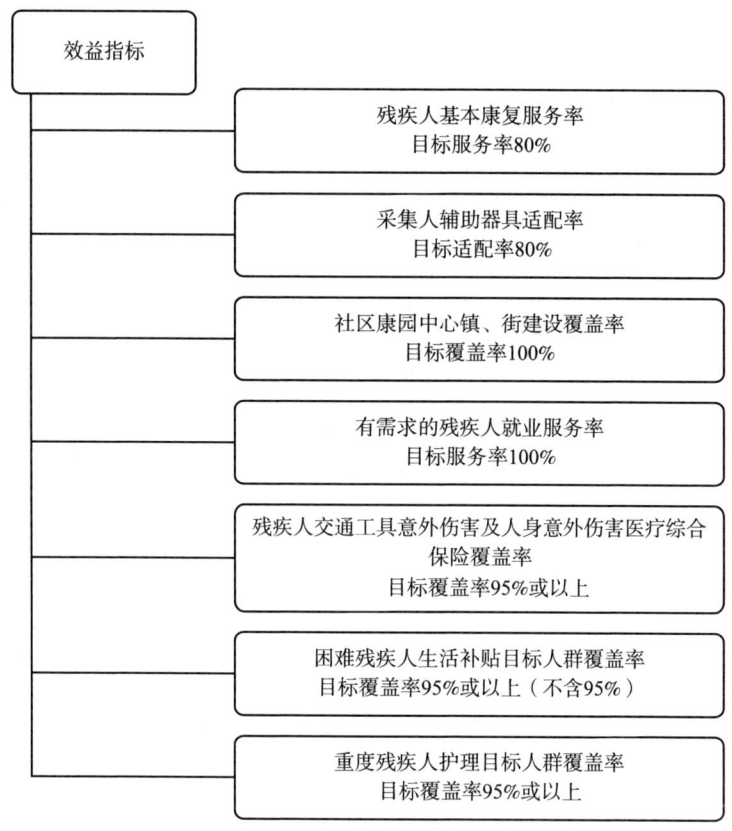

图 A5-8　F 部门效益目标

3. 评价结果应用。F 部门依据评价结果加强整合项目，使项目数量由 2016 年的 143 个减少至 2017 年的 101 个，项目精简率达 30%，部门预算精简后更清晰。为方便社会公众查询公开的政府信息，F 部门编制了相关文件供公众在"中国广州政府门户网站"上查阅。F 部门将部门整体预算绩效评价结果作为重要依据，根据相关规定，在评价期次年的年度预算中相应调整预算。例如，在相关文件的"项目绩效目标表"中，F 部门写明了上年度项目绩效完成情况、本年度项目绩效目标、项目主要绩效指标、项目内容及资金支出方向等内容。

（五）存在的问题

广州市在以 F 部门为试点的部门整体预算绩效评价改革进程中成效卓

著，具有先进性和借鉴意义，但还有一些尚需改进之处。

1. 部门整体预算绩效目标、指标需要进一步确定。部门整体支出的绩效目标、指标仍需继续明确细化。部门整体支出绩效指标还不能完全覆盖部门职能。

2. 工作任务完成情况与部门整体预算绩效管理的对应关系需进一步加强。缺少对应关系会导致在评价过程中无法考核预算绩效目标实现的经济性。仅以举办活动次数与参与人数反映宣传工作成效，缺少可量化因子，也难以直接与预算资金挂钩。需要将工作任务完成的考核指标作为预算绩效管理的产出和效果指标，继续量化或者找到等价因子。

3. 评价结果应用待完善。广州市实行"全公开"并披露评价信息已经实属不易，但是评价结果的应用仍存在模糊之处，有浮动空间；奖优罚劣的具体措施需进行完善，承担责任的具体部门、人员划分仍然需要细分，需要将部门的集体责任分摊到个人。如在相关文件的"一般公共预算安排基本支出和项目支出预算表"中，对比2016年初预算与2017年初预算的金额变化可以看出，F部门部分参考了"预算执行率"分配预算，但并不清楚预算分配其他参考因素。

4. 加强对第三方机构、相关工作人员培训。第三方机构对于部门整体、具体项目的熟悉程度，以及政府部门相关人员业务能力的水平，也会对部门整体预算绩效评价过程和结果准确性产生影响。如果在制定评价标准、实行调查时没有充分考虑各方面因素，在评价时没有深入收集证据，可能会不能充分解读指标所蕴含的内容。

（六）广州市经验总结

广州市通过实施部门整体支出绩效评价，构建起整个部门的"部门职责—工作任务—预算项目"三级绩效目标体系，实现多层次绩效管理格局，层层推进部门整体预算绩效评价改革；通过"公众满意度调查评价""部门履职用财情况评价"两个内容，实现预算绩效管理覆盖部门整体及项目评价；通过部门自评及第三方评价多方面进行部门整体预算绩效评价，使各部门、社会民众参与改革；通过披露信息实现绩效管理信息全公开，将所有预算和决算信息公示，受公众监督。

广州市预算绩效管理通过不断的改革创新，一直走在全国前列，形成了"广州经验"。但从广州市的实践经验来看，依旧存在改进空间，评价目标制定、评价指标确立、评价能力、评价结果应用等方面都有需要改善的地方。基于广州市经验及其中出现的问题，可以进行以下借鉴。

1. "三全"基础上增加"全公开"。广州市设立"全公开"，要求全方位公开"账本"、预算绩效评价等材料，这值得借鉴。前文提到委托—代理理论使社会公众对政府预算绩效的真实信息难以观测，而公共产品资源配置讲求绩效，要以公民满意度为导向。因此通过绩效目标、评价结果等绩效信息的全公开，实现预算透明化，可以强化"花钱问效"的责任意识。同时，可以营造良好的舆论氛围，使社会公众掌握更多有效信息，参与到全面实施预算绩效管理的进程中来。

2. 落实具体预算绩效目标及相关责任。在制定目标时，需要客观化、量化，给出关键指标和评价标准，使目标、指标与预算资金挂钩，否则在进行预算绩效评价时就容易过于主观；在确定绩效目标时，应该明确部门职能，并落实到具体的工作计划和人员。绩效评价的作用是发现问题，而通过"花钱买到了什么服务""服务是否值得"的理财观评价落实具体预算绩效目标及相关责任，以目标为导向，更能有效提高部门整体预算绩效评价的水平，进而全面实施预算绩效管理。可以借助新公共管理理论，强调以绩效目标为导向的公共管理，使其管理能力和公共服务能力得以提升。

3. 规范部门自评及第三方评价。应该保证绩效评价的客观、独立与公正。第三方评价机构需要专业、独立，使部门整体预算绩效评价准确、公正、公开，否则第三方评价失去其外部监督的效用，等于浪费社会资源；部门自评也需要规避主观性、随意性，需要严格制定目标并按照目标完成程度评判自身，提高资源配置效率，树立改革意识。

政府也需要有意识地培育第三方机构和绩效专家队伍，发挥行业优势、吸纳公众意见，共同参与绩效管理，使成果惠民。

4. 正确应用评价结果。绩效评价不应孤立，不应"唯指标论"。可以参考广州市的做法，进行全过程部门整体预算绩效管理，使绩效目标、过程监控、绩效评价、结果应用有机结合。在"产出了什么"的结果观指导下，要明确评价结果应该作为预算安排和政策调整的重要参考依据，而不是达成考核任务的工具。不应把评价报告束之高阁，做表面功夫，使政策制度成为空谈，而是树立责任意识，根据评价结果及时督促整改落实，精准问责、奖优罚劣，真正应用评价结果。

参考文献

[1] 阿吉斯著:《绩效管理》(第3版)(人力资源管理译丛),刘昕等译,中国人民大学出版社2013年版。

[2] 阿里·哈拉契朱:《政府业绩与质量测评》,张梦中、丁煌译,中山大学出版社2003年版。

[3] 阿伦·威尔达夫斯基、布莱登·斯瓦德洛编:《预算与治理》,苟燕楠译,上海财经大学出版社2010年版。

[4] 爱伦·鲁宾:《公共预算中的政治:收入与支出,借贷与平衡》,人民大学出版社2001年版。

[5] 安硕琳、刘平华、李丽霞等:《发达国家预算绩效管理改革经验对我国的启示》,载于《农业科研经济管理》2016年第2期。

[6] 白景明:《全面实施预算绩效管理须实现四大突破》,载于《中国经济时报》2018年2月13日。

[7] 白景明:《新意义、新目标、新制度、新要求:把全面实施预算绩效管理落到实处》,载于《中国财政》2019年第10期。

[8] 包国宪、张蕊:《从"预算绩效"到"绩效预算"——我国预算绩效评价回顾与展望》,载于《兰州大学学报》(社会科学版)2019年第5期。

[9] 包国宪、周云飞:《英国政府绩效评价实践的最新进展》,载于《新视野》2011年第1期。

[10] 保罗·R.尼文:《平衡计分卡实用手册》,胡玉明、刘运国译,清华大学出版社2013年版。

[11] 波伊斯特:《公共与非营利组织绩效考评——方法与运用》,萧鸣政译,中国人民大学出版社2005年版。

[12] 财政部国际财金合作司,http://gjzx.mof.gov.cn/mofhome/guojisi/pindaoliebiao/cjgj/。

[13] 蔡立辉:《政府绩效评估》,中国人民大学出版社2012年版。

［14］曹堂哲：《部门预算绩效管理》，中国财政经济出版社2020年版。

［15］曹堂哲：《打好全面实施预算绩效管理的几场攻坚战》，载于《中国财经报》2019年5月11日。

［16］曹堂哲：《推动实现"一个部门、一本预算、一份绩效"》，载于《中国财政》2019年第12期。

［17］曹堂哲等：《政府绩效测量与评估方法》，经济科学出版社2017年版。

［18］曹堂哲、罗海元：《部门整体绩效管理的协同机理与实施路径——基于预算绩效的审视》，载于《中央财经大学学报》2019年第6期。

［19］晁毓欣：《美国联邦政府绩效管理改革三部曲：以社会保障局为例》，2010年"海右"全国博士生论坛（公共经济学）"经济社会发展转型的公共政策"学术研讨会论文集。

［20］陈共：《财政学》，中国人民大学出版社2004年版。

［21］陈凯、肖鹏：《预算绩效目标管理的国际比较与启示——基于目标设置理论的研究视角》，载于《经济研究参考》2019年第6期。

［22］陈秋红：《部门整体支出绩效评价及其路径优化》，载于《会计之友》2019年第1期。

［23］陈雄桥：《关于2017年度市本级财政支出绩效情况的报告》，2018年12月25日广州市第十五届人民代表大会常务委员会第二十次会议。

［24］陈志斌：《澳大利亚政府绩效预算管理及借鉴》，载于《中国财政》2012年第9期。

［25］丁丽芸：《新西兰政府预算绩效改革的经验及启示》，载于《探求》2017年第4期。

［26］樊曙华：《澳大利亚绩效评价体系及其对我国的启示》，载于《经济研究参考》2008年第40期。

［27］范柏乃、段忠贤：《政府绩效评估》，中国人民大学出版社2012年版。

［28］范柏乃、朱华：《我国地方政府绩效评价体系的构建和实际测度》，载于《政治学研究》2005年第1期。

［29］方玉红：《政府预算管理内部控制研究》，中央财经大学博士学位论文，2015年。

[30] 方振邦、金洙成：《韩国地方政府绩效管理实践及其对中国的启示——以富川市构建平衡计分卡系统为例》，载于《东北亚论坛》2010年第1期。

[31] 方振邦、罗海元：《政府绩效管理创新：平衡计分卡中国化模式的构建》，载于《中国行政管理》2012年第12期。

[32] 菲利普·乔伊斯：《联结政府预算和绩效》，引自刘昆主编：《绩效预算：国外经验与借鉴》，中国财政经济出版社2007年版。

[33] 冯俏彬：《美国财政绩效评级方法与借鉴》，载于《中国财政》2008年第12期。

[34] 高志立：《从"预算绩效"到"绩效预算"——河北省绩效预算改革的实践与思考》，载于《财政研究》2015年第8期。

[35] 苟燕楠：《绩效预算：模式与路径》，中国财政经济出版社2011年版。

[36] 苟燕楠、李金城：《当代中国预算绩效管理：理论发展与实践探索》，载于《求索》2019年第4期。

[37] 古良伟：《部门整体支出绩效评价的实践探索——以广州市残疾人联合会为例》，载于《财政科学》2019年第2期。

[38] 关欣、汪学怡、倪城玲：《部门整体支出绩效评价工作思路初探》，载于《中国水利》2016年第6期。

[39] 官秀玲：《英国林业政策评估与分析研究及借鉴》，中国林业科学研究院2011年版。

[40] 美国国防部：《2020财年年度绩效计划与2018年绩效报告》，2019年。

[41] 海南省财政厅：《澳大利亚绩效预算管理及启示》，http://mof.hainan.gov.cn/czt/zwxx/ysjx/201610/t20161028_2151578.html。

[42] 何达基：《绩效预算：承诺、神话和可能性——美国的经验和对中国的挑战》，引自刘昆主编：《绩效预算：国外经验与借鉴》，中国财政经济出版社2007年版。

[43] 胡若痴、武靖州：《部门整体支出绩效目标编制优化原则研究》，载于《财政研究》2014年第6期。

[44] 胡业飞、敬乂嘉：《优先绩效目标：美国联邦政府绩效管理的新工具》，载于《山东社会科学》2013年第10期。

[45] 黄荣源：《英国"公共服务协议"制度的发展与评估》，载于

《研考双月刊》2007 年 31 卷第 2 期。

[46] 姜国兵、韩笑：《部门整体支出绩效评价探析：以 Y 省文化厅的案例为基础》，载于《广东行政学院学报》2017 年第 5 期。

[47] 李慧、张志超：《美国绩效预算的经验、困难和启示》，载于《华东经济管理》2007 年第 10 期。

[48] 李靖：《全面实施预算绩效管理 推动国家预算治理向高端发展》，载于《中国经贸导刊》2018 年第 34 期。

[49] 李兰：《邵阳积极探索部门整体支出绩效评价》，载于《行政事业资产与财务》2014 年第 31 期。

[50] 李青、蔡华：《英国预算改革述评》，载于《安徽工业大学学报》2014 年第 7 期。

[51] 李燕：《政府预算管理》（第二版），北京大学出版社 2016 年版。

[52] 李燕、白彦峰、王淑杰：《中期预算：理念变革与实践》，载于《财贸经济》2009 年第 8 期。

[53] 李允杰、丘昌泰：《政策执行与评估》，北京大学出版社 2008 年版。

[54] 林振亮、张银玲、燕卿等：《广东省部门整体支出绩效评价思路探析》，载于《现代信息科技》2019 年第 10 期。

[55] 刘国永：《预算绩效管理案例解读》，江苏大学出版社 2014 年版。

[56] 刘国永、赵宝利、王萌：《部门支出、项目支出、公共政策绩效评价的思考》，载于《财政监督》2014 年第 7 期。

[57] 刘敏：《绩效指标策略——整体支出绩效评价指标体系的设计法则》，载于《新理财（政府理财)》2016 年第 1 期。

[58] 刘敏、王萌：《整体支出绩效评价指标体系设计方法初探》，载于《财政监督》2015 年第 10 期。

[59] 刘瑞乾：《部门整体支出绩效评价中存在的问题及对策》，载于《预算管理与会计》2017 年第 1 期。

[60] 刘瑞乾、王巍：《全过程预算绩效管理浅议》，载于《预算管理与会计》2019 年第 9 期。

[61] 刘小梅：《构建以战略为导向的政府预算绩效管理体系——平衡计分卡在政府部门预算绩效管理中的应用探讨》，载于《财会研究》

2017年第3期。

[62] 刘勇辉、郭颖：《部门整体支出绩效评价工作实践与探索》，载于《交通财会》2016年第12期。

[63] 龙莉莉、刘国艳：《关于优化部门整体支出绩效评价指标的思考——以某省2014年度整体支出绩效评价指标及数据为例》，载于《经济研究参考》2017年第41期。

[64] 卢梅花：《从政府目标管理走向绩效战略——从美国战略规划与绩效评价为例》，载于《行政论坛》2013年第2期。

[65] 卢真、陈莹：《澳大利亚政府预算制度》，经济科学出版社2016年版。

[66] 罗伯特·卡普兰、戴维·诺顿：《策略核心组织：以平衡计分卡有效执行企业策略》，ARC远擎管理顾问公司策略绩效事业部译，台北城邦事业股份有限公司2001年版。

[67] 马国贤：《论预算绩效评价与绩效指标》，载于《地方财政研究》2014年第3期。

[68] 马国贤、刘国永：《推进我国政府绩效管理与评价的五点建议》，载于《人民论坛·学术前沿》2015年第14期。

[69] 马骏：《新绩效预算》，载于《中央财经大学学报》2004年第8期。

[70] 马骏：《中国公共预算改革理性化与民主化》，中央编译出版社2005年版。

[71] 马骏、赵早早：《公共预算：比较研究》，中央编译出版社2011年版。

[72] 马媛：《政府绩效预算中的绩效信息》，国家行政学院出版社2014年版。

[73] 美国国防部：2020财年年度绩效计划与2018年绩效报告，2019年。

[74] 聂常虹：《英美两国的政府绩效考评》，载于《银行家》2012年第9期。

[75] 牛美丽、崔学昭：《英国中期财政规划：公共政策转型下的预算改革》，载于《公共行政评论》2016年第6期。

[76] 牛美丽、马骏：《新西兰的预算改革》，载于《武汉大学学报》（哲学社会科学版）2006年第6期。

[77] 齐小平：《美国英国绩效预算管理改革及启示》，载于《中国财经报》2017年1月19日第2版。

[78] 冉敏，刘志坚：《基于立法文本分析的国外政府绩效管理法制化研究——以美国、英国、澳大利亚和日本为例》，载于《行政论坛》2017年第1期。

[79] 冉敏：《国外政府绩效管理法制化研究述评——以美澳日韩四国为例》，载于《天津行政学院学报》2016年第1期。

[80] 斯蒂芬·科萨克、冯雅康著，贾路南译：《透明化会改善治理吗？》，引自俞可平主编：《中国治理评论》，中央编译出版社2014年版。

[81] 宋红玉、沈菊琴：《平衡计分卡的发展及超越：一个文献综述》，载于《会计之友》2015年第5期。

[82] 宋雄伟：《英国"公共服务协议"治理方式解析》，载于《中国青年政治学院学报》2012年第4期。

[83] 苏舟、陈小华：《绩效预算改革：动因、进程与挑战》，载于《财政监督》2018年第7期。

[84] 孙琳、楼京晶：《中期预算和绩效预算改革路径选择——以英国和俄罗斯为例》，载于《复旦学报》（社会科学版）2016年第6期。

[85] 童伟：《俄罗斯中期预算改革：原因、现状及发展趋势》，载于《俄罗斯中亚东欧研究》2008年第3期。

[86] 童伟、宋天伊、雷婕：《俄罗斯为什么中止实施中期预算？》，载于《经济研究参考》2016年第31期。

[87] 童伟、田雅琼：《部门整体支出事前绩效评估：方法及实施路径研究》，载于《经济研究参考》2017年第51期。

[88] 万鹏飞：《英国政府信息公开的发展与反思》，载于《公共管理评论》2017年第1期。

[89] 王海涛：《我国预算绩效管理改革研究》，财政部财政科学研究所博士学位论文，2014年。

[90] 王坤、宋卓展：《英国绩效预算的特点与借鉴》，载于《经济研究参考》2018年第46期。

[91] 王瑞：《平衡计分卡在事业单位整体支出绩效评价中的应用——以干部培训类事业单位为例》，载于《理论学习与探索》2018年第6期。

[92] 王胜华：《典型国家财政支出绩效评价经验借鉴与启示》，载于《财政科学》2018年第6期。

[93] 王胜华：《我国预算绩效管理现状与制度优化》，载于《财政科学》2019年第6期。

[94] 王淑杰：《英国政府预算制度》，经济科学出版社2015年版。

[95] 王玉明：《美国构建政府绩效评估指标体系的探索与启示》，载于《兰州学刊》2007年第6期。

[96] 王泽彩：《将预算绩效植入中期财政规划中》，载于《中国财经报》2015年5月19日第7版。

[97] 吴建南、温挺挺：《政府绩效立法分析：以美国〈政府绩效与结果法案〉为例》，载于《CPA中国行政管理》2004年第9期。

[98] 吴蓉：《浅析部门整体支出绩效评价》，载于《经济师》2017年第8期。

[99] 肖鹏：《美国政府预算制度》，经济科学出版社2014年版。

[100] 许安拓、梁洁：《部门整体支出绩效评价的改革研究》，载于《财会研究》2018年第11期。

[101] 许宏才：《中国预算绩效管理改革还在路上》，"新时代国家治理与全面预算绩效管理"预算绩效管理国际研讨会，2019年。

[102] 颜海娜、鄞益奋：《平衡计分卡在美国公共部门的应用及启示》，载于《中国行政管理》2014年第8期。

[103] 杨玲香：《我国预算绩效管理改革研究》，东北财经大学硕士学位论文，2011年。

[104] 预算评审和绩效评价课题组：《英国预算绩效管理特点及启示》，载于《中国财政》2018年第22期。

[105] 约翰·A. 皮尔斯二世、小理查德·B. 鲁滨孙：《战略管理——制定、实施和控制》（第8版），王丹等译，中国人民大学出版社2004年版。

[106] 约瑟琳·纽科默著：《迎接业绩导向型政府的挑战》，张梦中、李文星译，中山大学出版社2003年版。

[107] 张定安：《平衡计分卡与公共部门绩效管理》，载于《中国行政管理》2004年第6期。

[108] 张君：《部门预算绩效管理研究》，东北财经大学博士学位论文，2014年。

[109] 张培培：《英国绩效预算改革中的部门协作》，载于《江苏师范大学学报》（哲学社会科学版）2019年第5期。

[110] 张伟：《完善预算支出绩效评价体系研究》，中国财政科学研

究院，2015 年。

[111] 张晓庆：《浅析地方政府部门整体支出绩效评价实践中出现的问题和对策——以 Y 市交通运输管理局部门整体支出绩效评价为例》，载于《中国资产评估》2015 年第 12 期。

[112] 张欣：《部门整体支出绩效评价探析》，载于《新理财（政府理财）》2015 年第 6 期。

[113] 张璇：《国外财政支出绩效评价理论发展与实践探索》，载于《中国经贸导刊（中）》2018 年第 32 期。

[114] 张璋：《基于央地关系分析大国治理的制度逻辑》，载于《中国人民大学学报》2017 年第 4 期。

[115] 赵早早、刘钊：《中央政府预算绩效信息透明化研究——基于中央政府部门决算报告的内容分析》，载于《经济研究参考》2018 年第 1 期。

[116] 郑德琳：《从公共服务协议到部门业务计划——英国新绩效预算改革对我国的启示》，载于《财会研究》2018 年第 3 期。

[117] 郑建新、许正中：《国际绩效预算改革与实践》，中国财政经济出版社 2014 年版。

[118] 志言：《美国的预算绩效管理》，载于《预算管理与会计》2010 年第 4 期。

[119] 中国发展研究基金会、广州市财政局课题组：《现代国家治理中的全面预算绩效管理——广州市的探索与经验》（会议版），中国发展出版社 2019 年版。

[120] 朱志刚：《财政支出绩效评价研究》，中国财政经济出版社 2003 年版。

[121] 邹靖、梁永晋、王晓培：《美国政府绩效预算对我国预算绩效改革的启示》，载于《财政研究》2015 年第 7 期。

[122] A. D. Neely. Performance Measurement System Design-third Phase, *Performance Measurement System Design Workbook*, April 1994.

[123] Audit Commission. Care Quality Commission et. al. . *Audit Commission CAA Framework document* Millbank, London, February 2009.

[124] Audit Commission. Care Quality Commission et. al. *Inspection Revolution Watchdogs Unveil Blueprint for New Scrutiny of Local Public Services.* Westminster SW1P 4HQ, London, February 2009.

[125] Audit Commission. *Comprehensive Area Assessment Fire and Rescue Service Framework*. Millbank, London, February 2009.

[126] Cabinet Office, HM Treasury. The Government's Planning and Performance Framework, https://www.gov.uk/government/publications/planning-and-performance-framework/the-governments-planning-and-performance-framework.

[127] Curristine, T.. Performance Information in the Budget Process: Results of the OECD 2005 Questionnaire. *OECD Journal on Budgeting*, 2005, 5 (2): 87–131.

[128] De Jong, M. and Ho, A Tat-Kei. Sequencing of Performance-Based Budget Reforms. IMF, 2017, http://blog-pfm.imf.org/pfmblog/2017/01/sequencing-of-performance-based-budget-reforms.html.

[129] Department for Transport, Public Scheme: https://www.gov.uk/government/organisations/department-for-transport/about/publication-scheme#classes-of-information.

[130] D. Greiling. Performance Measurement in the Public Sector: the German Experience. *International Journal of Productivity and Performance Management*, 2005, 54 (7): 551–567.

[131] Fiscal Year 2020 Budget of the U.S. Government OMB. Preparation, Submission, and Execution of The Budget, 2017.

[132] G. J. Van Helden. Researching Public Sector Transformation: The Role of Management Accounting. *Financial Accountability & Management*, 2005, 21 (1).

[133] G. Speckbacher, et al.. A Descriptive Analysis on the Implementation of Balanced Scorecards in German-speaking Countries. *Management Accounting Research*, 2003 (14): 361–387.

[134] HM Treasury, Cabinet Office and National Audit Office, Setting Key Targets for Executive Agencies: A Guide, 2003.

[135] Ho, A Tat-Kei and Im, T. Challenges in Building Effective and Competitive Government in Developing Countries: An Institutional Logics Perspective. *American Review of Public Administration*, 2015, 45 (3): 263–280.

[136] Ho, A Tat-Kei. PBB in American Local Governments: It's More than a Management Tool. *Public Administration Review*, 2011, May/June: 391–401.

［137］ Joseph S. Wholey, E. Newcomer Kathryn. Improving Government Performance: Evaluation Strategies for Strengthening Public Agencies and Programs. San.

［138］ M. Dobrzeniecki, G. J. Barkdoll. Adapting the Balanced Scorecard to Federal Government Agencies. *PA TIMES*, 2004 (8).

［139］ Moynihan, D. and I. Beazley. Toward Next – Generation Performance Budgeting: Lessons from the experiences of seven reforming countries. Washington, DC: World Bank Group, 2016, https://www.wdronline.worldbank.org/bitstream/handle/10986/25297/9781464809545.pdf?sequence=2&isAllowed=y.

［140］ M. Robinson. Performance Budgeting: Linking Funding and Results. *International Monetary Fund*, 2007.

［141］ M. W. Meyer, V. Gupta. The Performance Paradox. *Research in Organizational Behavior*, 1994, 16: 309 – 369.

［142］ NAO, Cabinet Office and HM Treasury. Government's Management of Its Performance: Progress with Single Departmental Plans, HC 872 SESSION 2016 – 2017.

［143］ NAO. Improving Government's Planning and Spending Framework, HC 1679 SESSION 2017 – 2019: 26.

［144］ OECD, Modernising Government: The Way Forward, Paris: OECD Publishing, Vol. 26, 2005.

［145］ Pingli Li, Guliang Tang. Performance Measurement Design within its Organizational Context – Evidence from China. *Management Accounting Research*, 2009 (20): 193 – 207.

［146］ P. R. Niven. *Balanced Scorecard Step-by-step for Government and Nonprofit Agencies*. New York: John Wiley & Sons, 2003.

［147］ P. S. Kim, K. P. Hong. Major Constraints and Possible Solutions for Performance Management in Korea. *Public Management Review*, 2013, 15 (8): 1137 – 1153.

［148］ P. Smith. On the Unintended Consequences of Publishing Performance Data in the Public Sector. *International Journal of Public Administration*, 1995, 18: 277 – 310.

［149］ Robinson, M.. Performance Budgeting: Linking Funding and Results. Basingstoke, Hampshire. New York: Palgrave Macmillian, 2007.

[150] R. S. Kaplan, D. P. Norton. Having Trouble with Your Strategy? Then Map it. *Harvard Business Review*, 2001, 78 (5).

[151] R. S. Kaplan, D. P. Norton. The Balanced Scorecard: Measures that Drive Performance. *Harvard Business Review*, 2005, 83 (7): 172-180.

[152] R. S. Kaplan. Conceptual Foundations of the Balanced Scorecard. *Handbooks of Management Accounting Research*, 2008, 3.

[153] Rubin, I. S., The Politics of Public Budgeting: Getting and Spending, Borrowing and Balance, Chatham, New Jersey: Chatham House Publishers, Inc. 1990.

[154] S. B. Yang, A. R. Torneo. Government Performance Management and Evaluation in South Korea: History and Current Practices. *Public Performance & Management Review*, 2016, 39 (2): 279-296.

[155] Schick, A. The Metamorphoses of Performance Budgeting. *OECD Journal on Budgeting*, 2014, 13 (2): 49-79.

[156] Schick, A.. The Road to PPB: The Stages of Budget Reform. *Public Administration Review*, 1966, 26 (4): 243-58.

[157] S. Van Thiel, F. L. Leeuw. The Performance Paradox in the Public Sector. *Public Performance & Management Review*, 2002, 25 (3): 267-281.

[158] S. Van Thiel. *Quangos: Trends, Causes and Consequences*. Routledge, 2017.

[159] T. Malmi. Balanced Scorecard in Finnish Companies: A Research Note. *Management Accounting Research*, 2001 (12): 207-220.

[160] V. D. Wouter, B. Geert, H. John. *Performance Management in the Public Sector*. 2010: 10.13140/2.1.2299.9682.

[161] Wildavsky, Aaron and Naomi Caiden. The New Politics of the Budgetary Process (5th). Pearson Education, Inc., 2004.